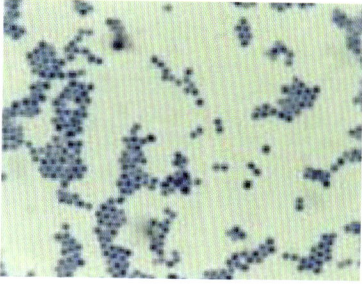

葡萄球菌
食品伙伴网供图

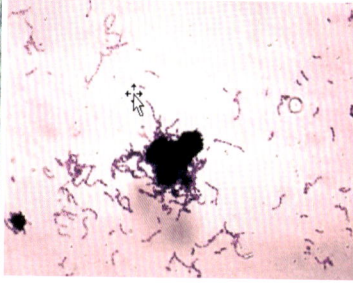

猪链球菌
猪病新干线网供图

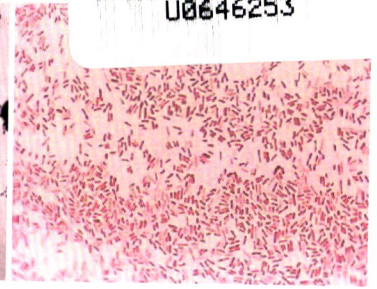

大肠杆菌
互动百科网供图

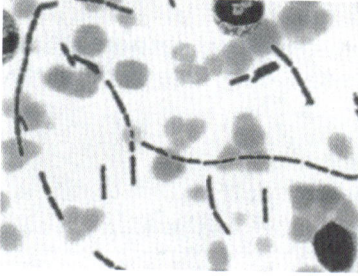

炭疽杆菌
互动百科网供图

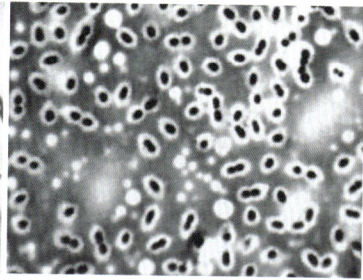

肺炎链球菌(荚膜)
上海市医学生物防护重点实验室供图

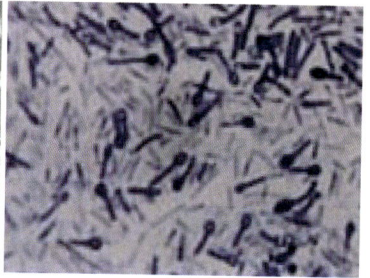

破伤风梭菌芽孢(芽孢)
微生物之家网供图

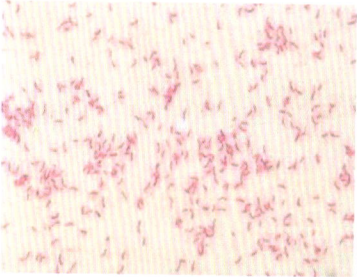

副溶血性弧菌
互动百科供图

螺旋菌
食品伙伴网供图

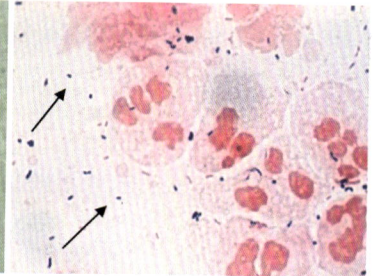

霉形体
上海阿波罗医院网供图

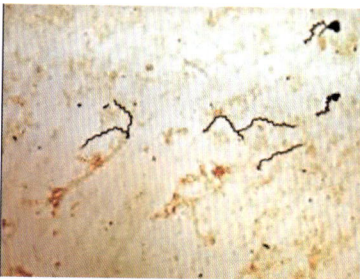

螺旋体
医网图库供图

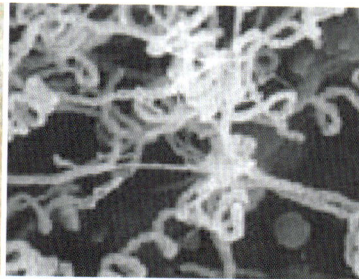

放线菌
太湖科普资源网供图

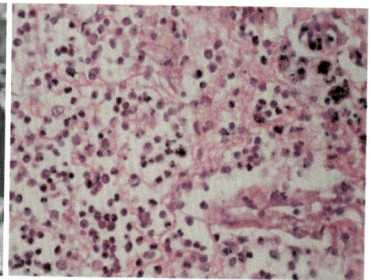

鹦鹉热衣原体
互动百科供图

图1-1 生物显微镜下细菌的形态

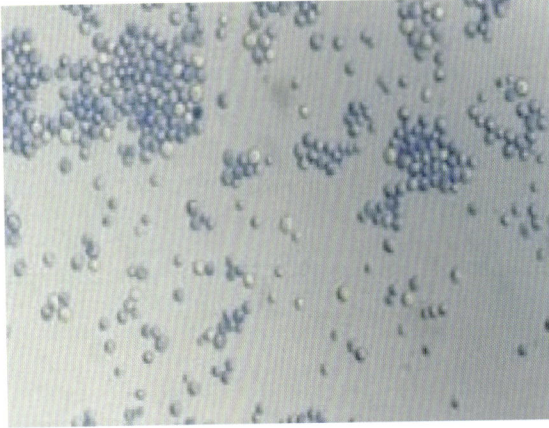

酵母菌
引自百度图库

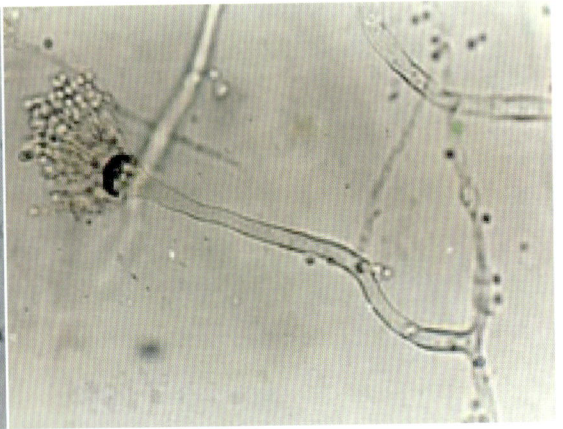

曲霉
大中医药网供图

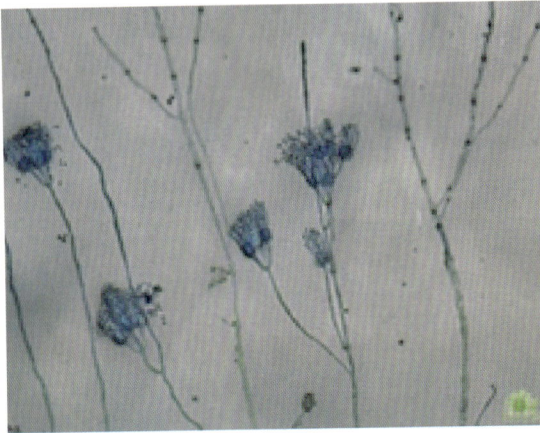

产黄青霉
烟台大学供图

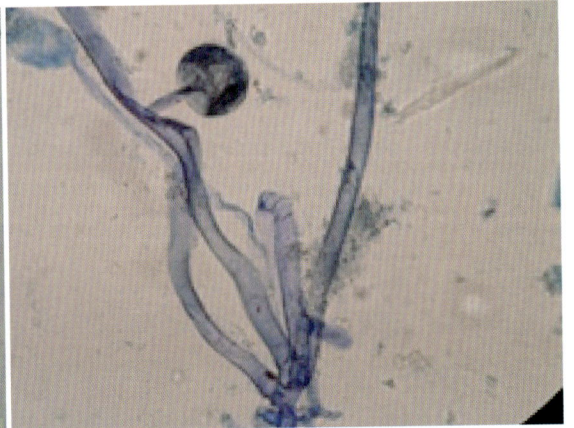

根霉
引自互动百科

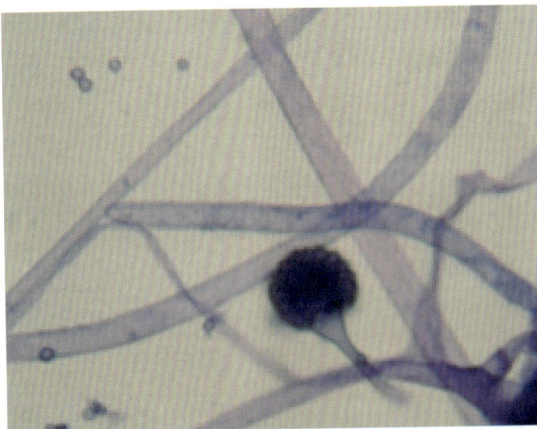

毛霉
引自微生物之家网

金针菇
烟台大学供图

图 1-21　生物显微镜下常见真菌的形态

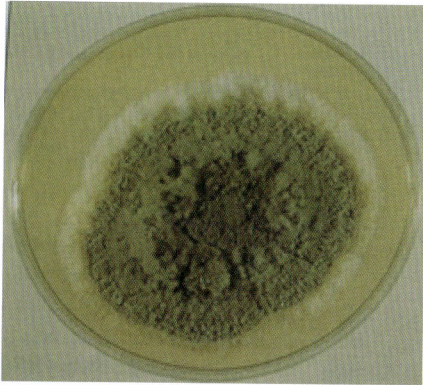

图 1-24 黄曲霉在 PDA 上的菌落特征 (3d)

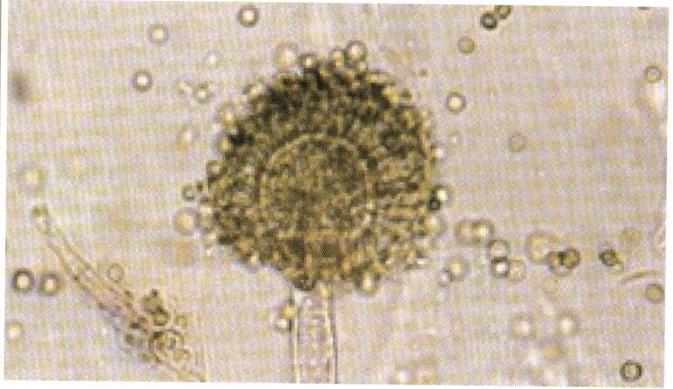

图 1-25 黄曲霉镜下形态 (10×100)

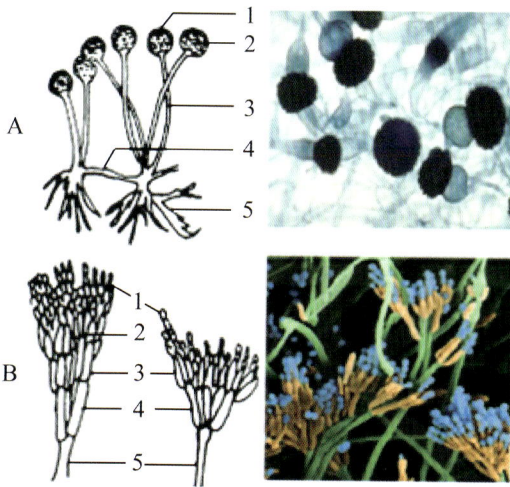

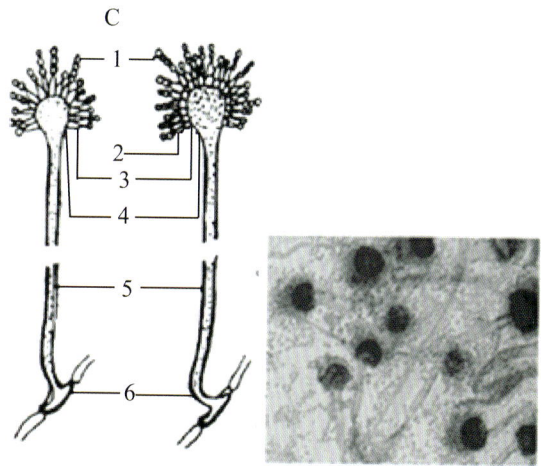

图 1-49 常见霉菌的形态

A.根霉菌　1.孢子囊　2.孢子囊孢子　3.气中菌丝　4.匍匐枝　5.假根

B.青霉菌　1.分生孢子　2.再次生小梗　3.次生小梗　4.初生小梗　5.分生孢子梗

C.曲霉菌　1.分生孢子　2.次生小梗　3.初生小梗　4.顶囊　5.分生孢子梗　6.足细胞

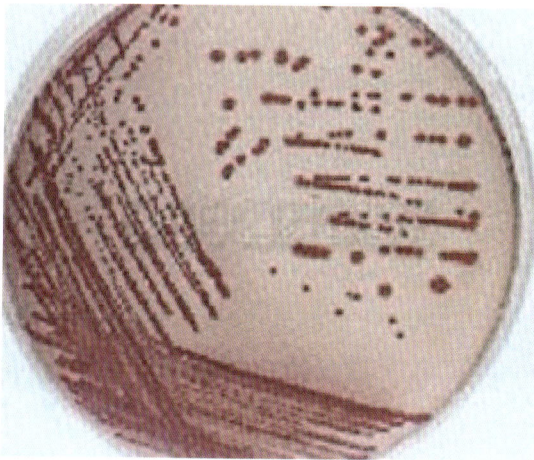

图 3-18　鉴别培养基上菌落特征图

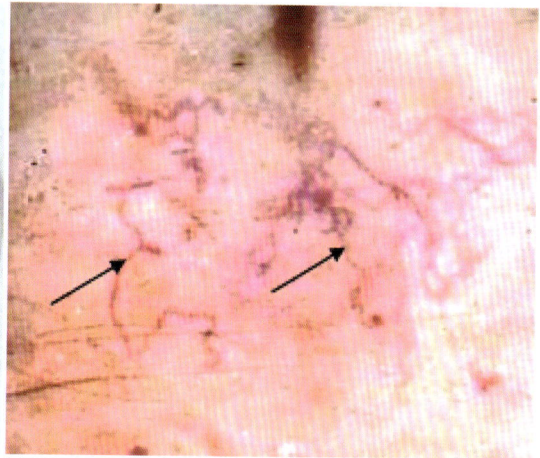

图 3-37　猪痢疾蛇形螺旋体油镜下形态

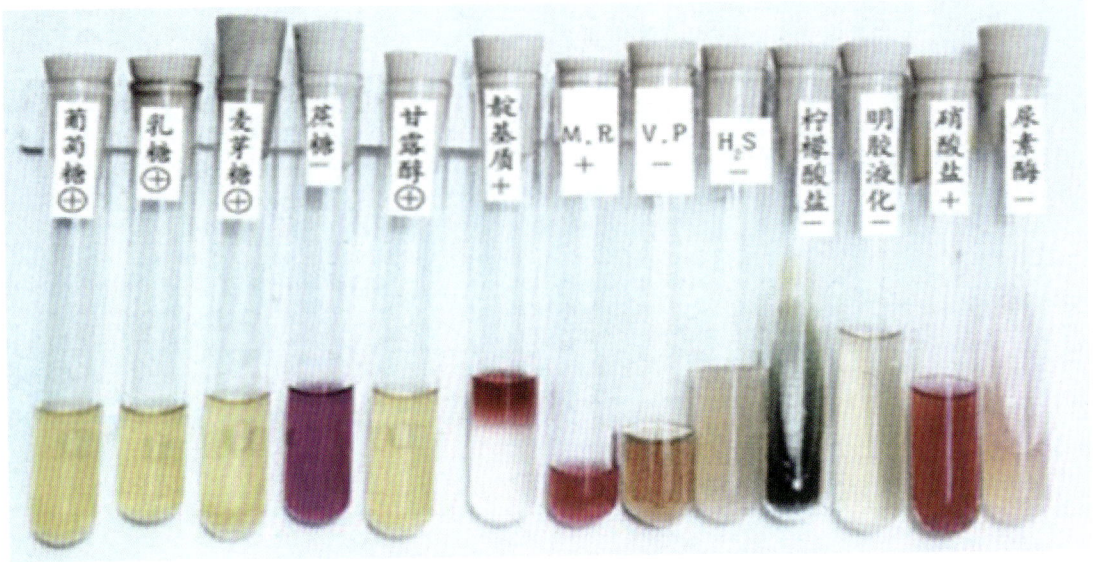

图 3-27　大肠杆菌生化试验结果

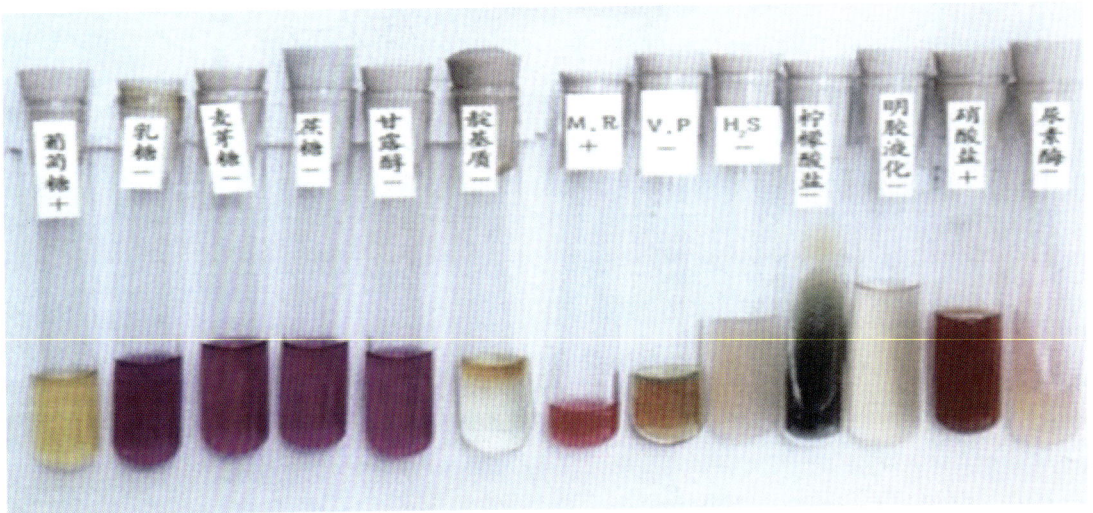

图 3-28　沙门氏菌生化试验结果

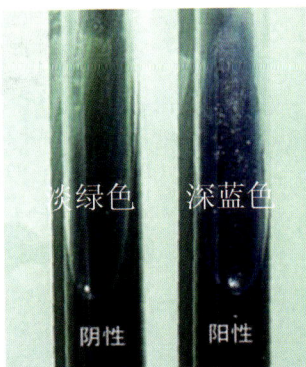

图 3-45　枸橼酸盐利用试验结果

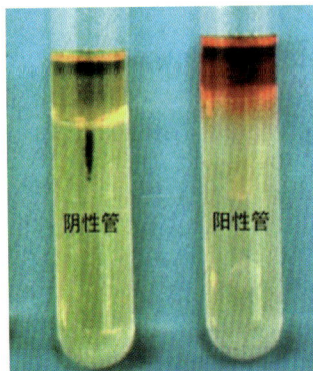

图 3-46　靛基质试验

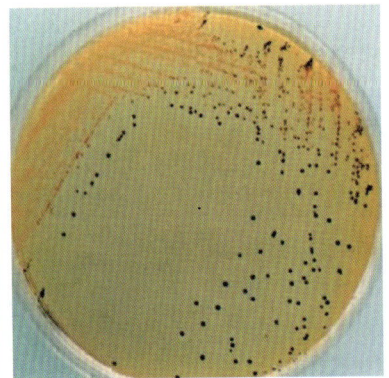

图 3-59　SS 琼脂培养沙门氏菌菌落

"十四五"职业教育国家规划教材

"十四五"技工教育规划教材

动物微生物检验及免疫监测技术

主编◎刘　莉　杨井坤

DONGWU WEISHENGWU JIANYAN
JI MIANYI JIANCE JISHU

北京师范大学出版集团
BEIJING NORMAL UNIVERSITY PUBLISHING GROUP
北京师范大学出版社

图书在版编目（CIP）数据

动物微生物检验及免疫监测技术/刘莉，杨井坤主编 . —北京：北京师范大学出版社，2025.7

（"十四五"职业教育国家规划教材）

ISBN 978-7-303-22381-7

Ⅰ.①动…　Ⅱ.①刘…　②杨…　Ⅲ.①兽医学－微生物学－高等职业教育－教材　②兽医学－免疫学－高等职业教育－教材　Ⅳ.①S852

中国版本图书馆 CIP 数据核字（2017）第 115384 号

出版发行：北京师范大学出版社 https：//www.bnupg.com
　　　　　北京市西城区新街口外大街 12-3 号
　　　　　邮政编码：100088
印　　刷：保定市中画美凯印刷有限公司
经　　销：全国新华书店
开　　本：787 mm×1092 mm　1/16
印　　张：15.5
字　　数：339 千字
版 印 次：2025 年 7 月第 3 版第 12 次印刷
定　　价：39.80 元

策划编辑：周光明　　　　　　　责任编辑：周光明
美术编辑：焦　丽　　　　　　　装帧设计：焦　丽
责任校对：陈　民　　　　　　　责任印制：马　洁

本书编审委员会

主　编　刘　莉(黑龙江职业学院)
　　　　　杨井坤(黑龙江职业学院)

副主编　孙璐璐(黑龙江职业学院)
　　　　　向双云(北京农业职业学院)

参　编　左远鹏(黑龙江职业学院)
　　　　　孙　光(黑龙江省动物检疫中心)
　　　　　颜　卫(江苏农牧科技职业学院)

主　审　韩　双(黑龙江职业学院)

内容提要

　　本教材围绕高等职业教育培养目标，贯彻"以素质培养为主线，以就业岗位为依据，以工作流程为导向"的指导思想，依据认知规律、职业成长规律和知识的包容性关系，采用"项目导向、任务驱动"模式，对教学内容进行归并、梳理、设计和序化。本教材共设计了认识微生物、监测机体免疫状态、检查病原细菌、检查病毒及检查病原真菌 5 个学习情境。学习情境 1 通过形态观察认识微生物，同时完成相关知识与技术的学习，学习情境 2 通过疫苗接种和监测抗体完成相关知识与技术的学习，学习情境 3、4 和 5 则是在前两个学习情境的单项技能训练完成后，通过检查病原细菌、病毒和病原真菌等综合技术训练实现掌握病原微生物的基本特性、致病作用、诊断方法和防制手段的目的，最终达到本门课程的教学目标。每个学习情境均由学习任务单、任务资讯单、相关信息单、计划单、决策实施单、作业单、效果检查单和评价反馈单八部分组成，在相关信息单中又设有若干个能力训练项目和必备知识，将知识的学习融于技能训练。本书可作为畜牧兽医专业的高职教材，也可作为相关技术人员的岗位培训教材。

前　言

　　本教材以党的二十大精神"高举中国特色社会主义伟大旗帜，全面贯彻新时代中国特色社会主义思想，弘扬伟大建党精神，自信自强、守正创新，踔厉奋发、勇毅前行，为全面建设社会主义现代化国家、全面推进中华民族伟大复兴而团结奋斗"为指导，落实立德树人根本任务，遵循职业教育基本规律，根据教育部《关于加强高职高专教育人才培养工作的意见》的精神，按照《职业院校教材管理办法》编写修订。

　　本教材是以工学结合为切入点，以工作过程为导向，而构建的专业核心能力课程之一，与专业综合能力课程共同组成行动领域的课程体系。在构建课程体系的基础上，吸纳了行业及企业技术人员实践经验，结合技术领域和职业岗位的任职要求，参照相关的职业资格标准，开发设计了课程的教学体系，经过多轮教学实践，收效良好。本教材就是在此工作的基础上，为了满足下一步的教学需要而编写的。

　　本教材通过"项目导向、任务驱动"模式，对教学内容进行归并、梳理、序化和开发，设计了5个学习情境，具备以下特点：

　　(1)每个学习情境都有可操作性和可监测性的学习目标，具有任务描述，以及问题资讯及资讯引导，不仅使学生明确需要掌握的知识、技能和素养，更重要的是培养了学生的学习能力与方法能力，提升敬业奉献、服务人民的信念。

　　(2)每个学习情境均将技能与相关知识融为一体，便于"项目引导、任务驱动"教学方法的运用，使学生通过完成相关的技能学习与训练，掌握相关的专业知识，从而实现培养学生职业能力的目的。

　　(3)教学过程中要求学生以小组为单位完成相关任务，并在学生动手操作、动脑分析及完成任务的过程中，结合教师的指导与评价，达到提高学生综合素质的目的。

　　(4)教材体系设计中充分考虑了学生的认知规律，技能的设计、知识的序化遵循逻辑性和系统性原则，教学内容编写注重循序渐进、图文并茂，每个学习情境结束后都有作业与评价反馈，便于帮助学生掌握和巩固重点内容，检查学生的学习效果。

　　(5)适当将相关科学技术的新进展、新方法和新技术融汇于教材之中，为学生进一步了解相关专业知识与技术打下基础，增强学生的可持续发展能力，着力造就拔尖创新人才。

　　全书共分5个学习情境。学习情境1：认识微生物，包括认识细菌、认识病毒、认识真菌3个项目，必备知识和拓展知识；每个项目中包含若干个任务，任务主要为染色及形态观察；必备知识主要为微生物的特点、分类及形态结构等；拓展知识为微生物在自然界中的分布和微生物在生产中的应用。学习情境2：监测机体免疫状态，包括接种疫苗、监测抗体、口蹄疫抗体检测3个项目，必备知识和拓展知识；项目中的任务主要为动物疫苗接种、抗体监测及抗体检测；必备知识主要为免疫基本知识、血清学试验及免疫学应用等；拓展知识为疫苗制备和免疫血清的制备。学习情境3：检查病原细菌，选择了具有代表性的细菌病的检验和必备知识。细菌病的检验包括鸡大肠杆菌与沙门氏菌的检查、检查皮张中炭疽杆菌、凝集试验诊断羊布氏杆菌病和鸡败血性霉形体病、变态反应诊断牛结核病及猪痢疾蛇形螺旋体的检查；必备知识有细菌的生物学特性、细菌的致病性、消毒与灭菌、微生物的遗传与变异、微生物的传染、变态反应及主要病原菌简介。学习情境4：检查病毒，则选择了具有代表性的病毒检测方法及必备知识。病毒的检测包括鸡新城疫病毒的分离与鉴定、猪水疱病病毒反向间接血凝试验和鸡传染性法氏囊炎病毒琼脂扩散试验和PCR法检查猪瘟病毒；必备知识有病毒的生物学特性、病毒的致病性及主要病毒简介。学习情境5：检查病原真菌，介绍了鸡烟曲霉菌及犬、猫小孢子菌检查，以及真菌的生物学特性、致病性及免疫性、常见病原真菌的检验方法及常见的病原真菌。

　　本教材的编写分工是：学习情境1、学习情境4由孙璐璐和左远鹏编写；学习情境2由杨井坤编写；学习情境3由刘莉编写；学习情境5由孙璐璐、向双云和颜卫编写；孙光参与了内容设计与定稿工作。全书由刘莉统稿，并由韩双副教授审定。教材编写过程中，为深化校企合作，体现企业主导地位，吸纳了行业、企业及相关专业教师有益的建议和意见；同时，引用了网络上的资源及相关专家的成果文献，在此一并表示感谢！

　　本教材的体系处于改革探索阶段，仅是阶段性成果的展示，尚有不成熟之处。请使用本书的师生及同行多提出意见和建议，对于书中的错误和不当给予批评指正。

　　本书配有资源，扫描封面二维码注册后，再次扫描该码，即可使用资源（该码仅可供一人使用，一旦使用，他人不可再用）；另外，部分其他资源可扫描下边任一二维码，关注后，再回到微信，扫描二维码即可使用资源。

动物微生物检验及免疫监测技术
视频资源

动物微生物检验及免疫监测技术
PPT课件资源

编　者

目　录

学习情境 1

认识微生物

●●●●● 学习任务单

学习情境 1	认识微生物	学　时	14
布置任务			
学习目标	1. 了解微生物的概念、特点与分类； 2. 学会识别显微镜油镜，会用油镜观察细菌的形态、排列，能对油镜进行正确的维护与保养； 3. 学会用细菌培养物、动物组织进行涂片、染色、镜检； 4. 掌握细菌基本结构与特殊结构的组成及功能； 5. 了解放线菌、霉形体、螺旋体、立克次氏体和衣原体的形态结构特点； 6. 学会制作酵母菌及霉菌培养物标本片，并能鉴别镜下酵母菌及霉菌的形态和染色特性； 7. 能描述出病毒的特征及形态结构特点，并会观察电子显微镜下的病毒形态； 8. 建立无菌观念和合作意识；培养观察和分析问题能力；养成爱护仪器设备的工作习惯及严谨的工作作风		
任务描述	在微生物检验室，按照规程进行细菌、病毒和真菌涂片制备及染色，识别显微镜下细菌、病毒和真菌的形态及染色特性，具体任务： 1. 细菌的涂片制备、染色及结果观察； 2. 细菌大小的测定； 3. 观察电子显微镜下病毒的形态； 4. 真菌标本片制备、染色及结果观察		
学时分配	资讯：3 学时　计划：1 学时　决策：0.5 学时　实施：8 学时　考核：1 学时　评价：0.5 学时		
提供资料	1. 刘莉，王涛. 动物微生物及免疫. 北京：化学工业出版社，2010 2. 刘莉，金璐娟. 动物微生物及免疫. 哈尔滨：黑龙江科学技术出版社，2004 3. 陆承平. 兽医微生物学（第 5 版）. 北京：中国农业出版社，2013 4. 李一经. 兽医微生物学. 北京：高等教育出版社，2011 5. 李舫. 动物微生物与免疫技术. 北京：中国农业出版社，2014 6. 张红英. 动物微生物学. 北京：中国农业出版社，2017 7. 杨井坤.《动物微生物及免疫》在线开放课程. 学银在线		
对学生要求	1. 由 3～4 人组成一个学习小组，完成本项目学习； 2. 课前以小组为单位，完成资讯问题答案的收集与整理； 3. 严格遵守微生物检验室的规章制度； 4. 规范操作，尊重实验结果； 5. 遵守操作规程，避免安全事故发生		

●●●●● 任务资讯单

学习情境1	认识微生物
资讯方式	通过资讯问题和资讯引导，动物微生物检验及免疫监测技术精品课网站、图书阅览室查询，课件、视频及模拟实验展示，指导教师咨询等形式完成
资讯问题	1. 什么是微生物？微生物与人及动物的生存有什么关系？ 2. 微生物有哪些特点？分哪些种类？ 3. 什么是细菌？大小如何表示？有哪些形态及排列形式？ 4. 细菌具有哪些基本结构与特殊结构？特殊结构有何功能？ 5. 革兰氏阳性菌和革兰氏阴性菌有何区别？ 6. 如何制作细菌标本片？ 7. 为什么要使用油镜头观察细菌？显微镜油镜在使用时要注意哪些事项？ 8. 常见的细菌染色方法有哪些？ 9. 放线菌、霉形体、螺旋体、立克次氏体和衣原体形态结构有何特点？ 10. 什么是病毒？有何特征？ 11. 病毒有哪些基本形态？如何进行形态观察？ 12. 病毒的结构包括哪几部分？与致病性及相关传染病的诊断有何关系？ 13. 酵母菌及霉菌形态结构有何特点？ 14. 如何进行酵母菌、霉菌标本片制作及镜下观察？
资讯引导	1. 在相关信息单中查询； 2. 在刘莉、王涛主编的《动物微生物及免疫》(北京：化学工业出版社，2010)中进行查询； 3. 在刘莉、金璐娟主编的《动物微生物及免疫》(哈尔滨：黑龙江科学技术出版社，2004)中进行查询； 4. 在其他相关资料中查询

●●●●● 相关信息单

项目 1　认识细菌

任务 1　认识各种细菌形态

生物显微镜下细菌的形态见图 1-1。

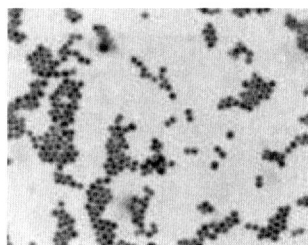

葡萄球菌

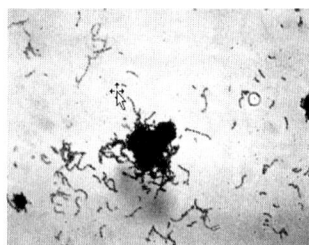

猪链球菌

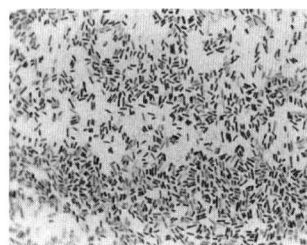

大肠杆菌

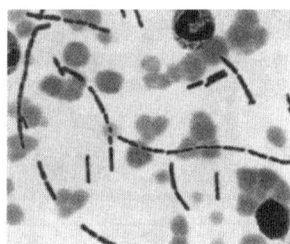

炭疽杆菌

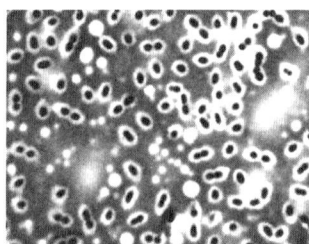

肺炎链球菌(荚膜)

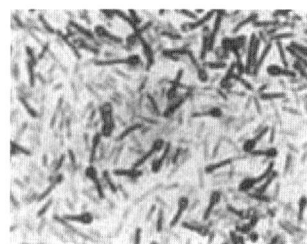

破伤风梭菌(芽孢)

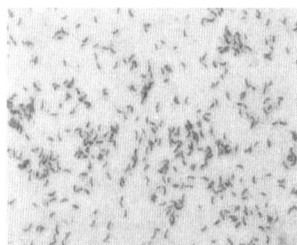

副溶血性弧菌

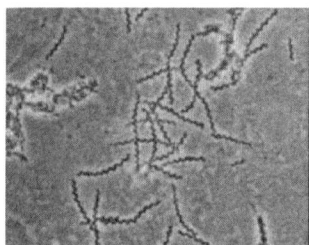

螺旋菌

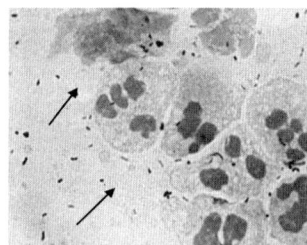

霉形体

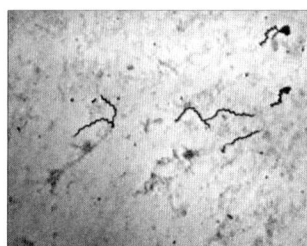

螺旋体

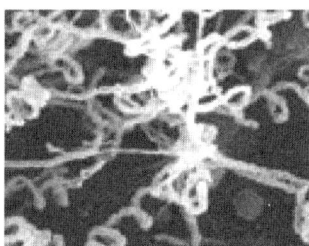

放线菌

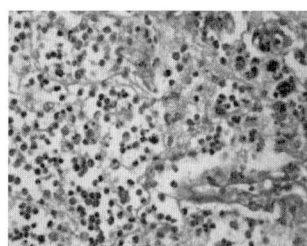

鹦鹉热衣原体

图 1-1　生物显微镜下细菌的形态

任务 2   病料组织中细菌的形态检查

【工作场景】

地点：微生物检验室。

仪器：生物显微镜。

材料：感染多杀性巴氏杆菌的病料、美蓝染色液、载玻片、剪刀、镊子、洗瓶、擦镜纸、吸水纸、香柏油、二甲苯、甲醇等。

【工作过程】

操作步骤见图1-2。

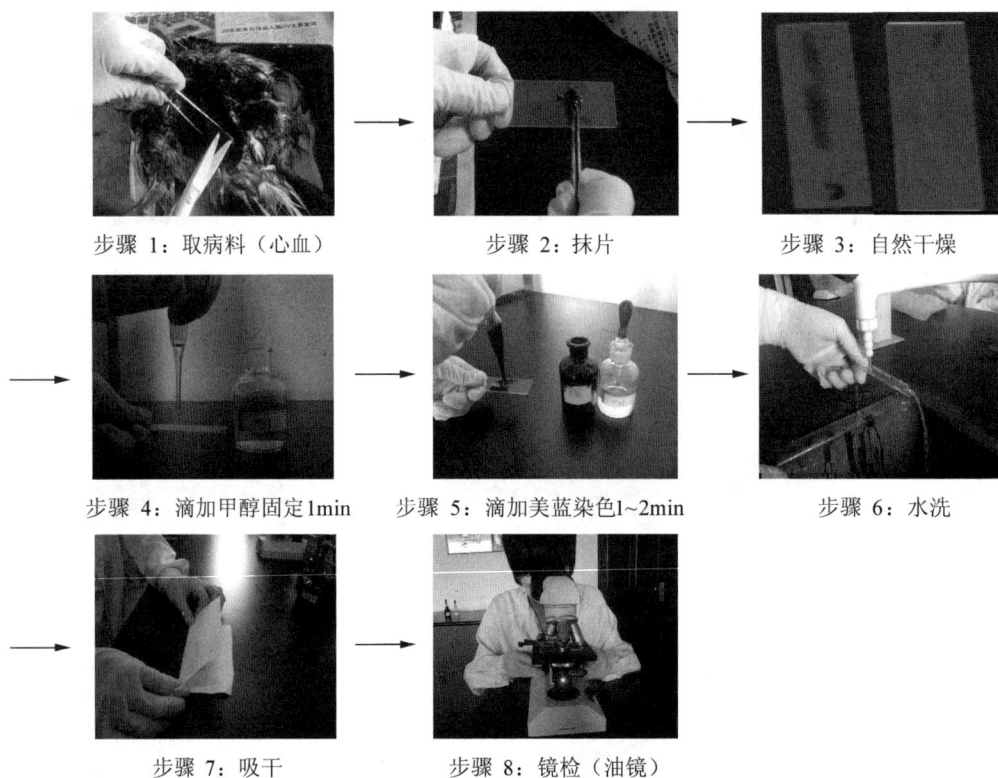

步骤1：取病料（心血）   步骤2：抹片   步骤3：自然干燥

步骤4：滴加甲醇固定1min   步骤5：滴加美蓝染色1~2min   步骤6：水洗

步骤7：吸干   步骤8：镜检（油镜）

图1-2   组织抹片制作及美蓝染色、镜检过程

【油镜的使用与保养】

(1)显微镜的放置   将显微镜置于平稳的实验台上，镜座离实验台边缘3~4 cm，观察者坐姿端正，接通电源，打开开关。

(2)油镜的识别   油镜在物镜中最长，镜片最小；油镜头上标有放大倍数"100×"或"90×"字样；进口油镜头常标有"oil"字样；一般油镜头上标有白色线圈。

(3)调节光源   调节视野明暗度，尽量升高聚光器，放大光圈，使射入镜头的光线最强。

(4)放置标本   在标本片的欲检部位滴加一滴香柏油，上升镜筒，将标本片固定于载物台上，使欲检部位位于油镜正下方。

（5）观察物像　从侧面注视油镜头，小心转动粗调螺旋，使镜筒下降，直至油镜头浸没油中，使镜头下端几乎与标本片相接，但不要触到玻片。从双眼目镜观察，缓慢转动粗调螺旋使镜筒上升，待得到模糊物像时，换用微调螺旋调准焦距，使物像清晰。如果镜头已离开油面，仍未出现物像，重复上述操作，直至出现的物像清晰为止。

（6）油镜的保养　观察完毕，下降载物台，取出玻片，关闭电源。先用两片擦镜纸蘸取少量二甲苯，擦去镜头上的油迹，再换擦镜纸拭去残留在镜头上的二甲苯。将油镜和高倍镜转成"八"字形，使载物台和聚光器下降到最低位，右手握镜臂，左手掌托底座送入镜箱内，存放于阴凉干燥处。

油镜工作原理　油镜是显微镜物镜的一种，其放大倍数较大，使用时必须浸于香柏油内，故称油镜。油镜工作时与其他物镜的不同之处在于载玻片和物镜之间的介质不是空气，而是和玻璃折射率（$n=1.52$）相近的香柏油（$n=1.515$）。由于空气的折射率（$n=1.0$）与玻璃的折射率相差较大，光线通过玻片会发生散射，使进入视野的光线减少，降低视野亮度（见图1-3）。在镜头和载玻片之间滴加香柏油，使油镜头浸在油里，降低散射作用，会使视野明亮，物像清晰。

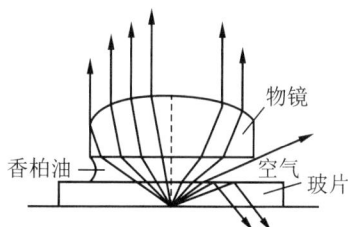

图1-3　介质折射率对物镜视野明亮度的影响

【结果展示】

结果见图1-4、图1-5。

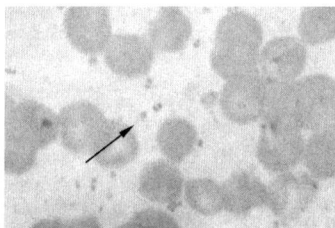

图1-4　病料组织中巴氏杆菌图（16×100）

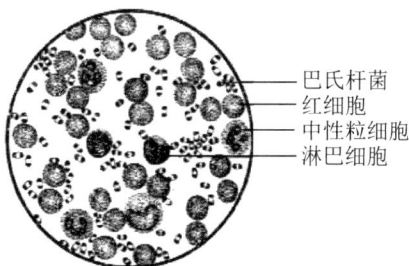

图1-5　病料组织中巴氏杆菌示意图

注意

①香柏油的用量以1～2滴为宜。

②提升载物台不要过度，以免压碎玻片和损坏油镜头。

③油镜头须用擦镜纸擦拭，二甲苯用量以1～2滴为宜。

任务3　培养物中细菌的形态检查

【工作场景】

地点：微生物检验室。

仪器：生物显微镜。

材料：葡萄球菌培养物、链球菌培养物、大肠杆菌培养物、草酸铵结晶紫染色液、革兰氏碘液、95%乙醇、稀释石炭酸复红染色液、载玻片、洗瓶、擦镜纸、吸水纸、香柏油、二甲苯、接种环、酒精灯、火柴等。

【工作过程】

工序1　细菌涂片制作(见图1-6)

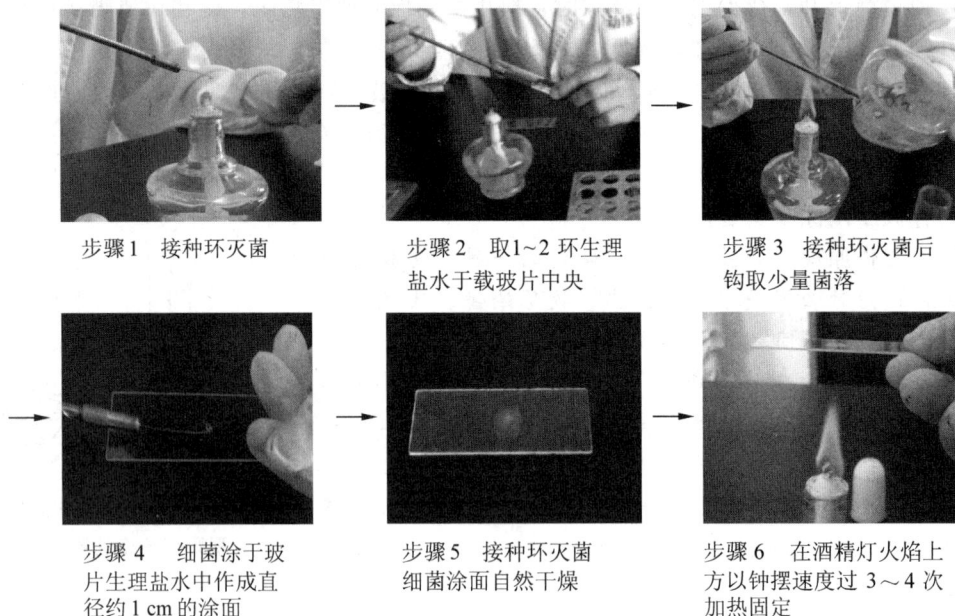

步骤1　接种环灭菌

步骤2　取1~2环生理盐水于载玻片中央

步骤3　接种环灭菌后钩取少量菌落

步骤4　细菌涂于玻片生理盐水中作成直径约1 cm的涂面

步骤5　接种环灭菌细菌涂面自然干燥

步骤6　在酒精灯火焰上方以钟摆速度过3~4次加热固定

图1-6　细菌涂片制作步骤

工序2　革兰氏染色(见图1-7)

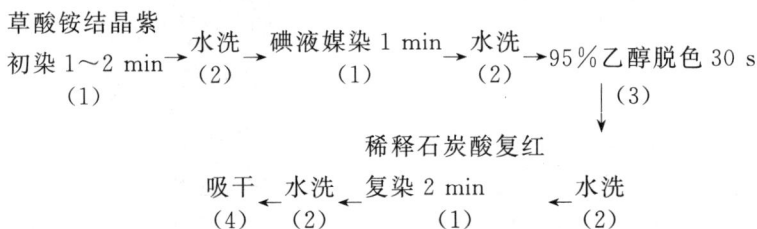

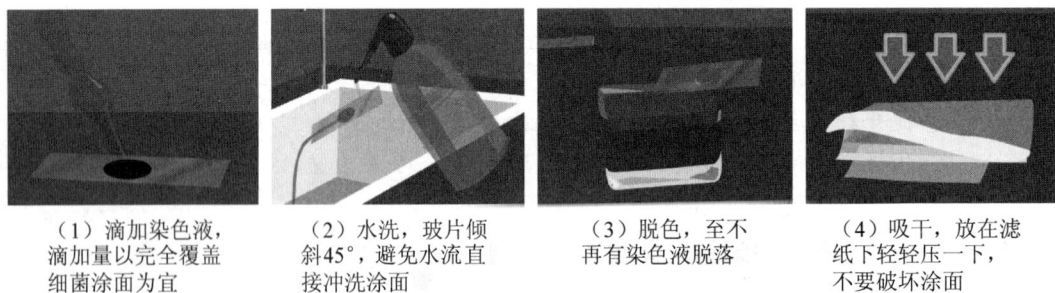

草酸铵结晶紫
初染1~2 min → 水洗 → 碘液媒染1 min → 水洗 → 95％乙醇脱色30 s
(1)　　　　　(2)　　　　　　　(1)　　　　　(2)　　　　　　　　　　(3)

稀释石炭酸复红
吸干 ← 水洗 ← 复染2 min ← 水洗
(4)　　(2)　　(1)　　　　　(2)

(1)滴加染色液,滴加量以完全覆盖细菌涂面为宜

(2)水洗,玻片倾斜45°,避免水流直接冲洗涂面

(3)脱色,至不再有染色液脱落

(4)吸干,放在滤纸下轻轻压一下,不要破坏涂面

图1-7　革兰氏染色操作示意图

工序3　油镜检查

方法同任务2。

【结果展示】

革兰氏阳性菌呈紫色,革兰氏阴性菌呈红色。葡萄球菌、链球菌染成紫色,大肠杆菌

染成红色(见图 1-8～图 1-10)。

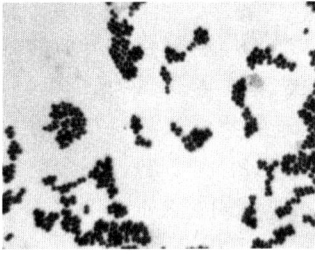

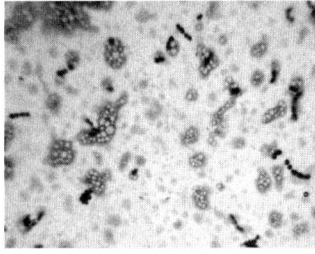

图 1-8　葡萄球菌—革兰氏阳性　　　　图 1-9　链球菌—革兰氏阳性　　　　图 1-10　大肠杆菌—革兰氏阴性

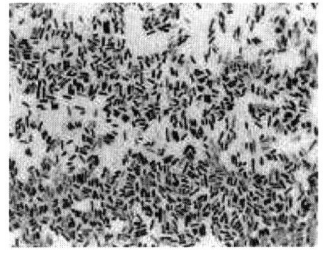

革兰氏染色原理　　革兰氏染色法是由丹麦植物学家革兰(Christian Gram)于 1884 年创建。革兰氏阳性细菌因细胞壁中肽聚糖含量高，脂类物质含量低，染色过程中经乙醇处理被脱水引起细胞壁肽聚糖层中的孔径变小，通透性降低，使结晶紫—碘复合物保留在细胞内，再用红色的复红复染后细菌细胞仍为紫色。而革兰氏阴性细菌细胞壁中肽聚糖含量低，脂类物质含量高，染色过程中经乙醇处理后，溶解了脂类物质，细菌细胞壁通透性增强，使结晶紫—碘复合物被乙醇从细胞中抽提出来，用稀释石炭酸复红复染后细菌细胞被染成红色。

任务 4　测定细菌大小

【工作场景】

地点：微生物检验室。

仪器：生物显微镜。

材料：显微测微尺、金黄色葡萄球菌、枯草芽孢杆菌、迂回螺旋菌染色玻片标本、香柏油、二甲苯、擦镜纸等。

【工作过程】

工序 1　目镜测微尺的校正

(1)将目镜测微尺刻度朝下装入目镜内，并将物镜测微尺刻度朝上，置于载物台上。

(2)用低倍镜观察，至能清晰地看到物镜测微尺。

(3)改用高倍镜或油镜对焦后，转动目镜，使目镜测微尺刻度与物镜测微尺刻度平行。

(4)两尺吻合后，先使两尺的一端某一刻度完全重合，然后再寻找另一端第二条重叠的刻度(见图 1-11)。

(5)记下两吻合刻度间距，即目镜测微尺与物镜测微尺的格数。按下列公式算出目镜测微尺每小格所代表长度，确定标定结果。

$$目镜测微尺每格长度(\mu m) = \frac{两吻合刻度间物镜测微尺格数 \times 10}{两吻合刻度间目镜测微尺格数}$$

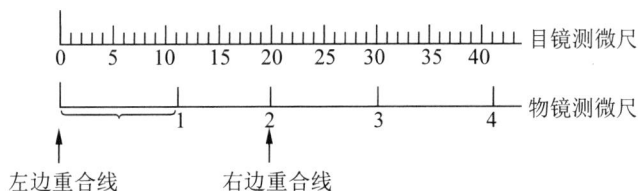

图 1-11　物镜测微尺校正目镜测微尺

显微测微尺的构造　显微测微尺由目镜测微尺和物镜测微尺组成，目镜测微尺是一块可以放入目镜内的特定圆形玻璃片，玻片中央有精确刻度，在 5 mm 刻尺上等分 50 小格（见图 1-12-1），测量时将其放在接目镜隔板上。目镜测微尺只是测量显微镜放大后的物像大小。由于不同显微镜的放大倍数不同，故目镜测微尺每格实际的代表长度随物镜放大倍数不同而不同，因此在使用前必须用物镜测微尺标定，以确定在一定物镜及目镜下，每格实际代表的长度。物镜测微尺是一个中央有精确等分线的载玻片（见图 1-12-2），一般将长为 1 mm 的直线等分成 100 个小格，每小格长 10 μm，专用于校正目镜测微尺的每格长度。

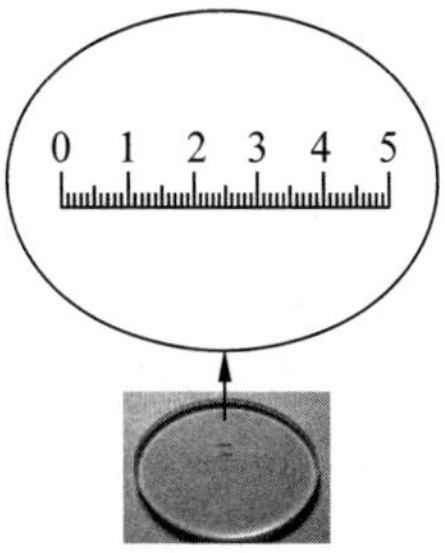

图 1-12-1　目镜测微尺 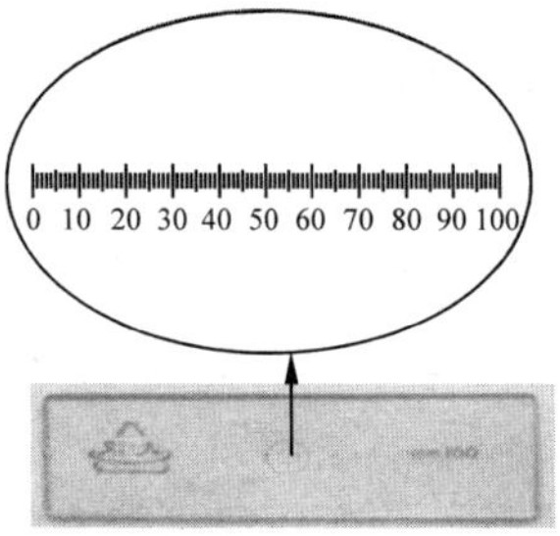　　　　**图 1-12-2　物镜测微尺**

工序 2　菌体大小测定

取下物镜测微尺，将细菌染色标本片置于载物台上，然后在油镜下用目镜测微尺测量菌体的大小。杆菌测量长度与宽度；球菌测量直径；螺旋菌测量宽度和直线距离。一般在测菌体大小时，通常测量 10～20 个菌体，求出其平均值。

【测定结果】

将测定结果填入表 1-1～表 1-3。

表 1-1　目镜测微尺校正结果

物　镜	物镜倍数	目镜测微尺格数	物镜测微尺格数	目镜测微尺每格代表的长度/μm
低倍镜				
高倍镜				
油　镜				
目镜放大倍数：				

注：更换不同放大倍数的目镜或物镜时，均需重新校正。

表 1-2　细菌大小测定结果

细菌名称	1	2	3	4	5	6	7	8	9	10
金黄色葡萄球菌										
枯草芽孢杆菌										
迂回螺旋菌										

表 1-3　各种细菌测定结果与计算结果

细菌名称	目镜测微尺每格代表的长度/μm	宽		长		
		目镜测微尺平均格数	宽度/μm	目镜测微尺平均格数	宽度/μm	菌体大小/μm
金黄色葡萄球菌						
枯草芽孢杆菌						
迂回螺旋菌						

细菌大小的表示方法

常见细菌大小的表示方法见图 1-13~图 1-15。

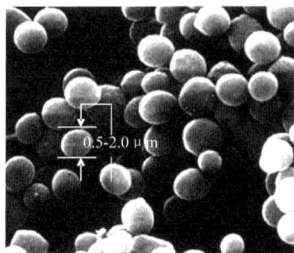

图 1-13　球菌(电镜)

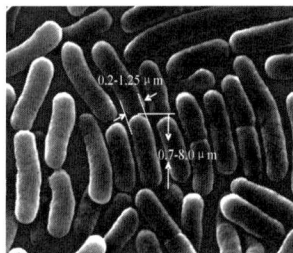

图 1-14　杆菌(电镜)

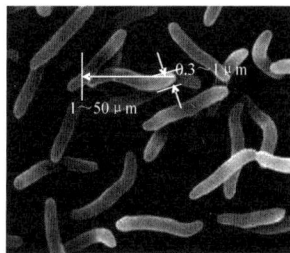

图 1-15　弧菌(电镜)

①球菌用直径来表示其大小，一般大小为 0.5~2 μm(见图 1-13)。

②杆菌用"宽×长"表示，一般大小为(0.2~1.25) μm×(0.7~8)μm(见图 1-14)。

③弧菌和螺旋菌也用"宽×长"表示，用直线距离作长度，一般大小为(0.3~1) μm×(1~50) μm(见图 1-15)。

注意　①目镜测微尺很轻、很薄，在取放时应特别注意防止其跌落而损坏。

②观察时光线不宜过强，否则难以找到物镜测微尺的刻度；升降镜筒时动作要轻，防止物镜压坏物镜测微尺或损坏镜头。

项目 2　认识病毒

任务 1　认识各种病毒形态

电子显微镜下病毒的形态见图 1-16。

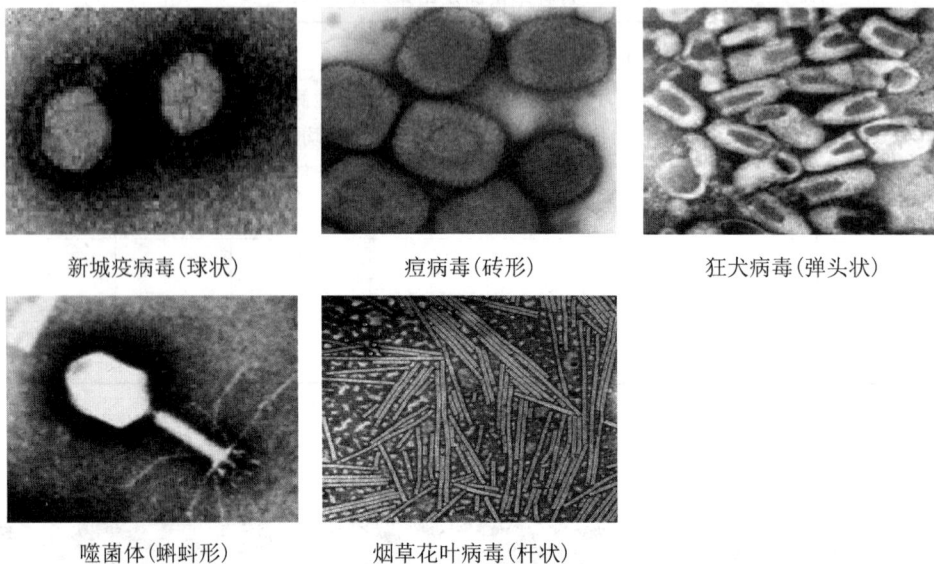

新城疫病毒(球状)　　　痘病毒(砖形)　　　狂犬病毒(弹头状)

噬菌体(蝌蚪形)　　　烟草花叶病毒(杆状)

图 1-16　病毒电镜照片

任务 2　冠状病毒形态观察

【工作场景】

地点：电镜室。

仪器：透射电子显微镜。

材料：2%磷钨酸染色液、铜网(300 目)。

【工作过程】

工序 1　样品处理——直接负染法

| 病毒上清液超速(100 000 r/h)离心2 h，提纯后滴在封口膜上 | 将铜网扣在病毒悬液上静止1~2 min，夹起载网，吸去多余液体 | 将铜网倒扣在负染液滴上，静止1~2 min，夹起载网，吸去多余染液，自然晾干 | 铜网于紫外灯下照射正反面各5 min，镜检 |

工序 2　镜检

低倍(4 000 倍左右)观察样品全貌，选择着色病毒粒子斑块逐步放大倍数，仔细寻找具有冠状病毒形态特征的病毒粒子，精细聚焦。

【结果展示】

负染冠状病毒形态特征：冠状病毒单个或成群呈现在被包围的灰色或黑色染色液背景中，病毒呈球形或多形态，直径 60~200 nm，有包膜。核衣壳螺旋对称，直径9~13 nm，包膜表面有大而宽的梅花瓣状，纤突长约 20 nm，末端宽 10 nm，呈皇冠状分布(见图 1-17～图 1-19)。

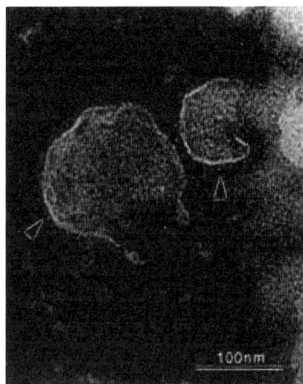

图 1-17　冠状病毒负染电镜图像，显示病毒包膜一侧破裂，包膜表面有冠状纤突

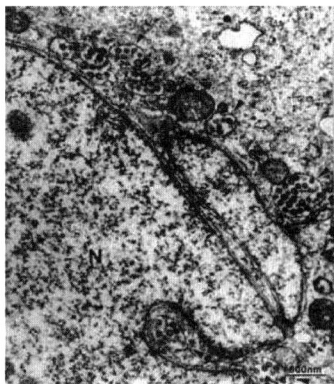

图 1-18　感染细胞核旁扩张的粗面内质网泡中的大量成熟病毒粒子

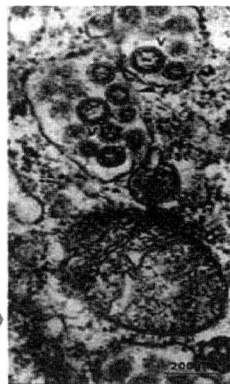

图 1-19　是图 1-18 的局部放大，显示病毒在粗面内质网上芽生成的图像和泡内的成熟病毒粒子

电子显微镜的使用　电子显微镜是利用电子束对样品放大成像的显微镜，简称电镜。电镜的放大倍率可达百万，可分辨样品的最小距离为零点几纳米，而光学显微镜的放大倍率不过几千倍，其分辨率在理论上不能小于 0.2 μm。电子显微镜分为透射电镜和扫描电镜两大类，透射电镜的工作原理和普通光学显微镜非常相似，包括照明系统、成像系统和观察、照相室等(见图 1-20)；扫描电镜利用从块状样品表面收集到的信号电子成像，因此相当于一种"反射式"显微镜。

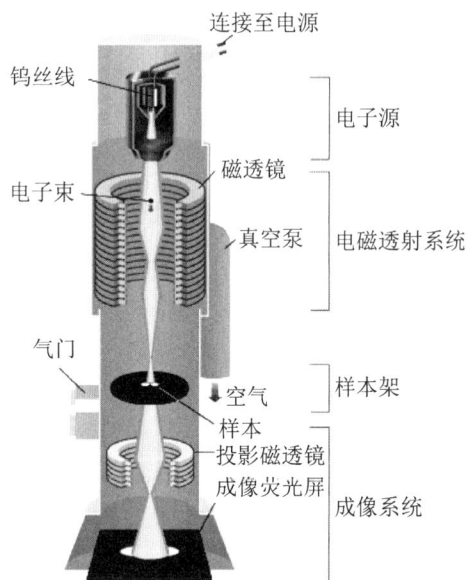

图 1-20　透射电子显微镜结构示意图

项目3　认识真菌

任务1　认识常见真菌形态

生物显微镜下常见真菌的形态见图1-21。

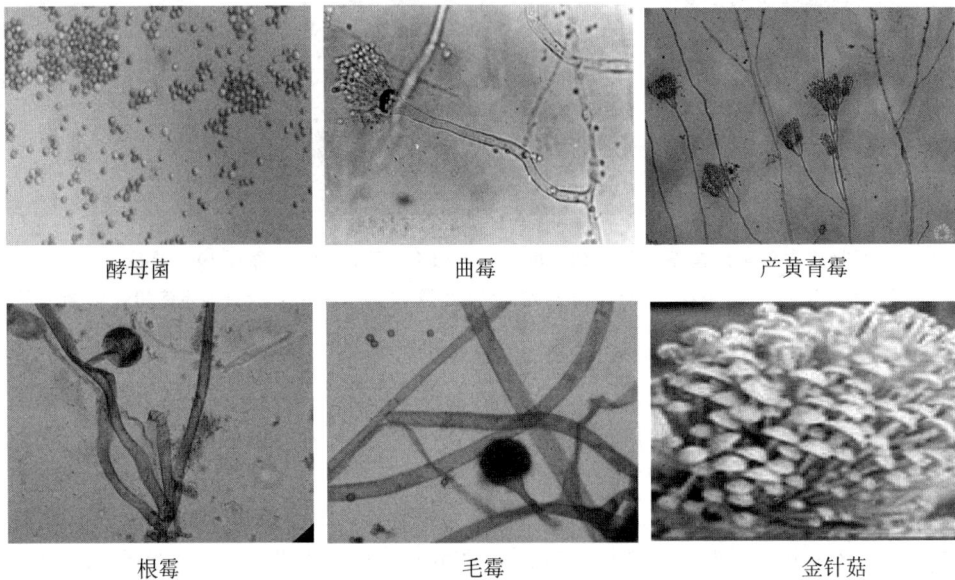

酵母菌　　　　　　曲霉　　　　　　产黄青霉

根霉　　　　　　毛霉　　　　　　金针菇

图 1-21　生物显微镜下常见真菌的形态

任务2　饲料酵母形态观察

【工作场景】

地点：微生物检验室。

仪器：生物显微镜。

材料：麦芽汁培养基、1 mol/L HCl、0.05％碱性美蓝染液、三角瓶、载玻片、盖玻片、接种环、蒸馏水等。

【工作过程】

工序1　酵母菌的简易培养

接种少量饲料酵母于灭菌后的马铃薯液体培养基(配制见学习情境5中项目1)中，置25 ℃～26 ℃恒温培养箱中培养2～3 d，可见培养液混浊，即可取培养液镜检。

工序2　制作酵母水浸片

步骤1：在载玻片中央加一滴0.05％碱性美蓝染液 → 步骤2：接种环灭菌后取酵母培养液少许与美蓝染液混匀染色2～3 min → 步骤3：将盖玻片倾斜，一侧先与载玻片接触后，轻轻放下，盖在液滴上，见图1-22

工序 3　镜检

将玻片标本放在载物台上，有盖玻片的一面朝上，先用低倍镜观察，然后换高倍镜观察。注意观察酵母形态、出芽及死活情况。

【结果展示】

镜下酵母形态见图 1-23。

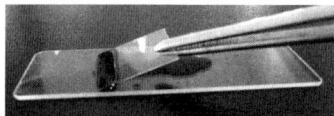

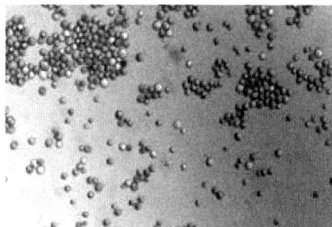

图 1-22　盖盖玻片　　　　　　　图 1-23　镜下酵母形态(美蓝染色 10×40)

美蓝水浸片制作原理　酵母细胞较大，不必染色也可用显微镜观察其形态。用美蓝染色液可对酵母细胞进行死活染色鉴别。美蓝是一种弱氧化剂，氧化态呈蓝色，还原态为无色。活细胞因新陈代谢作用，具有一定的还原力，能将进入细胞的美蓝还原成无色；而死细胞或代谢缓慢的老细胞，因无还原能力或还原能力极弱，细胞被染成蓝色或淡蓝色。一个活的酵母细胞的还原能力是有限的，因此需严格控制染料浓度和染色时间。

> **注意**
>
> ①酵母培养液取量要适宜，不能过多，否则，盖盖玻片时，菌液易溢出或出现大量气泡。
>
> ②盖盖玻片时，先将一侧与菌液接触，然后慢慢放下，使其盖在菌液上，盖玻片不宜平着放下，容易产生气泡。

任务 3　黄曲霉菌形态观察

【工作场景】

地点：微生物检验室。

仪器：生物显微镜。

材料：发霉谷物饲料、马铃薯琼脂培养基(PDA)、乳酸酚棉蓝染色液、接种环、接种针、载玻片、盖玻片等。

【工作过程】

工序 1　黄曲霉的人工培养

采集发霉谷物饲料若干浸于 1% 次氯酸钠溶液内 1 min 或 75% 乙醇内 1～2 min，取出后用无菌水冲洗，置于盛有灭菌纱布的平皿内。无菌操作，用灭菌小镊子夹取饲料颗粒，等距离排列，使胚部向下插入马铃薯琼脂培养基内。接种大颗粒 5 粒或小颗粒 10 粒，置 25 ℃～28 ℃ 的恒温箱内培养，10～14 d 可见直径 3～7 cm 菌落，初带黄色，后变黄绿色，以后呈褐色，平坦或有放射沟，反面无色或带褐色，待检。

工序 2　制作黄曲霉水浸片及镜检

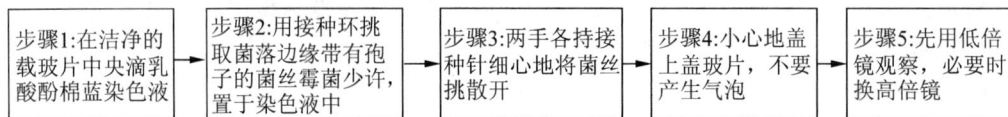

| 步骤1:在洁净的载玻片中央滴乳酸酚棉蓝染色液 | → | 步骤2:用接种环挑取菌落边缘带有孢子的菌丝霉菌少许,置于染色液中 | → | 步骤3:两手各持接种针细心地将菌丝挑散开 | → | 步骤4:小心地盖上盖玻片,不要产生气泡 | → | 步骤5:先用低倍镜观察,必要时换高倍镜 |

镜检注意观察菌丝有无隔膜,有无足细胞等特殊形态的菌丝,孢子着生的方式和孢子的形态、大小等。

> **注意**
> ①挑去菌丝前接种环(针)要在酒精灯上灼烧灭菌。
> ②挑菌和制片时要细心,尽可能保持霉菌自然生长状态,细心地将菌丝分开。
> ③加盖玻片时勿压入气泡。
> ④观察时,宜用略暗光线,先用低倍镜观察,必要时更换高倍镜观察。

【结果展示】

黄曲霉的菌落特征见图 1-24,镜下形态见图 1-25。

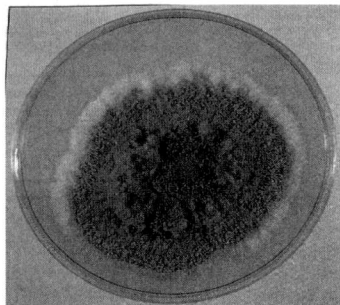

图 1-24　黄曲霉在 PDA 上的菌落特征(3 d)

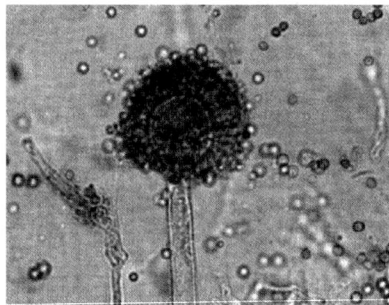

图 1-25　黄曲霉镜下形态(10×100)

乳酸酚棉蓝水浸片制作原理　霉菌菌丝比较粗大,细胞易收缩变形,且孢子容易飞散,所以制标本时常用乳酸酚棉蓝染色液。此染色液做霉菌制片的特点是细胞不变形,具有杀菌、防腐作用,不易干燥,能保持较长时间,防止孢子四处飞散,另外棉蓝具有一定的染色作用,可增加与背景的反差。

附:常用染色液的配制

1. 碱性美蓝染液

A 液:美蓝 0.6 g,95%乙醇 30 mL;

B 液:氢氧化钾 0.01 g,蒸馏水 100 mL;

分别配制 A 液和 B 液,配好后混合即可。

2. 石炭酸复红染色液

A 液:碱性复红 0.3 g,95%乙醇 10 mL;

B 液:石炭酸 5.0 g,蒸馏水 95 mL;

将碱性复红在研钵中研磨后,逐渐加入 95%乙醇,继续研磨使其溶解,配制 A 液。将石炭酸溶解于水中,配成 B 液。混合 A 液及 B 液即成。通常可将此混合液稀释 5～10 倍使用，稀释液易变质失效，一次不宜多配。

3. 草酸铵结晶紫染液

A 液：结晶紫 2 g，95％乙醇 20 mL；

B 液：草酸铵 0.8 g，蒸馏水 80 mL；

分别配制 A 液和 B 液，然后混合 A、B 液，静置 48 h 后使用。

4. 革兰氏碘液

碘片 1.0 g，碘化钾 2.0 g，蒸馏水 300 mL；

先将碘化钾溶解在少量水中，再将碘片溶解在碘化钾溶液中，待碘全溶后，加足水分即成。

5. 乳酸酚棉蓝染色液

石炭酸 10 g，乳酸(比重 1.21)10 mL，甘油 20 mL，蒸馏水 10 mL，棉蓝 0.02 g。

将石炭酸加在蒸馏水中加热溶解，然后加入乳酸和甘油，最后加入棉蓝，使其溶解即成。

●●●●● 必备知识

一、微生物的特点及分类

微生物是广泛存在于自然界中的一群肉眼不能直接看见，必须借助光学显微镜或电子显微镜才能观察到的微小生物的总称。它具有形体微小、结构简单、繁殖迅速、种类繁多、容易变异、适应环境能力强等特点。

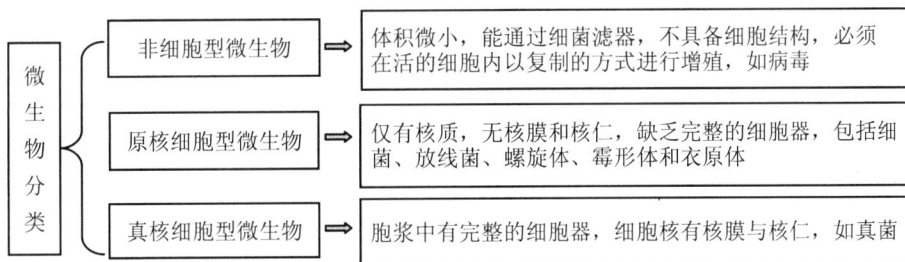

微生物分类	非细胞型微生物	体积微小，能通过细菌滤器，不具备细胞结构，必须在活的细胞内以复制的方式进行增殖，如病毒
	原核细胞型微生物	仅有核质，无核膜和核仁，缺乏完整的细胞器，包括细菌、放线菌、螺旋体、霉形体和衣原体
	真核细胞型微生物	胞浆中有完整的细胞器，细胞核有核膜与核仁，如真菌

二、细菌的形态结构特点

细菌是原核生物界中的一大类个体微小、形态与结构简单、具有细胞壁的单细胞微生物。

1. 细菌的形态

细菌的常见形态有球形、杆形和螺旋形三种。细菌是以简单的二分裂繁殖方式进行增殖的。有些细菌分裂后彼此分离，单个存在；有些细菌分裂后彼此仍有原浆带相连，形成一定的排列方式。各种细菌的个体外形和其排列的方式，在正常情况下是相对稳定且有特征性的，可作为细菌分类、鉴定的依据。

(1)球菌　多数球菌呈正球形或近似球形。按其分裂方向及分裂后的排列情况，又可分为单球菌、双球菌、链球菌、四联球菌、八叠球菌和葡萄球菌(见图 1-26)。

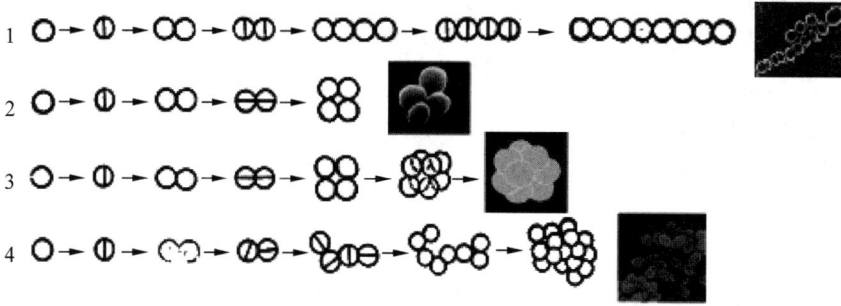

图 1-26 各种球菌的形态和排列

1. 球菌向一个平面分裂形成双球菌或链球菌；2. 球菌向两个相互垂直的平面分裂形成四联球菌；
3. 球菌向三个相互垂直的平面分裂形成八叠球菌；4. 球菌无定向地向多个平面分裂形成葡萄球菌

（2）杆菌 杆菌是细菌中种类最多的类型，一般呈圆柱形，也有近似卵圆形的，其长短、大小、粗细差别很大（见图 1-27）。长的杆菌呈圆柱形，有的甚至呈丝状，如坏死梭杆菌。短的杆菌有的接近椭圆形，称球杆菌，如多杀性巴氏杆菌。有些杆菌能形成侧枝或分枝，称为分枝杆菌，如结核分枝杆菌。有的杆菌一端大一端小呈棒状，称棒状杆菌，如膀胱炎棒状杆菌。杆菌菌体平直，少数稍有弯曲，如腐败梭菌。菌体的两端多为钝圆，少数是平截的，如炭疽杆菌；也有少数两端尖锐的，呈梭状，如尖端梭菌。杆菌两端的形态在鉴定杆菌上具有一定的意义。

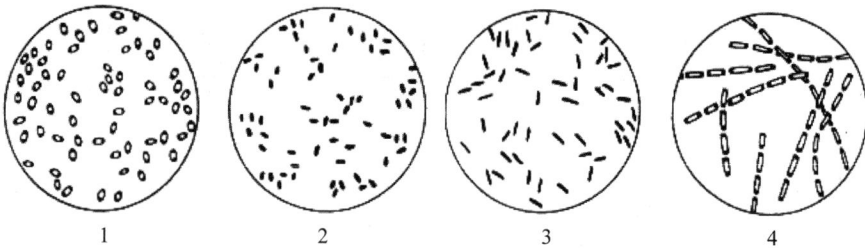

图 1-27 各种杆菌的形态和排列模式图

1. 巴氏杆菌；2. 布氏杆菌；3. 大肠杆菌；4. 炭疽杆菌

杆菌只有一个分裂方向，其分裂面与菌体长轴垂直。多数菌分裂后彼此分离，单独存在，有的杆菌分裂后成对存在，有的杆菌分裂后呈链状存在。

（3）螺旋菌 菌体呈弯曲或螺旋状，两端圆或尖突。根据弯曲程度的不同分为弧菌和螺菌（见图 1-28）。只有一个弯曲的为弧菌，如霍乱弧菌，有两个以上弯曲的为螺菌，如鼠咬热螺菌。

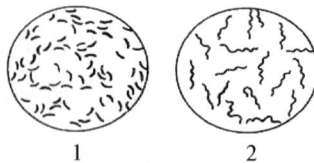

图 1-28 螺旋菌的形态和排列模式图

1. 弧菌；2. 螺菌

（4）细菌在不良环境条件下或菌体变老时会出现形态改变，称为衰老型细菌。当条件恢复时，菌体会恢复正常状态。有些细菌，在适宜的环境中生长，其形态也很不一致，称为多形性细菌，如嗜血杆菌。

2. 细菌的结构（见图 1-29）

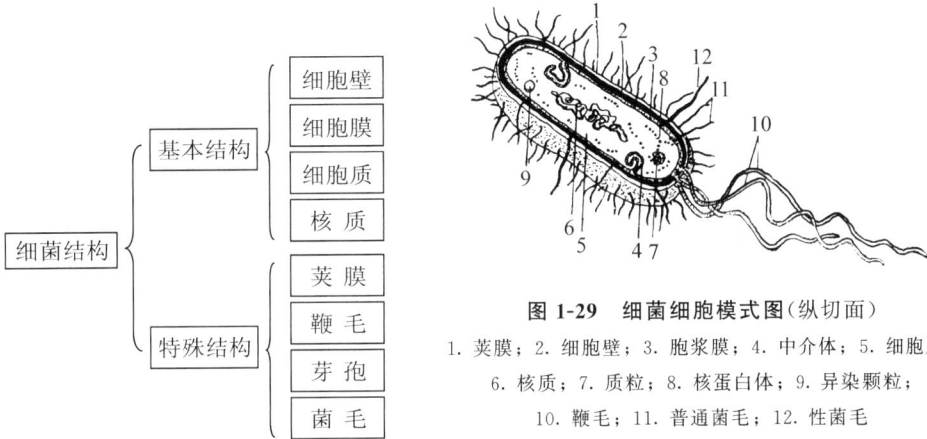

图 1-29　细菌细胞模式图（纵切面）

1. 荚膜；2. 细胞壁；3. 胞浆膜；4. 中介体；5. 细胞质；
6. 核质；7. 质粒；8. 核蛋白体；9. 异染颗粒；
10. 鞭毛；11. 普通菌毛；12. 性菌毛

（1）基本结构　基本结构是指所有细菌共有的结构。

细胞壁　是位于菌体最外层、坚韧且富有一定弹性的膜。在光学显微镜下难以看到，须经高渗溶液处理使其与细胞膜分离，再经特殊染色或将细菌制成超薄切片用电镜方可观察到。

细胞壁的主要功能：①保护菌体，维持细菌固有形态。细胞壁坚韧而富有弹性，可保护细菌免受一定程度高渗与低渗环境的影响。②保证菌体内外物质交换。细胞壁上的微孔可使水和直径小于 1 nm 的物质自由通过，与细胞膜共同完成菌体内外的物质交换。③免疫作用。细胞壁上含有多种抗原决定簇，可诱发机体的免疫应答。④致病作用。革兰氏阴性菌细胞壁的脂多糖是具有致病作用的内毒素。

用革兰氏（Gram）染色法可以将细菌分成两大类，革兰氏阳性菌（G^+ 菌）和革兰氏阴性菌（G^- 菌）；它们细胞壁的结构和组成成分有所不同（见表 1-4）。

表 1-4　革兰氏阳性菌与革兰氏阴性菌的特征

特　征	革兰氏阳性菌	革兰氏阴性菌
肽聚糖含量	占细胞壁干重 40%～95%	占外膜内层 10%～20%
磷壁酸	有	无
脂多糖	1%～4%	占外膜外层 11%～22%
脂蛋白	无	有
对青霉素的敏感性	强	弱
对溶菌酶的敏感性	强	弱

革兰氏阳性菌的细胞壁较厚，主要由肽聚糖组成，占细胞壁物质干重的 40%～95%，并形成具有 15～50 层的聚合体。此外，还有磷壁酸、多糖、蛋白质等。有的细菌还含有大量的脂类，如分枝杆菌。革兰氏阴性细菌的细胞壁较薄，其成分和结构较复杂，由周质

间隙和外膜组成。周质间隙又称内壁层，紧贴细胞膜，由肽聚糖组成的单层或双层网状分子构成。其单体结构与革兰氏阳性菌有差异。外膜又称外壁层，覆盖在周质间隙外面，表面不规则，切面呈波浪形。外膜可再分为内、中、外三层。最外层为脂多糖，中间层为磷脂层，内层为脂蛋白层。

肽聚糖又称黏肽或糖肽，革兰氏阳性菌细胞壁的肽聚糖是由 N-乙酰葡萄糖胺、N-乙酰胞壁酸交替排列，通过 β-1,4 糖苷键连接成聚糖骨架；在 N-乙酰胞壁酸分子上连接四肽侧链；并有一组甘氨酸五肽与四肽侧链上的氨基酸桥相连，构成机械强度高的三维空间网格结构。溶菌酶能水解肽聚糖链骨架中的 β-1,4 糖苷键，青霉素能抑制五肽桥与四肽侧链末端之间的连接，所以均能作用于肽聚糖。革兰氏阴性细菌细胞壁的肽聚糖，聚糖骨架相同，但四肽侧链中第三个氨基酸常被二氨基庚二酸取代，没有五肽联桥，所以其结构不如革兰氏阳性细菌的坚固。

磷壁酸是一种由核糖醇或甘油残基经磷酸二酯键相互连接而成的多聚物，并带有一些氨基酸或糖。约 30 个或更多的磷壁酸分子组成长链，插于肽聚糖层中(见图 1-30)。磷壁酸是革兰氏阳性菌所特有的成分，是特异的表面抗原。磷壁酸带有负电荷，能与镁离子结合，以维持细胞膜上一些酶的活性。此外，某些细菌的磷壁酸如 A 群链球菌对宿主细胞具有黏附作用，可能与致病性有关；或者是噬菌体的特异性吸附受体。

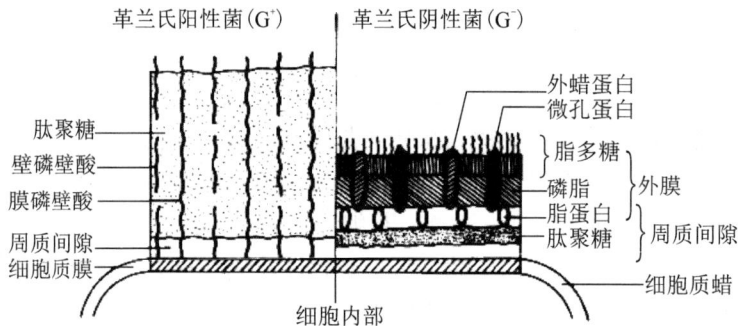

图 1-30　G⁺菌与G⁻菌细胞壁构造的比较

脂多糖是革兰氏阴性菌细胞壁所特有的成分，由类脂 A、核心多糖和侧链多糖三部分组成。类脂 A 是细菌内毒素的主要成分，有多种生物学效应，可使动物体发热，白细胞增多，直至休克死亡。革兰氏阴性细菌的类脂 A 无种属特异性。核心多糖位于类脂 A 的外层，由葡萄糖、半乳糖等组成，有属特异性。侧链多糖位于脂多糖的最外侧，构成菌体(O)抗原，具有种、型特异性。

外膜蛋白是革兰氏阴性细菌外膜层中多种蛋白质的统称。外膜蛋白主要包括微孔蛋白和脂蛋白等。微孔蛋白镶嵌或贯穿于外膜层中，形成跨越外膜层的微小孔道，允许小分子的物质通过，而溶菌酶等大分子物质则不易作用到革兰氏阴性细菌的肽聚糖。某些特异的微孔蛋白还与细菌对宿主细胞的黏附或与某些特定物质的摄入有关。脂蛋白的作用是使外膜层与肽聚糖牢固地连接，可作为噬菌体的受体，或参与铁及其他营养物质的转运。

L型细菌

　　L型细菌是指细菌自发或经诱导剂处理后形成的具有遗传稳定性的细胞壁缺陷菌株。因L型细菌首先在英国Lister研究所被发现，于是以该研究所的第一个字母"L"命名。根据细胞壁缺陷的程度可分为原生质体和原生质球，原生质体是G^+菌经溶菌酶或青霉素处理后，完全除去细胞壁而形成的仅由细胞膜包裹细胞质的菌体；原生质球是G^-菌经溶菌酶和乙二胺四乙酸处理后，除去肽聚糖层及部分脂多糖得到的细胞壁部分缺陷的圆球体。

　　L型细菌由于缺乏细胞壁而呈多形态性，有球形、杆形和丝状等，大小不一，并具有可塑性，可通过直径$0.45~\mu m$的滤膜。染色时不易着色或着色不均，常表现为革兰氏阴性。L型细菌仍具有一定的致病性，对作用于细胞壁的抗生素产生耐药性，主要致病物质是细菌毒素。

　　细胞膜　位于细胞壁内侧，紧包在细胞质的外面，是一层富有弹性半渗透性的生物膜。主要成分有磷脂和蛋白质，亦有少量碳水化合物和其他物质。蛋白质镶嵌在双层结构中，是具有特殊作用的酶和载体蛋白。

　　细胞膜的主要功能：①渗透性屏障作用，选择性控制细胞内外物质的运输和交换，通过膜上的载体蛋白控制营养物质和代谢产物的进出，维持细菌的物质交换。②膜上有多种呼吸酶和合成酶，参与细胞的呼吸过程，以及细胞壁各种成分和荚膜的合成。③有细菌鞭毛的着生点，并为其运动提供能量。④分泌参与营养物质分解代谢的胞外酶。⑤细胞膜还有传递信息功能。膜上的某些特殊蛋白质能接受光、电及化学物质等产生的刺激信号并发生构象变化，从而引起细胞内的一系列代谢变化和产生相应的反应（见图1-31）。

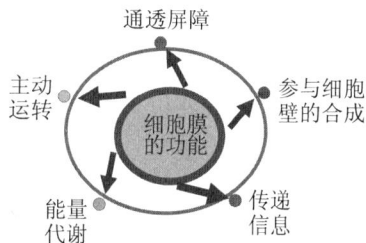

图 1-31　细胞膜的功能

　　另外，革兰氏阳性菌细胞膜还常向细胞质中内陷、折叠而形成囊状、管状或层状结构，称中介体或间体。中介体扩大了细胞膜的表面积，增加了膜上酶的含量，与细胞分裂与呼吸、细胞壁合成以及芽孢形成等有关。

　　细胞质　细胞质是细菌细胞膜内除核质以外的所有物质，为一种无色透明均质黏稠的胶体物质。主要成分是水、蛋白质、核酸（主要是RNA）、脂类及少量无机盐；还含有核糖体、质粒、异染颗粒等多种重要结构。细胞质是细胞的内环境，含有丰富的酶系统，是菌细胞营养代谢及合成核酸和蛋白质的主要场所。

核糖体

　　又称核蛋白体，是细胞合成蛋白质的场所。细菌分裂旺盛期，核糖体增多。细菌核糖体由大小两个亚基组成，有些药物如红霉素、链霉素可与两个亚基结合，干扰蛋白质合成导致菌体死亡，人和动物的核糖体与细菌不同，所以此类药物对人和动物无相同作用。

质 粒

　　游离于细胞质中核质 DNA 以外的遗传物质，为小型双股 DNA 分子，携带某些遗传信息，如 F 因子（致育因子）、R 因子（抗药性因子）、CoL 因子（大肠杆菌素因子）等。质粒非细菌生长繁殖的必需结构，失去质粒的细菌仍能正常存活。质粒能进行独立复制，可通过接合、转导作用等将有关性状传递给下一代。

异染颗粒

　　多为细菌暂时贮存的营养物质，包括多糖、脂类、多聚磷酸盐等。较为常见的是贮藏高能磷酸盐的异染颗粒，嗜碱性较强，用碱性的美蓝染色因着色较深而呈红紫色，菌体其他部分呈蓝色。异染颗粒的形态及位置，可用以鉴别细菌。

　　核质　核质为细股纤维状物，是由一条闭合双股 DNA 反复回旋盘绕而成的。一个菌体内一般含有 1～2 个核质，细胞分裂时，核质一分为二。核质具有细胞核的功能，是细菌存活所必需的遗传物质，控制着细菌的主要遗传性状。

　　（2）细菌的特殊结构　特殊结构是指某些细菌在一定条件下形成的特有结构。

　　荚膜　某些细菌在一定条件下，向细胞壁表面分泌一层疏松透明的黏液性物质，若厚度在 0.2 μm 以上，且相对稳定地附于细胞壁外包裹住整个菌体，与四周界线明显，具有一定外形，称为荚膜（见图 1-32），在普通光学显微镜下可见；若厚度在 0.2 μm 以下，必须用电镜或免疫学方法才能看到，称为微荚膜或黏液层，如溶血性链球菌的 M 蛋白、伤寒杆菌的 Vi 抗原及大肠杆菌的 K 抗原等。荚膜不易着色，需用荚膜特殊染色法或墨汁负染色法染色才能观察清楚。

图 1-32　细菌的荚膜示意图
1. 球菌；2. 杆菌
（葛兆宏. 动物微生物. 北京：
中国农业出版社，2001）

　　荚膜的组成随菌种而异，大多数为多糖，如肺炎双球菌（见图 1-33）、猪链球菌；少数为多肽，如炭疽杆菌（见图 1-34）；也有极少数两者均有，如巨大芽孢杆菌。荚膜的形成与细菌的遗传性和环境因素有关，一般具有荚膜的细菌在机体内和营养丰富的培养基中才能形成。荚膜并非细菌所必需的结构，丢失荚膜的细菌仍可正常生长。

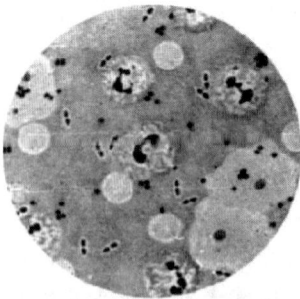

图 1-33　肺炎双球菌的荚膜示意图

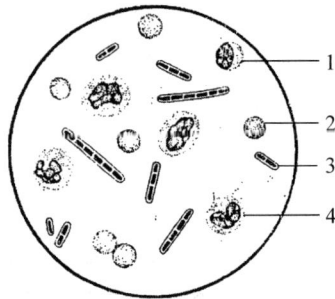

图 1-34　炭疽杆菌的荚膜示意图
1. 淋巴细胞；2. 红细胞；3. 炭疽杆菌；4. 嗜中性白细胞

　　细菌荚膜产生后，能保护菌体抵抗吞噬细胞的吞噬，增加细菌的侵袭力，荚膜丢失，细菌的致病力也随之减弱或消失；当营养缺乏时，荚膜可作为碳源、能源供细菌利用；还能贮留水分,增强细菌抗干燥能力;荚膜具有种、型特性,可用于细菌的鉴定;具有抗原性,可利用其制备有效的疫苗预防相应疾病。

鞭毛 鞭毛是着生于细胞膜内侧毛基体,穿过细胞壁突出于菌体外呈波状弯曲的细长丝状物。常见于螺形菌和某些杆菌及少数球菌,长度 $2\sim5$ μm,有的长达 50 μm,直径很小,一般为 $10\sim20$ nm,在光学显微镜需经特殊鞭毛染色才能观察到。

鞭毛成分是蛋白质,与动物肌动蛋白相似,具有收缩性,赋予细菌运动功能,因此可采用悬滴法通过暗视野显微镜观察细菌运动方式或者根据细菌在半固体培养基中的生长现象间接判断鞭毛是否存在。

因菌种差异,鞭毛的着生位置、数目和排列有所不同,并依此分为单毛菌、偏端丛毛菌和周毛菌等(见图1-35)细菌的运动方式与鞭毛的排列有关,单毛菌和丛毛菌呈直线运动,周毛菌呈无规则运动或圆周运动,此特性可用于细菌的鉴别。鞭毛还具有抗原性,称为鞭毛抗原(H抗原),不同细菌的H抗原具有型的特异性,常作为血清学鉴定的依据之一。此外,鞭毛与细菌的致病性有关,如霍乱弧菌通过鞭毛运动穿过小肠黏膜表面的黏液层,黏附在肠黏膜上皮细胞上产生毒素而致病。

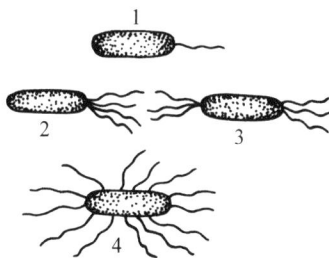

图 1-35 细菌的鞭毛示意图

1. 单毛菌;2. 偏端丛毛菌;
3. 两端丛毛菌;4. 周毛菌
(葛兆宏. 动物微生物. 北京:
中国农业出版社, 2001)

芽孢 芽孢是某些细菌(主要是 G^+ 杆菌)在一定条件下,细胞质脱水浓缩而形成的圆形或椭圆形的坚实小体。在菌体内形成的位置、大小和形状随菌种而异(见图1-36),普通染色法不易使其着色,光学显微镜下呈无色空洞小体,必须用芽孢特殊染色法才能着色。

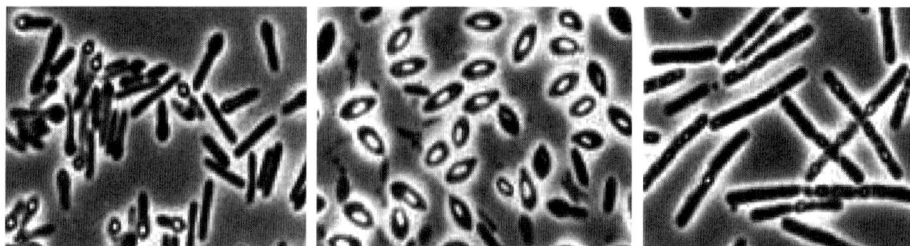

图 1-36 各种芽孢的示意图

细菌能否形成芽孢由细菌的芽孢基因决定,但与外界因素有关。当环境中营养缺乏时,易形成芽孢。芽孢形成后即失去繁殖能力,成为休眠体,待菌体崩解后成为游离芽孢。芽孢具有菌体的成分、酶和核质,因此当遇到适宜环境时,可萌发成新的菌体。但需要注意的是,一个菌体细胞只能形成一个芽孢,一个芽孢也只能萌发成一个菌体细胞,所以芽孢的形成并不是细菌的繁殖方式。

芽孢具有多层厚而致密的膜结构(见图1-37),对温度、干燥、辐射、化学消毒剂等理化因素有较强的抵抗力,可长期在不良环境中存活。因此,要严防芽孢污染伤口、用具、敷料、手术器械等。通常将杀灭芽孢作为消毒灭菌是

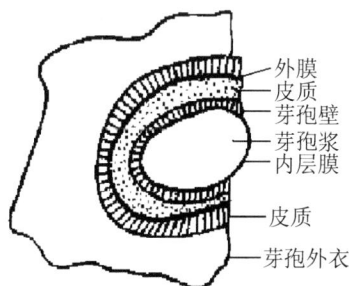

外膜
皮质
芽孢壁
芽孢浆
内层膜

皮质

芽孢外衣

图 1-37 细菌芽孢结构模式图

否彻底的指标。目前，杀灭芽孢最有效的方法是高压蒸汽灭菌法。

菌毛　菌毛是多数 G$^-$ 菌和少数 G$^+$ 菌的菌体表面的较鞭毛细、短而直的毛发状细丝。它与细菌的运动无关，需在电镜下观察。菌毛为空心蛋白质管结构，根据功能不同，可分普通菌毛和性菌毛两类(见图 1-38)。

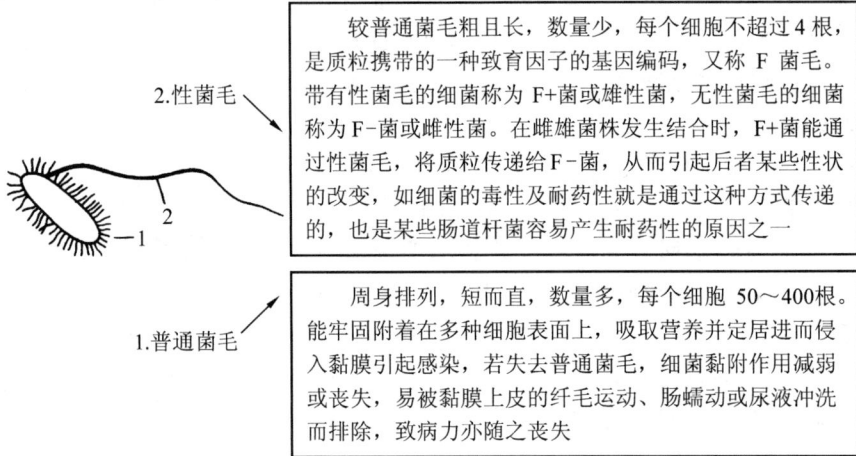

2.性菌毛——较普通菌毛粗且长，数量少，每个细胞不超过 4 根，是质粒携带的一种致育因子的基因编码，又称 F 菌毛。带有性菌毛的细菌称为 F+菌或雄性菌，无性菌毛的细菌称为 F-菌或雌性菌。在雌雄菌株发生结合时，F+菌能通过性菌毛，将质粒传递给 F-菌，从而引起后者某些性状的改变，如细菌的毒性及耐药性就是通过这种方式传递的，也是某些肠道杆菌容易产生耐药性的原因之一

1.普通菌毛——周身排列，短而直，数量多，每个细胞 50～400 根。能牢固附着在多种细胞表面上，吸取营养并定居进而侵入黏膜引起感染，若失去普通菌毛，细菌黏附作用减弱或丧失，易被黏膜上皮的纤毛运动、肠蠕动或尿液冲洗而排除，致病力亦随之丧失

图 1-38　细菌的菌毛

三、细菌的染色方法

细菌细胞微小，无色半透明，需染色后，才能在普通光学显微镜下观察其形态和结构，对细菌进行初步识别。用于细菌染色的方法有如下几种。

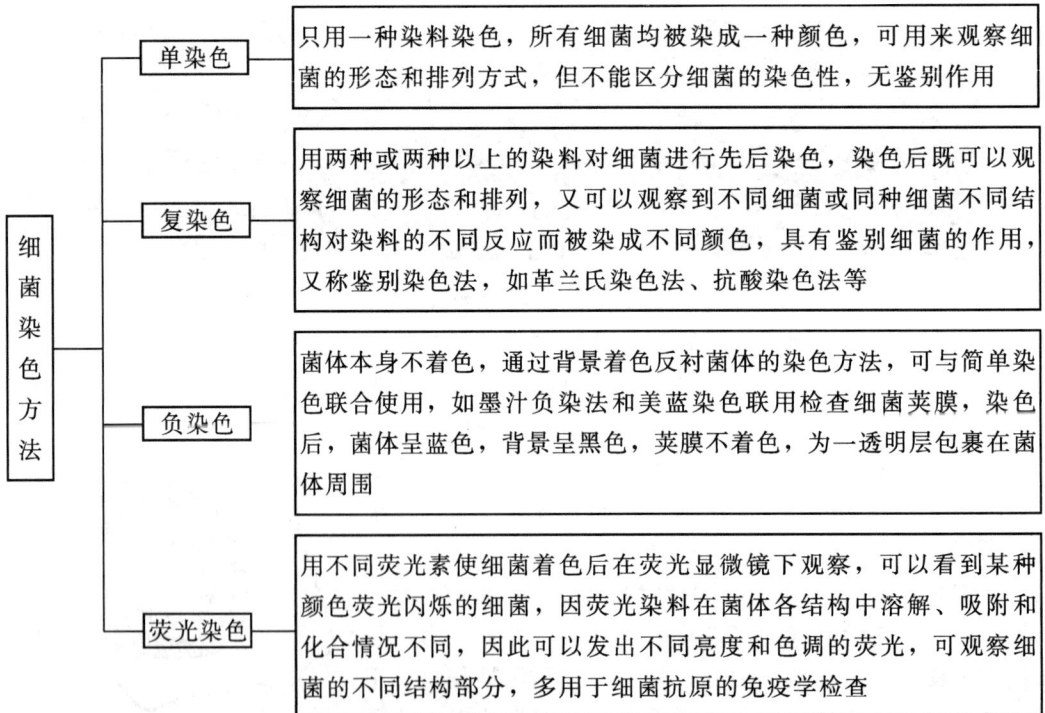

细菌染色方法

单染色——只用一种染料染色，所有细菌均被染成一种颜色，可用来观察细菌的形态和排列方式，但不能区分细菌的染色性，无鉴别作用

复染色——用两种或两种以上的染料对细菌进行先后染色，染色后既可以观察细菌的形态和排列，又可以观察到不同细菌或同种细菌不同结构对染料的不同反应而被染成不同颜色，具有鉴别细菌的作用，又称鉴别染色法，如革兰氏染色法、抗酸染色法等

负染色——菌体本身不着色，通过背景着色反衬菌体的染色方法，可与简单染色联合使用，如墨汁负染法和美蓝染色联用检查细菌荚膜，染色后，菌体呈蓝色，背景呈黑色，荚膜不着色，为一透明层包裹在菌体周围

荧光染色——用不同荧光素使细菌着色后在荧光显微镜下观察，可以看到某种颜色荧光闪烁的细菌，因荧光染料在菌体各结构中溶解、吸附和化合情况不同，因此可以发出不同亮度和色调的荧光，可观察细菌的不同结构部分，多用于细菌抗原的免疫学检查

四、放线菌的形态结构特点

放线菌属在分类学上属于细菌类，其形态介于细菌和真菌之间。放线菌种类很多，多数放线菌具有发育良好的分枝状菌丝体，少数为杆状或原始丝状的简单形态（见图 1-39）。菌丝大多无隔膜，其粗细与杆状细菌相似，直径为 1 μm 左右。细胞中具核质而无真正的细胞核，细胞壁含有胞壁酸与二氨基庚二酸，而不含几丁质和纤维素。

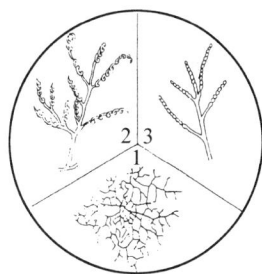

图 1-39　放线菌的形态示意图
1. 菌丝体；2. 螺旋状菌丝；
3. 链状菌丝

放线菌的菌丝由于形态与功能的不同，分为基内菌丝、气生菌丝和孢子丝三部分。基内菌丝又称营养菌丝，长在培养基内，其主要功能是吸收营养物质。气生菌丝是由基内菌丝长出培养基外伸向空间而成，较基内菌丝粗，形状直伸或弯曲，有的产生色素。放线菌生长发育到一定阶段，在气生菌丝上分化出可形成孢子的菌丝，叫孢子丝。孢子丝的形状及其在气生菌丝上的排列方式，随种类不同而有差异，有的直伸，有的弯曲或螺旋；有的交替着生，有的轮生或丛生。孢子丝发育到一定阶段便分化为分生孢子。在光学显微镜下，孢子呈圆形、椭圆形、杆状、圆柱状、瓜子状、梭状和半月状等，孢子的颜色十分丰富。放线菌可用乳酸酚棉兰液、石炭酸复红或碱性美蓝染料着色后，在显微镜下观察形态。放线菌绝大多数是革兰氏阳性、非抗酸菌。

五、霉形体的形态结构特点

霉形体是介于细菌和病毒之间、营独立生活的最小单细胞微生物，因缺乏细胞壁而具有多形性和可塑性，能通过细菌滤器。

霉形体的细胞膜具有三层结构，内、外层为蛋白质及糖类，中间层为脂质。有些霉形体在细胞膜外还有一层由多聚糖组成的微荚膜。由于霉形体细胞外只包有柔软的胞浆膜，故具有多形性、可塑性和滤过性。常呈球状、环状、杆状、螺旋状，有些偶见分枝丝状等不规则形状。球形细胞直径 0.3～0.8 μm，丝状细胞大小（0.3～0.4）$\mu m \times$（2～150）μm 不等。在加压情况下，能通过孔径 220～450 nm 的滤膜。无鞭毛，但有些在液面能滑动或旋转运动。革兰氏染色呈阴性，通常着色不良，用姬姆萨或瑞氏染色良好，呈淡紫色。

六、螺旋体的形态结构特点

螺旋体是一群细长而柔软、波状或螺旋状、运动活泼的原核单细胞微生物。螺旋体细胞呈螺旋状（见图 1-40）或波浪状圆柱形（见图 1-41），具有多个完整的螺旋。长短不等，大小为（0.1～3）$\mu m \times$（5～250）μm。某些螺旋体可细到足以通过细菌滤器。细胞的螺旋数目、两螺旋间的距离及回旋角度各不相同，是分类上的一项重要指标。

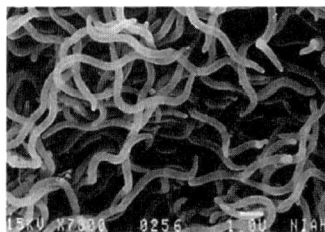

图 1-40　扫描电镜下的蛇形螺旋体

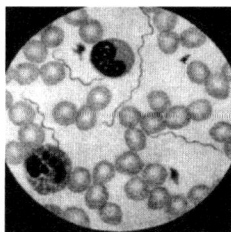

图 1-41　钩端螺旋体

螺旋体的细胞中心为原生质柱，外有 2～100 根的轴丝，又称为鞭毛，夹在原生质膜与外细胞壁和黏液层构成的外鞘之间。螺旋体通过轴丝而运动，其运动方式主要有三种，沿长轴旋转、弯曲移动和局部转动。螺旋体具有不定形的核，无芽孢，螺旋体革兰氏染色呈阴性，但较难着色。姬姆萨染色呈淡红色，镀银染色着色较好，菌体呈黄褐色，背景呈淡黄色。用相差和暗视野显微镜观察螺旋体较为常用，既能检查形态又可分辨运动方式。

七、立克次氏体与衣原体的形态结构特点

立克次氏体是一类依赖于宿主细胞和专性细胞内寄生的小型革兰氏阴性原核单细胞微生物。细胞多形，可呈球状、球杆状、杆状，甚至呈丝状等，但以球杆状为主。大小介于细菌和病毒之间，球状菌直径为 0.2～0.7 μm，杆状菌大小为 $(0.3～0.6)\ \mu m \times (0.8～2)\ \mu m$。除贝柯克斯体外，均不能通过细菌滤器。姬姆萨染色呈紫色或蓝色，马基维罗氏法染色呈红色。

衣原体是一群能通过细菌滤器、革兰氏阴性、具独特发育周期、以二分裂方式繁殖并形成包涵体、专性真核细胞内寄生的原核微生物。衣原体在宿主细胞内生长繁殖时，由原体发育到网状体，网状体再繁殖出子代原体，由此周而复始。原体呈球形、椭圆形或梨形，直径 0.2～0.4 μm，发育成熟的衣原体具有侵袭能力，当原体吸附于易感细胞表面后，经胞饮作用进入细胞内，被胞浆膜包裹形成空泡，原体即在空泡中逐渐增大，演变成网状体。网状体形体较大，直径为 0.7～1.5 μm，圆形或卵圆形，代谢活跃，以二分裂方式繁殖出子代原体，子代原体成熟即从感染细胞中破裂释出，再感染新的易感细胞，开始新的发育周期，每一发育周期需 2～3 d。网状体无感染性，是一种繁殖型个体。

包涵体是衣原体在细胞空泡内繁殖过程中形成的集落形态。它内含无数子代原体和正在分裂增殖的网状体。成熟的包涵体经姬姆萨染色呈深紫色，革兰氏染色呈阴性。

八、病毒的形态结构特点

病毒是一类只能在适宜活细胞内寄生的非细胞型微生物。它形体微小，能通过细菌滤器，需借助电子显微镜才能观察到；只含有一种核酸（RNA 或 DNA）；缺乏完整的酶系统，不能在无生命的培养基上生长，只能在适宜的活细胞内繁殖；增殖的方式为复制；对抗生素有明显的抵抗力，但受干扰素抑制。病毒在自然界中分布广泛，对人类、畜禽造成严重危害，迄今还缺乏确切有效的防治药物。

1. 病毒的大小

病毒是自然界中最小的微生物，测量单位为纳米（nm）。各种病毒的大小（见图 1-42）差异很大，最大的病毒直径达 200 nm 以上，如痘病毒；中等大小的病毒直径为 80～120 nm，如流感病毒；较小的病毒只有 20 nm 左右，如细小病毒。

2. 病毒的形态

结构完整的病毒个体称为病毒粒子，用电镜观察常见形态有球形、杆形、长丝形和蝌蚪形。寄生在人和动物体内的病毒多数为球形，如新城疫病毒；但也有一些病毒有特殊形态，如痘病毒为砖形，狂犬病病毒为弹头状。植物病毒多为杆形，而噬菌体多为蝌蚪形。

3. 病毒的结构与成分

一个简单的病毒粒子是由一团遗传物质（DNA 或 RNA）和包裹在它外面的一层蛋白质外壳构成，这层蛋白质外壳称为衣壳，核酸和衣壳的复合体称为核衣壳。结构较复杂的病毒，在其衣壳外面还有一层富含脂质的外膜，即囊膜（见图 1-43）。

病毒的主要化学组成为核酸和蛋白质，有囊膜的病毒还具有脂质和糖蛋白。

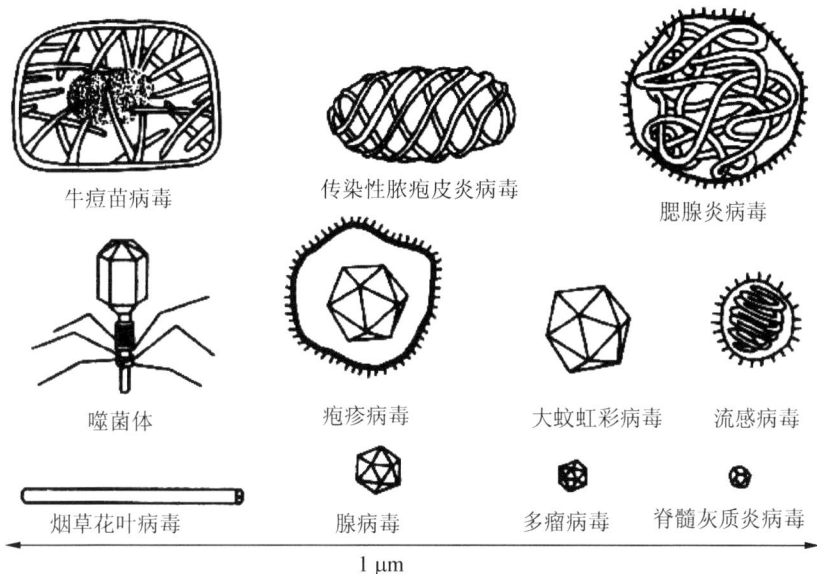

牛痘苗病毒　　　　传染性脓疱皮炎病毒　　　　　　腮腺炎病毒

噬菌体　　　　　疱疹病毒　　　大蚊虹彩病毒　　流感病毒

烟草花叶病毒　　　　腺病毒　　　多瘤病毒　脊髓灰质炎病毒

1 μm

图 1-42　几种主要病毒大小

核酸　核酸存在于病毒的中心部位，又称为芯髓。是病毒的遗传物质，控制着病毒的遗传、变异、增殖和对宿主的感染性等特性。一种病毒只含有一种类型的核酸，DNA 或 RNA；DNA 大多数为双链，少数为单链，RNA 多数为单链，少数为双链。病毒的 RNA 还有正股和负股之分，病毒 RNA 与起 mRNA 作用的核苷酸序列相同时称为正股，如果是互补的则称负股。某些动物病毒去除囊膜和衣壳，裸露的 DNA 或 RNA 也能感染细胞，这样的核酸称为传染性核酸。

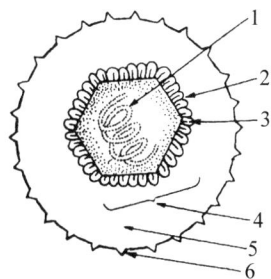

图 1-43　病毒结构模式图
1. 核酸；2. 衣壳；3. 壳粒；
4. 核衣壳；5. 囊膜腔；6. 纤突

衣壳　包围着病毒核酸及其结合蛋白的蛋白质鞘称作衣壳或壳体。衣壳由大量壳粒规律性几何堆积而成，有二十面体对称和螺旋式对称两种构型。衣壳的成分是蛋白质，是在病毒核酸控制下于感染细胞内合成的，是病毒特有的，它具有抗原性。其主要功能是包裹核酸，形成保护性外壳；参与病毒粒子对易感细胞的吸附作用。

囊膜　是某些病毒在出芽释放的过程中通过宿主细胞膜或核膜时获得的，其主要成分是脂类和蛋白质。电镜观察这些病毒时，常可在其囊膜表面看到球杆状或穗状突起，称为纤突。纤突实质上是囊膜中镶嵌的病毒特异的蛋白质或糖蛋白，如流感病毒囊膜上的纤突有血凝素和神经氨酸酶，二者均为病毒特有的糖蛋白。纤突不仅具有抗原性，而且与病毒的致病力及病毒对细胞的亲和力有关。

九、病毒的观察法

病毒是微生物中最小的，只有在电子显微镜下才能观察到（痘类病毒例外）。电子显微镜下病毒形态的观察方法一般有三种：负染色法、免疫电镜法及超薄切片法。

负染色法是利用增加反差及显示病毒超微结构的方法。所谓负染色实际上不是染色，而是"包埋"，是使负染色染液（重金属盐类）在被检病毒周围形成一层无定形的膜，将病毒

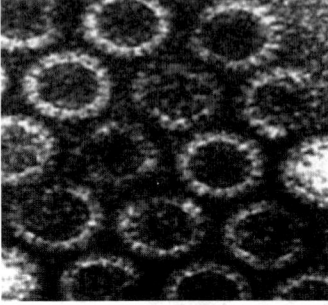

图 1-44　轮状病毒负染电镜照片

标本镶嵌在这层膜所形成的背景里，染料以不同的程度穿透病毒颗粒的各部分，由于重金属盐类和被检病毒标本电子散射能力的差异而形成鲜明的反差，从而使病毒微细结构能被看清（见图 1-44）。

免疫电镜法是免疫学与电镜技术的结合，不但能观察到病毒的形态、结构，而且还能看到病毒与抗体反应的情况，如病毒的凝集团块、抗体桥的形成等。在病毒量少的情况下，免疫复合物的形成能提高阳性率。

超薄切片法的标本制作费时，且需具有特殊技能及设备，因此很少用于病毒性疾病的快速诊断，但对于保存完好的感染细胞的检查，能够直接观察到病毒与细胞间的相互作用。这种相互作用反过来又可揭示病毒在细胞内的复制过程与成熟部位，因而有助于未知病毒的鉴定。

十、真菌的形态结构特点

真菌是一类不含叶绿素，无根、茎和叶的真核细胞型微生物。真菌具有典型的细胞核，以腐生或寄生方式摄取养料，少数为单细胞，多数为多细胞，细胞壁含几丁质和纤维素，能进行有性繁殖和无性繁殖。真菌约 20 万种、分布广泛，绝大多数对人类无害且有益，对人和动物致病的仅 100 余种。

真菌细胞比细菌大几倍至几十倍，光学显微镜下放大 100～500 倍就可看清。单细胞真菌呈圆形或卵圆形，如酵母菌；多细胞真菌大多长出菌丝和孢子，菌丝伸长分枝，交织成团，形成菌丝体，这类真菌称为丝状菌，又称霉菌。也有部分真菌的形态因温度、营养或氧与二氧化碳浓度的改变而由霉菌型变为酵母型或由酵母型变为霉菌型，这种真菌称双相型真菌，多为致病菌。

1. 酵母菌

酵母菌为单细胞真菌，常呈球形、卵圆形、腊肠形、假丝状，比细菌的单细胞个体要大得多，一般为 $(1～5)\,\mu m \times (5～30)\,\mu m$，具有典型的细胞结构（见图 1-45 和图 1-46），酵母菌无鞭毛，不能游动。有些酵母菌细胞与其子代细胞连在一起成为链状，称为假丝酵母。

酵母细胞壁厚约 25 nm，约占细胞干重的 25%，是一种坚韧的结构，主要由酵母纤维素组成，还含有蛋白质、类脂和几丁质等。细胞核有核膜，核膜上具有核孔，是核内外物质交换的通道，核内有核仁。酵母菌细胞较大，不必染色即可用显微镜观察其形态。

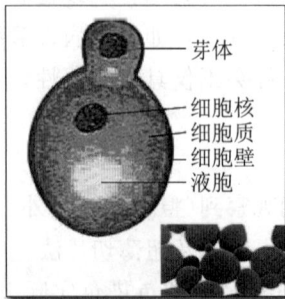

图 1-45　酵母菌细胞结构示意图

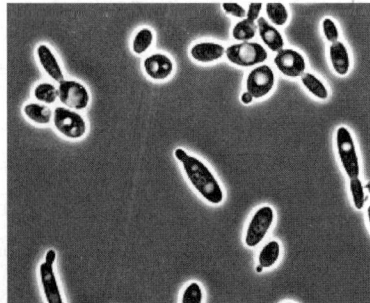

图 1-46　解脂酵母菌显微镜图像

2. 霉菌

霉菌菌体由分枝或不分枝的菌丝组成，许多菌丝交织在一起称菌丝体。菌丝是由硬壁包围的管状结构，内含可流动的原生质，直径 $2\sim10\ \mu m$，有两类（见图 1-47）：①无隔膜菌丝，整个菌丝为长管状单细胞，细胞质内含有多个核，其生长过程只表现为菌丝的延长和细胞核的裂殖增多以及细胞质的增加。如根霉、毛霉；②有隔膜菌丝，菌丝由横隔膜分隔成成串细胞，每个细胞内含有一个或多个细胞核。如青霉、曲霉。菌丝的细胞结构基本与酵母菌相似。

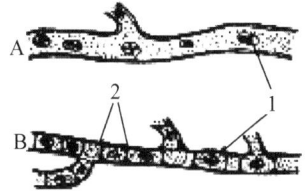

图 1-47　霉菌的菌丝

A. 无隔菌丝：1. 细胞核

B. 有隔菌丝：1. 细胞核；2. 横隔

霉菌主要以产生各种无性和有性孢子进行繁殖，而以无性孢子繁殖为主，也能以菌丝片段繁殖新个体。孢子囊孢子、分生孢子为常见的无性孢子。孢子萌发后发育成菌丝，许多菌丝相互盘绕、聚集而成菌丝体。伸入培养基内或匍匐在培养基表面而吸收营养的菌丝称营养菌丝或基内菌丝，伸向空中的菌丝称气生菌丝，产生孢子的气生菌丝称繁殖菌丝（见图 1-48）。

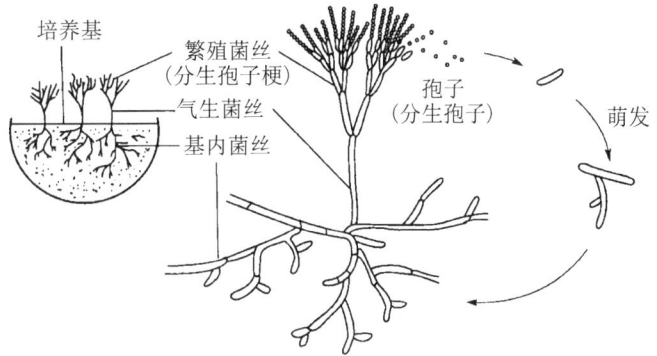

图 1-48　霉菌的菌丝及繁殖

霉菌繁殖时产生的各种各样的孢子其形状、大小、表面纹饰和色泽各不相同，结构也有一定的差异，这些都是鉴别霉菌的依据（见图 1-49）。霉菌菌丝和孢子的宽度通常比细菌和放线菌粗得多，常是细菌菌体宽度的几倍至几十倍，因此，用低倍显微镜即可观察。因霉菌细胞易收缩变形，且孢子容易飞散，所以常用乳酸酚棉蓝染色液制作标本。

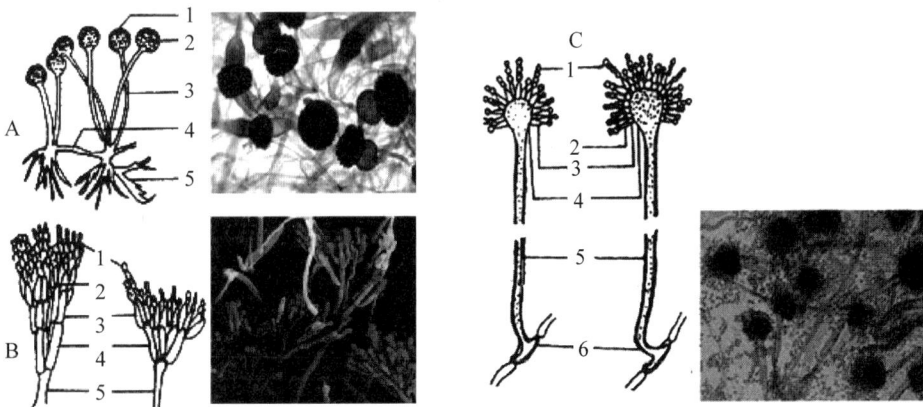

图 1-49　常见霉菌的形态

A. 根霉：1. 孢子囊；2. 孢子囊孢子；3. 气生菌丝；4. 匍匐枝；5. 假根

B. 青霉：1. 分生孢子；2. 再次生小梗；3. 次生小梗；4. 初生小梗；5. 分生孢子梗

C. 曲霉：1. 分生孢子；2. 次生小梗；3. 初生小梗；4. 顶囊；5. 分生孢子梗；6. 足细胞

●●●● 拓展知识

一、微生物在自然界中的分布

微生物种类多，数量大，代谢活跃，繁殖迅速，适应环境能力强，无论是土壤、水、空气和饲料，还是在动物体表及某些与外界相通的腔道，甚至在一些极端环境中都有微生物存在。

土壤是微生物生长繁殖的天然培养基。土壤中具有多种微生物生长繁殖所需的营养、水分、气体、酸碱度、渗透压和温度等条件，并能避免日光直射的杀伤作用，是微生物生长繁殖的良好环境。土壤是微生物在自然界中最大的贮藏所，是一切自然环境微生物的主要来源，是人类利用微生物资源最丰富的"菌种资源库"。土壤中微生物的种类很多，有细菌、放线菌、真菌、螺旋体和噬菌体等。其中细菌含量最多，占土壤中微生物总数的70%～90%。微生物的种类和数量，随着土层深度、有机物质的含量、湿度、温度、酸碱度以及土壤的类型不同而异。表层土壤由于受日光照射、雨水的冲刷和干燥的影响，微生物数量较少；在离地面10～20 cm深的土层中微生物数量最多，每克肥沃的土壤中微生物数以亿计；越往深处则微生物越少，在数米深的土层处几乎无菌。土壤中大量的微生物，一刻不停地进行着生命活动，这些活动对土壤中有机物的转化和植物生长都起着决定性的作用。土壤中的病原微生物是随动植物残体、人畜排泄物和分泌物、污水、垃圾等废弃物一起进入的。但是，土壤对大多数病原微生物来说由于缺乏其生长需要的特殊营养物质和适宜的理化因素，加上土壤中有对微生物颉颃作用的因素和噬菌体的存在，大多数病原微生物只能在土壤中存活较短时间，只有少数抵抗力强的芽孢菌，如炭疽杆菌、破伤风梭菌、气肿疽梭菌、腐败梭菌、产气荚膜梭菌等的芽孢能在土壤中生存数年甚至数十年。土壤一旦污染了这些病原菌，则可成为疫源地，随时可能使人和动物感染相应的传染病。

水是仅次于土壤的第二大天然培养基。在各种水域中都有微生物存在。由于在不同水域中，光照度、酸碱度、渗透压、温度、含氧量、有机物和无机物的种类和含量以及有毒物质的含量等有较大差异，因而微生物种类和数量也有明显差别。水中的微生物主要为腐生性细菌，其次还有真菌、放线菌、螺旋体和噬菌体等。此外，还有很多非水生性的微生物，常常随着土壤、动物的排泄物、动植物残体、垃圾、污水和雨水等汇集于水中。一般地面水比地下水含菌种类多，数量大；雨水和雪水含菌数量小，特别是在乡村和高山区的雨水和雪水。在自然界中，水源虽不断受到污染，但由于微生物大量繁殖不断分解水中的有机物、日光照射的杀菌作用、水中原生动物的吞噬和微生物间的颉颃作用、水中悬浮颗粒黏附细菌发生沉淀作用、清洁支流的冲淡作用以及水中其他理化因素的作用，可使水中的微生物大量减少，使水体逐渐被净化。病原微生物可随人和动物的排泄物、分泌物、血液、内脏以及医院、兽医院、屠宰场、皮毛加工厂等排出的污水和垃圾直接或间接污染水源。检查水中微生物的含量和病原微生物的存在，对人、畜卫生有很重要的意义。我国对人饮用水实行法定的公共卫生学标准，其中微生物学指标有细菌总数和大肠菌群数。大肠菌群数是指1 000 mL水中所含大肠杆菌群的最近似值（MPN）。我国饮用水的卫生标准是：每毫升水中细菌总数不超过100个，每1 000 mL水中大肠菌群数不超过3个。目前，在我国尚无动物饮用水的卫生标准。

空气不是微生物生存的良好场所。空气中缺少微生物生长繁殖所需要的营养物质，加上其干燥、具有流动性以及阳光的直接照射，进入空气中的微生物一般都会很快死亡。但是人和动植物体以及土壤中的微生物能通过飞沫或尘埃等散布于空气中，以气溶胶的形式存在可长期悬浮于空气中。空气中微生物的种类和数量，随区域、海拔、季节、气候等环境条件而有所不同。一般在畜舍、公共场所、医院、宿舍、城市街道的空气中，微生物含量最高，而在大洋、高山、高空、森林、草地、田野、终年积雪的山脉或极地上空的空气中，微生物含量就很少；由于尘埃的自然沉降，越接近地面的空气中，微生物的含量越高；冬季地面被冰雪覆盖时，空气中的微生物很少；多风干燥季节，空气中微生物较多；雨后空气中的微生物很少。

正常动物的皮肤、黏膜以及一切与外界环境相通的腔道，如口腔、鼻咽腔、气管、消化道和泌尿生殖道等，都有微生物的存在。在这些微生物中，有的是长期生活在动物体表或体内的共生或寄生的微生物，它们对宿主不但无害，而且是有益和必需的，这些微生物称为正常菌群或正常微生物群；也有的是通过土壤、水、空气和动物所接触的环境污染的，称为外来菌系或过路菌系。正常菌群是微生物与其宿主在共同的长期进化过程中形成的，各自在动物体内特定的部位定居繁殖，定殖区域内微生物的种类及其数量基本上保持稳定，正常情况下对宿主健康有益或无害，并有免疫、营养及生物颉颃作用。但在宿主患病、外科手术、环境改变和滥用抗菌药物时，宿主机体某个部位正常菌群的种类、数量和栖居处将会发生改变，称为菌群失调。如肠道正常菌群中非致病性大肠杆菌占一定比例，能分泌大肠菌素，从而抑制致病性大肠杆菌和其他肠道致病菌生长。外来菌系一般不能定殖在皮肤和黏膜表面，如果发生了定殖往往也会对宿主健康产生不利影响。

二、微生物在生产中的应用

微生物为地球上生物的繁荣发展、食物链的形成起着重要作用，如果没有微生物把有机物质分解成无机物并产生大量二氧化碳，其结果将是地球上的动植物尸体堆积如山，新的有机物无法合成，在这样的生态环境中一切生物将无法存在，同时在人类的生活和生产中，微生物已被广泛应用到了各个领域。

1. 微生物在农业生产中的应用

在农业方面，微生物被广泛应用，如细菌肥料、植物生长激素、糖化饲料的生产以及植物病虫害的防治等方面都有应用。特别是在动物饲料生产中的应用。微生物饲料是原料经微生物及其代谢产物转化而成的新型饲料，没有使用药剂，其生产环境很少受污染，是动物的"绿色食品"。用于生产微生物饲料的微生物主要有细菌、酵母菌、霉菌、放线菌、单细胞藻类等。微生物在饲料生产中的作用主要有三方面：一是将各种原料转化为菌体蛋白而制得单细胞蛋白饲料（是单细胞或具有简单构造的多细胞生物菌体蛋白的统称），如酵母饲料和藻体饲料；二是改变原料的理化性状，提高其营养价值和口感，如青贮饲料和发酵饲料；三是分解原料中的有害成分，如饼粕类发酵脱毒饲料。饲料为微生物提供了生长繁殖所需的物质和环境，同时，微生物的各种代谢活动也极大地影响着饲料的营养价值，有的对饲料生产加工、保存和动物健康有益，有的却能破坏饲料的营养成分，危害动物健康。

2. 微生物在食品加工中的应用

利用微生物制造食品，已不是新的概念。早在古代，人们就采食野生菌类，利用微生物进行酿酒、制酱和做面包，但当时的人类并不知道是微生物所起的作用。随着对微生物与食品关系的认识日益加深及对微生物的种类及其作用机理的理解，逐步扩大了微生物在食品生产中的应用范围。微生物在食品中的应有三种方式：一是微生物菌体的应用，食用菌就是受人们欢迎的食物，乳酸菌可用于蔬菜和乳类及其他多种食品的发酵，人们在食用酸牛奶和泡菜时也食用了大量的乳酸菌。二是微生物代谢产物的应用，人们食用的很多食品都是经过微生物发酵作用产生的代谢产物，如酒类、食醋、氨基酸、有机酸、维生素等。三是微生物酶的应用，如豆腐乳、酱油和酱类等。酱类是利用微生物产生的酶将原料中的成分分解而制成的食品，微生物酶制剂在食品及其他工业中的应用日益广泛。但如果利用不当，微生物在食品生产中也表现出有害作用，引起食品的腐败变质，使食品的营养价值降低或完全丧失。甚至有些微生物是可使人类致病影响人体健康，甚至危及生命。

　　3. 微生物在药物生产中的应用

　　随着微生物学的基础理论和实验技术的发展，微生物在医学领域的应用越来越广泛。在医药生产中已广泛应用微生物发酵来制备各种药物和生物制剂。如抗生素、维生素、氨基酸、酶和酶抑制剂、酵母片、乳酶生、肌苷、ATP等生物制剂。微生物发酵制药的基本程序为：上游技术，指发酵用菌种的选育；中游技术，指微生物在适宜条件下的培养过程；下游技术，指从发酵培养液中分离、提取、精制加工有关药物产品的过程。

●●●● 拓展阅读

微生物学及免疫学的发展史

深入学习贯彻"二十大"精神
加快构建新发展格局，着力推动高质量发展

计 划 单

学习情境 1	认识微生物		学时	14
计划方式	以小组为单位，通过讨论共同制订计划			
序　号	实施步骤		使用资源	备注
1				
2				
3				
4				
5				
6				
7				
8				
9				
10				
制订计划说明				
计划评价	班　级		第　　组	组长签字	
	教师签字		日　期	
	评语：				

决策实施单

学习情境 1		认识微生物					
讨论小组制订的计划书，做出决策							
	组号	工作流程的正确性	知识运用的科学性	步骤的完整性	方案的可行性	人员安排的合理性	综合评价
计划对比	1						
	2						
	3						
	4						
	5						
	6						

制定实施方案		
序号	实施步骤	使用资源
1		
2		
3		
4		
5		
6		

实施说明：

班　　级		第　　组	组长签字	
教师签字			日　　期	

评语：

作 业 单

学习情境 1	认识微生物
作业完成方式	课余时间独立完成
项目 1	认识细菌
作业题	1. 镜下观察到细菌哪几种形态？是如何排列的？实践中观察细菌的形态与排列有何意义？ 2. 观察细菌形态时通常用多少倍物镜？如何使用和维护？ 3. 细菌革兰氏染色过程与结果如何？
作业解答	可另附纸张
项目 2	认识病毒
作业题	1. 什么是病毒？病毒与细菌相比较，在形态和结构上有什么特点？ 2. 观察病毒的形态和结构用什么显微镜？怎样使用？需要注意什么？
作业解答	可另附纸张
项目 3	认识真菌
作业题	1. 真菌与细菌相比较，在形态和结构上有什么特点？ 2. 观察霉菌形态和结构特征通常选择多少倍物镜？如何制作标本片？
作业解答	可另附纸张

作业评价	班　级		第　　组	组长签字		
	学　号		姓　名			
	教师签字		教师评分		日　期	
	评语：					

效果检查单

学习情境 1	认识微生物			
检查方式	以小组为单位，采用学生自检与教师检查相结合，成绩各占总分(100 分)的 50%			
序号	检查项目	检查标准	学生自检	教师检查
1	组织中细菌检查标本片制作	标本片制作过程正确，能采用正确的固定方法		
2	细菌培养物标本片制作及革兰氏染色	革兰氏染色步骤正确，能准确钩取细菌培养物，有较强的无菌意识		
3	油镜的使用与维护	能正确识别显微镜油镜头，正确使用油镜观察细菌形态，正确进行常规维护		
4	细菌大小的测定	能正确使用显微测微尺，细菌大小测定方法正确		
5	病毒的形态观察	能正确制作病毒负染色标本片，正确使用电子显微镜		
6	酵母培养物美蓝浸片的制作与观察	标本片制作过程正确，能正确使用显微镜观察酵母菌形态特征		
7	霉菌培养物乳酸酚棉蓝浸片的制作与观察	取霉菌及标本片制作方法正确，能正确使用显微镜观察真菌形态特征		

	班　级		第　　　组	组长签字	
	教师签字			日　期	
检查评价	评语：				

评价反馈单

学习情境1			认识微生物			
评价类别	项　目		子项目	个人评价	组内评价	教师评价
专业能力 （60%）	资讯（10%）		查找资料，自主学习（5%）			
			资讯问题回答（5%）			
	计划（5%）		计划制订的科学性（3%）			
			用具材料准备（2%）			
	实施（25%）		各项操作正确（10%）			
			各项操作的效果（8%）			
			操作是否注意安全（4%）			
			仪器材料使用的规范（3%）			
	检查（5%）		全面性、准确性（3%）			
			生产中出现问题的处理（2%）			
	结果（10%）		提交成品质量（10%）			
	作业（5%）		及时、保质完成作业（5%）			
社会能力 （20%）	团队协作 （10%）		小组成员合作良好（5%）			
			对小组的贡献（5%）			
	敬业、吃苦 精神（10%）		学习纪律性（4%）			
			爱岗敬业和吃苦耐劳精神（6%）			
方法能力 （20%）	计划能力 （10%）		制订计划合理（10%）			
	决策能力 （10%）		计划选择正确（10%）			
意见反馈						
请写出你对本学习情境教学的建议和意见						

班　级		姓　名		学　号		总　评	
教师签字		第　组	组长签字			日　期	
评价 评语	评语：						

学习情境 2

监测机体免疫状态

●●●● 学习任务单

学习情境 2	监测机体免疫状态	学　时	26
布置任务			
学习目标	1. 了解疫苗的概念、种类、特点及使用注意事项； 2. 掌握免疫的概念及基本功能，机体获得特异性免疫的途径； 3. 了解免疫系统的组成与功能，非特异性免疫构成因素及其在疾病预防中的作用，特异性免疫应答的发生过程； 4. 了解抗原、抗体的概念，抗原的分类、抗体单体的分子结构和功能，掌握免疫血清学试验的原理、方法； 5. 在对猪群进行猪瘟疫苗接种时，学会稀释疫苗的方法、接种方法，并能对接种后的动物进行正确护理； 6. 在对鸡群进行鸡新城疫疫苗接种时，学会滴鼻、点眼、肌肉注射等不同免疫途径的接种方法； 7. 在对猪群进行猪瘟抗体监测时，学会酶联免疫吸附试验的操作方法，并能对监测结果做出正确评价； 8. 在对鸡群进行鸡新城疫抗体监测时，学会不同动物的采血方法，被检血清分离、红细胞悬液的制备、病毒血凝及血凝抑制试验的方法，并能对监测结果做出正确评价； 9. 会用免疫金标法检测口蹄疫抗体； 10. 培养团结合作意识，养成爱护动物及实验用具的习惯，培养利用理论知识解决生产实际问题的能力		
任务描述	在养殖场和微生物检验室，按规程进行猪瘟、鸡新城疫疫苗接种和抗体监测，具体任务： 1. 猪瘟疫苗接种 接种前准备，接种猪瘟疫苗，接种后的处理与观察； 2. 鸡新城疫疫苗接种 接种前准备，接种鸡新城疫疫苗，接种后的处理与观察； 3. 通过酶联免疫吸附试验进行猪瘟抗体监测 4. 鸡新城疫抗体监测 采血，制备 1% 鸡红细胞悬液及被检血清，病毒的血凝试验及病毒的血凝抑制试验，评价鸡群新城疫免疫状态； 5. 采用免疫金标检测法检测猪口蹄疫抗体		

续表

学习情境 2	监测机体免疫状态				学　时	26
学时分配	资讯：10 学时	计划：1 学时	决策：1 学时	实施：12 学时	考核：1 学时	评价：1 学时
提供资料	1. 刘莉，王涛. 动物微生物及免疫. 北京：化学工业出版社，2010 2. 刘莉，金璐娟. 动物微生物及免疫. 哈尔滨：黑龙江科学技术出版社，2004 3. 陆承平. 兽医微生物学(第 5 版). 北京：中国农业出版社，2013 4. 李一经. 兽医微生物学. 北京：高等教育出版社，2011 5. 李舫. 动物微生物与免疫技术. 北京：中国农业出版社，2014 6. 张红英. 动物微生物学. 北京：中国农业出版社，2017 7. 杨井坤.《动物微生物及免疫》在线开放课程. 学银在线					
对学生 要求	1. 以小组为单位完成学习任务，充分体现团队合作精神； 2. 课前完成资讯问题答案的收集与整理； 3. 严格遵守养殖场各项规章制度，按规定穿好工作服； 4. 严格遵守检验室操作规程，避免安全事故发生； 5. 严格遵守劳动纪律，爱护设备和工具					

●●●●● 任务资讯单

学习情境 2	监测机体免疫状态
资讯方式	通过资讯问题和资讯引导，动物微生物检验及免疫监测技术精品课网站、图书阅览室查询，课件、视频及模拟实验展示，指导教师咨询等形式完成
资讯问题	1. 什么是免疫？有哪些功能？ 2. 免疫系统由哪几部分组成？其功能是什么？ 3. 什么是免疫应答？可以分成哪两类？ 4. 说明免疫应答的发生过程。 5. 什么是抗原？抗原的性质有哪些？根据抗原性质不同可将抗原分成哪几类？ 6. 抗原的构成条件有哪些？ 7. 根据抗原对 T 细胞的依赖性不同可将抗原分成哪几类？ 8. 什么是抗体？抗体的单体结构有何特点？ 9. 抗体根据其单体结构的不同可分成哪几类？ 10. 五种免疫球蛋白的特点及生物学功能是什么？ 11. 单克隆抗体与多克隆抗体的区别？ 12. 什么是体液免疫应答？有何生物学效应？ 13. 体内抗体产生有何规律？受哪些因素影响？ 14. 什么是母源抗体？在疫苗注射时是否要考虑到母源抗体的影响？ 15. 什么是细胞免疫应答？有何生物学效应？ 16. 什么是非特异性免疫？其构成因素有哪些？ 17. 影响非特异性免疫的因素有哪些？ 18. 吞噬细胞如何发挥吞噬作用，吞噬结果如何？ 19. 吞噬细胞可以分几类？各自的特点是什么？ 20. 什么是补体？试述补体的生物学特点及功能。 21. 什么是疫苗？可以分成几类？每类疫苗的特点？ 22. 疫苗注射前要做哪些准备工作？注射时的注意事项有哪些？ 23. 如何进行鸡的皮下疫苗注射？ 24. 如何进行猪的肌肉疫苗注射？ 25. 如何护理注射疫苗后的动物？ 26. 如何制得 1% 的鸡红细胞悬液？ 27. 什么是病毒的凝集价？测得病毒的凝集价有何意义？ 28. 病毒血凝抑制实验的结果有何意义？ 29. 什么是抗体监测，抗体监测的意义？ 30. 什么是抗体的效价？ 31. 口蹄疫抗体免疫金标检测试验如何进行？ 32. 什么是血清学试验？有何特点？受哪些因素影响？ 33. 常用的血清学试验有哪些？ 34. 什么是凝集试验？凝集试验可分为哪几类？ 35. 如何通过凝集试验诊断羊的布氏杆菌病？ 36. 什么是沉淀试验？有何特点？ 37. 如何通过琼脂扩散试验诊断鸡的传染性法氏囊炎？ 38. 试述免疫标记技术的概念、分类及特点。

学习情境 2	监测机体免疫状态
资讯问题	39. 直接标记试验与间接标记试验有何区别？ 40. 特异性免疫的获得途径有哪几种？人工注射疫苗属于哪一种？ 41. 什么是生物制品？有何应用？ 42. 灭活苗与弱毒苗各有何优缺点？ 43. 什么是免疫血清？有何特点及作用？
资讯引导	1. 在相关信息单中查询； 2. 在刘莉，王涛主编的《动物微生物及免疫》(北京：化学工业出版社，2010)中进行查询； 3. 在刘莉，金璐娟主编的《动物微生物及免疫》(哈尔滨：黑龙江科学技术出版社，2004)中进行查询； 4. 在陆承平主编的《兽医微生物学(第 5 版)》(北京：中国农业出版社，2013)中进行查询； 5. 在李舫主编的《动物微生物与免疫技术》(北京：中国农业出版社，2014)中进行查询； 6. 在张红英主编的《动物微生物学》(北京：中国农业出版社，2017)中进行查询； 7. 在学银在线、杨井坤《动物微生物及免疫》在线开放课程中进行查询； 8. 在其他相关资料中资讯。

●●●●● 相关信息单

项目 1　接种疫苗

任务 1　猪瘟疫苗接种

【工作场景】

地点：猪场。

动物：待接种疫苗的 25～30 日龄仔猪。

仪器：疫苗冷藏箱、高压蒸汽灭菌器。

材料：猪瘟活疫苗(Ⅱ)细胞苗、疫苗稀释液、75％乙醇、脱脂棉、肥皂、来苏儿、新洁尔灭溶液、连续注射器、注射器针头、镊子、体温计、听诊器、毛巾、防护服、胶靴、工作帽、护目镜、口罩、0.1％盐酸肾上腺素、地塞米松磷酸钠、盐酸异丙嗪、5％葡萄糖注射液等。

【工作过程】

猪瘟免疫程序：一般情况下 25～30 日龄、55～60 日龄各免疫 1 次，母猪在配种前免疫 1 次。在猪瘟高发区，仔猪应进行超前免疫，即在吃初乳前免疫。现以 25～30 日龄仔猪初次注射猪瘟活疫苗(Ⅱ)为例，介绍猪瘟疫苗接种过程。

猪瘟疫苗接种

疫苗接种前的准备 → 1.疫苗、器械、药品的准备
2.人员的消毒与防护
3.检查待接种猪群健康状况

接种猪瘟疫苗 → 1.稀释疫苗
2.肌肉接种

疫苗接种后的处理与观察 → 1.处理注射用具与剩余的疫苗
2.不良免疫反应的预防
3.观察免疫接种后的反应
4.处理免疫接种后的不良反应

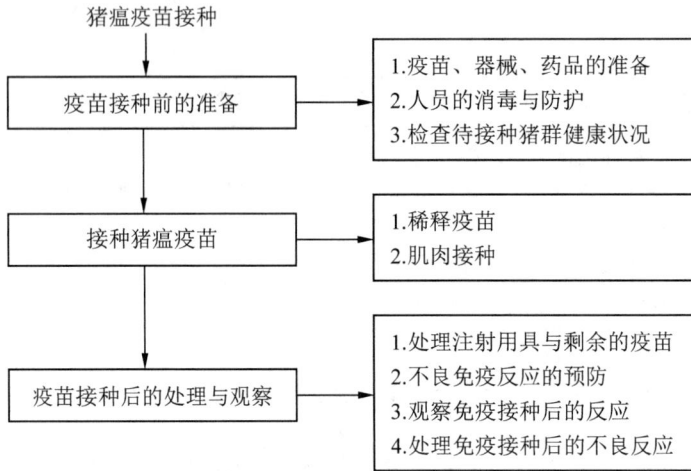

工序 1　疫苗接种前的准备

(1)疫苗、器械、药品的准备

按上述材料单准备。

将接种用连续注射器、针头、镊子等煮沸灭菌。

(2)人员的消毒与防护

工作人员要剪短手指甲,用肥皂、消毒液(来苏儿或新洁尔灭溶液等)洗手,再用75%乙醇消毒手指。穿工作服、胶靴,戴橡胶手套、口罩、工作帽等,通过脚踏消毒池进入疫苗接种区。

(3)检查待接种猪的健康状况

检查猪的精神、食欲、体温,不正常的不接种或暂缓接种;发病、瘦弱的猪不接种或暂缓接种;并对上述猪进行登记,便于以后补种。

工序 2　接种猪瘟疫苗

(1)稀释疫苗

从冷箱中取出疫苗,检查疫苗的外观质量,置于室温(15 ℃~25 ℃),平衡疫苗温度。

按疫苗使用说明书注明的头份和稀释方法,用规定的稀释液,按每头份注射 1 mL 量进行稀释。

疫苗稀释过程:

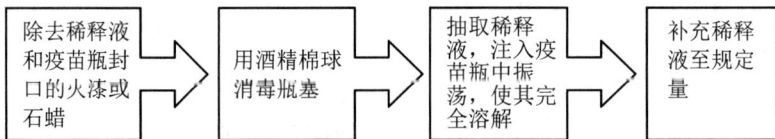

除去稀释液和疫苗瓶封口的火漆或石蜡 ➡ 用酒精棉球消毒瓶塞 ➡ 抽取稀释液,注入疫苗瓶中振荡,使其完全溶解 ➡ 补充稀释液至规定量

(2)肌肉注射

①保定　一人抱起猪只到胸前进行保定,另一人进行注射。

②找出注射部位并进行消毒　耳根向后三指与背中线向下五指交汇处为注射部位,或从耳根向后量 5~7 cm,从背中线向下量 8~10 cm,两者的交汇点即为注射部位。用75%乙醇脱脂棉对注射部位进行消毒(见图 2-1)。

③注射　注射疫苗时,左手固定注射部位,右手持注射器,针头垂直或与皮肤表面成

45°(避免疫苗流出)刺入肌肉内(见图 2-2),一般刺入 2～4 cm 深,回抽针芯,如无回血,将疫苗慢慢注入。若发现回血,应变更位置。注射后,注射部位用消毒棉球按 1 min即可。

④做标记 用记号笔在猪的头部做标记(见图 2-3),用以证明此猪已进行了猪瘟疫苗接种。

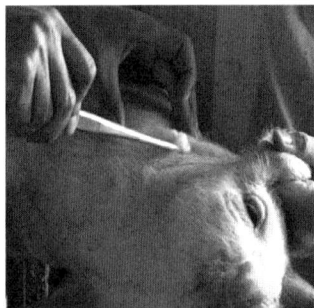

图 2-1 注射部位消毒   图 2-2 肌肉注射   图 2-3 做标记

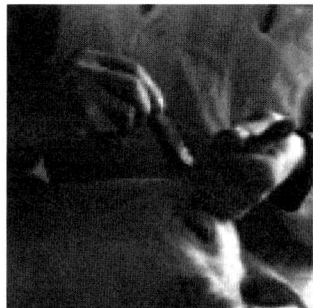

工序 3 疫苗接种后的处理与观察

(1)注射用具严格进行灭菌处理

稀释好的疫苗没有用完时,应用火焚烧或高压蒸汽灭菌,不能留做下一次使用。接种用连续注射器、针头、镊子等进行高压蒸汽灭菌,121.3 ℃温度维持 15～20 min。工作服清洗后,要用太阳光照射消毒或熏蒸消毒,一次性用具应统一进行销毁。

(2)预防不良免疫反应

①保持猪舍温度、湿度、光照适宜,通风良好,做好日常消毒工作。

②制定科学的免疫程序,选用适宜的毒力或毒株的疫苗。应严格按照疫苗的使用说明进行免疫接种,注射部位要准确,接种操作方法要规范,接种剂量要适当。

③对疫苗的质量、保存条件、保存期均要认真检查,必要时先做小群猪的接种试验,然后再大群免疫。

④疫苗接种前,避免猪群受到寒冷、转群、运输、脱水、突然换料、噪声、惊吓等应激反应。可于接种前后 3～5 d 在饮水中添加维生素 C 或维生素 E,以降低应激反应。还要给猪群提供营养丰富、均衡的优质饲料,提高机体免疫力。

(3)观察疫苗接种后猪的反应

在疫苗接种后的反应时间内,观察猪的饮食、精神状况、身体状况等,并抽查检测体温,对有异常表现的猪应予登记,严重时应及时救治。

(4)处理疫苗接种后的不良反应

猪疫苗接种后如产生严重不良反应,应采用抗休克、抗过敏、抗炎症、抗感染、强心补液、镇静解痉等急救措施。

对局部出现的炎症反应,应采用消炎、消肿、止痒等处理措施;对神经、肌肉、血管损伤的病例,应采用理疗、药物治疗和手术等处理方法。

对合并感染的病例用抗生素治疗。

注意

①根据猪大小和肥瘦程度不同，掌握刺入深度。

②根据注射剂量，选择大小适宜的注射器。

③每给一头猪进行接种要更换注射器针头。

④注射剂量应严格按照规定的剂量注入，禁止打"飞针"，以免造成注射剂量不足和注射部位不准。

任务2　鸡新城疫疫苗接种

【工作场景】

地点：鸡场。

动物：待接种雏鸡。

仪器：疫苗冷藏箱、高压蒸汽灭菌器。

材料：鸡新城疫Ⅱ系弱毒苗、疫苗稀释液、洗必泰或新洁尔灭溶液、肥皂、量筒、滴瓶、防护服、护目镜、口罩等。

【工作过程】

雏鸡首次接种鸡新城疫Ⅱ系或Ⅳ系弱毒疫苗的时间为7～10日龄，8～9日龄接种效果最好；二免在30日龄；三免在60日龄，用鸡新城疫Ⅰ系弱毒苗进行肌肉接种，可以起到强化免疫的作用。

下面以新生雏鸡首次接种鸡新城疫Ⅱ系疫苗为例，介绍鸡新城疫疫苗接种过程。

工序1　疫苗接种前的准备

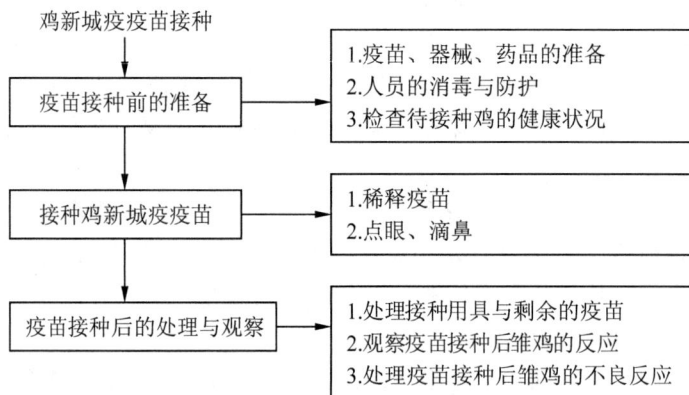

```
鸡新城疫疫苗接种
      │
      ↓
┌──────────────┐     ┌──────────────────────┐
│ 疫苗接种前的准备 │────→│ 1.疫苗、器械、药品的准备  │
└──────────────┘     │ 2.人员的消毒与防护      │
      │              │ 3.检查待接种鸡的健康状况  │
      ↓              └──────────────────────┘
┌──────────────┐     ┌──────────────────────┐
│ 接种鸡新城疫疫苗 │────→│ 1.稀释疫苗             │
└──────────────┘     │ 2.点眼、滴鼻           │
      │              └──────────────────────┘
      ↓
┌────────────────┐   ┌──────────────────────────┐
│ 疫苗接种后的处理与观察 │→│ 1.处理接种用具与剩余的疫苗     │
└────────────────┘   │ 2.观察疫苗接种后雏鸡的反应     │
                     │ 3.处理疫苗接种后雏鸡的不良反应  │
                     └──────────────────────────┘
```

（1）疫苗、器械、药品的准备

按上述材料单准备。

（2）人员的消毒与防护

工作人员进入鸡舍必须要淋浴，换上清洁消毒好的工作衣帽。工作人员的手用肥皂洗净后，浸于消毒液（洗必泰或新洁尔灭溶液）内3～5 min，清水冲洗后擦干。然后穿上疫苗接种区水鞋或其他专用鞋，戴上护目镜和口罩通过脚踏消毒池进入疫苗接种区。

(3)检查待接种鸡的健康状况

检查鸡的精神、食欲、体温等状况，不正常的或发病、瘦弱的鸡不接种或暂缓接种；并进行登记，便于以后补种。

工序 2　接种鸡新城疫疫苗

(1)稀释疫苗

将疫苗从冷藏箱中取出，置于室温(15 ℃～25 ℃)，平衡疫苗温度。检查疫苗的外观质量(见图 2-4)，按疫苗使用说明书注明的羽份，用指定稀释液，按规定稀释倍数和稀释方法稀释疫苗；稀释好的疫苗装入滴瓶内(见图 2-5)。

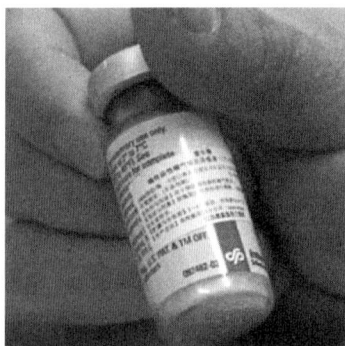

图 2-4　检查疫苗

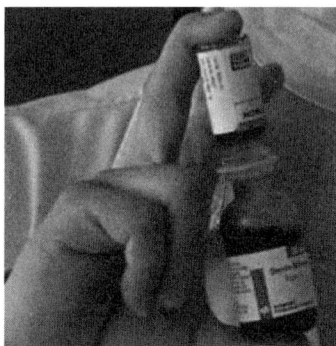

图 2-5　稀释疫苗装入滴瓶

(2)疫苗接种

一手保定雏鸡，将鸡头颈摆成水平位置，一侧鼻孔向上，一侧鼻孔向下，并用手指按住向下的鼻孔。另一手挤压滴瓶，将一滴疫苗垂直滴入雏鸡眼睛(见图 2-6)或一侧鼻孔(见图 2-7)。滴加疫苗后，要确定疫苗溶液被吸入才可以将鸡放回地面，以防疫苗被鸡甩出。

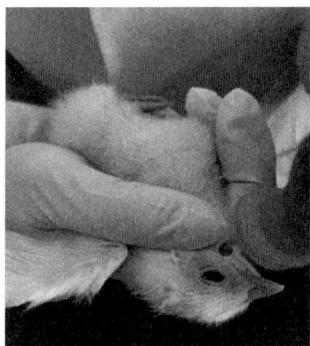

图 2-6　点眼

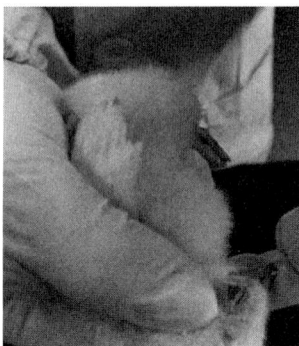

图 2-7　滴鼻

工序 3　疫苗接种后的处理与观察

(1)处理接种用具与剩余的疫苗

免疫后应检查地面是否有未免疫的雏鸡，如有应及时补免；稀释好的疫苗没有用完应用火焚烧或高压蒸汽灭菌，不能留做下一次使用；清洗后的工作服要用太阳光照射消毒或熏蒸消毒，一次性用具应统一进行销毁；用过的滴瓶煮沸 15 min 后洗净，以便下一次使用；疫苗接种当天，为保证良好的免疫效果，鸡舍内不应带鸡消毒。

（2）观察疫苗接种后雏鸡的反应

应对鸡群进行严密监视，避免不良反应的发生。

（3）处理疫苗接种后雏鸡的不良反应

如出现不良反应，应使用一些延胡索酸、琥珀酸等抗应激的药物，以及在日粮中添加多种维生素；有严重反应的应及时淘汰。

> **注意**
>
> ①接种剂量应严格按照要求进行；点眼或滴鼻时，应在离眼或鼻孔 0.5～1 cm 的高处；如果点眼时鸡刚好闭眼、滴鼻时鸡打喷嚏或鼻孔产生气泡现象，要重复操作。
>
> ②疫苗应现用现配；稀释好的疫苗液应在 30 min 内用完，以免时间过长降低效价；疫苗不要放在强烈的阳光下，以免失效。
>
> ③为了使操作无误，应一次只抓一只鸡进行免疫。

项目2　监测抗体

任务1　猪瘟抗体监测

【工作场景】

地点：微生物检验室。

动物：待检猪群。

器材：微孔板酶标仪（450 nm）、量筒（200 mL）、恒温箱、采血器、灭菌小瓶，1 000 μL、100 μL、50 μL 微量移液器及吸头等。

试剂及诊断液：猪瘟病毒 IgG 抗体检测 ELISA 试剂盒（见图 2-8），内含猪瘟病毒抗原包被微孔反应板条、酶标记物、样品稀释液、显色剂 A、显色剂 B、洗涤液、猪瘟病毒抗体阳性对照血清、猪瘟病毒抗体阴性对照血清、终止液、封板膜。

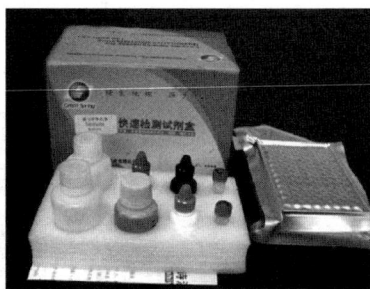

图 2-8　猪瘟病毒 IgG 抗体检测 ELISA 试剂盒

【工作原理】

本试验是采用间接 ELISA 方法，检测猪血清中是否含猪瘟病毒抗体。先用抗原包被固相载体，加入待检猪的血清样品，在适当的温度下反应后洗涤；再加入酶标记物，使之与待检血清中的抗体发生反应，反应后洗去未结合的酶标记物，加入相应的底物进行显色反应，颜色深浅可以反映出待测样品中抗体与固相抗原结合的量，颜色深表示结合的量多（见图 2-9）。

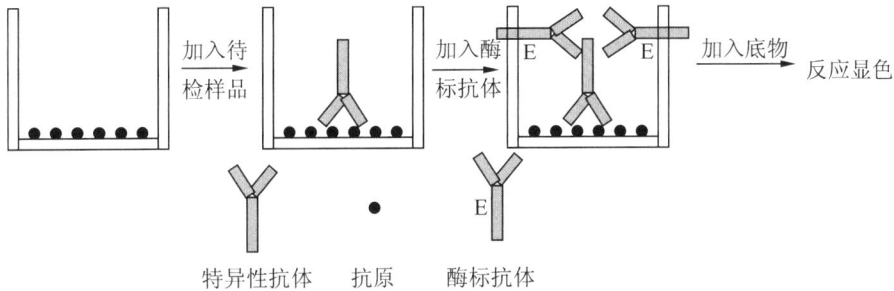

图 2-9 猪瘟抗体检测 ELISA 试验工作原理示意图

【工作过程】

工序 1 采取被检血清

采集被检猪血液分离血清，标号后置于灭菌小瓶内，4 ℃或−30 ℃保存或直接待检。

工序 2 稀释反应液

将试剂盒置室温 30 min，恢复至室温，将洗涤液与无离子水按 1∶25 稀释，并注意每种液体试剂使用前均须摇匀。

工序 3 加样，反应

(1)取反应板

取所需用量包被微孔反应板条，设空白、阴性及阳性对照各 2 孔，未用的板条尽快密封，2 ℃~8 ℃保存。

(2)加样

阴性、阳性对照孔分别加阴性、阳性对照血清 100 μL；样品孔每孔先加样品稀释液 90 μL，再加样品 10 μL(见图 2-10)或样本 1∶10 稀释后加 100 μL；空白对照孔不加。轻轻振荡混匀，用封板膜盖板后置 37℃恒温箱避光反应 30 min。

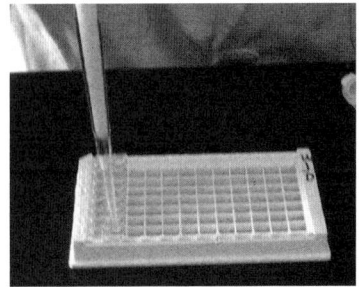

图 2-10 加入待检血清

(3)洗涤

取出反应板，小心揭开封板模，将孔内液体甩干(见图 2-11)，每孔加满洗涤液，静置 60 s 后弃去，重复洗涤 5 次，在吸水纸上拍干(见图 2-12)。

图 2-11 甩干液体

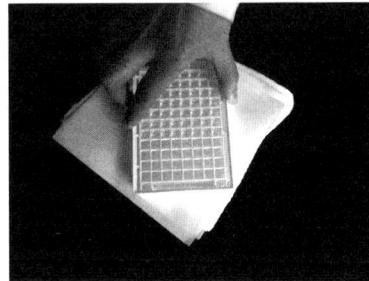

图 2-12 吸水纸上拍干反应板

(4)加酶标记物

每孔加酶标记物 100 μL (空白孔除外)，轻轻振荡混匀，用封板膜盖板后置 37 ℃恒温箱避光反应 30 min。

（5）洗涤，同步骤（3）

（6）加底物

每孔依次加显色剂 A、显色剂 B 各 50 μL，混匀，37 ℃避光反应 10 min。

（7）加终止液

每孔加终止液 50 μL，混匀。

（8）测定

反应板置酶标仪（见图 2-13）450 nm 处测各孔 A 值（光吸收值）。

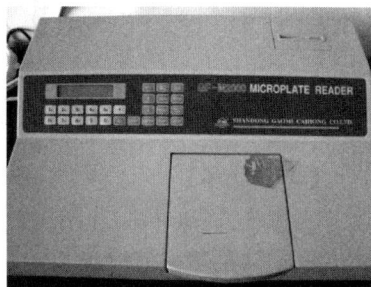

图 2-13　酶标仪

工序 4　结果判定

阴性对照：正常情况下，阴性对照孔 A 值≤0.1。

阳性对照：正常情况下，阳性对照孔 A 值≥0.4。

所有阴性、阳性对照和样品的 A 值均须减去空白平均值后作为计算值；阴性对照孔 A 值大于 0.10 时应舍弃，如所有阴性对照孔 A 值都大于 0.10 时须重复实验；阴性对照孔低于 0.05 时以 0.05 计算。

计算临界值：临界值＝0.15＋阴性对照孔均值。

结果判定：检测样品 A 值≥临界值判定为本试验阳性；检测标本 A 值＜临界值判定为本试验阴性。

> **注意**
>
> ①操作时必须戴手套，穿工作衣，严格执行消毒隔离制度。
>
> ②加样器吸头勿重复使用，避免交叉污染。
>
> ③样品稀释液应用加样器加注，并需经常校对其准确性。
>
> ④洗涤时各孔均需加满液体，防止孔口有游离酶不能洗净；拍干后未被清除的气泡可用未使用的吸头戳破。
>
> ⑤试验结果的判定必须以酶标仪读数为准。
>
> ⑥所有样品洗涤液和各种废弃物都应按传染物处理，经 121 ℃高压蒸汽灭菌 30 min，或用 5.0 g/L 次氯酸钠等消毒剂处理 30 min 后废弃。

任务 2　鸡新城疫抗体监测

【工作场景】

地点：微生物检验室。

动物：待检鸡群。

器材：V 型 96 孔微量血凝板、微量移液器及 25 μL 吸头、微型振荡器、恒温箱、离心机、天平、禽用采血器、消毒棉球、口罩、一次性手套等（见图 2-14）。

试剂：生理盐水、3.8% 枸橼酸钠液、pH 7.0～7.2 磷酸盐缓冲液（PBS）、1% 鸡红细胞悬液；新城疫病毒血

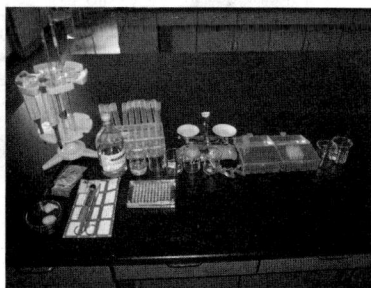

图 2-14　实验用器材及试剂

凝素或Ⅰ系疫苗、标准阳性血清、2%碘酒、75%乙醇。

【工作过程】

鸡新城疫抗体监测工作过程

```
采取被检血清  →  制备1%鸡红细胞悬液  →  病毒的血凝(HA)试验
                                              ↓
实验后的器材处理  ←  分析结果  ←  病毒的血凝抑制(HI)试验
```

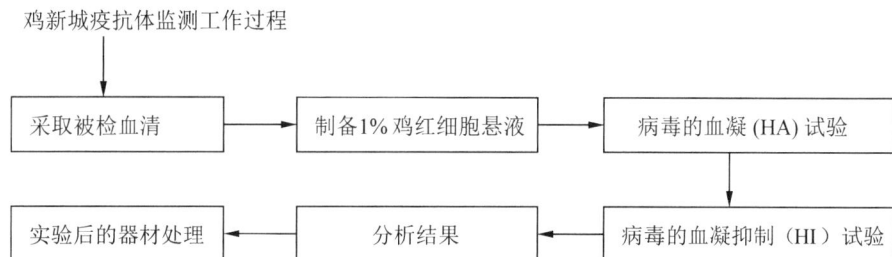

工序1　采取被检血清

（1）保定

左侧横卧悬空保定：助手用左手握住鸡双腿，右手从前方抓住双翅根部，使翅向外展开，露出翅下静脉，右手轻压翅根部静脉，使翅下静脉凸起。也可右侧保定，方向与左侧相反。

（2）消毒

对进针部位用2%碘酒由中心向外周涂抹消毒，再用75%乙醇脱碘（见图2-15）。

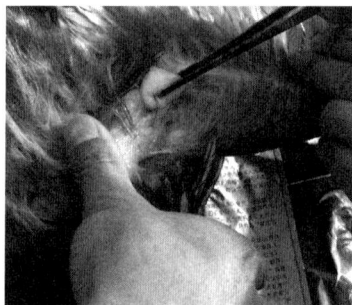

图 2-15　采血部位消毒

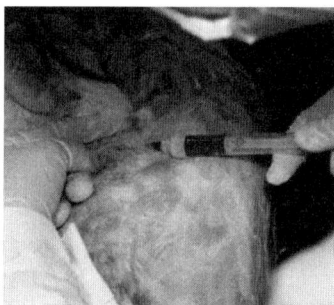

图 2-16　采血

（3）采血

操作者用左手拇指固定静脉，右手拇指、食指持针柄、无名指和小拇指夹住针头尾部，使针头尾端翘起向上，针头与血管成20°～25°，由静脉正上方斜刺入皮下，沿静脉方向进入血管少许（见图2-16），达到所需血量后，将针头拔出，同时按压针眼止血（见图2-17），并做好记录。

（4）分离血清

将血液放入灭菌的试管，倾斜试管待血清析出。

工序2　制备1%鸡红细胞悬液

从健康公鸡翅静脉采血至所需量，如需大量血液时可自

图 2-17　按压止血

心脏采血，将所采血液立即加入含有3.8%枸橼酸钠的离心管中（枸橼酸钠的量为所采血液的1/5），用20倍量pH 7.0～7.2磷酸盐缓冲液洗涤3～4次，每次以2 000 r/min离心3～4 min，最后一次5 min，每次离心后弃去上清液。洗去血浆及白细胞，最后将红细胞泥用磷酸盐缓冲液配成1%红细胞悬液（见图2-18）。

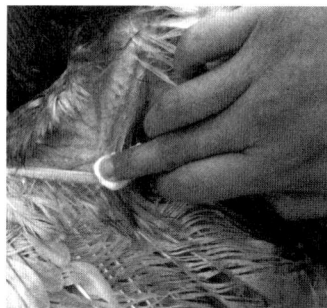

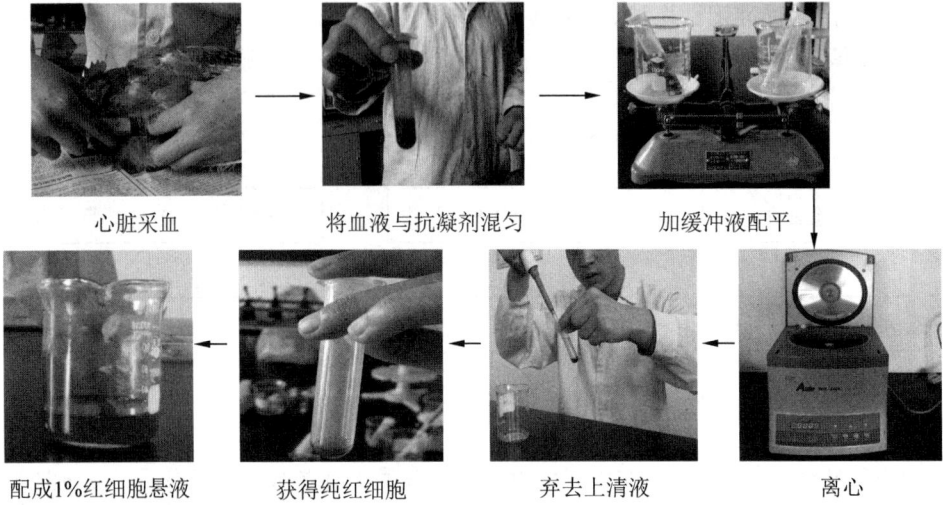

心脏采血　　　　　　将血液与抗凝剂混匀　　　　　　加缓冲液配平

配成1%红细胞悬液　　　获得纯红细胞　　　弃去上清液　　　离心

图 2-18　1%鸡红细胞悬液制备过程

工序 3　病毒的血凝(HA)试验

(1)加样，反应

操作方法见表 2-1。

表 2-1　病毒血凝(HA)试验操作术式　　　　　　　单位：μL

	1	2	3	4	5	6	7	8	9	10	11	12
PBS 液	25	25	25	25	25	25	25	25	25	25	25	25
新城疫病毒抗原	25	25	25	25	25	25	25	25	25	25	25	—
											弃25	
病毒稀释倍数	2^1	2^2	2^3	2^4	2^5	2^6	2^7	2^8	2^9	2^{10}	2^{11}	对照
PBS 液	25	25	25	25	25	25	25	25	25	25	25	25
1%鸡红细胞	25	25	25	25	25	25	25	25	25	25	25	25
在微型振荡器上振荡 1 min，或手持血凝板摇动混匀，室温(18℃～20℃)下作用 40 min，判定结果												

①用微量移液器向血凝板各孔分别加 PBS 液 25 μL(见图 2-19)。

②换吸头，取 25 μL 新城疫病毒液加入第 1 孔的稀释液中，移液器按压 3～5 次使液体混合均匀，然后从第 1 孔取 25 μL 移入第 2 孔，按压移液器混匀后从第二孔取 25 μL 移入第 3 孔，依次倍比稀释到第 11 孔，第 11 孔内液体混匀后弃去 25 μL。第 12 孔不加病毒抗原，作对照。

③换吸头，在 1～12 各孔内每孔各加 1%鸡红细胞悬液 25 μL。

④加样完毕，将血凝板置于微型振荡器上振荡 1 min(见图 2-20)，或手持血凝板绕圆圈混匀。放室温(18 ℃～20 ℃)下作用 30～40 min，或置 37℃恒温箱中作用 15～30 min 取出，观察并判定结果。

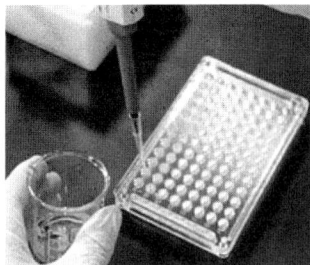

图 2-19　加入 PBS 液　　　　图 2-20　振荡器上混匀　　　　图 2-21　结果观察

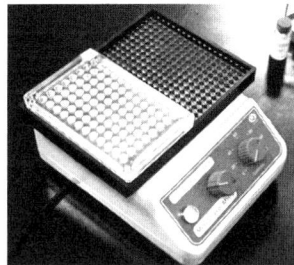

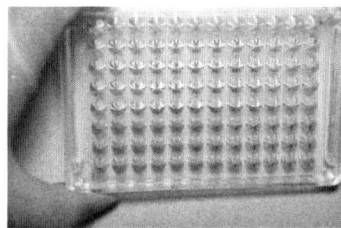

（2）结果判定

将血凝板倾斜 45°（见图 2-21），观察沉于孔底的红细胞流动现象判定是否凝集。凡红细胞均匀平铺于反应孔底面一层，边缘不整呈锯齿状，无泪滴状流淌者，为红细胞完全凝集；凡沉于管底的红细胞沿着倾斜面向下呈线状流动，即呈泪滴状流淌，与红细胞对照孔一致者，判为红细胞完全不凝集（见图 2-22）。

血凝价：能使红细胞完全凝集的病毒液的最大稀释倍数为该病毒的血凝滴度，或称血凝价。

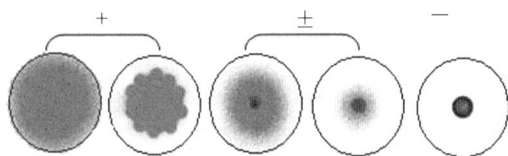

图 2-22　红细胞的凝集程度示意图

＋：红细胞完全凝集，呈网状铺于反应孔底端，边缘不整或呈锯齿状；
－：红细胞不凝集，全部沉淀于反应孔最底端，呈圆点状，边缘整齐；
±：红细胞不完全凝集，下沉情况介于"＋"与"－"之间

工序 4　病毒的血凝抑制（HI）试验

（1）制备 4 个血凝单位的病毒液

根据 HA 试验结果，确定病毒的血凝价，用 PBS 液稀释病毒，配制成 4 个血凝单位的病毒液。稀释倍数按下式计算：

$$4 个血凝单位病毒的稀释倍数＝血凝价/4$$

（2）加样，反应

操作方法见表 2-2。

①用微量移液器向血凝板 1～11 各孔分别加 PBS 液 25 μL，第 12 孔加 PBS 液 50 μL。

②换吸头，取 25 μL 被检血清加入第 1 孔的稀释液中，用移液器按压 3～5 次使液体混合均匀，然后从第 1 孔取 25 μL 移入第 2 孔，按压混匀后从第二孔取 25 μL 移入第 3 孔，依次倍比稀释到第 10 孔（见图 2-23），第 10 孔内液体混匀后弃去 25 μL。第 11、第 12 孔不加备检血清，作对照。

③换吸头，用微量移液器向血凝板 1～11 各孔分别加 4 单位病毒液 25 μL，第 12 孔不加，作对照。

表 2-2　病毒的血凝抑制(HI)试验操作术式　　　　　　　　单位：μL

	1	2	3	4	5	6	7	8	9	10	11	12
PBS液	25	25	25	25	25	25	25	25	25	25	25	50
被检血清	25	25	25	25	25	25	25	25	25	25	—弃25	—
血清稀释倍数	2^1	2^2	2^3	2^4	2^5	2^6	2^7	2^8	2^9	2^{10}	对照	对照
4 单位病毒	25	25	25	25	25	25	25	25	25	25	25	—
轻轻晃动反应板，使反应物混匀，室温(20℃～25℃)下静置不少于 30 min												
1％鸡红细胞	25	25	25	25	25	25	25	25	25	25	25	25
轻晃混匀，室温(20℃～25℃)下静止 40 min，判定结果												

④轻轻晃动反应板使反应物混匀后(见图 2-24)，将反应板置室温下(18 ℃～20 ℃)作用 20 min。

⑤用微量移液器向每一孔中各加入 1％鸡红细胞悬液 25 μL(见图 2-25)，再将血凝板置于微型振荡器上振荡 15～30 s，混合均匀。

⑥将血凝板置室温下静置 30～40 min，观察并记录结果。

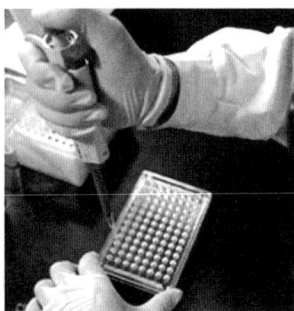

图 2-23　加待检血清　　　　图 2-24　轻轻晃动反应板　　　　图 2-25　加 1％鸡红细胞

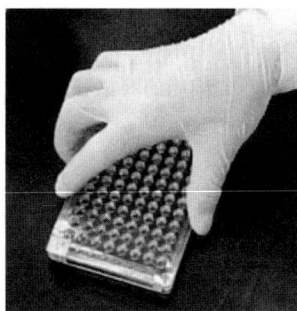

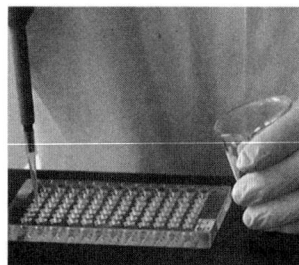

(3)结果判定

判定结果时，将血凝板倾斜 70°，凡沉淀于孔底的红细胞沿反应孔倾斜面向下呈线状流动，且呈现现象与红细胞对照孔一样者为红细胞完全不凝集。在对照出现正确结果的情况下，以完全抑制红细胞凝集的血清最大稀释倍数为该血清的血凝抑制价或血凝抑制滴度。

在微量血凝抑制试验中，血清的血凝抑制价一般用对数 $\log 2^X$ 表示，"X"为血清的稀释倍数。例如被检血清的血凝抑制滴度为 2^6，表示为 6 log2。

工序 5　分析结果，评价鸡群新城疫免疫状态

根据试验测得的新城疫病毒血凝抑制价与新城疫 HI 抗体滴度分析结果表(见表 2-3)进行对比，从而评价鸡群的免疫状态。

表 2-3　新城疫 HI 抗体滴度分析结果表

类型	HI抗体滴度	与临床的关系
1	≥11 log2	可能有新城疫强毒感染，须结合流行病学判定
2	(5~10)log2	对新城疫感染有不同程度的抵抗力。其中高效价者，对新城疫强毒有较强的免疫力，能维持较长时间；低效价者，对新城疫病毒感染有免疫力，但持续时间短，近日应进行疫苗接种
3	≤4 log2	对新城疫强度感染缺乏足够免疫力，可能发生新城疫，需马上接种疫苗

工序 6　实验后的器材处理

微量血凝反应板的清洗，对试验结果有很大的影响。通常于试验完毕后，立即用自来水反复冲洗，再用含洗涤剂的温水浸泡 30 min，并在洗涤剂溶液中以棉拭子洗凹孔及板面，用自来水冲洗多次，最后以蒸馏水冲洗 2~3 次，在 37℃温箱内烘干备用。

> **注意**
>
> ①许多研究者认为来源不同个体鸡只的红细胞对新城疫病毒的敏感性不同，一般 HI 滴度相差 1~2 个滴度。所以试验时最好用 3~4 只鸡混合的红细胞。
>
> ②配置 1% 红细胞悬液时不能用力摇振，以免把红细胞膜振破，造成溶血，影响实验效果。
>
> ③在滴加材料时，注意每滴加一种材料更换一个吸头，以免造成污染，影响试验效果。
>
> ④注意加入试剂的量要准确。
>
> ⑤稀释时将材料充分混匀后再吸出滴入下一孔中。
>
> ⑥严格按照实验要求时间进行操作，如果长时间放置，凝集的红细胞会沉降下来，造成观察结果不准确。
>
> ⑦每次测定应和已知滴度的标准阳性血清对照。

项目 3　口蹄疫抗体检测

【工作场景】

地点：微生物检验室。

动物：待检猪群。

器材：采血器、灭菌小瓶、滴管等。

试剂及诊断液：猪口蹄疫抗体检测金标试纸、猪口蹄疫抗体检测金标试纸对照卡(见图 2-26)。

【工作原理】

金标试纸采用酶联免疫原理和胶体金层析技术制成，可

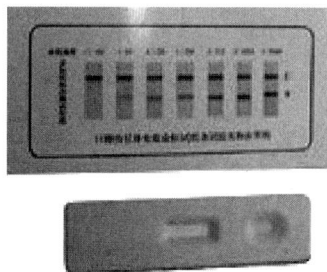

图 2-26　金标试纸及对照卡

快速检测猪血清中的口蹄疫抗体。它是将猪口蹄疫抗原包被在硝酸纤维素膜的检测线(T)上，兔抗口蹄疫抗体包被在硝酸纤维素膜的质控线(C)上，用胶体金标记的猪口蹄疫抗原干燥后置于玻璃纤维素膜下端。当血清加入加样孔内，由于层析的原理，血清开始沿纸条

移动，当遇上干燥的金标抗原，将其溶解，并带着金标抗原继续往上移动，至硝酸纤维素膜的检测线。如果样品中有口蹄疫抗体存在时，会与玻璃纤维素上的金标口蹄疫抗原和包被在检测线上的口蹄疫抗原，在检测线上形成一个夹心的免疫复合物，呈一条紫红色线。样品中的抗体越高，色线颜色越深，判定为阳性。如果样品中没有口蹄疫抗体，检测线（T）上没有色带出现，判定为阴性。样品和金标抗原继续往上移至质控线时，此处的兔抗口蹄疫抗体将会同金标猪口蹄疫抗原结合，在质控线（C）上形成一条紫红色线，证明本试纸有效。

【工作过程】

工序1　采样

采集被检猪血液分离血清，血清必须新鲜透明无污染，标号后置于灭菌小瓶内，4 ℃或−30 ℃保存或直接检查。

工序2　加样

打开包装袋，取出检测卡平放在桌面上，并做好标记。在检测卡的加样孔内加入2滴（100 μL）待检血清样品（见图2-27）。

工序3　反应

将检测卡平放于桌面上，于室温下静置5～20 min并判定结果。超过20 min的结果只能作为参考。

工序4　结果判定（见图2-28）

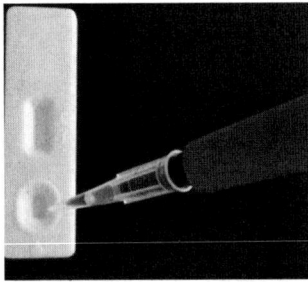

图2-27　向加样孔中滴加血清

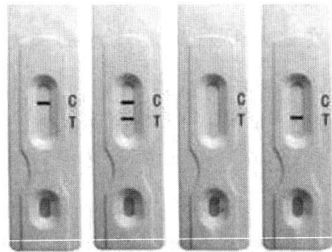

图2-28　口蹄疫抗体免疫金标检测法结果判定

阳性：在观察孔内，检测线区（T）及质控线区（C）同时出现紫红色线。猪口蹄疫抗体滴度越高，检测线（T）颜色越深。

弱阳性：在观察孔内，检测线区（T）及质控线区（C）同时出现紫红色线，但检测线区（T）出现的颜色很浅。

阴性：在观察孔内，只有质控线区（C）出现一条紫红色线。

无效：在观察孔内，质控线区（C）和检测线区（T）都不出现色线；或仅检测线区（T）出现色线。

注意

①检测样品可以是血清也可以是全血。

②检测卡从铝箔袋取出后应尽快使用，尽量避免长时间放置在空气中，否则吸潮后将失效。

③检测环境应保持一定的湿度，要避风和避免在过高温度下进行操作。

④检测卡在室温下保存，如在2 ℃～8 ℃下冷藏，使用时需平衡至室温后方可打开包装进行检测操作。

诊断参考

如果该猪未接种过猪口蹄疫病毒疫苗：

a. 当被检样品检测线(T)处无明显色带出现，说明被检测样品中没有口蹄疫病毒抗体。如果猪群健康，应当及时进行猪口蹄疫病毒疫苗接种。

b. 当被检样品检测线(T)处有明显色带出现，则该猪有可能为野毒感染，应进一步观察验证。

c. 当被检样品检测线(T)条带的色泽≥对照卡中1∶128效价时，说明口蹄疫病毒抗体的滴度较高，已达到抵御强毒攻击的保护水平。

d. 当被检样品检测线(T)条带的色泽＜对照卡中1∶128效价时，说明口蹄疫病毒抗体效价未达到抵御口蹄疫病毒强毒攻击的最低保护滴度，建议进行疫苗补种。

●●●● 必备知识

一、疫苗

疫苗是指由病原体(病原微生物和寄生虫)及其代谢产物制成的用于刺激机体产生人工主动免疫的生物制品。

以往根据制得疫苗的原料不同可将疫苗分为菌苗、疫苗和类毒素三类，但随着生物工程技术、生物化学及分子生物学的发展，在疫苗的种类和类型上有了重大的进展，新型疫苗不断研制成功，而且种类繁多，故现将疫苗分为以下三类：

1. 常规疫苗

常规疫苗指利用细菌、病毒等微生物或其代谢产物制成的疫苗，主要包括活苗、灭活疫苗和代谢产物疫苗(见表 2-4)。

表 2-4　常规疫苗来源及优缺点比较

分　类	来　源	优　点	缺　点	举　例
活苗 (弱毒苗)	通过减弱病原微生物毒力获得	接种量少、次数少，诱导产生免疫力强，免疫期较长，不需使用佐剂，引起过敏的机会较小	研制周期较长，毒力有返强的潜在危险，贮存与运输不便，保存期较短	中国株猪瘟兔化弱毒疫苗
灭活疫苗	细菌或病毒经物理或化学方法处理，使其丧失感染性或毒性但保持有免疫原性	研制周期短，使用安全和易于保存	不能在体内繁殖，接种剂量大，免疫周期较短，需加入适当的佐剂以增强免疫效果	兔出血症组织灭活苗、猪丹毒氢氧化铝疫苗
代谢产物疫苗	利用细菌的代谢产物如毒素、酶等制成	具有较强的免疫原性	同灭活疫苗	破伤风疫苗

2. 亚单位疫苗

从病原体提取免疫有效成分，去除无效或有害成分，利用一种或几种亚单位或亚结构成分制成的疫苗称为亚单位疫苗。如狂犬病亚单位疫苗、口蹄疫 Vp3 疫苗和流感血凝素疫苗等。亚单位疫苗由于制备困难，价格昂贵，在生产中难以推广应用。

3. 生物技术疫苗

生物技术疫苗是利用生物技术制备的分子水平的疫苗，包括基因工程亚单位疫苗、合成肽疫苗、抗独特型疫苗、DNA 疫苗及基因工程活载体疫苗（见表 2-5）。

表 2-5　生物技术疫苗特点比较

类　别	特　点
基因工程亚单位疫苗	是用 DNA 重组技术，将微生物的保护性抗原基因重组于载体质粒后导入受体菌或细胞，使该基因在受体菌或细胞中高效表达，产生大量的保护性抗原肽段，提取该抗原肽段，加佐剂而制成。此种疫苗需解决表达的高效、蛋白质分泌、免疫原性不如传统疫苗好等问题，故目前尚未推广
合成肽疫苗	是用人工合成的多肽抗原与适当载体和佐剂配合而成的疫苗。此类疫苗解决了疫苗减毒不彻底、一些病毒不能人工培养，及某些病毒不断出现新的血清型等问题
抗独特型抗体疫苗	与特定抗原的抗体结合的抗体，称为抗独特型抗体。它具有原始病原微生物抗原的作用，可以用来代替免疫源制造疫苗，即为抗独特型抗体疫苗。它适于制作目前尚不能培养或培养困难、危险性大的一些微生物疫苗，但此类疫苗成本较高，且不易制备
DNA 疫苗	是将编码保护性抗原的基因与能在真核细胞中表达的载体 DNA 重组，直接注射到动物体内，刺激机体产生体液免疫和细胞免疫
基因工程活载体疫苗	包括基因缺失苗和活载体疫苗。基因缺失苗是切去病毒致病基因，使其失去致病力，但仍保留其免疫原性及复制能力；此疫苗比较稳定，无毒力返祖现象。活载体疫苗是将保护性抗原基因转移到载体中使之表达的活疫苗

此外，疫苗还可根据物理状态分为液体疫苗和冻干疫苗；根据病毒抗原增殖方式分为动物培养苗、鸡胚培养苗和细胞培养苗；根据免疫途径分为注射用疫苗、口服苗、气雾苗和皮肤划痕苗等。

二、免疫

免疫是机体识别"自身"与"非己"抗原，对自身抗原形成天然免疫耐受，对"非己"抗原产生排斥作用的一种生理功能。

免疫的基本功能包括以下三个方面。

1. 抵抗感染

又称免疫防御，即动物机体抗御病原微生物感染的能力。

免疫功能正常时，能将入侵的微生物消灭清除，从而免除传染。当免疫功能异常亢进时，会造成组织损伤和功能障碍，导致传染性变态反应；而免疫功能低下时，可引起机体的反复感染。

2. 自身稳定

由于新陈代谢，动物每天都要有大量衰老和死亡的细胞，它的积累会影响正常细胞的功能活动。自身稳定功能可以清除自身机体衰老死亡以及变性损伤的细胞，保持机体正常细胞的生理活动，维护机体的生理平衡。

此功能失调，会使正常的自身细胞被误认为异物而被排斥和清除，导致自身免疫病。

3. 免疫监视

机体细胞在病毒或理化等致癌因素诱导下，可突变成肿瘤细胞。正常机体具有监视和及时清除体内出现的肿瘤细胞的功能。

此功能降低或抑制，会使肿瘤细胞大量增殖而形成肿瘤。

免疫可分为特异性免疫和非特异性免疫。

特异性免疫是动物机体受微生物等抗原刺激后所获得的免疫力。特异性免疫具有特异性，能抵抗同一种微生物的重复感染，它不能遗传。特异性免疫包括细胞免疫与体液免疫两类。

非特异性免疫是动物机体在长期的进化过程中形成的一系列天然的防御力，是动物生下来就有的，具有遗传性。非特异性免疫对外来异物起到第一道防线的作用，是机体实现特异性免疫的基础和条件。非特异性免疫的作用范围广，但缺乏针对性，因此要彻底的消除异物需要非特异性免疫与特异性免疫共同起作用来完成。

三、非特异性免疫

非特异性免疫是机体生来就有的对某些病原性微生物的不感受性。

1. 非特异性免疫的构成因素

(1)屏障结构

①皮肤和黏膜屏障　机体体表的皮肤和所有与外界相通腔道的黏膜，是机体与外界直接接触的结构。微生物只有通过皮肤和黏膜才能侵入体内，因此皮肤和黏膜构成了动物体防御外部入侵者的第一道防线。绝大多数病原微生物不能通过正常健康的皮肤黏膜，这是因为皮肤和黏膜具有机械阻挡和排除作用；如呼吸道纤毛上皮的摆动，尿液、泪液、唾液的冲洗等。此外，皮下和黏膜下腺体的分泌液中含有多种抑菌和杀菌物质；如汗腺分泌的汗液中含有的乳酸、皮脂腺分泌的脂肪酸、泪液和唾液中的溶菌酶等，都具有抑制或杀灭局部病原菌的作用。再者，皮肤和黏膜上还存在着正常菌群，对病原微生物具有颉颃作用。

少数微生物如布氏杆菌可以通过健康的皮肤和黏膜侵入机体，工作中应注意防护。当烧伤和皮肤发生外伤时，病原微生物可趁机侵入，引起感染。

②血脑屏障　由软脑膜、脑毛细血管壁和壁外胶质细胞形成的胶质膜构成，它能阻止血液中的病原菌和大分子毒性物质进入脑组织和脑脊液。幼小动物的血脑屏障因发育尚未完善，故较易发生中枢神经感染。

③胎盘屏障　由母体子宫内膜的基蜕膜和胎儿绒毛膜及滋养层细胞构成，可防止母体感染的微生物及其产物穿入。妊娠早期胎盘屏障发育尚未完善时，母体若发生疱疹病毒等病毒感染，病毒较容易侵入胎儿，引起胎儿的畸形或死亡。

动物体内还有多种内部屏障，如肺中的气血屏障、睾丸中的血睾屏障等，能阻止病原微生物进入相应的组织。

(2)吞噬细胞及其吞噬作用

当病原微生物突破机体的屏障进入机体内部，即会遭到吞噬细胞的吞噬和围歼，故可以说吞噬细胞的吞噬作用是机体内部的第二道防线。

①吞噬细胞　吞噬细胞的分类及特点见表2-6。

表 2-6　吞噬细胞的分类及特点

分　类	特　点	存在部位
小吞噬细胞	个体较小，吞噬能力较弱	血液中的嗜中性粒细胞
大吞噬细胞	个体较大，吞噬能力强，能分泌免疫活性分子	血液中的单核细胞、肺脏中的尘细胞、肝脏中的枯否氏细胞、皮肤和结缔组织中的组织细胞、骨组织中的破骨细胞和神经组织中的小胶质细胞等

②吞噬过程　当病原体通过皮肤或黏膜侵入组织时，中性粒细胞等吞噬细胞便从毛细血管游出聚集到病原体存在部位，发挥吞噬作用。吞噬过程包括以下几个连续步骤，即趋化、识别与调理、吞入与脱颗粒及杀菌和消化作用（见图 2-29）。

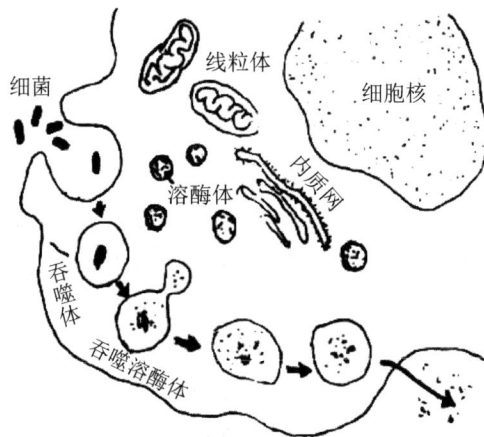

图 2-29　吞噬细胞的吞噬过程

趋化作用　病原微生物进入机体后，吞噬细胞在细菌或机体细胞释放的趋化因子作用下，向病原微生物存在部位移动，对其进行围剿。

识别与调理作用　吞噬细胞通过识别病原微生物表面的特征性物质而结合微生物并进行吞噬，病原微生物结合血清中的抗体和补体成分后，会更容易被吞噬，称为调理作用。

吞入与脱颗粒　病原微生物与吞噬细胞接触后，吞噬细胞将病原微生物包围并摄入细胞质内形成吞噬体。吞噬体与细胞内的溶酶体融合形成吞噬溶酶体，溶酶体将含有各种酶的内容物倾于吞噬体内而起杀灭和消化细菌的作用，此现象为脱颗粒。

杀菌和消化作用　溶酶体酶与吞噬体内的病原微生物混合后，通过酶的水解等作用将病原微生物杀死并分解成小分子残渣排除到细胞外。

③吞噬的结果　吞噬细胞对异物的吞噬有三种不同的结果。

完全吞噬　动物整体抵抗力和吞噬细胞的功能较强，病原微生物在吞噬溶酶体中完全被杀灭、消化后，连同溶酶体的内容物一起以残渣的形式排出。

不完全吞噬　某些细胞内寄生的细菌如结核杆菌、布氏杆菌及某些病毒等，能抵抗吞噬细胞的消化作用而不被杀灭，甚至能在吞噬细胞内存活和繁殖，称为不完全吞噬。

过分吞噬　在某些情况下，吞噬细胞异常活跃，在吞噬过程中会释放溶酶体酶到细胞外，引起临近组织的损伤。

（3）正常体液中的抗微生物物质

正常动物的组织和体液中存在有多种抗微生物物质，如补体、溶菌酶等，它们对微生物有杀灭或抑制作用，并且可协同抗体、免疫细胞发挥更大的抗微生物作用。

①补体系统　补体存在于正常人和动物的血清中，是具有类似酶活性的一组蛋白质。包括九大类（$C_1 \sim C_9$）20 多种球蛋白，故又称为补体系统。

a. 补体的生物学特点

补体在血清中的含量相对稳定，不因免疫的增强而增加，占血浆球蛋白总量的 $10\% \sim 15\%$。

补体性质极不稳定，61 ℃ 2 min 或 56 ℃ 15～30 min 均能使补体失去活性。血清及其制品经 56 ℃ 30 min 的加热处理被称为灭活，就是为了破坏补体，以免引起溶血。此外，紫外线、机械振荡、酸、碱、蛋白酶等均可使其灭活。

补体能和抗原抗体复合物结合，并被激活。补体可与任何抗原抗体复合物结合，没有特异性。

b. 补体的激活途径与激活过程

补体系统各组分以无活性的酶原状态存在于血浆中，必须激活才能发挥作用。补体系统被激活时，前一个组分往往成为后一组分的激活酶，因此补体成分需按一定顺序进行反应，称为补体的顺序反应或称为连锁反应。激活补体的途径主要包括经典途径和旁路途径两种。

经典途径　又称传统途径或 C_1 激活途径（见图 2-30），此途径的激活因子多为抗原抗体复合物。当抗体和相应的抗原结合时，抗体构型改变，暴露补体结合位点，C_1 能识别此位点并与之结合，而被激活。激活的 C_1 是 C_4 的活化因子，结合 C_1 的 C_4 断裂为两个片段，小片段的 C_{4a} 游离至血清中，另一大片段的 C_{4b} 结合到抗原物质表面。C_{4b} 是 C_2 的活化因子，结合 C_2 并使其裂解为两个片段，小片段的 C_{2b} 和 C_{4a} 一样游离于血浆中，大片段的 C_{2a} 与 C_{4b} 结合形成具有酶活性的 C_{4b2a}，此复合物能裂解 C_3，称为 C_3 转化酶。

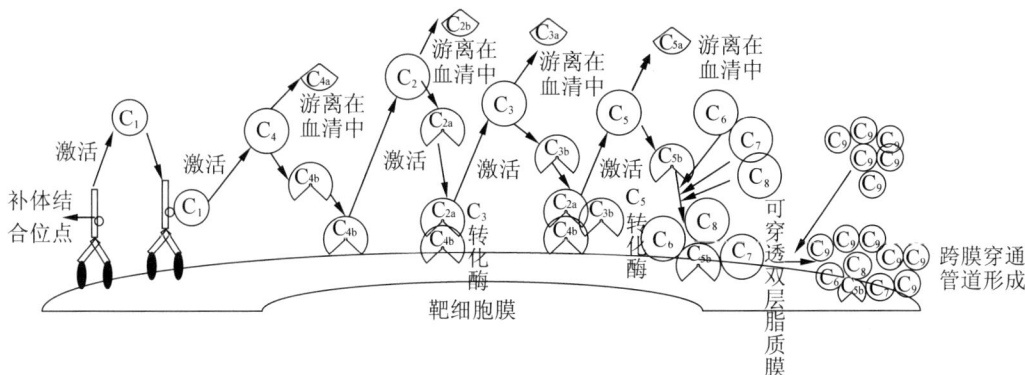

图 2-30　补体激活经典途径示意图

C_3是补体系统中含量较多的组分，可表现多方面的功能。C_3转化酶将C_3裂解为两个片段，一个很小的C_{3a}游离于血浆中；另一个较大的C_{3b}片段与C_{4b2a}结合成C_{4b2a3b}复合物，即C_5转化酶。C_5被C_5转化酶激活后，分解为C_{5a}和C_{5b}，C_{5a}游离于血清中。C_5之后的过程为单纯的自身聚合过程，C_{5b}与C_6非共价结合形成一个牢固的复合体，然后再与C_7结合，形成稳定的C_{567}复合物，并插入靶细胞双层脂质膜中。C_{567}组成了能与C_8结合的分子排列，使C_8与之结合形成C_{5678}分子复合物，此复合物具有穿透双层脂质膜的能力，最后C_{5678}再与多个C_9分子结合，即形成跨膜穿通管道，将细胞溶解破坏。此外，$C_{5b}\sim C_9$还具有与孔道无关的膜效应，它们与膜磷脂的结合，打乱了脂质分子之间的顺序，使脂质分子重排，出现膜结构缺陷，从而失去通透屏障作用。

旁路途径　旁路途径也称替代途径（见图2-31）。与经典途径相比较有两点不同，一是激活因子不同，旁路途径可由革兰氏阴性菌的脂多糖、酵母多糖、菊糖、组织蛋白酶、胰蛋白酶等直接活化C_3；二是不需要C_1、C_4和C_2的参与，而是由另一组血清因子如IF、P因子、D因子和B因子等参与实现。

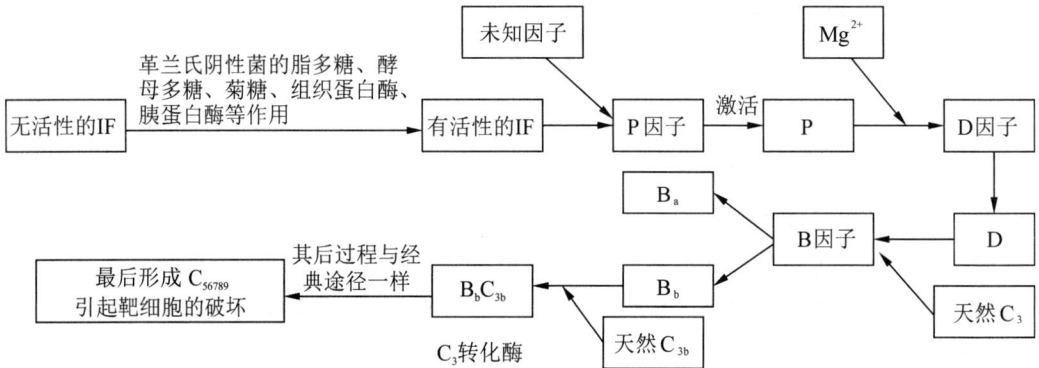

图2-31　补体激活旁路途径示意图

IF即始动因子，在脂多糖等激活物质的作用下，成为活化的IF，IF在另一种未知因子的协同下，激活备解素（P因子），P在Mg^{2+}参与下，使D因子活化为D（C_3激活剂前体转化酶），D在天然C_3的参与下，使B因子（C_3激活剂前体）裂解为B_a和B_b两部分，B_b和天然C_{3b}结合形成C_3转化酶，之后便与经典途径一样，最后形成C_{56789}引起靶细胞的破坏。

机体由于有旁路途径激活补体的形式存在，大大增加了补体系统的作用，可以不经过特异性免疫过程形成的抗原抗体复合物参与，在病原微生物侵入并引起损伤后立即启动，故在感染早期即可发挥防御作用。

c. 补体系统的生物学活性

溶菌、溶细胞作用　补体系统依次被激活，最后在细胞膜上形成穿孔复合物引起细胞膜不可逆的变化，导致细胞的破坏。可被补体破坏的细胞包括红细胞、血小板、革兰氏阴性菌、有囊膜的病毒等，故补体系统的激活可起到杀菌、溶细胞的作用。革兰氏阳性菌对补体不敏感，螺旋体则需补体和溶菌酶结合才能被杀灭；而酵母菌、霉菌、癌细胞和植物细胞对补体不敏感。

免疫黏附和免疫调理作用　免疫黏附是指抗原抗体复合物结合C_3后，能黏附到灵长类、兔、豚鼠、小白鼠、大白鼠、猫、狗和马等红细胞及血小板表面，然后被吞噬细胞吞噬。起黏附作用的主要是 C_{3b} 和 C_{4b}。补体的调理作用也是通过 C_{3b} 和 C_{4b} 实现的。如 C_{3b} 与免疫复合物及其他异物颗粒结合，同时又以另一个结合部位与带有 C_{3b} 受体的单核细胞、巨噬细胞或粒细胞结合，C_{3b} 成了免疫复合物与吞噬细胞之间的桥梁，使两者互相连接起来，有利于吞噬细胞对免疫复合物及靶细胞进行吞噬并加以清除，此即调理作用。

趋化作用　补体裂解成分中的 C_{3a}、C_{5a}、C_{567} 能吸引中性粒细胞到炎症区域，促进吞噬并构成炎症发生的先决条件。

过敏毒素作用　C_{3a}、C_{5a} 及 C_{142} 等补体片段均能使肥大细胞和嗜碱性粒细胞释放组胺等血管活性物质，引起毛细血管扩张、渗出增强、平滑肌收缩、局部水肿、支气管痉挛。

抗病毒作用　补体成分与致敏病毒颗粒结合后，可显著增强抗体对病毒的灭活作用。此外，补体系统激活后可溶解有囊膜的病毒。

②溶菌酶　溶菌酶是一类低分子量不耐热的碱性蛋白，主要来源于吞噬细胞，广泛分布于血清及泪液、唾液、乳汁、肠液等分泌物中。

溶菌酶对革兰氏阳性菌有较强的杀伤作用。溶菌酶可切断革兰氏阳性菌细胞壁中连接 N－乙酰葡糖胺和 N－乙酰胞壁酸的聚糖链，使细胞壁丧失其坚韧性，细菌发生低渗性裂解而死亡。革兰氏阴性菌因肽聚糖外由脂蛋白、脂多糖等包围，一般不受溶菌酶的影响。若有抗体和补体存在，使革兰氏阴性菌的脂蛋白受到破坏，则溶菌酶也能破坏革兰氏阴性菌的细胞。

③干扰素　干扰素是一种天然的非特异性防御物质，是宿主细胞受病毒或其他干扰素诱导剂刺激后产生，可释放到细胞外，渗透到邻近细胞而限制病毒向四周扩散，具有广谱抗病毒作用。干扰素也具有强烈的免疫调节作用，可调节 T 淋巴细胞、B 淋巴细胞的免疫功能。

④炎症反应　当病原微生物突破皮肤和黏膜等防御屏障，侵入机体组织，可以作为生物性炎症因子，刺激侵入组织细胞释放出大量的炎症介质，引起局部的炎症。

发生炎症的部位因血管壁通透性增加，大量的吞噬细胞游走并集中到此部位，体液杀菌物质往往也会汇集在炎症部位，引起多种的炎症反应；这些反应均有利于杀灭病原微生物。

⑤机体的不感受性　机体的不感受性是指某种动物或其组织对该种病原或其毒素没有反应性。例如，给龟皮下注射大量破伤风毒素，龟不发病，但几个月后取其血液注射到马体内，马却死于破伤风。

2. 影响非特异性免疫的因素

动物的种属特性、年龄及环境因素都能影响动物机体的非特异性免疫作用。

①种属因素　不同种属或不同品种的动物，对病原微生物的易感性和免疫反应性有差异，这些差异决定于动物的遗传因素。例如，正常情况下，草食动物对炭疽杆菌十分敏感，而家禽却无感受性。

②年龄因素　不同年龄的动物对病原微生物的易感性和免疫反应性也不同。自然条件下，某些传染病仅发于某些年龄段的动物。例如，布氏杆菌病主要侵害性成熟的动物；小鹅瘟病毒可使 8～30 日龄的雏鹅发病；老龄动物的器官组织功能及机体的防御能力下降，因此容易发生肿瘤或反复感染。

③环境因素　气候、温度、湿度等环境因素的剧烈变化对机体免疫力有一定的影响。

例如，寒冷能使呼吸道黏膜的抵抗力下降，动物易患呼吸道疾病；营养极度不良，往往使机体的抵抗力及吞噬细胞的吞噬能力下降，动物体易被病原微生物感染。因此，加强管理和改善营养状况，可以提高机体的非特异性免疫力。另外，剧痛、创伤、烧伤、缺氧、饥饿、疲劳等应激状态也能引起机体机能和代谢的改变，从而降低机体的免疫功能。

四、免疫系统

免疫系统是动物机体执行免疫功能的组织机构，是产生免疫应答的物质基础，主要由免疫器官、免疫细胞、免疫效应分子组成。

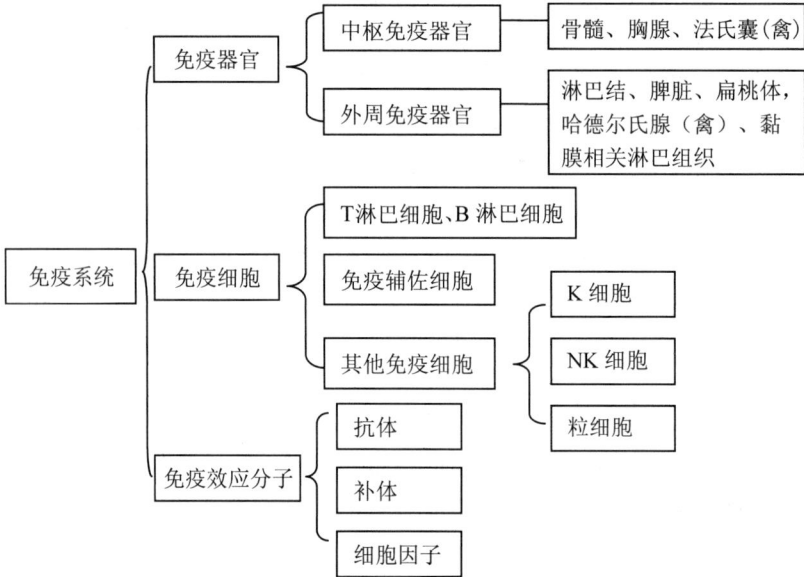

免疫系统			
免疫器官	中枢免疫器官	骨髓、胸腺、法氏囊(禽)	
	外周免疫器官	淋巴结、脾脏、扁桃体，哈德尔氏腺(禽)、黏膜相关淋巴组织	
免疫细胞	T淋巴细胞、B淋巴细胞		
	免疫辅佐细胞		
	其他免疫细胞	K细胞	
		NK细胞	
		粒细胞	
免疫效应分子	抗体		
	补体		
	细胞因子		

1. 免疫器官

免疫器官是指实现免疫功能的器官和组织，是淋巴细胞和其他免疫细胞发生、分化成熟、定居以及产生免疫应答的场所。

免疫器官按功能不同分为两类，即中枢免疫器官和外周免疫器官。

(1)中枢免疫器官

中枢免疫器官由骨髓、胸腺、法氏囊(禽)组成，主要是淋巴细胞的发生、分化和成熟的场所，并具有调控免疫应答的功能。

①骨髓　骨髓具有造血和免疫双重功能。

骨髓中的多能干细胞能分化成髓样干细胞和淋巴样干细胞，而淋巴样干细胞则能发育成各种淋巴细胞的前体细胞，如一部分淋巴样干细胞分化为 T 细胞的前驱细胞，随血流进入胸腺后，被诱导并分化为成熟的淋巴细胞称为胸腺依赖性淋巴细胞，简称 T 细胞，参与细胞免疫；一部分淋巴样干细胞分化为 B 细胞的前驱细胞，前驱 B 细胞在骨髓内(禽类在法氏囊内)发育分化为成熟的 B 细胞，参与体液免疫；还有一部分淋巴样干细胞则在骨髓中分化成熟为 K 细胞和 NK 细胞等。

大剂量放射线辐射动物时，能杀伤动物骨髓中的干细胞而破坏骨髓功能，导致骨髓功能缺陷，可引发严重的免疫缺陷病。

②胸腺　胸腺是胚胎期产生最早的淋巴组织，出生后逐渐长大，青春期后开始逐渐缩

小，以后缓慢退化，逐渐被脂肪组织代替，但仍残留一定的功能。

胸腺外包被结缔组织被膜，被膜向内部深入将胸腺分成许多胸腺小叶，胸腺小叶是胸腺的基本结构单位。小叶外周为皮质，中心是髓质。

皮质有大量密集的胸腺淋巴细胞，网状上皮细胞比较稀疏；另外，在皮质部还有一种大型的多核的胸腺哺育细胞，是驯化T细胞的重要因素之一。

髓质主要由网状上皮细胞组成，其间有散在的胸腺淋巴细胞。胸腺髓质中的网状上皮细胞多而致密，呈星状，互相连接成网，并可分泌多种胸腺激素，如胸腺素、胸腺生成素等，对诱导T细胞的成熟有重要作用。在正常胸腺髓质内还可以见到一种圆形或椭圆形的环状结构，称为胸腺小体或哈氏小体，由髓质上皮细胞、巨噬细胞和细胞碎片组成。

胸腺具有以下免疫功能：

是T细胞分化、成熟的场所。骨髓中的前驱T细胞随血流进入胸腺，先后在胸腺皮质和髓质增殖、分化为成熟的T细胞。成熟的T细胞随血流迁移至外周免疫器官定居，参与细胞免疫。

能产生胸腺激素。胸腺上皮细胞可产生多种小分子的肽类胸腺激素，它们可诱导T细胞前体分化、增殖、成熟为T细胞。

③法氏囊 也称腔上囊，是位于禽类泄殖腔背侧后上方（见图2-32）的一个盲囊状结构。鸡的法氏囊为球形或椭圆状盲囊，鸭、鹅则为圆桶形的柱状盲囊。性成熟前体积达到最大，以后逐渐退化萎缩直到完全消失。雏鸡1日龄时，囊重50～80 mg，3～4月龄时体积最大，达3～4 g，性成熟后逐渐退化萎缩，10月龄左右基本消失。鸭、鹅的腔上囊退化较慢，7月龄开始退化，12个月后几乎完全消失。

法氏囊是B细胞分化和成熟的场所。来自骨髓的前驱B细

图2-32 鸡法氏囊的解剖部位

胞在法氏囊内被其分泌的囊激素诱导分化为囊依赖性淋巴细胞，简称B细胞，其特性和免疫作用与哺乳动物骨髓中成熟的B细胞一样。B细胞从囊内不断排入血流，在外周免疫器官的特定部位定居，并继续增殖，参与体液免疫。

胚胎后期或初孵出的雏禽切除腔上囊，则体液免疫应答受到抑制，但对细胞免疫则影响很小。如果鸡群感染了传染性法氏囊病病毒，可使法氏囊受损，破坏免疫功能，导致免疫接种失败。

（2）外周免疫器官

外周免疫器官起源于胚胎的中胚层，发育时间为胚胎后期；在畜禽体内终生存在，对抗原的刺激有应答性。切除外周免疫器官一般免疫功能不会明显降低。

外周免疫器官由淋巴结、脾脏、扁桃体、哈德尔氏腺以及黏膜相关淋巴组织等组成，是成熟免疫细胞定居以及执行免疫应答功能的部位。

①淋巴结 淋巴结是体内重要的防御关口，沿着淋巴管的路径分布。淋巴结是淋巴细胞定居和增殖的场所，免疫应答的发生地，淋巴液过滤的部位，也是淋巴细胞再循环的重要环节。

淋巴结是哺乳类动物特有的外周免疫器官，禽类只有水禽如鸭、鹅在颈胸和腰有两对淋巴结，其他禽类如鸡没有淋巴结，但有淋巴组织并广泛分布于体内。

淋巴结呈圆形或豆状，遍布于淋巴循环的各个部位，以捕获从身体外部进入血液—淋巴液的抗原。在淋巴结中，定居着大量 T 细胞、B 细胞和巨噬细胞，其中 T 细胞约占 75％，B 细胞约占 25％。

淋巴结分皮质区、髓质区和两个区域间的副皮质区（猪淋巴结的构造相反）（见图 2-33）。在皮质区分布大量淋巴小结，主要聚居 B 细胞，在接触抗原刺激后，B 细胞分裂增殖形成生发中心，内含处于不同分化阶段的 B 细胞和浆细胞。副皮质区主要聚居 T 细胞。髓质区可分为髓索和髓窦两部分，在髓索分布有大量 B 细胞，并见有许多巨噬细胞、树突状细胞和浆细胞；髓窦位于髓索之间，窦内充满淋巴液，含有许多巨噬细胞。

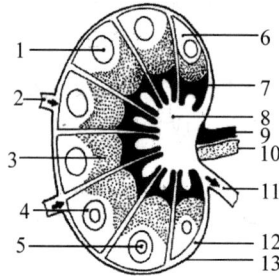

图 2-33　淋巴结的结构

1. 初级淋巴滤泡；2. 输入淋巴管；3. 副皮质区；4. 初级淋巴滤泡；
5. 生发中心；6. 皮质区；7. 髓索；8. 髓窦；9. 动脉；
10. 静脉；11. 输出淋巴管；12. 淋巴窦；13. 被膜

淋巴结具有以下功能：

过滤淋巴液和清除异物。当致病菌、毒素或其他有害异物入侵机体后，通常随着组织液进入淋巴结，淋巴结髓窦内巨噬细胞可有效地吞噬和清除异物，从而起到净化淋巴液、防止病原体扩散的作用；对细菌的清除率可达 99％，但对病毒及癌细胞的清除率通常较低。清除率常与抗原的性质、毒力、数量以及机体的免疫状态等密切相关。

产生免疫应答的场所。进入淋巴结的外来异物性抗原，可被髓质内的巨噬细胞、树突状细胞捕获、吞噬、处理、加工，递呈给 T 细胞和 B 细胞，使其活化增殖，形成致敏淋巴细胞和浆细胞，参与细胞免疫应答和体液免疫应答。

淋巴细胞再循环。正常情况下，只有少部分淋巴细胞在淋巴结内分裂增殖，大部分是血液经淋巴系统再循环而来的淋巴细胞。血液中淋巴细胞随血流到淋巴结，通过毛细血管后静脉进入淋巴结皮质区，然后再经淋巴窦汇入输出淋巴管，经胸导管进入血流。

②脾脏　脾脏是造血、贮血、滤血和淋巴细胞分布聚居及进行免疫应答的器官。脾脏外包有被膜，实质由红髓和白髓两部分组成。

脾脏各部分结构及功能见图 2-34。

禽类脾脏较小，白髓与红髓分界不明显，主要具有免疫功能，贮血作用很小。

脾脏具有以下功能：

造血与贮血。在胚胎时期，脾脏的主要功能是生成红细胞；此外，脾脏还能贮存红细胞与血小板。

滤过血液。就如淋巴结可以从淋巴液中过滤除去抗原一样，当循环血液通过脾脏时，脾脏中的巨噬细胞等可以滤除血液中的细菌等异物和衰老死亡的细胞。

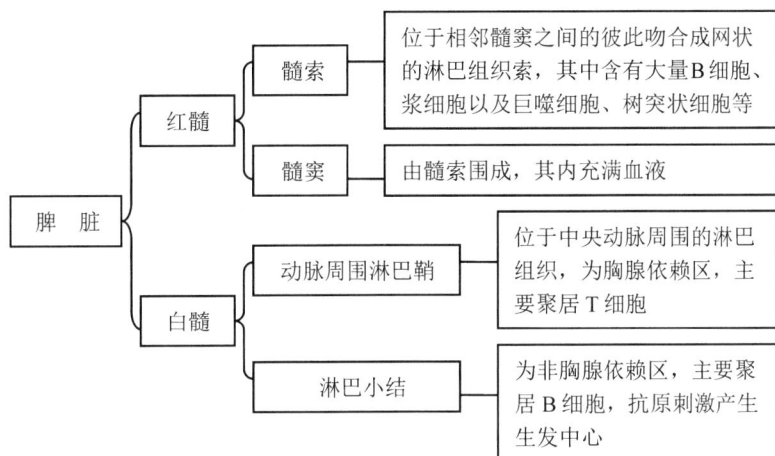

图 2-34　脾脏各部分结构及功能

产生免疫应答的重要场所。脾脏内定居着大量淋巴细胞和其他免疫细胞，抗原一旦进入脾脏即可刺激 T 细胞和 B 细胞，使其活化和增殖，产生致敏淋巴细胞和浆细胞。因此，脾脏是体内对血液中的循环抗原起免疫反应的主要淋巴器官。脾脏中 B 细胞占 65%，血流中的大部分抗原在脾脏中被巨噬细胞吞噬、加工，传递给 T 细胞，辅助 B 细胞进行体液免疫应答。脾脏是体内产生抗体的主要器官，如果切除脾脏，机体产生抗体的能力将大大降低。

产生吞噬细胞增强素。脾脏能产生一种增强巨噬细胞及中性粒细胞吞噬作用的四肽激素，该物质由美国 Tufts 大学发现，故称其为特夫素。

③扁桃体　扁桃体位于消化道和呼吸道的交会处，是一种重要的外周免疫器官。表面为复层扁平上皮，上皮向内凹陷形成许多隐窝，隐窝周围有许多淋巴小结和弥散淋巴组织，淋巴小结有生发中心存在，其中含有多种免疫细胞。

④哈德尔氏腺　即副泪腺，亦称瞬膜腺。是禽类特有的外周免疫器官，通常呈淡红色至褐红色的带状，位于眼眶内眼球腹侧和后内侧，疏松地附于眼眶筋膜上。它除了具有分泌泪液、润滑和保护瞬膜外，也分布有 T 细胞、B 细胞，可在抗原刺激下产生特异性免疫应答，分泌的特异性抗体可通过泪液进入呼吸道黏膜，成为口腔和上呼吸道的抗体来源之一，在上呼吸道免疫方面起着很重要的作用。鸡新城疫Ⅱ系弱毒疫苗点眼就主要在哈德尔氏腺进行免疫应答，产生抗体，此免疫过程不受母源抗体的影响。

⑤黏膜相关淋巴组织　又称黏膜免疫系统。分布于呼吸道、消化道、泌尿生殖道以及外分泌腺如唾液腺、泪腺及乳腺等处，主要包括肠道黏膜集合淋巴结和消化道、呼吸道、泌尿生殖道黏膜下层的许多淋巴小结及弥散淋巴组织等。它是机体与外界相通的腔道黏膜相关的淋巴组织，是构成机体抵抗病原入侵的第一道免疫屏障，局部黏膜的免疫状况是决定动物机体是否被感染的首要因素。

黏膜相关淋巴组织内富含 T 细胞、B 细胞及巨噬细胞等，以产生分泌型 IgA 的 B 细胞占多数，产生的 IgA 分布于黏膜表面，参与免疫应答。

黏膜相关淋巴组织在胎儿期就已开始发育，但在出生时还未发育完全。随着年龄的增长，受骨髓和胸腺的影响以及在抗原的刺激下逐步完善。

2. 免疫细胞

凡参与免疫应答或与免疫应答有关的细胞统称为免疫细胞。免疫细胞种类繁多，功能各异，但相互作用，相互依存。免疫细胞按其功能可分为以下三大类：

免疫活性细胞，主要包括 T 细胞和 B 细胞。这类免疫细胞接受抗原物质刺激后能分化增殖，发生特异性免疫应答，产生抗体或淋巴因子，它们在免疫应答过程中起核心作用。

免疫辅佐细胞，主要包括单核巨噬细胞、树突状细胞等。免疫辅佐细胞也称抗原提呈细胞，能捕获和加工处理抗原，并能把抗原递呈给免疫活性细胞，在免疫应答过程中起重要的辅助作用。

其他免疫细胞，包括各种粒细胞、红细胞和杀伤细胞等，可参与免疫应答中的某一特定环节。

(1)免疫活性细胞——T 细胞和 B 细胞

①T 细胞和 B 细胞的来源、分布与作用(见表 2-7)。

表 2-7　T 细胞、B 细胞的来源、分布及作用一览表

项目	T 细胞	B 细胞
来源	骨髓多能干细胞分化的前 T 细胞，进入胸腺后发育为成熟的 T 淋巴细胞，即为胸腺依赖性淋巴细胞，简称 T 淋巴细胞或 T 细胞	骨髓多能干细胞分化的前 B 细胞，在骨髓或腔上囊分化发育为成熟的 B 淋巴细胞，即为骨髓(或囊)依赖性淋巴细胞，简称 B 淋巴细胞或 B 细胞
分布	在外周免疫器官的胸腺依赖区定居和增殖，并可经血液－组织－淋巴－血液再循环巡游全身各处，即为淋巴细胞的再循环	在外周免疫器官的非胸腺依赖区定居和增殖，并与 T 细胞一样可进入淋巴细胞的再循环
主要作用	受抗原刺激后，活化、增殖、分化为效应性 T 细胞和少量的记忆性 T 细胞，效应性 T 细胞执行特异性细胞免疫功能；记忆性 T 细胞有免疫性记忆功能，并参加淋巴细胞再循环	受抗原刺激后，活化、增殖、分化为浆细胞和少量的记忆性 B 细胞，浆细胞可分泌抗体，执行特异性体液免疫功能；记忆性 B 细胞有免疫性记忆功能，并参加淋巴细胞再循环

②T 细胞和 B 细胞的表面标志　T 细胞(见图 2-35)和 B 细胞在光学显微镜下均为小淋巴细胞，从形态上没有区别。但在这两种淋巴细胞表面存在着大量不同种类的蛋白质分子，这些蛋白质分子称为表面标志。表面标志是淋巴细胞识别抗原、与其他免疫细胞相互作用以及接受微环境刺激的分子基础，也是鉴别和分离 T 细胞和 B 细胞及其亚群的重要依据(见表 2-8、表 2-9)。

表面标志根据功能的不同可分为表面受体和表面抗原。

表面受体是淋巴细胞表面上能与相应配体如特异性抗原、绵羊红细胞、补体等发生特异性结合的分子结构。

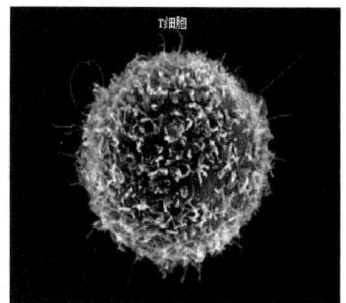

图 2-35　T 细胞电镜图

表面抗原是指淋巴细胞表面能被特异性抗体如单克隆抗体识别的表面分子。

表 2-8　T 细胞表面标志及功能特点一览表

T 细胞主要表面标志	表面标志的功能
T 细胞抗原受体（TCR）	TCR 是 T 细胞识别抗原并与之特异性结合的受体，存在于人和各种动物 T 细胞表面
红细胞受体（E 受体）	可在体外与绵羊红细胞结合，形成红细胞花环即 E 花环（见图 2-36）；是存在于 T 细胞表面的 CD_2 分子
细胞因子受体（CKR）	CKR 可表达于静止及活化 T 细胞表面，细胞因子与之结合后才能发挥生物学效应

在 T 细胞表面还有其他表面标志，如组织相容性复合体（MHC）-Ⅰ类分子受体或 MHC-Ⅱ类分子受体、MHC-Ⅰ类分子、有丝分裂原受体、各种激素或介质如肾上腺素、皮质激素、组胺等物质的受体等。各种激素或介质的受体是神经内分泌系统对免疫系统功能产生影响的物质基础。

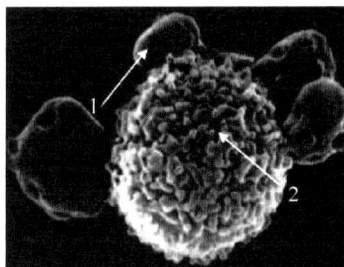

图 2-36　红细胞与 T 细胞形成的 E 花环
1. 红细胞　2. T 细胞

表 2-9　B 细胞表面标志及功能一览表

B 细胞主要表面标志	表面标志的功能
B 细胞抗原受体（BCR）	BCR 为 B 细胞表面的免疫球蛋白（SmIg），是鉴别 B 细胞的主要依据，SmIg 与抗原结合后，引起 B 细胞的免疫应答
抗体 Fc 片段受体	大多数 B 细胞表面具有 IgG 的 Fc 受体。B 细胞表面的 Fc 受体可与游离抗体或免疫复合物结合（见图 2-37），有利于 B 细胞对抗原的捕获以及 B 细胞的活化和抗体的产生，也是 B 细胞成熟的标志之一
补体受体（CR）	大多数 B 细胞表面有补体 C_{3b} 的受体，可识别和结合 C_{3b}。CR 有利于 B 细胞捕捉与补体结合的抗原抗体复合物，促进 B 细胞的活化，也是 B 细胞成熟的标志之一

在 B 细胞表面还有其他一些受体，如白细胞介素 2 受体（IL-2R）等多种细胞因子的受体、有丝分裂原受体和 MHC-Ⅱ类分子等。

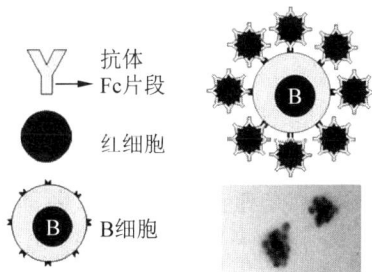

图 2-37　B 细胞可与致敏的红细胞结合形成 EA 花环

③T 细胞、B 细胞的亚群及其功能

T 细胞的亚群及其功能　根据 T 细胞表面是否具有 CD_4 或 CD_8 分子，可将 T 细胞分为两大亚群，具有 CD_4 分子的 T 细胞（CD_4^+ T 细胞）和具有 CD_8 分子的 T 细胞（CD_8^+ T 细胞）功能有所不同（见图 2-38）。

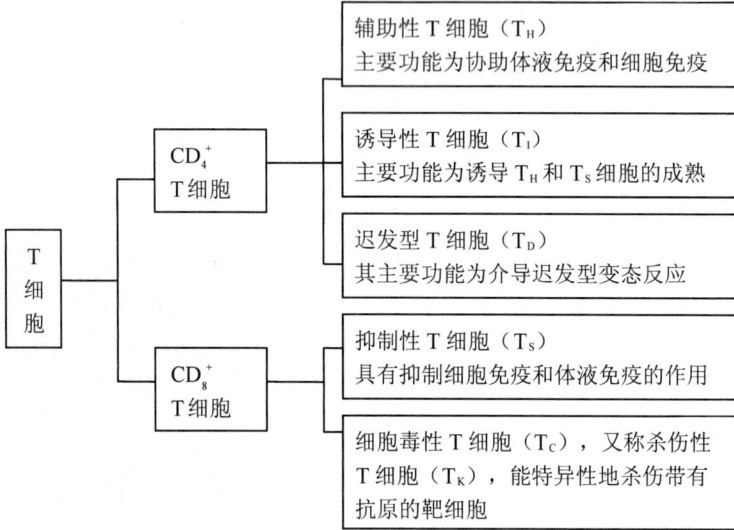

图 2-38　T 细胞的亚群及其功能

B 细胞的亚群及其功能　根据 B 细胞产生抗体时是否需要 T_H 细胞的协助，将其分为 B_1 和 B_2 两个亚群。B_1 为 T 细胞非依赖细胞，产生抗体时不需 T 细胞的协助；B_2 为 T 细胞依赖细胞，必须在 T_H 细胞的协助下才能产生抗体。

（2）辅佐细胞

在免疫应答中，T 细胞与 B 细胞起到了核心的作用，但免疫应答的完成还需要辅佐细胞的协助。辅佐细胞在免疫应答中将抗原递呈给免疫活性细胞，故也称抗原递呈细胞（APC）；其主要功能是捕捉或处理抗原，递呈抗原给 T 细胞或 B 细胞使之激活。

辅佐细胞包括单核巨噬细胞、树突状细胞、郎罕氏细胞、B 细胞等。

①单核巨噬细胞　单核巨噬细胞来源、发育及分布情况见图 2-39。单核巨噬细胞包括血液中的单核细胞（见图 2-40）和组织中固定的或游走的巨噬细胞（见图 2-41），在功能上都具有吞噬作用。

单核巨噬细胞的膜表面具有多种受体，例如 IgG 的 Fc 受体、补体受体，它们通过与 IgG 或补体结合，促进巨噬细胞的活化和吞噬功能。巨噬细胞表面具有较多的 MHC-Ⅰ类和 MHC-Ⅱ类分子，与抗原递呈有关。

单核巨噬细胞具有以下免疫功能：

吞噬与细胞毒的作用　单核巨噬细胞具有强大的吞噬作用，可吞噬和消灭多种病原微生物（见图 2-42）、清除异物和体内衰老死亡的细胞等；并能借助抗体发挥细胞毒的作用消灭抗原，是机体防御功能的重要组成部分。

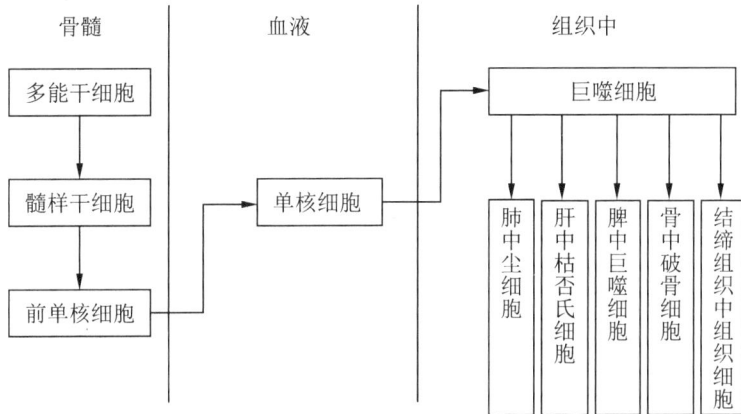

图 2-39　单核巨噬细胞的来源、发育及分布

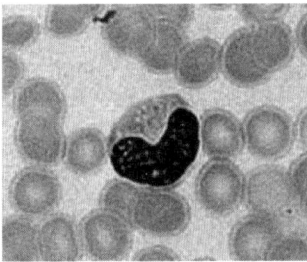

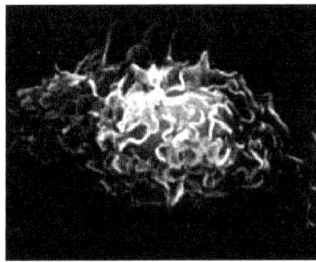

图 2-40　单核细胞　　　　　图 2-41　巨噬细胞　　　图 2-42　巨噬细胞攻击大肠杆菌

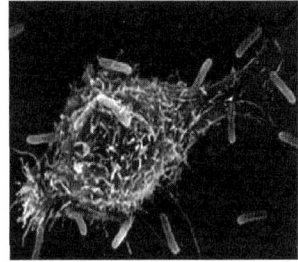

递呈抗原作用　在免疫应答过程中单核巨噬细胞起到了重要的抗原递呈作用。当外来抗原进入机体后，首先由单核巨噬细胞吞噬、消化，经胞内酶降解为抗原决定簇小片段，随后这些抗原片段与 MHC-Ⅱ类分子结合形成抗原片段-MHC-Ⅱ类分子复合物，并移向细胞表面，这种复合物被递呈给具有相应抗原受体的 T 细胞，从而激发免疫应答。

合成和分泌各种活性因子　单核巨噬细胞能合成和分泌许多酶类（蛋白酶、溶菌酶等）、白细胞介素 1(IL-1)、干扰素和各种补体成分(C_1、C_2、C_3、C_4、C_5、B 因子)等。这些活性分子具有免疫调节的作用。

②树突状细胞　又称 D 细胞，是非淋巴样单核细胞，其形态学特征为树突状，呈星状突起，核极不规则。来源于骨髓和脾脏的红髓，成熟后主要分布在脾和淋巴结，结缔组织中也广泛存在。D 细胞内无溶酶体和吞噬体，故无吞噬能力。其主要功能是递呈不需细胞处理的抗原，尤其是可溶性抗原，能将具有进入 D 细胞能力的病毒抗原、细菌内毒素抗原等递呈给免疫活性细胞。

③朗罕氏细胞　又称 L 细胞。也来源于骨髓和脾脏的红髓，其形态学特征与 D 细胞相似，无吞噬能力。L 细胞存在于表皮层的颗粒层或扁平上皮基层中，是主要定居皮肤中的 APC，有较强的抗原递呈能力，在介导接触性皮肤超敏反应中起关键作用。

④B 细胞　B 细胞作为抗原递呈细胞是现代免疫学的一个发现，特别是活化的 B 细胞，其抗原递呈能力与巨噬细胞相近。B 细胞可依靠其抗原受体(SmIg)捕获抗原物质。

(3)其他免疫细胞

①杀伤细胞　简称 K 细胞。直接来源于骨髓的淋巴细胞。它是一类既无 T 细胞也无

B 细胞表面标志的淋巴细胞，主要存在于腹腔渗出液、血液和脾脏中，其他组织很少。K 细胞无吞噬作用，但具有抗体依赖性细胞介导的细胞毒作用（ADCC），能杀伤与特异性抗体（IgG）结合的靶细胞。K 细胞表面具有 IgG 的 Fc 受体，当靶细胞与相应的 IgG 结合，K 细胞可以结合到靶细胞 IgG 的 Fc 上，使自身活化，释放细胞毒，裂解靶细胞（见图 2-43）。在 ADCC 反应中，IgG 与靶细胞结合是特异性的，而 K 细胞的杀伤作用是非特异性的，任何被 IgG 结合的靶细胞均可被 K 细胞非特异性的杀伤。

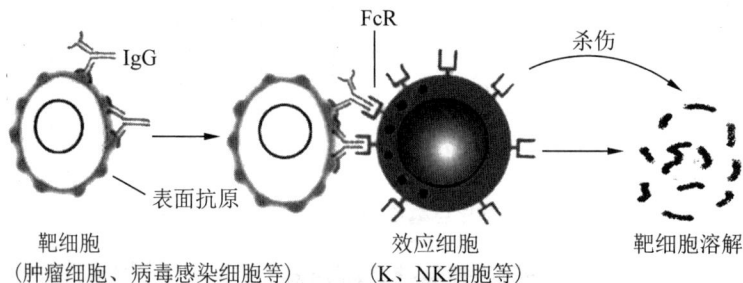

图 2-43　抗体依赖性细胞介导的细胞毒作用（ADCC）

FcR 为抗体 Fc 片段的受体

②自然杀伤细胞　简称 NK 细胞。来源于骨髓，主要存在于外周血液和脾脏中。它是一类不需要特异性抗体参与，也不需要抗原刺激即可杀伤靶细胞的淋巴细胞。其主要生物学功能是非特异性杀伤肿瘤细胞、病原微生物及排斥骨髓移植细胞。NK 细胞表面存在着识别靶细胞表面分子的受体结构，通过此受体与靶细胞结合而发挥杀伤作用。NK 细胞也具有 ADCC 作用；同时 NK 细胞也能释放多种细胞因子，发挥免疫调节的作用。

③粒细胞　胞浆中含有颗粒的白细胞统称粒细胞。粒细胞是指来源于骨髓、分布于外周血液中、细胞中含有特殊染色颗粒的一群白细胞。粒细胞可由原始粒细胞分化发育成为中性粒细胞、嗜酸性粒细胞、嗜碱性粒细胞 3 种。

中性粒细胞是血液中主要的吞噬细胞，占循环血液中白细胞总数的 60%。中性粒细胞内有溶酶体，还含有过氧化物酶、碱性磷酸酶及其他抗菌物质。细胞膜上有 IgG Fc 受体及补体 C_{3b} 受体。中性粒细胞在血液中具有高度的移动性和吞噬功能，在防御感染中起重要作用。同时可分泌炎症介质，促进炎症反应，还可处理颗粒性抗原提供给巨噬细胞。

嗜酸性粒细胞占血液白细胞总数的 2%～12%，因动物种类不同而有很大的差异。嗜酸性粒细胞的胞浆内有很多嗜酸性颗粒，颗粒含有多种酶，尤其富含过氧化物酶。该细胞具有吞噬杀菌能力，并具有抗寄生虫的作用。嗜酸性粒细胞表面有 IgE 受体，能通过 IgE 抗体与某些寄生虫接触，释放颗粒内含物，杀灭寄生虫。

嗜碱性粒细胞存在于血液中，占白细胞总数的比例，因动物种类不同而不同。嗜碱性粒细胞胞浆内有很多嗜碱性颗粒。细胞膜上存在着 IgE 的 Fc 受体，能与 IgE 结合。结合在嗜碱性粒细胞上的 IgE 与特异性抗原结合后，立即引起细胞脱颗粒，释放血管活性物质，引起 I 型过敏反应。

④红细胞　红细胞和白细胞一样具有重要的免疫功能，它具有识别抗原、清除体内免疫复合物、增强吞噬细胞的吞噬作用、递呈抗原物质和免疫调节等功能。

3. 免疫效应分子

免疫效应分子包括抗体、补体、细胞因子等，前两者已作过介绍，下面主要了解一下细胞因子。

细胞因子(CK)是指一类由免疫细胞或非免疫细胞合成和分泌的具有调节细胞功能的高活性、多功能的多肽或蛋白质分子，是免疫应答中免疫细胞间相互作用的介质，具有介导和调节免疫应答的多种生理功能。产生细胞因子的细胞概括起来主要有三类。第一类是活化的免疫细胞；第二类是基质细胞类，包括血管内皮细胞、合成纤维细胞、上皮细胞等；第三类是某些肿瘤细胞。

(1)细胞因子的分类

细胞因子可分为白细胞介素、干扰素、肿瘤坏死因子、集落刺激因子、生长因子和趋化性细胞因子六类，主要免疫学功能见表 2-10。

表 2-10　不同种类细胞因子的主要免疫学功能

细胞因子的种类	主要免疫学功能
白细胞介素(IL)	由活化的单核巨噬细胞或淋巴细胞产生，具有信号传递、联络白细胞群、调节细胞的活化、增殖和分化作用
干扰素(IFN)	可由多种细胞产生，具有干扰病毒感染和复制的能力
肿瘤坏死因子(TNF)	主要由活化的单核巨噬细胞产生，也可由抗原刺激的 T 细胞、活化的 NK 细胞和肥大细胞产生，具有杀伤肿瘤细胞及增强中性粒细胞吞噬和消化的作用
集落刺激因子(CSF)	可由多种细胞产生，能刺激多能造血干细胞和不同发育分化阶段的造血干细胞进行增殖分化，并能在半固体培养基中形成相应细胞的集落
生长因子(GF)	通常存在于血小板和各种成体与胚胎组织及大多数培养细胞中，具有刺激细胞生长的作用
趋化性细胞因子	可有白细胞和某些组织细胞分泌，当病原微生物侵入机体时，可介导免疫细胞迁移

(2)细胞因子的共同特点

①理化特性　细胞因子是糖蛋白，分子量大小不等，为 8~80 kD，大多数为 15~30 kD；多数以单体形式存在；细胞因子之间缺乏明显的同源性。

②细胞因子产生的多源性　一方面，一种细胞因子可由多种不同来源、不同类型的细胞产生，如 IL-10 可以由 T 细胞、B 细胞等产生；另一方面，一种细胞可分泌多种细胞因子，如 T 细胞受刺激后，可以从产生 M-CSF、IL-10 等细胞因子。

③生物学功能的多样性　一种细胞因子可具有多种生物学功能，并可作用于多种不同的靶细胞。

④生物学活力的高效性　细胞因子的半衰期短，在动物体内含量少，$10~12$ mol/L 水平就能发挥显著的生物学效应，这与细胞因子同靶细胞表面特异性受体之间具有极高的亲和力有关。

⑤合成分泌的快速性　细胞因子是一种分泌型多肽或蛋白质，当细胞因子产生细胞接

受刺激后，迅速合成。细胞因子在细胞内极少存储，合成后大多通过自分泌形式作用于自身细胞和旁分泌形式作用于邻近细胞，发挥生物学作用，同时也被迅速降解。一旦刺激结束，合成立即停止。

⑥生物学作用的双重性　细胞因子不仅具有生理性作用，还具有病理性作用。如IL-6，参与抗体形成、B细胞分化及增殖的调节，并具有较强的抗病毒活性，还参与炎症反应、影响血细胞生成。

五、抗原

凡能刺激机体免疫系统产生抗体或致敏淋巴细胞，并能与相应抗体或致敏淋巴细胞在体内或体外发生特异性反应的物质，统称为抗原（Ag）。

1. 抗原的性质

抗原具有两种基本特性，即免疫原性和反应原性，这两种基本特性统称为抗原性。

免疫原性，是指刺激机体免疫系统产生抗体或致敏淋巴细胞的能力。

反应原性，是指能与相应抗体或致敏淋巴细胞在体内或体外发生特异性反应的能力。

同时具有免疫原性和反应原性的物质称为完全抗原，如细菌、病毒、异种动物血清和大多数蛋白质等。

只具有反应原性，不能单独刺激机体产生免疫应答的物质，即不具有免疫原性，称为不完全抗原或半抗原。如细菌的荚膜多糖和脂多糖等、某些小分子的药物（如青霉素）和一些简单的有机分子。当半抗原与载体蛋白如牛血清蛋白（BSA）、牛血清丙种球蛋白（BGG）、卵清蛋白（OA）等结合可成为完全抗原，进入机体后可刺激免疫系统发生免疫应答。

2. 抗原的构成条件

抗原物质要具有良好的免疫原性，需具备以下条件：

（1）异源性

又称异物性。在正常情况下，动物机体能识别自身物质与非自身物质，只有非自身物质进入机体内才具有免疫原性；因此，异种动物之间的组织、细胞及蛋白质均是良好的抗原。根据抗原与动物机体之间的亲缘关系远近，可将抗原物质分为以下几类：

①异种物质　与宿主的生物学亲缘关系越远的物质，其分子结构差异越大，免疫原性也越强。如微生物抗原对动物机体来说是强抗原；马血清对人是强抗原，对驴则是弱抗原。

②同种异体物质　同种属不同个体之间的物质，有时也相互具有免疫原性，如血型抗原、组织相容性抗原；因此，在不同个体间进行输血或组织器官移植时，可引起输血或移植排斥反应。

③自身组织　正常情况下，自身组织没有免疫原性。但在下列情况下可显示出免疫原性成为自身抗原。

组织蛋白的结构发生改变，如机体组织受烧伤、感染及电离辐射等作用时，会使原有的结构发生改变从而成为自身抗原。

机体的免疫识别功能紊乱，此时会将自身组织视为异物，从而导致自身免疫疾病。

某些组织成分与免疫系统缺少接触，如被称为自身隐蔽物质的眼球晶状体蛋白、精子蛋白、甲状腺球蛋白等，因外伤或感染而进入血液循环系统时，机体可视为异物引起免疫反应。

（2）分子大小

并非所有的异源性物质都具有免疫原性，具有免疫原性的物质，其分子量一般在

10 000以上。在一定条件下，分子量越大，免疫原性越强。分子量小于5 000者，其免疫原性较弱。分子量低于1 000者为半抗原，不具有免疫原性，但与大分子蛋白质载体结合后可获得免疫原性。

（3）化学组成和分子结构的复杂性

免疫原性强不仅分子量要大，也要具有复杂的分子结构。通常同样分子量的物质，结构越复杂抗原性就越强，如含芳香族氨基酸的蛋白质比含非芳香族氨基酸的蛋白质免疫原性强；有分支的化合物比直链化合物免疫原性强。

（4）抗原的物理状态

抗原免疫原性的强弱也与抗原物质的物理性状有关。如球形蛋白质分子的免疫原性比纤维形蛋白质分子强；聚合状态的蛋白质较单体状态的蛋白质免疫原性强；颗粒性抗原比可溶性抗原的免疫原性强。因此，可溶性抗原分子聚合后或吸附于大的颗粒表面就可以增强其免疫原性，如免疫原性弱的蛋白质吸附于氢氧化铝胶、脂质体等大分子颗粒上，可增强其抗原性。

3. 抗原的特异性与交叉性

（1）抗原的特异性

抗原的特异性是指它只能与之对应的抗体或致敏淋巴细胞结合，而这种性质是由其分子表面的决定簇决定的。

抗原决定簇是指抗原分子表面具有特殊立体构型和免疫活性的化学基团。抗原决定簇的大小是相对恒定的，通常蛋白质分子抗原的每个决定簇由5～7个氨基酸残基组成，多糖抗原由5～6个单糖残基组成，核酸抗原的决定簇由5～8个核苷酸残基组成。

抗原分子抗原决定簇的数目称为抗原的抗原价。含有多个抗原决定簇的抗原称为多价抗原；只有一个抗原决定簇的抗原称为单价抗原。根据抗原决定簇特异性的不同，又有单特异性抗原决定簇即只有一种特异性的决定簇和多特异性抗原决定簇即含有两种以上不同特异性的决定簇之分（见图2-44）；天然抗原一般都为多价和多特异性决定簇抗原。

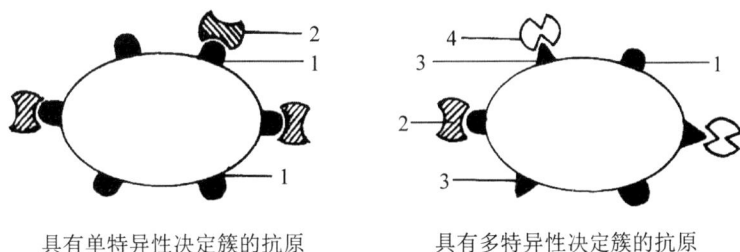

具有单特异性决定簇的抗原　　　　具有多特异性决定簇的抗原

图 2-44　抗原的单特异性和多特异性决定簇
1、3. 抗原决定簇；2、4. 抗体

（2）抗原的交叉性

自然界中存在着无数的抗原物质，不同抗原物质之间难免有相同或相似的抗原组成或结构，也可能存在共同的抗原决定簇，这些共有的抗原组成或决定簇称为共同抗原或交叉抗原；种属相关的生物之间的共同抗原又称类属抗原。

如果两种不同的抗原物质之间存在相同的抗原组成或决定簇，则一种抗原可以与另一种抗原物质刺激机体产生的抗体之间相互发生结合反应，此反应称为交叉反应或类属反应。如牛冠状病毒和鼠肝炎病毒之间、猫传染性腹膜炎与猪传染性胃肠炎病毒之间有相同的抗原组成，相互间可发生交叉反应（见图 2-45）。

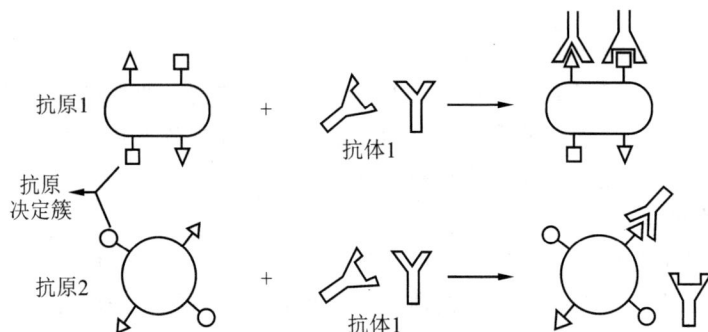

图 2-45　抗原的特异性与交叉性

4. 抗原的分类

根据抗原分类依据的不同，可将抗原分成不同类别（见表 2-11）。

表 2-11　抗原的分类

分类依据	抗原类型	抗原举例
抗原性质	完全抗原	微生物、异种细胞、异种蛋白质、毒素
	不完全抗原（或称半抗原）	药物、激素
抗原来源	外源性抗原	体外进入的微生物、疫苗
	内源性抗原	肿瘤细胞合成的肿瘤抗原
对胸腺依赖性	胸腺依赖性抗原（或称 TD 抗原）	微生物、异种蛋白质、异种细胞
	非胸腺依赖性抗原（或称 TI 抗原）	细菌多糖

5. 常见的微生物抗原

几种常见的微生物抗原见表 2-12。

表 2-12　常见微生物抗原的种类

微生物抗原	抗原种类
细菌抗原	菌体抗原 又称 O 抗原，主要是革兰氏阴性菌细胞壁抗原
	鞭毛抗原 又称 H 抗原，鞭毛蛋白抗原
	荚膜抗原 又称 K 抗原，主要是荚膜多聚糖和多肽抗原
	菌毛抗原 由菌毛素组成，也有很强的抗原性
病毒抗原	囊膜抗原 又称 V 抗原
	衣壳抗原 又称 Vc 抗原
细菌外毒素和类毒素	外毒素抗原 成分为糖蛋白或蛋白质，具有很强的抗原性，能刺激机体产生抗体即抗毒素
	类毒素抗原 细菌外毒素经处理而成，其毒力减弱或完全丧失，但仍保持免疫原性

六、抗体

抗体(Ab)是由抗原进入机体后，刺激 B 细胞分化增殖为浆细胞，进而合成并分泌的一类能与相应抗原发生特异性结合并产生免疫效应的免疫球蛋白(Ig)。

因抗体分布于血液(血清)、淋巴液、组织液及黏膜的外分泌液等体液中，故将抗体介导的免疫称为体液免疫。

根据免疫球蛋白化学结构及其抗原性差异，可分为 IgG、IgM、IgA、IgE 和 IgD 五类。

1. 抗体的结构

(1)抗体单体结构

抗体单体是组成不同种类免疫球蛋白的基础，是由四条多肽链构成"T"字形或"Y"字形的分子结构。IgG、IgE、血清型 IgA 和 IgD 均是以单体分子形式存在，IgM 是五个单体分子通过连接链(J 链)构成的星状五聚体，分泌型的 IgA 是两个单体通过连接链(J 链)构成的二聚体(见图 2-46)。

图 2-46　抗体单体、五聚体和二聚体示意图

下面以 IgG 结构为代表介绍免疫球蛋白的单体结构(见图 2-47)。

①四肽链结构　抗体单体都具有两条相同的轻链(L 链)，两条相同的重链(H 链)。

轻链分子量较小，由 210～230 个氨基酸残基组成。重链分子量较大，由 420～446 个氨基酸残基组成。它们的末端分别为氨基端(N 端)和羧基端(C 端)，一条 L 链通过二硫键和非共价键作用力与一条 H 链结合。同样两条 H 链之间通过二硫键及非共价键作用力结合在一起。重链 N－末端的 1/4 及轻链 N－末端的 1/2 其氨基酸的排列顺序可发生变化，因此将其分别称为重链的可变区(V_H 区)和轻链的可变区(V_L 区)。在重链的可变区内，有四个区域的氨基酸变异度最大，在轻链的可变区内，有三个区域氨基酸变异较大，称为超变区(H_V)，其余的氨基酸变化较小，称为骨架区。C－末端氨基酸相对稳定，变化很小，称此区为恒定区(C 区)。C 区占轻链的其余 1/2 和重链的 3/4，这个区域氨基酸数量、种类、排列顺序及含糖量都比较稳定。根据 H 链恒定区结构的不同可将 Ig 分为 5 类，即 μ、γ、α、δ、ε 链，它们分别是组成 IgM，IgG，IgA，IgD 和 IgE 的结构。

②功能区　抗体单体的多肽链分子可折叠形成几个由链内二硫键连接形成的球形结构，这些球形结构称为免疫球蛋白的功能区，每个功能区约由 110 个氨基酸组成。L 链功能区有 2 个，V 区 1 个(V_L)，C 区 1 个(C_L)。H 链功能区 IgG、IgA、IgD 分别有 4 个，V 区 1 个(V_H)，C 区 3 个(C_{H1}、C_{H2}、C_{H3})；IgM、IgE 分别有 5 个，V 区 1 个(V_H)，C 区 4 个

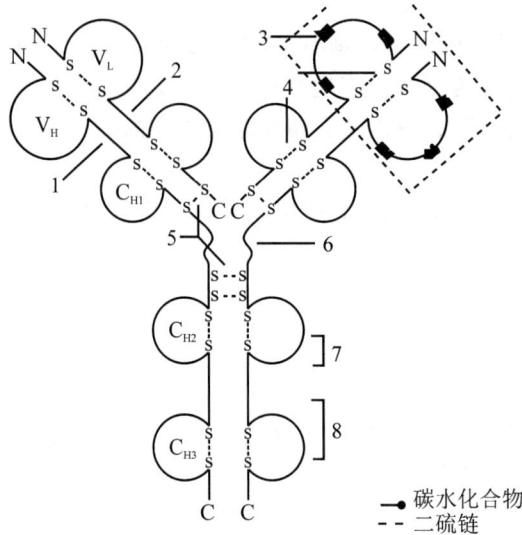

图 2-47 抗体单体的基本结构及功能区示意图
1. 重链；2. 轻链；3. 高变区；4、5. 链内二硫键；6. 铰链区；
7. 补体结合点；8.Fc 片段受体结合位点

(C_{H1}、C_{H2}、C_{H3}、C_{H4})。除此之外抗体单体上还有一个重要的功能区——铰链区，铰链区不是一个独立的功能区，是位于重链 C_{H1} 与 C_{H2} 之间含有 10～60 个氨基酸的可弯曲的片段，该区富含脯氨酸残基。各功能区的功能有所不同(见表 2-13)。

表 2-13 免疫球蛋白各功能区的生物学功能

功能区	生物学功能
V_L 和 V_H	是抗原结合的部位
C_L 和 C_{H1}	具有同种异型的遗传标记
C_{H2}	具有补体 C_1 结合位点；IgG 借助 C_{H2} 部分可通过胎盘
C_{H3} 或 C_{H4}	具有结合单核细胞、巨噬细胞、粒细胞、B 细胞、NK 细胞 Fc 片段受体的功能，介导调理吞噬、细胞毒作用及超敏反应
铰链区	可由"T"字形变成"Y"字形，有利于两臂的伸展，易与抗原分子上不同的抗原决定簇相结合；也有利于补体结合位点的暴露，从而激活补体

(2)抗体单体水解片段

IgG 分子可被木瓜蛋白酶在铰链区重链间的二硫键近 N 端切断，水解成 3 个大小相似的片段，其中两个可与抗原结合，称为 Fab 片段；另一片段可形成结晶，称为 Fc 片段。胃蛋白酶切位点在铰链区重链间的二硫键近 C 端，可将 IgG 水解为 2 个大小不同的片段：小片段类似于 Fc 片段，但失去了 Fc 片段原有功能，故称其为 pFc′ 片段；大片段为具有双价抗体活性的大片段，称其为 F(ab)′$_2$ 片段(见图 2-48)。各水解片段的生物学功能见表 2-14。

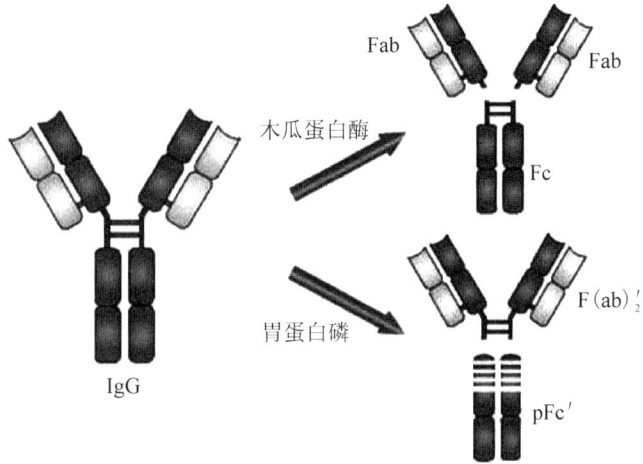

图 2-48 IgG 分子水解片段

表 2-14 免疫球蛋白水解片段的生物学功能

水解酶	水解片段	生物学功能
木瓜蛋白酶	Fab 片段	可结合抗原，决定抗体分子特异性
	Fc 片段	可选择性地通过胎盘，与补体结合活化补体，决定免疫球蛋白分子的亲细胞性（与带 Fc 受体细胞的结合）及免疫球蛋白通过黏膜进入外分泌液等，可刺激异种动物机体产生抗体
胃蛋白酶	F(ab)'$_2$ 片段	可结合抗原，具有双价抗体活性
	pFc' 片段	无生物学活性

2. 各种免疫球蛋白的特点及功能

各种免疫球蛋白的特点及功能见表 2-15。

表 2-15 各种免疫球蛋白的特点及功能

Ig 种类	特　点	功　能
IgG	血清中含量最高，占血清 Ig 总量的 75%～80%，活性持续时间最长，半衰期为 23 d。 多以单体形式存在，主要介导体液免疫，主要由脾脏和淋巴结中的浆细胞产生，存在于血浆、组织液和淋巴液中，是唯一可通过人和兔胎盘的抗体	具有抗菌、抗病毒、抗外毒素及调理、凝集和沉淀抗原等多种免疫活性，还参与Ⅱ、Ⅲ型变态反应
IgM	初次应答产生得最早，含量仅占血清的 10% 左右，持续时间短，半衰期为 5 d。 由五个单体组成，是 Ig 中分子量最大的，又称巨球蛋白。由脾脏和淋巴结中 B 细胞产生，分布于血液	具有抗菌、抗病毒、溶血、调理及凝集、中和毒素、激活补体、促进吞噬等免疫活性，也具有抗肿瘤作用，还参与Ⅱ、Ⅲ型变态反应

（续）

Ig 种类	特　点	功　能
IgA	单体的 IgA 存在于血清，故称血清型 IgA，占血清免疫球蛋白的 10%～20%	具有抗菌、抗病毒和抗毒素的作用
	二聚体的 IgA 主要存在于呼吸道、消化道、泌尿生殖道的外分泌液以及初乳、唾液、泪液中，脑脊液、羊水、腹水、胸膜液中也含有，故称分泌型 IgA(SIgA)。由呼吸道、消化道、泌尿生殖道等部位的黏膜固有层中的浆细胞所产生，经滴鼻、点眼、饮水及喷雾途径免疫，均可产生分泌型 IgA	是黏膜表面的主要抗菌、抗病毒和抗毒素抗体。新生儿可以通过初乳及哺乳期的乳汁得到母体的分泌型 IgA，获得自然被动免疫
IgE	以单体分子形式存在，其重链多一个功能区(C_{H4})，此区是与细胞结合的部位。由呼吸道和消化道黏膜固有层中的浆细胞产生，在血清中的含量甚微	是一种亲细胞性抗体，易与肥大细胞、血液中的嗜碱性粒细胞和血管内皮细胞结合，引起 I 型变态反应。IgE 在抗寄生虫、某些真菌感染方面具有重要作用
IgD	在血清中的含量极低，而且不稳定，容易降解，是成熟 B 细胞膜上的抗原特异性受体	为 B 细胞的重要表面标志，而且与免疫记忆有关。也有报道认为 IgD 与某些过敏反应有关

3. 多克隆抗体与单克隆抗体

多克隆抗体　是多个抗原决定簇刺激机体后，由多个免疫淋巴细胞分泌的多种抗体的混合物。

单克隆抗体(McAb)　是一个 B 细胞分化增殖的子代细胞产生的针对单一抗原决定簇的抗体，称为单克隆抗体。与多克隆抗体相比，单克隆抗体具有无可比拟的优越性，它具有敏感性高、纯度高、特异性强、效价高、成本低、均质性好、亲和力不变、重复性强等优点，故广泛应用于血清学技术、免疫学基础研究、肿瘤免疫治疗、抗原纯化、抗独特型抗体疫苗研制等方面。

七、免疫应答

动物机体对侵入体内的抗原物质进行识别并产生一系列复杂的免疫连锁反应的过程称为免疫应答。它主要包括抗原递呈细胞对抗原的加工、处理和递呈，抗原特异性淋巴细胞即 T 淋巴细胞、B 淋巴细胞对抗原的识别、活化、增殖、分化，产生免疫效应分子即抗体、细胞因子以及免疫效应细胞，进而表现出一定的生物学效应，最终对抗原物质以及再次进入的抗原物质产生清除效应。

免疫应答的启动因子是抗原。

免疫应答具有特异性、一定的免疫期及记忆性等特点。即能特异性地识别抗原；免疫具有一定的期限，这与抗原的性质、免疫次数和机体状态等有关；能使机体产生免疫记忆，从而建立起对抗原的免疫力。

1. 免疫应答的分类

免疫应答分为体液免疫应答和细胞免疫应答，分别由 B 细胞和 T 细胞介导。

体液免疫效应是由 B 细胞通过对抗原的识别、活化、增殖，最后分化成浆细胞并分泌抗体来实现的。抗体分布于体液中，故称体液免疫应答。

　　狭义的细胞免疫，通常是指 T 细胞在抗原的刺激下，增殖分化为效应性 T 淋巴细胞并产生淋巴因子，直接杀伤或激活其他细胞杀伤、破坏抗原或靶细胞，从而发挥免疫效应的过程。而广义的细胞免疫包括巨噬细胞的吞噬作用，K 细胞、NK 细胞等介导的细胞毒作用和 T 细胞介导的特异性免疫。淋巴因子是细胞免疫的效应因子，对细胞性抗原的清除作用较抗体明显。

　　2. 免疫应答的过程

　　免疫应答的过程一般可划分为三个阶段，即识别阶段、反应阶段和效应阶段（见图 2-49）。

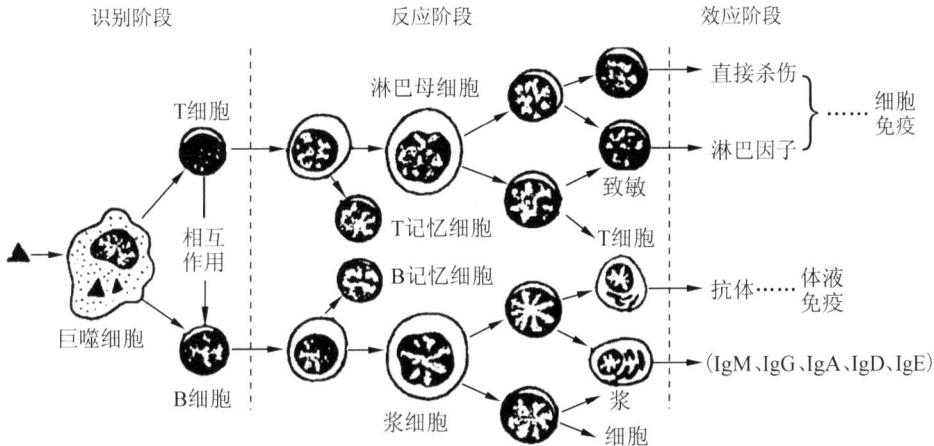

图 2-49　免疫应答过程示意图

　　（1）识别阶段

　　即致敏阶段。包括抗原物质进入体内，抗原递呈细胞对抗原的识别、摄取、加工处理、递呈及免疫活性细胞对抗原的特异性识别。

　　（2）反应阶段

　　又称活化、增殖、分化阶段。是免疫活性细胞识别抗原后，增殖和分化为淋巴母细胞，进而产生效应性淋巴细胞和效应分子的过程。T 细胞增殖分化为效应性 T 细胞或称致敏淋巴细胞，并产生各种细胞因子；B 细胞增殖分化为浆细胞，合成并分泌抗体。一部分淋巴细胞在增殖过程中分化为记忆性淋巴细胞。

　　（3）效应阶段

　　此阶段为产生的抗体、淋巴因子和致敏淋巴细胞与其他免疫细胞共同作用清除抗原物质的过程，也就是机体发挥细胞免疫和体液免疫的效应过程。由浆细胞产生的抗体，进入血液、淋巴液、组织液及黏膜表面，与相应抗原结合，在巨噬细胞、K 细胞以及补体的协同作用下，杀灭病原体或破坏抗原物质，发挥体液免疫效应。致敏淋巴细胞和细胞毒性 T 细胞可直接杀伤再次进入的抗原或带有抗原的靶细胞；致敏淋巴细胞释放的淋巴因子也可杀伤或破坏靶细胞，最终消除抗原物质，表现细胞免疫效应。

　　3. 体液免疫应答

　　（1）体液免疫应答的过程

　　①B 细胞对抗原的识别　B 细胞对 TD 抗原和 TI 抗原的识别有很大的不同，两种抗原

引发的体液免疫也有不同的特点。

B 细胞对 TD 抗原的识别　一般情况下，大量抗原进入未经免疫的机体诱发初次免疫应答时，多经巨噬细胞和树突状细胞等抗原递呈细胞摄取、处理，形成抗原多肽-MHC-II 类分子复合物，并递呈给 T_H 细胞，T_H 细胞被激活后，释放多种细胞因子，促进 B 细胞活化。当再次应答发生时，抗原递呈细胞主要由抗原特异性 B 细胞承担。B 细胞既是体液免疫的效应细胞，又是抗原递呈细胞，当相同的抗原再次出现时，已扩增的抗原特异性 B 细胞以其表面的抗原受体(BCR)与抗原特异性结合，并将抗原摄入细胞内，然后以与巨噬细胞相同的方式将抗原加工处理成抗原肽段，并与 MHC-II 类分子结合，该抗原肽段-MHC-II 类分子复合物表达于 B 细胞表面，此过程一方面使 B 细胞本身受到抗原刺激，而表达 IL-2 等受体；另一方面又可将抗原递呈给 T_H 细胞，使 T_H 细胞活化，产生包括 IL-2 在内的多种细胞因子，从而刺激更多的抗原特异性 B 细胞增殖分化。

对 TI 抗原的识别　TI 抗原可不经抗原递呈细胞和 T_H 细胞的传递而直接激活未经致敏的 B 细胞，分化为浆细胞产生抗体。目前认为识别 TI 抗原的为 B1 细胞，这种 B1 细胞只表现初次应答的特性，不表现再次应答的一系列变化，因而 TI 抗原亦不诱发再次应答。

TI 抗原多为细菌脂多糖、聚合鞭毛素、某些细菌的荚膜多糖等，这些抗原成分可直接与 B 细胞表面的受体结合，从而激活 B 细胞。

②B 细胞的活化、增殖和分化　B 细胞通过表面的抗原受体结合摄入抗原时，即可获得活化的第一信号(抗原刺激)，B 细胞活化的第二信号是活化的 T_H 细胞表面相关结构与 B 细胞的结合。接受双信号刺激的 B 细胞被激活，并表达包括 IL-2 受体在内的多种受体，为接受进一步刺激做好准备。

活化的 T_H 细胞释放的 IL-2 等细胞因子结合并作用于 B 细胞，B 细胞进一步增殖分化为浆细胞，浆细胞是 B 细胞的终末细胞，具有合成分泌各种类型 Ig 的能力。

接受 TD 抗原刺激的 B 细胞，在分化阶段有部分 B 细胞停止增殖分化，成为记忆性 B 细胞(Bm)，记忆性 B 细胞具有高度的抗原亲和性，当再次接触相同抗原时，能迅速接受抗原刺激而活化、增殖、分化为浆细胞，合成分泌抗体。TI 抗原不刺激机体产生记忆性 B 细胞，故无此增强的免疫记忆反应。

③抗体的产生　活化的 B 细胞最终分化成能产生各种类型 Ig 的浆细胞，即 IgM 型浆细胞、IgG 型浆细胞、IgA 型浆细胞、IgE 型浆细胞等，从而合成并分泌各种抗体。

(2)抗体产生的一般规律

动物机体初次和再次接触抗原后，引起机体产生的抗体种类以及抗体的水平等都不同(见图 2-50)。

①初次应答　某种抗原首次进入机体内引起抗体产生的过程，称为初次应答。

初次应答的主要特点为：

a. 抗体产生的潜伏期比较长。潜伏期是指抗原进入机体到机体中可以检测出抗体所用的时间。潜伏期的长短与抗原的种类有关，细菌抗原一般经过 5～7 d 血液中出现抗体，病毒抗原为 3～4 d，而毒素则需经 2～3 周才出现抗体。

b. 初次应答最早出现的抗体是 IgM，几天内达到高峰，然后下降；接着产生 IgG，IgA 产生最迟，常在 IgG 产生后 2 周至 1～2 个月才能在血液中检出；产生的抗体以 IgM 为主。

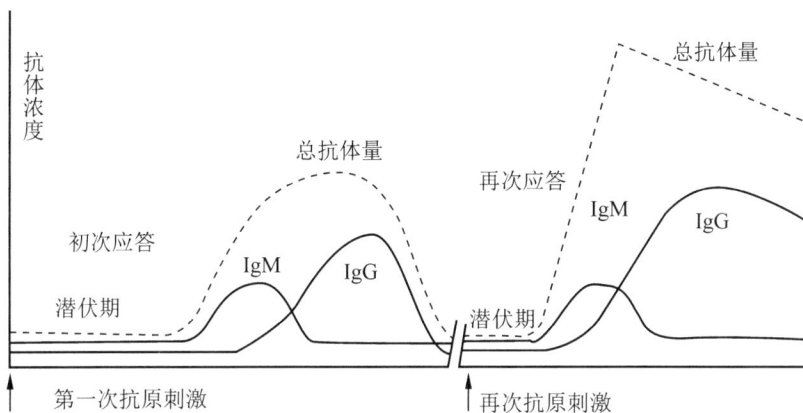

图 2-50 初次应答与再次应答抗体产生规律

c. 初次应答产生的抗体总量较低，维持时间也较短，与抗原的亲和力较弱。

②再次应答 动物机体第二次接触相同的抗原时，体内产生抗体的过程，称为再次应答。

再次应答的特点为：

a. 抗体产生的潜伏期显著缩短，约为初次应答的一半。

b. 产生的抗体水平高。机体再次接触与第一次相同的抗原时，起初原有抗体水平略有降低，接着抗体水平很快上升，比初次应答多几倍到几十倍，且维持时间较长，对抗原的亲和力更强。

c. 再次应答中产生抗体的顺序与初次应答相同，但以 IgG 为主，再次应答间隔时间越长，机体越倾向于只产生 IgG，经消化道等黏膜途径进入机体的抗原可诱导产生分泌型 IgA。

再次应答在抗体产生的速度、数量、质量以及维持时间等方面均优于初次应答，因此在预防接种时，间隔一定时间进行疫苗的再次接种，可起到强化免疫的作用。

③回忆应答 抗原刺激机体产生的抗体经一定时间后，在体内逐渐消失，此时若机体再次接触相同的抗原物质，可使已消失的抗体快速回升，这称为抗体的回忆应答。

再次应答和回忆应答取决于体内记忆性 T 细胞和 B 细胞的存在，记忆性 T 细胞可很快增殖分化成 T_H 细胞，对 B 细胞的增殖和产生抗体起辅助作用；记忆性 B 细胞与抗原再次接触时，可被活化，增殖分化成浆细胞产生抗体。

（3）影响抗体产生的因素

抗体是机体免疫系统受到抗原的刺激后产生的，所以抗体的产生取决于抗原和机体两个方面的因素。

①抗原方面的因素 包括以下几方面：

抗原的性质 抗原的类型不同影响机体发生的免疫应答的类型也不同。一般来说，抗原刺激机体同时产生体液免疫和细胞免疫，但有主次之分。细胞外寄生的病原体以及细胞内寄生的病原体体外生活阶段多引起体液免疫；细胞内寄生的病原体如病毒、胞内菌、胞内原虫等，在细胞内增殖时主要引起细胞免疫应答。

抗原的物理状态和化学结构 抗原的物理状态和化学结构等不同，对机体刺激的强度不同，机体产生的免疫效果也不一样。聚合状态的抗原一般比单体抗原的免疫原性强；颗粒性抗原比可溶性抗原的免疫原性强。如给动物注射颗粒性抗原，只需 2～5 d 血液中即有抗体出现，而注射可溶性抗原如类毒素则需 2～3 周才出现抗毒素；活苗与死苗相比，活苗刺激机体产生抗体较快，免疫效果好。

抗原用量、接种次数与时间间隔　在一定限度内，抗体产生的量随抗原用量的增加而增加。但抗原用量超过一定限度时，无论怎样增加抗原的量抗体也不会增加，此种现象称为免疫麻痹；而抗原用量过少，又不足以刺激机体产生抗体。因此，在预防接种时，应按照规定用量使用疫苗，一般活疫苗用量较少，灭活疫苗用量较大。

为使机体获得较强而持久的免疫力，须多次刺激机体以产生再次应答。活疫苗因其在机体内有一定程度的增殖，只需免疫一次即可；灭活疫苗和类毒素则应连续免疫 2～3 次才能产生足够的抗体。

适当的时间间隔，也是产生持久免疫力的重要因素。一般灭活疫苗，间隔 7～10 d，类毒素则需间隔 6 周左右。

接种途径　抗原进入机体的途径影响抗体产生的量和类型。接种途径的选择以刺激机体产生良好的免疫反应为原则。由于大多数抗原易被消化酶水解而失去免疫原性，因此多数疫苗采用非经口途径接种，如注射、滴鼻、点眼、气雾、刺种等。但某些弱毒苗如新城疫 Lasota 系、传染性法氏囊病疫苗等可经饮水免疫。

②机体方面的因素　包括以下几方面：

遗传因素　除先天性免疫功能低下的个体外，大多数机体只要营养良好，都能产生足够的抗体。

年龄因素　初生或出生不久的动物，免疫应答能力较差，主要因为其免疫系统还未发育健全，其次也与母源抗体的影响有关。母源抗体是指幼小动物通过胎盘、初乳、卵黄等途径从母体获得的抗体。母源抗体一方面可以保护幼小动物抵抗感染；另一方面又可抑制或中和相应抗原，对接种后机体的免疫应答有干扰。因此，在实际工作中，给幼龄动物初次免疫时必须考虑母源抗体的影响，避免其对免疫效果的干扰。老龄动物免疫功能逐渐下降，也可影响抗体的产生。

其他因素　营养不良的机体免疫系统发育不良、处于感染状态的动物免疫系统受到损害等，都可影响抗体的产生。如雏鸡感染传染性法氏囊病病毒，可使法氏囊受损，导致雏鸡体液免疫应答能力下降，影响抗体产生。处于特殊生理时期如妊娠的动物，抗体的产生也受一定影响。

4. 细胞免疫应答

广义地说，细胞免疫包括巨噬细胞原始的吞噬作用、K 细胞和 NK 细胞介导的细胞毒作用和 T 细胞介导的特异性免疫。这里只介绍狭义的细胞免疫，即由 T 细胞介导的特异性免疫，其特征是出现以单核细胞浸润为主的炎症反应和特异性的细胞毒作用。细胞免疫应答的过程如下：

(1)T 细胞对抗原的识别

T 细胞对外源性抗原和内源性抗原的识别方式不同，但都需经抗原递呈细胞对抗原进行处理和递呈，及抗原特异性 T 细胞对抗原的识别两个阶段。

对外源性抗原的识别　抗原递呈细胞（APC）对外源性抗原的捕获大多是随机的，也可通过细胞膜上的受体如巨噬细胞表面的 IgG Fc 片段受体、补体 C_{3b} 受体或 B 细胞表面的抗原受体等捕获抗原，APC 摄取抗原的方式包括吞噬、吞饮、吸附和调理等。抗原在 APC 的酸性环境中被酶解成抗原肽段，该抗原肽段与 APC 胞浆中产生的 MHC-Ⅱ类分子结合，形成抗原肽-MHC-Ⅱ类分子复合物，转运并表达于 APC 表面，供 CD_4^+ T_H 细胞识别。经 APC 加工处理后的抗原免疫原性比未加工处理过的抗原提高约 1 000 倍。

在 T 细胞亚群中，CD_4^+ T_H 细胞负责识别与 MHC-Ⅱ类分子结合的抗原肽段，故经 APC 加工处理后的外源性抗原由 CD_4^+ T_H 细胞识别。T_H 细胞表面的 TCR 同时识别 MHC-Ⅱ类分子和抗原肽段，并与它们结合，完成对外源性抗原的识别。

对内源性抗原的识别　以病毒感染的宿主细胞为例。病毒在易感细胞内增殖时，合成的病毒特异性蛋白质被细胞质中的蛋白酶体摄取并降解加工成抗原肽段，与细胞内的 MHC-Ⅰ类分子结合成复合体，转运并表达于细胞表面，供 CD_8^+ Tc 识别。动物体内所有有核细胞均可表达 MHC-Ⅰ类分子，故凡受到病毒、胞内菌感染的有核细胞和肿瘤细胞均可递呈内源性抗原。只有 Tc 细胞的 TCR 可结合 MHC-Ⅰ类分子，因此表达于细胞表面的抗原肽-MHC-Ⅰ类分子复合物只能被 Tc 细胞识别。

对超抗原的识别　此类抗原不需经抗原递呈细胞的处理，即可直接与抗原递呈细胞的 MHC-Ⅱ类分子结合，并递呈给 T 细胞，而且可激活多个 T 细胞亚群。

(2)T 细胞的活化、增殖与分化

T 细胞结合抗原肽-MHC 分子复合物后，该结合的信息被 T 细胞表面的相关分子传递到细胞内，启动细胞的活化、增殖、分化过程。包括 T_H 细胞接受信息后细胞因子的产生、各 T 细胞亚群的增殖、分化等一系列相关的反应。

首先是 T_H 细胞的活化。T_H 细胞接受抗原信息后，细胞膜上相关分子将此信息传递到细胞内，从而激活了细胞内一系列酶系统，激发 DNA 复制，细胞增殖，并产生各种细胞因子，其中以 IL-2 的作用尤为重要。静止的 T 细胞不表达 IL-2 受体，但 T 细胞特异性识别抗原后，IL-2 受体大量表达，从而接受 T_H 细胞释放的 IL-2 的刺激，大量增殖，大部分分化成熟为终末效应性 T 细胞(T_C 和 T_D)，并发挥细胞免疫效应。在 T_H 细胞增殖的过程中，一部分停留在分化的中间阶段，成为记忆性 T 细胞。

(3)T 细胞介导的细胞免疫效应

细胞免疫效应主要由 T_C 和 T_D 介导，并依赖于多种免疫细胞和免疫分子的参与。

①T_C 介导的细胞毒效应　T_C 细胞在体内以非活化的前体细胞形式存在，需经抗原刺激，并接受 T_H 细胞释放的 IL-2 等细胞因子的作用，才能分化为效应细胞。活化的 T_C 释放穿孔素和数种溶细胞酶到靶细胞，使靶细胞膜溶解，并断裂靶细胞的 DNA。

T_C 的杀细胞作用具有抗原特异性，且受到 MHC-Ⅰ类分子限制，只能识别内源性抗原(靶细胞抗原)。Tc 必须与靶细胞直接接触才有杀伤作用。而且 T_C 能连续杀伤靶细胞，具有较高效率。

T_C 的细胞毒效应在抗病毒感染、抗肿瘤和同种异体移植排斥反应中有重要作用。

②T_D 介导的炎症反应　T_D 在体内也是以非活化的前体细胞形式存在，其活化过程类似 T_C，需抗原刺激和 IL-2 等细胞因子的双重刺激，增殖分化为效应性 T 细胞，活化的 T_D 释放多种淋巴因子，作用于数种细胞，呈现多方位的效应。其中，主要有淋巴因子吸引以巨噬细胞为主的多种细胞聚集在局部，巨噬细胞发挥强大的吞噬和杀伤作用，某些淋巴

因子作用于淋巴细胞，起着扩大反应范围和强度的作用。

致敏 T_D 必须由同种抗原激发才能释放淋巴因子，因此上述炎症反应的诱发是抗原特异性的；但淋巴因子及被淋巴细胞动员的巨噬细胞的作用无特异性。

八、血清学试验

抗原与相应的抗体无论在体内还是在体外均能发生特异性结合反应，并表现出特定的现象。在体内表现为体液免疫应答；在体外结合后，由于抗原和抗体的性质、反应的条件、参与反应的因素和检测方法的不同，可表现为各种特定的反应形式，因抗体主要存在于血清中，所以通常将体外发生的抗原抗体反应统称为血清学反应或血清学试验。

1. 血清学试验的特点

(1)特异性和交叉性

血清学试验具有高度的特异性。由于抗原决定簇的组成、结构不同，所诱导产生的抗体也不同。一种抗原只能与相应抗体结合，表现出高度的特异性。如抗猪瘟抗体只能与猪瘟病毒结合而不能与口蹄疫病毒或者其他病毒相结合；同样，抗口蹄疫病毒抗体也只能与口蹄疫病毒结合而不能与其他病毒相结合。这种特异性可用于分析、鉴别各种抗原和进行疾病的诊断。但若两种抗原之间含有部分共同抗原时，则发生交叉反应。如肠炎沙门氏菌的血清能凝集鼠伤寒沙门氏菌。一般亲缘关系越近，交叉反应的程度也越高。

(2)敏感性

血清学试验不仅有高度的特异性，而且还具有极高的敏感性。不仅可用于定性，还可以用于检测微量的抗原和抗体，其灵敏度大大超过当前所应用的化学方法。

(3)反应的可逆性

抗原和抗体的结合是分子表面的结合，其结合的温度为 0 ℃～40 ℃、pH 在 4.0～9.0 范围内。如温度超过 60℃ 或 pH 降到 3.0 以下，或加入解离剂如硫氰化钾、尿素等，则抗原抗体复合物又可重新解离，解离后的抗原或抗体性质不改变。

(4)反应的二阶段性

血清学反应有二阶段性，但其间无严格的界限。第一阶段为抗原与抗体的特异性结合阶段，反应发生快，几秒至几分钟即可，但无可见表现。第二阶段为抗原与抗体在介质作用下出现各种可见变化，如凝集、沉淀、补体结合等现象，反应发生较慢，需几分钟、几十分钟或更长时间；此阶段受电解质、温度和酸碱度等的影响。

(5)最适比和带现象

抗原与抗体在适宜的条件下能发生结合反应，但对于血清学试验，只有在抗原与抗体呈适当比例时，结合才出现可见变化；在最适比例时，变化最明显。如抗原过多或抗体过多，则抗原抗体的结合不能形成大的复合物，因而抑制可见反应的出现，这一现象称为带现象(见图 2-51)。抗体过多出现的抑制现象称前带现象，而抗原过多出现的抑制现象称后带现象。为了克服带现象，在进行血清学试验时，需将抗原或抗体做适当稀释。

(6)用已知测未知

所有的血清学试验均不外乎用已知抗原测定未知抗体，或用已知的抗体测定未知抗原。在反应中只能有一种材料是未知的，但可以用两种或两种以上的已知材料检测一种未知抗原或抗体。

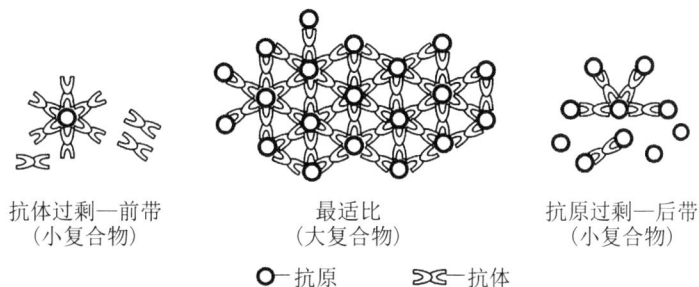

抗体过剩—前带　　　　　　最适比　　　　　抗原过剩—后带
（小复合物）　　　　　（大复合物）　　　　　（小复合物）

○—抗原　　　⚹⚹—抗体

图 2-51　抗原抗体结合示意图

2. 影响血清学试验的因素

血清学试验通常受电解质、温度、酸碱度、振荡以及是否含有杂质等理化因素的影响。

（1）电解质

特异性的抗原和抗体具有对应的极性基，它们互相吸附后，不能与水分子结合，因而失去亲水性，变为憎水系统，此时易受电解质的作用失去电荷而互相凝聚，发生凝集或沉淀反应。因此，血清学试验加入适当浓度的电解质，能出现可见反应。常用的电解质是0.85％氯化钠，但有些血清学试验要求用较高的离子浓度或 PBS。

（2）温度

较高的温度可以增加抗原和抗体的活性及接触的机会，从而加速反应的出现。因此，将抗原、抗体充分混合后，通常在 37℃ 水浴中保温一定时间，可促使第二阶段反应的出现。亦可用 56℃ 水浴，则反应更快。但有的抗原和抗体需在低温下长时间结合，反应才能更充分。

（3）酸碱度

血清学试验常用的 pH 为 6.0～8.0，过高或过低的 pH 可使抗原抗体复合物重新解离。当 pH 降至抗原或抗体的等电点时，可引起非特异性的酸凝集，造成假象。

（4）振荡

适当的机械振荡能增加分子或颗粒间的相互碰撞，加速抗原抗体的结合反应。但强烈的振荡又可以使抗原抗体复合物解离。

（5）杂质和异物

血清学试验中如存在与反应无关的杂质如蛋白质、类脂质和多糖等，会抑制反应的进行或引起非特异性反应。因此，血清学试验中应设阳性对照和阴性对照，以利于做出正确的判断。

在医学和兽医学领域已广泛应用血清学试验，直接或间接从传染病、寄生虫病、肿瘤、自身免疫病和变态反应性疾病的感染组织或血清、体液中检出相应抗原或抗体，从而做出确切诊断。对传染病来说，几乎没有不能用血清学试验诊断的。在群体检疫、疫苗免疫效果监测和流行病学调查中，也已大规模地应用检测抗体的血清学试验。此外，生物活性物质的超微定量、物种及微生物鉴定和分型等方面，也广泛应用血清学试验。

3. 常用血清学试验

（1）凝集试验

颗粒性抗原（如细菌、红细胞等）或吸附在乳胶、白陶土、离子交换树脂和红细胞的抗原，与相应抗体结合后，在适量电解质存在下，经过一定时间，互相凝聚形成肉眼可见的凝集块，称为凝集试验（见图 2-52）。参与试验的抗原称为凝集原，抗体称为凝集素。参与凝集试验的抗体主要为 IgG 和 IgM。

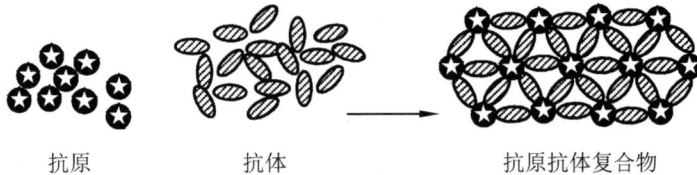

抗原   抗体   抗原抗体复合物

图 2-52   凝集试验示意图

凝集试验根据抗原的性质、反应的方式分为直接凝集试验和间接凝集试验两种。

①直接凝集试验   指颗粒性抗原与相应抗体在电解质的参与下，直接结合凝聚成团块的现象。按试验方法可分为平板凝集试验和试管凝集试验。

平板凝集试验   为定性试验，可在玻璃板或载玻片上进行。将含有已知抗体的诊断血清与待检菌悬液各一滴在玻片上混合均匀，数分钟后，如出现颗粒状或絮状凝集，即为阳性反应；如无颗粒状或絮状凝集出现，即为阴性反应（见图 2-53）。反之，也可用已知的诊断抗原悬液检测待检血清中有无相应的抗体。此法简便快速，适用于新分离细菌的鉴定或分型、抗体的定性检测。如大肠杆菌和沙门氏菌等的鉴定，布氏杆菌病、鸡白痢、禽伤寒和败血霉形体病的检疫；也可用于血型的鉴定等。

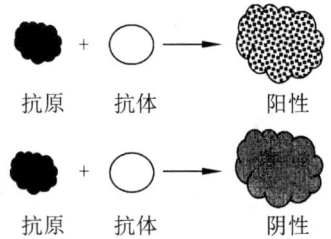

抗原   抗体   阳性

抗原   抗体   阴性

图 2-53   平板凝集试验示意图

试管凝集试验   是一种既可定性也可定量的试验，可在小试管中进行。操作时将待检血清用生理盐水或其他稀释液做倍比稀释，然后每管加入等量抗原，混匀，37℃水浴或放入恒温箱中数小时，观察液体澄清度及沉淀物，根据不同凝集程度记录结果。以出现 50% 以上凝集的血清最高稀释倍数为该血清的凝集价，也称效价或滴度。本试验主要用于检测待检血清中是否存在相应的抗体及其效价，如布氏杆菌病的诊断与检疫。

②间接凝集试验   将可溶性抗原（或抗体）先吸附于与免疫无关的小颗粒的表面，再与相应的抗体（或抗原）结合，在电解质存在的适宜条件下，可出现肉眼可见的凝集现象，称为间接凝集试验（见图 2-54）。用于吸附抗原（或抗体）的颗粒称为载体。常用的载体有动物红细胞、聚苯乙烯乳胶、硅酸铝、活性炭和葡萄球菌 A 蛋白等。间接凝集试验的灵敏度比直接凝集试验高 2～8 倍，适用于抗体和各种可溶性抗原的检测。其特点是微量、快速、操作简便、无须特殊设备，应用范围广泛。

间接凝集试验根据载体的不同可分为间接血凝试验、乳胶凝集试验、协同凝集试验和炭粉凝集试验等。

间接血凝试验   以红细胞为载体的间接凝集试验，称为间接血凝试验。吸附抗原的红

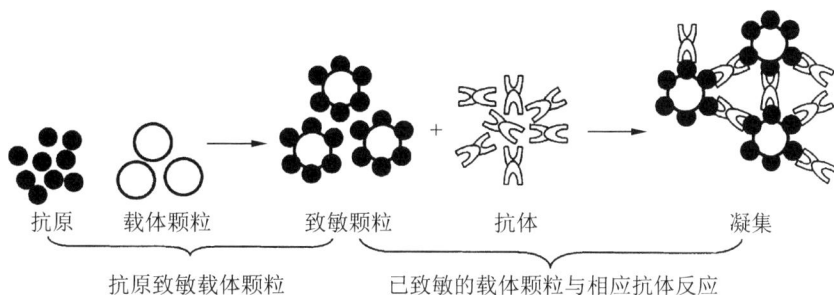

图 2-54 间接凝集试验示意图

抗原 载体颗粒 致敏颗粒 抗体 凝集
抗原致敏载体颗粒 已致敏的载体颗粒与相应抗体反应

细胞称为致敏红细胞。致敏红细胞与相应抗体结合后，能出现红细胞凝集现象。

间接血凝试验可分为正向间接血凝试验和反向间接血凝试验。用已知抗原吸附于红细胞上检测未知抗体称为正向间接血凝试验；用已知抗体吸附于红细胞上鉴定未知抗原称为反向间接血凝试验。

常用的红细胞有绵羊、家兔、鸡及人 O 型血的红细胞。由于红细胞几乎能吸附所有抗原，而且红细胞是否凝集容易观察，故利用红细胞作载体进行的间接凝集试验已广泛应用于血清学诊断的各个方面，如多种病毒性传染病、霉形体病、衣原体病、弓形体病等的诊断和检疫。

间接血凝抑制试验　抗体与游离抗原结合后就不能凝集抗原致敏的红细胞，从而使红细胞凝集现象受到抑制，这一试验被称为间接血凝抑制试验。通常是用抗原致敏的红细胞和已知抗血清检测未知抗原或测定抗原的血凝抑制价。血凝抑制价即抑制血凝的抗原最高稀释倍数（见图 2-55）。

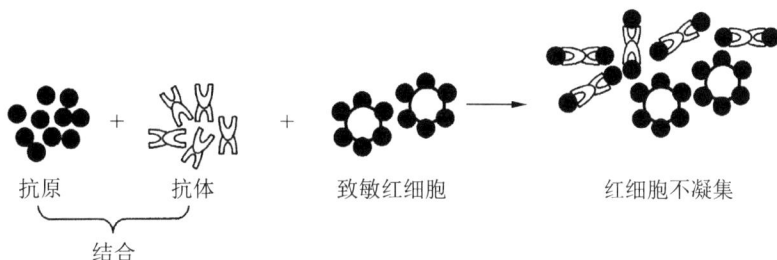

抗原 抗体 致敏红细胞 红细胞不凝集
结合

图 2-55 间接血凝抑制试验示意图

乳胶凝集试验　以乳胶颗粒作为载体的间接凝集试验，称为乳胶凝集试验。该试验既可检测相应的抗体也可鉴定未知的抗原，而且方法简便、快速，在临床诊断中广泛应用于伪狂犬病、流行性乙型脑炎、钩端螺旋体病、猪细小病毒病、猪传染性萎缩性鼻炎、禽衣原体病、山羊传染性胸膜肺炎、囊虫病等的诊断。

协同凝集试验　葡萄球菌 A 蛋白（SPA）是大多数金黄色葡萄球菌的特异性表面抗原，能与多种哺乳动物血清中的 IgG 分子的 Fc 片段相结合，结合后的 IgG 仍保持其抗体活性。当这种覆盖着特异性抗体的葡萄球菌与相应抗原结合时，可以相互连接引起协同凝集反应（见图 2-56），在玻璃板上数分钟内即可判定结果。目前已广泛应用于快速鉴定细菌、霉形体和病毒等。

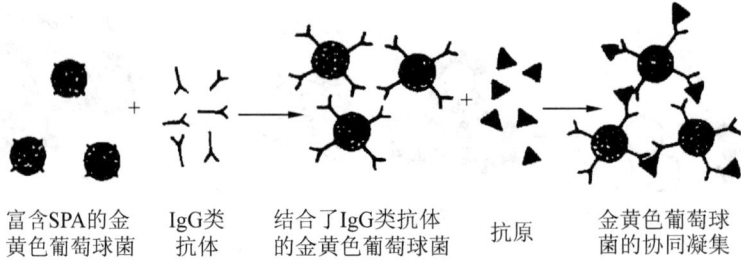

富含SPA的金　　IgG类　　结合了IgG类抗体　　抗原　　金黄色葡萄球
黄色葡萄球菌　　抗体　　的金黄色葡萄球菌　　　　　菌的协同凝集

图 2-56　葡萄球菌 A 蛋白的协同凝集试验示意图

炭粉凝集试验　以极细的活性炭粉作为载体的间接凝集试验，称为炭粉凝集试验。反应在玻璃板上或塑料反应盘进行，数分钟后即可判定结果。通常是用抗体致敏炭粉颗粒制成炭素血清，用以检测抗原，如马流产沙门氏菌；也可用抗原致敏炭粉，用以检测抗体，如腺病毒感染、沙门氏菌病、大肠杆菌病、囊虫病等的诊断。

（2）沉淀试验

可溶性抗原与相应抗体结合，在适量电解质存在下，经过一定时间，出现肉眼可见的白色沉淀，称为沉淀试验。试验中的抗原称为沉淀原，如细菌的外毒素、内毒素、菌体裂解液、病毒悬液、病毒的可溶性抗原、血清和组织浸出液。反应中的抗体称为沉淀素。

常用的沉淀试验有环状沉淀试验、絮状沉淀试验、琼脂扩散试验和免疫电泳试验等。

①环状沉淀试验　是一种快速测定溶液中的可溶性抗原或抗体的方法。即在小口径试管内先加入已知沉淀素血清，然后沿管壁慢慢加入等量待检抗原，使之叠加于抗体表面，数分钟后，在抗原抗体相接触的界面出现白色环状沉淀带，即为阳性反应（见图 2-57）。本法主要用于抗原的定性试验，如炭疽病的诊断（Ascoli 氏试验）、链球菌的血清型鉴定和血迹鉴定等。

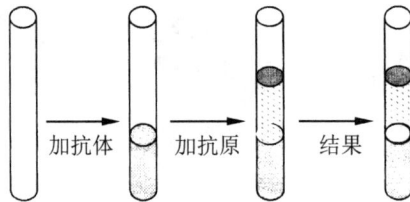

加抗体　　加抗原　　结果

图 2-57　环状沉淀试验示意图

②絮状沉淀试验　抗原与抗体在试管内混合，在电解质存在下，抗原抗体复合物可形成絮状物。在最适比例时，出现反应最快和絮状物最多。本法常用丁毒素、类毒素和抗毒素的定量测定。

③琼脂扩散试验　抗原抗体在含有电解质的琼脂凝胶中扩散，当两者在比例适当处相遇时，即发生沉淀反应，出现肉眼可见的沉淀带，称为琼脂扩散试验，简称琼扩。

琼脂扩散试验有单向单扩散、单向双扩散、双向单扩散和双向双扩散四种类型。最常用的是双向双扩散。

单向单扩散　在温度降至 45 ℃左右的 0.5%～1.0%琼脂中加入一定量的已知抗体，混匀加入小试管中，凝固后将待检抗原加在上面，置密闭湿盒内，于 37 ℃恒温箱或室温扩散数小时。抗原在含抗体的琼脂凝胶中扩散，在比例最适处出现沉淀带。此沉淀带的位置随着抗原的扩散而向下移动，直至稳定。抗原浓度越大，则沉淀带的距离也越大，因此可用于抗原的定量测定。

单向双扩散　将含有抗体的琼脂加于小试管底部，中间加一层不含抗体的同样浓度的琼脂，凝固后加待检抗原，置密闭湿盒内，于 37 ℃恒温箱或室温扩散数日。抗原抗体在中间层相向扩散，在比例最适处形成沉淀带。此法主要用于复杂抗原的分析，目前较少应用。

双向单扩散　在温度降至 45℃左右的 2％琼脂中加入一定量的已知抗体，制成厚 2～3 mm 的琼脂凝胶板，在板上打孔，孔径 3 mm，孔距 10～15 mm，于孔内滴加抗原后，置密闭湿盒内，于 37 ℃恒温箱或室温进行扩散。抗原在孔内向四周辐射扩散，与琼脂凝胶中的抗体接触形成白色沉淀环，环的大小与抗原浓度呈正比。

本法可用于抗原的定量测定和传染病的诊断，如马立克氏病的诊断。

双向双扩散　用 1％琼脂制成厚 2～3 mm 的凝胶板，在板上按规定图形、孔径和孔距打孔，于相应孔内滴加抗原、阳性血清和待检血清，放于密闭湿盒内，置 37 ℃恒温箱或室温扩散数日，观察结果。

当用于检测抗原时，将抗体加入中心孔，待检抗原分别加入周围相邻孔，若均出现沉淀带且完全融合，说明是同种抗原；若两相邻孔沉淀带有部分相连并有交角时，表明二者有共同抗原决定簇；若两相邻孔沉淀带互相交叉，说明二者抗原完全不同（见图 2-58）。

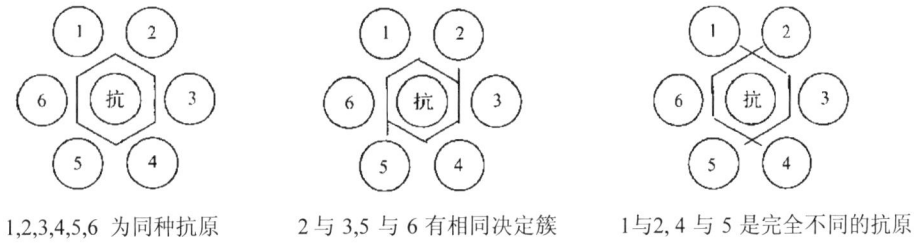

1,2,3,4,5,6 为同种抗原　　2 与 3,5 与 6 有相同决定簇　　1 与 2,4 与 5 是完全不同的抗原

图 2-58　双向双扩散用于检测抗原结果判定
抗：抗体；1，2，3，4，5，6：待检抗体

当用于检测抗体时，将已知抗原置于中心孔，周围 1、2、3、4 孔分别加入待检血清，其余两对应孔加入标准阳性血清，若待检血清孔与相邻阳性血清孔出现的沉淀带完全融合，则判为阳性；若待检血清孔无沉淀带或出现的沉淀带与相邻阳性血清孔出现的沉淀带相互交叉，判为阴性；若待检血清孔无沉淀带，而两侧阳性血清孔的沉淀带在接近待检血清孔时向内弯曲的，判为弱阳性，而向外弯曲的，则判为阴性（见图 2-59）。

本法应用广泛，已普遍用于传染病的诊断和抗体的检测，如鸡马立克氏病、鸡传染性法氏囊炎、禽流感、霉形体病、鸡传染性喉气管炎、伪狂犬病、牛地方性白血病、马传染性贫血和蓝舌病等。

④免疫电泳试验　免疫电泳技术是琼脂扩散试验与电泳技术相结合的免疫检测技术。在抗原抗体琼脂扩散的同时，加入电泳的电场作用，使抗体或抗原在琼脂中的扩散移动速度加快，缩短试验时间；同时限制了抗体或抗原扩散移动的方向，使其集中朝电泳的方向扩散移动，增加了试验的敏感性，故此方法比一般的琼脂扩散试验更快速、灵敏和准

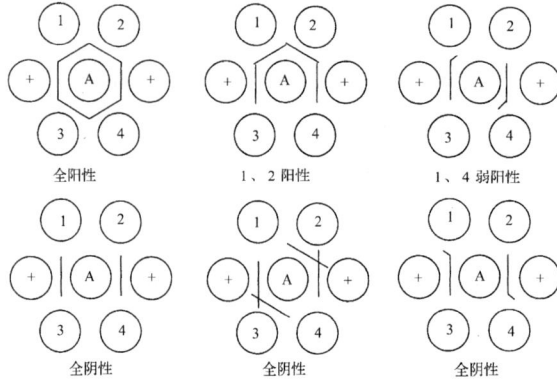

图 2-59　双向双扩散用于检测抗体结果判定

A：抗原；＋：阳性血清；1，2，3，4：待检血清

确。根据试验的用途和操作不同可分为免疫电泳、对流免疫电泳、火箭免疫电泳等试验。

免疫电泳　免疫电泳是琼脂双扩散免疫与琼脂平板电泳技术结合而成。将抗原样品在琼脂平板上电泳，使其中的各种成分因电泳迁移率的不同而彼此分开，然后再加入抗体进行双向扩散，把已分离的各抗原成分与抗体在琼脂中扩散而相遇，在二者比例适当的地方形成肉眼可见的沉淀弧。

此试验可以用来研究抗原和抗体的相对应性；测定样品的各成分以及它们的电泳迁移率；根据蛋白质的电泳迁移率、免疫特性及其他特性，可以确定该复合物中含有某种蛋白质；鉴定抗原或抗体的纯度。

对流免疫电泳　是在电场的作用下，利用抗原抗体相向扩散的原理，使抗原抗体在电场中定向移动，限制了双向双扩散时抗原、抗体向多方向的自由扩散，可以提高试验的敏感性，缩短反应时间。

试验时，在 pH 为 8.6 的琼脂凝胶板上打孔，两孔为一组，孔径 3 mm，抗原、抗体孔间距为 4～5 mm。将抗原加入负极端孔内，抗体加入正极端孔内，用 2～4 mA/cm 电流电泳 1 h 左右，观察结果，在两孔之间出现沉淀带的为阳性反应（见图 2-60）。沉淀带出现的位置与抗原抗体的泳动速度及含量有关，当二者平衡时所形成的沉淀带在两孔之间，呈一直线。若二者泳动速度差异悬殊，则沉淀带位于对应孔附近，呈月牙形。如果抗原或抗

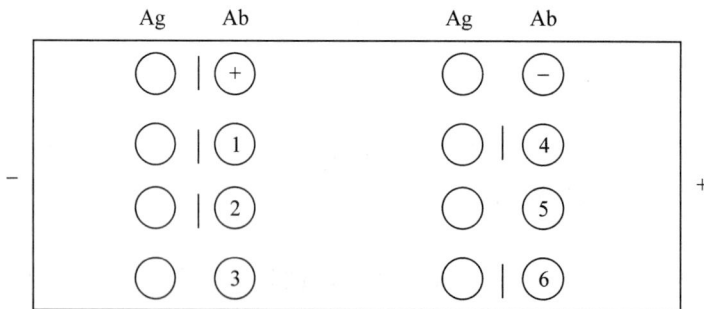

图 2-60　对流免疫电泳示意图

Ag：抗原；Ab：抗体；＋：阳性血清；－：阴性血清

1，2，3，4，5，6：待检血清

体含量过高时，可使沉淀带溶解。因此，对每份检样应选 2～3 个稀释度进行试验。

火箭免疫电泳　火箭免疫电泳是单向单扩散和电泳技术相结合的一种血清学试验。是让抗原在电场的作用下，在含有抗体的琼脂中定向泳动，二者比例合适时形成类似火箭样的沉淀峰。沉淀峰的高度与抗原的浓度成正比（见图 2-61）。

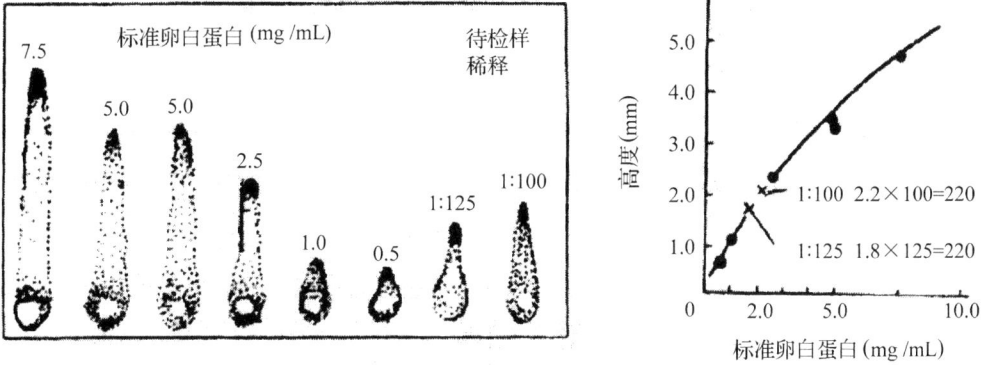

图 2-61　火箭免疫电泳示意图

试验时，在温度降至 56℃ 左右的巴比妥缓冲液琼脂中加入一定量的已知抗体，制成琼脂凝胶板。在板的负极端打一排孔，孔径 3 mm，孔距 8 mm，然后滴加待检抗原和已知抗原，以 2～4 mA/cm 电流电泳 1～5 h。若抗原与抗体比例合适，则孔前出现顶端完全闭合的火箭状沉淀峰；抗原大量过剩时或不形成沉淀峰，或沉淀峰不闭合；抗原中等过剩时沉淀峰呈圆形；当二者比例不适当时，常不能形成火箭状沉淀峰。

（3）补体结合试验

可溶性抗原如蛋白质、多糖类、脂质、病毒等，与相应抗体结合后，其抗原抗体复合物可以结合补体，但这一反应肉眼看不到，只有在加入一个指示系统即溶血系统的情况下，才能判定，这一试验即为补体结合试验。参与反应的抗体主要是 IgG 和 IgM。

①补体结合试验的原理　补体结合试验有溶菌和溶血两大系统，含抗原、抗体、补

图 2-62　补体结合反应原理示意图

Ag：抗原；Ab：抗体；C：补体；

EA：致敏红细胞

体、溶血素和红细胞五种成分。溶菌系统包括，抗原、抗体、补体；溶血系统包括，补体、溶血素和红细胞。补体没有特异性，能与任何一组抗原抗体复合物结合，如果与细菌及相应抗体形成的复合物结合，就会出现溶菌反应；而与红细胞及溶血素形成的致敏红细胞结合，就会出现溶血反应(见图 2-62)。试验时，首先将抗原、待检血清和补体按一定比例混匀后，保温一定时间，然后再加入红细胞和溶血素，作用一定时间后，观察结果。不溶血为补体结合试验阳性，表示待检血清中有相应的抗体，抗原抗体复合物结合了补体，加入溶血系统后，由于无补体参加，所以不溶血。溶血则为补体结合试验阴性，说明待检血清中无相应的抗体，补体未被抗原抗体复合物结合，当加入溶血系统后，补体与溶血系统复合物结合而出现溶血反应。

②补体结合试验的应用　补体结合试验可用于检测未知抗原或抗体，生产上用于多种传染病如口蹄疫、水疱病、副结核病、山羊传染性胸膜肺炎、禽衣原体病等的诊断及抗原的定型。但由于操作较烦琐，影响因素较多，现已逐渐被其他简易敏感的试验所替代。

(4)中和试验

病毒或毒素与相应抗体结合后，丧失了对易感动物、鸡胚和易感细胞的致病力，称为中和试验。本试验具有高度的特异性和敏感性。

①毒素和抗毒素中和试验　由外毒素或类毒素刺激机体产生的抗体，称为抗毒素。抗毒素能中和相应的毒素，使其失去致病力。主要有以下两种方法

体内中和试验是将一定量的抗毒素与致死量的毒素混合，在恒温下作用一定时间后，接种实验动物，同时设不加抗毒素的对照组。如果试验组的动物被保护，而对照组的动物死亡，则证明毒素被相应抗毒素中和(见图 2-63)。兽医临床上，常用于魏氏梭菌和肉毒梭菌毒素的定型。做此试验时，首先要测定毒素的最小致死量或半数致死量。

图 2-63　毒素和抗毒素体内中和试验过程示意图

毒素　　　　抗毒素　　　　　　　动物机体

混合
作用一定时间　　→　不死

另一种是在细胞培养上进行的毒素中和试验和溶血毒素中和试验。方法同上。

②病毒中和试验　病毒免疫动物所产生的抗体，能与相应病毒结合，使其感染性降低或消失，从而丧失致病力；但并不是所有抗体都有中和活性，有些抗体与病毒结合后不能使其失活，如马传染性贫血病毒与相应抗体结合后，仍保持高度的感染力。另外，这一中和作用只能发生在细胞外，对已进入细胞的病毒，则无作用。试验有体内和体外两种方法。

体内中和试验，也称保护试验，即先给实验动物接种疫苗或抗血清，间隔一定时间后，再用一定量病毒攻击，视动物是否得到保护来判定结果(见图 2-64)。常用于疫苗免疫原性的评价和抗血清的质量评价。

图 2-64　病毒体内中和试验过程示意图

　　体外中和试验，是将病毒悬液与抗病毒血清按一定比例混合，在一定条件下作用一段时间，然后接种易感动物、鸡胚或易感细胞，根据接种后动物、鸡胚是否得到保护，细胞是否有病变来判定结果。此试验常用于病毒性传染病的诊断，如口蹄疫、猪水疱病、蓝舌病、牛黏膜病、牛传染性鼻气管炎、鸡传染性喉气管炎、鸭瘟和鸭病毒性肝炎等的诊断。此外，还可用于新分离病毒的鉴定和定型等。

　　（5）免疫标记技术

　　抗原抗体的结合具有高度特异性，其反应强度与抗原或抗体的量有关。在反应量不足或抗原为半抗原、抗体为单价抗体时，肉眼不易察出。而有一些物质即使在含量极微时仍能用某种特殊的理化测试仪器将其检测出来。如将这些物质标记在抗体或抗原分子上，它就能追踪抗原或抗体并与之结合，通过化学或物理的手段使不见的反应放大、转化为可见的、可测知的、可描记的光、色、电、脉冲等信号。根据抗原抗体结合的特异性和标记分子的敏感性建立的试验技术，称为免疫标记技术。主要有荧光抗体技术、酶标记抗体技术、放射免疫技术等。这些技术可用于检测极微量的抗原或抗体，以下着重介绍荧光抗体技术和酶标记抗体技术。

　　①荧光抗体技术　又称免疫荧光技术。是用荧光色素对抗体或抗原进行标记，再与相应抗原或抗体结合，然后在荧光显微镜下观察荧光以分析示踪相应的抗原或抗体的方法。本法既有免疫学的特异性和敏感性，又有借助荧光显微镜观察的直观性与精确性，已广泛应用于细菌、病毒、原虫等的鉴定和传染病的快速诊断。

　　用于标记的荧光色素有异硫氰酸荧光素（FITC）、四乙基罗丹明（RB 200）和四甲基异硫氰酸罗丹明（TMRITC）。其中应用最广泛的是 FITC，罗丹明只是作为前者的补充，用作对比染色时标记。

　　被检物如为细菌培养物、感染动物的组织或血液、脓汁、粪便、尿沉渣等，可用涂片或压印片；组织学、细胞学和感染组织主要采用冰冻切片或低温石蜡切片，也可用生长在盖玻片上的单层细胞培养做标本。

　　荧光抗体染色方法常用的有直接法和间接法。

　　直接法　用荧光色素标记的抗体直接滴加于标本区进行检查（见图 2-65），同时要设标本自发荧光对照、阳性标本对照和阴性标本对照。直接法用于检测抗原，每检测一种抗原均需制备相应的荧光抗体。

　　间接法　将标本先滴加特异性的抗血

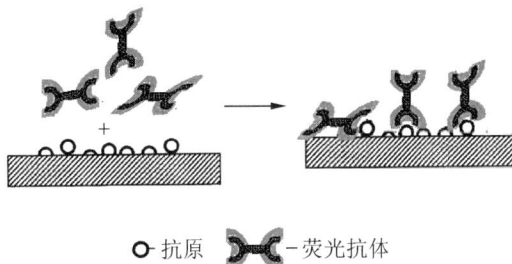

○—抗原　　—荧光抗体

图 2-65　直接荧光抗体染色法示意图

清，再用标记的抗抗体染色（见图 2-66）。此法除设自发荧光、阳性和阴性对照外，间接法首次试验还应设无中间层对照（标本＋标记抗抗体）和阴性血清对照（中间层用阴性血清代替特异性抗血清）。间接法既可用于检测抗原，又可用于检测抗体，而且制备一种荧光抗抗体即可用于同种属动物的多种抗原抗体系统的检测。

间接法的优点是比直接法敏感，而且对一种动物而言，只需制备一种荧光抗抗体，即可用于多种抗原或抗体的检测，镜检所见的荧光也比直接法明亮。

荧光显微镜（见图 2-67）不同于光学显微镜之处，在于它的光源是高压汞灯或溴钨灯，并有一套位于集光器与光源之间的激发滤光片，它只让一定波长的紫外光及少量可见光（蓝紫光）通过；此外，还有一套位于目镜内的屏障滤光片，只让激发的荧光通过，而不让紫外光通过，以保护眼睛并能增加反差。当用 FITC 标记抗体染色标本镜检时，阳性抗原所在部位呈黄绿色荧光。

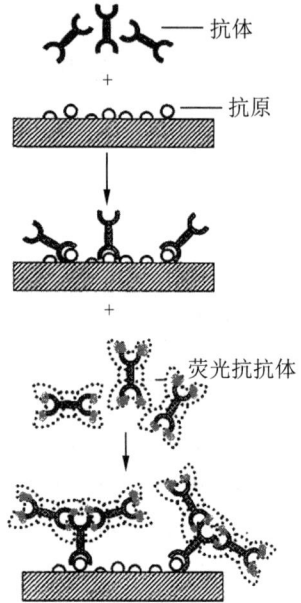

图 2-66　间接荧光抗抗体染色法示意图

免疫荧光技术的应用：

细菌学诊断　利用免疫荧光抗体技术可直接检出或鉴定新分离的细菌，具有较高的敏感性和特异性。链球菌、致病性大肠杆菌、沙门氏菌属、痢疾杆菌、李氏杆菌、巴氏杆菌、布氏杆菌、炭疽杆菌、马鼻疽杆菌、猪丹毒杆菌和钩端螺旋体等均可采用免疫荧光抗抗体染色技术进行检测和鉴定。

病毒病诊断　用免疫荧光抗体技术直接检出患畜病变组织中的病毒，已成为病毒感染快速诊断的重要手段。如猪瘟、鸡新城疫等可取感染组织作成冰冻切片或触片，用直接或间接免疫荧光染色可检出病毒抗原，一般可在 2h 内做出诊断报告。猪流行性腹泻在临床上与猪传染性胃肠炎十分相似，将患病小猪小肠冰冻

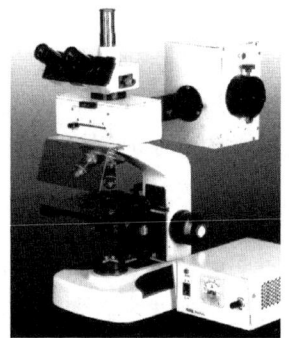

图 2-67　荧光显微镜

切片用猪流行性腹泻病毒的特异性荧光抗体做直接免疫荧光检查，即可对猪流行性腹泻进行确诊。

其他方面的应用　免疫荧光抗体技术已广泛应用于淋巴细胞 CD 分子和膜表面免疫球蛋白（mIg）的检测，为淋巴细胞的分类和亚型鉴定提供研究手段。用抗 IgM 和 IgG 的抗血清标记 SPA 荧光菌体做荧光 SPA 花环试验，可计算带有 mIgG 的 B 细胞的百分率。

②免疫酶技术　是利用抗原抗体的特异性结合和酶的高效特异的催化作用显色而建立起来的免疫检测技术。常用的标记酶是辣根过氧化物酶（HRP），其作用底物为过氧化氢，催化时需要供氢体，无色的供氢体氧化后生成有色产物，使不可见的抗原抗体反应转化为可见的呈色反应。常用的供氢体有 3,3′-二氨基联苯胺（DAB）和邻苯二胺（OPD），前者反应后形成不溶性的棕色物质，适用于免疫酶组化法；后者反应后形成可溶性的橙色产物，敏感性高，易被酸终止反应，呈现的颜色可数小时不变，是 ELISA 中常用的供氢体。下面只简要介绍免疫酶组化技术、酶联免疫吸附试验和斑点酶联免疫吸附试验。

a. 免疫酶组化技术，又称免疫酶染色法。是将免疫酶应用于组织化学染色，以检测组织和细胞中或固相载体上抗原或抗体的存在及其分布位置的技术。方法有：

直接法　用酶标记抗体直接处理含待检抗原的标本，洗涤后浸于含有过氧化氢和DAB 的显色反应液中作用，然后在普通光学显微镜下观察颜色反应，抗原所在部位呈棕黄色。

间接法　先用未标记的抗血清处理含待检抗原的标本，洗涤后再用相应的酶标记抗抗体处理，洗涤后浸于含有过氧化氢和 DAB 的显色反应液中作用，普通光学显微镜下观察颜色反应，以指示是否有抗原－抗体－抗抗体复合物的存在(见图 2-68)。

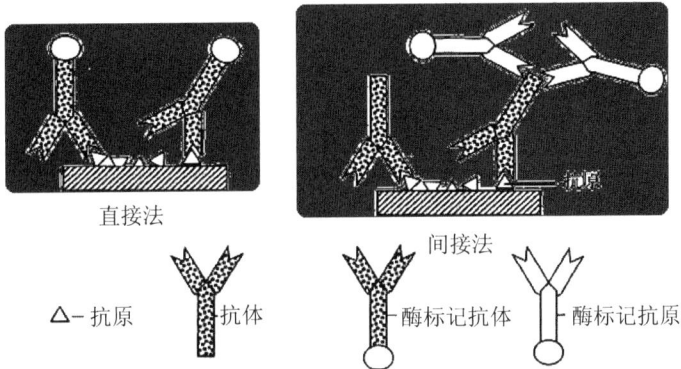

图 2-68　酶标记抗体直接法与间接法示意图

此外，还有抗抗体搭桥法、酶抗酶复合物法、杂交抗体法和增效抗体法等。

b. 酶联免疫吸附试验，简称 ELISA。为一种固相免疫酶测定技术，是当前应用最广的一项技术。其基本过程是将抗原或抗体吸附于固相载体的表面，酶标记物与相应的抗体或抗原反应后，形成酶标记抗原抗体复合物，在遇到相应底物时，生成可溶性或不溶性的有色物质，可用肉眼或酶标测定仪判定结果。颜色的深浅与相应的抗体或抗原量成正比，因此，可用于抗体或抗原定量测定。

目前多采用 ELISA 试剂诊断盒进行检测。本试验广泛用于猪瘟、猪传染性胃肠炎、猪繁殖呼吸道综合征、流行性乙型脑炎、伪狂犬病、弓形虫病、旋毛虫病和鸡新城疫等传染病的诊断。方法有间接法、夹心法、酶标抗原竞争法和酶抗酶抗体法等。

c. 斑点酶联免疫吸附试验，是近几年创建的一项免疫酶新技术，不仅保留了常规ELISA 的优点，而且还弥补了抗原或抗体对载体包被不牢等缺点，以其独特的优势，广泛用于猪瘟、猪伪狂犬病、猪细小病毒病、牛副结核病、马传染性贫血等多种传染病的抗原和抗体的检测以及杂交瘤细胞的筛选。它以纤维素薄膜为固相载体，将抗原或抗体吸附在纤维素膜的表面，通过相应的抗体或抗原和酶标记物的一系列反应，形成酶标记抗原抗体复合物，加入底物后，结合物上的酶催化底物形成带色物质，沉着于抗原抗体复合物吸附部位，呈现出肉眼可见的颜色斑点，试验结果可通过颜色斑点的出现与否和色泽深浅进行判定。

九、免疫学应用

1. 免疫诊断

由某种病原体刺激机体产生的特异性免疫包括体液免疫和细胞免疫，前者表现为机体血清中出现大量特异性抗体，后者则表现为体内对同种抗原产生反应的致敏淋巴细胞。免疫诊断的内容包括以抗原和抗体特异性结合为基础而建立发展起来的血清学试验、细胞免疫的检测技术以及体内变态反应检测等，目前已广泛应用于传染病、寄生虫病、肿瘤、自身免疫病和变态反应性疾病等的诊断，同时在新分离病毒株和菌株的鉴定和分型以及微生物及寄生虫抗原的分析方面，也有重要作用。

(1)对动物传染病的诊断

血清学诊断　目前血清学试验已成为诊断畜禽传染病及寄生虫病不可缺少的手段。通过应用血清学试验检测病料中相应的抗原或血清中的特异性抗体，对疾病做出诊断。常用的血清学试验有凝集试验、沉淀试验、补体结合试验、中和试验和免疫标记技术等。

此外，血清学试验还可用于新分离毒株或菌株的鉴定及分型；一些血清学试验如免疫电泳、免疫沉淀试验等可用于微生物抗原的分析。

细胞免疫检测　微生物或其他因素可导致机体的免疫水平低下；机体中 T 细胞的数量不仅影响细胞免疫水平，也会影响体液免疫的发挥，因此 T 细胞在血液中含量经常作为机体细胞免疫状态甚至整体免疫状态判断的依据。

常用的 T 细胞检测方法有 E—玫瑰花环试验、EY—玫瑰花环试验、淋巴细胞转化试验、细胞毒性 T 细胞试验等。此外，对机体免疫功能检测方法还有巨噬细胞功能检测、红细胞免疫功能检测等。

各种细胞免疫检测技术可作为一些疾病如肿瘤等的诊断、疗效监测和预后判断的辅助方法。

传染性变态反应诊断　某些病原体在引起抗感染免疫的同时，也使机体发生变态反应。因此，利用变态反应原理，通过已知微生物或寄生虫抗原在动物机体局部引发的变态反应，能确定动物机体是否已被相应的微生物或寄生虫感染，并能分析动物的整体免疫功能。迟发型变态反应常用于诊断结核分枝杆菌、鼻疽杆菌、布氏杆菌等细胞内寄生菌的感染。如用结核菌素点眼和皮内注射来诊断牛羊等动物的结核病，就是利用了传染性变态反应诊断的方法。

(2)妊娠诊断

动物妊娠期间能产生新的激素，并从尿液排出。以该激素作为抗原制备相应抗体，进行血清学试验，可进行早期妊娠诊断。如母马在怀孕 40 d 后，子宫内膜能分泌促性腺激素并进入血液，在 40～120 d 含量最高，由于该激素具有抗原性，故可用它免疫其他动物制备相应抗体，进行血清学试验诊断马是否怀孕。妊娠诊断方法有间接血凝抑制试验、反向间接血凝试验和琼脂扩散试验等。

2. 免疫防治

机体对病原体的免疫力分为先天性免疫和获得性免疫两种。先天性免疫是动物体在种族进化过程中长期与病原体斗争而建立起来的天然防御能力，它可以遗传；获得性免疫是动物体在个体发育过程中受到病原体及其产物刺激而产生的特异性免疫力，它具有高度的特异性。

机体可通过多种途径获得特异性免疫。特异性免疫主要包括两大类型，即主动免疫和被动免疫。无论主动免疫还是被动免疫都可通过天然和人工两种方式获得：

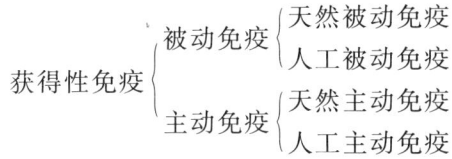

$$获得性免疫\begin{cases}被动免疫\begin{cases}天然被动免疫\\人工被动免疫\end{cases}\\主动免疫\begin{cases}天然主动免疫\\人工主动免疫\end{cases}\end{cases}$$

（1）被动免疫

被动免疫是指从母体直接获得抗体或通过注射外源性抗体而获得的免疫保护。包括天然被动免疫和人工被动免疫。

天然被动免疫　初生幼畜（禽）通过母体胎盘、初乳或卵黄等获得母源抗体而形成的对某种病原体的特异性免疫力，称为天然被动免疫。

动物在生长发育的早期，免疫系统发育不够健全，对病原体不能产生足够的抵抗力，通过接受母源抗体可大大增强抵抗病原微生物感染的能力，以保证早期的健康生长发育。母源抗体输送给胎儿取决于胎盘的结构。人和灵长目动物的胎盘允许 IgG 通过，而不能通过 IgM、IgA、IgE；由于 IgG 的被动转移可保护胎儿抵御某些败血性感染。反刍兽、马和猪等动物免疫球蛋白分子完全不能通过胎盘。

初生动物从母体获得的大部分抗体来自初乳。因此，对于初生动物而言，喂给初乳对于防止幼畜传染病具有极为重要的意义。初乳中的主要免疫球蛋白是 IgG，占其全部免疫球蛋白 60%～90%，其次为 IgA 和 IgM。初乳的 IgG、IgM 可抵抗败血性感染，IgA 可抵抗肠道病原体的感染。

对某些以侵害初生幼畜（禽）为主的传染病，常以疫苗给怀孕期母畜（禽）免疫，通过母源抗体来保护初生幼畜（禽）抵抗感染。如由致病性大肠杆菌引起的仔猪黄痢，可用大肠杆菌 K88 疫苗给母猪免疫而得以预防；小鹅瘟主要引起雏鹅的大批死亡，可用小鹅瘟疫苗免疫产蛋母鹅，可使雏鹅获得较强的天然被动免疫力。

母源抗体可保护胎儿和新生动物抵御病原体侵害，但在动物免疫接种时也会干扰疫苗的免疫效果，是导致免疫失败的原因之一，故在实际工作中应引起重视。

人工被动免疫　将免疫血清、自然发病后的康复动物的血清或高免卵黄抗体等抗体制剂人工输入动物体内，使其获得某种特异抵抗力，称为人工被动免疫。其特点是免疫力产生快，人工被动免疫可使机体迅速获得特异性免疫力，无诱导期；免疫力维持时间短，一般维持 1～4 周。

免疫血清可用同种动物或异种动物制备，抗细菌血清和抗毒素通常用大动物制备，如破伤风抗毒素多用健壮的青年马制备，猪丹毒血清可用牛制备。异种动物血清的产量较大，但免疫后可引起应答反应，故在使用时须注意。抗病毒血清则多用同种动物制备，如猪瘟血清用猪制备；新城疫血清用鸡制备等。同种动物血清的产量有限，但免疫后不引起应答反应，因而其免疫期比异种血清长。

家禽还常用卵黄抗体制剂进行人工接种。如对于爆发鸡传染性法氏囊病的鸡群，用含有高效价的鸡传染性法氏囊病毒卵黄抗体进行紧急人工接种，有良好的防治效果。

人工被动免疫主要用于已感染畜（禽）群的紧急预防和治疗。在传染流行的早期进行的紧急预防，能迅速控制疫情，减少损失；治疗也会有较好的疗效。

（2）主动免疫

主动免疫是指动物受到某种病原体抗原刺激后，由动物自身免疫系统产生的针对该抗原的特异性免疫力。它包括天然主动免疫和人工主动免疫。

天然主动免疫　天然主动免疫是指动物在感染某种病原微生物耐过后产生的对该病原体再次侵入的不感染状态，即产生了抵抗力。

人工主动免疫　人工主动免疫是指用人工接种的方法给动物注入疫苗或类毒素等抗原性生物制品，刺激机体免疫系统发生应答反应而产生的特异性免疫力。

与人工被动免疫相比较，人工主动免疫的免疫力产生较慢，但免疫保护的时间长，免疫期可达数月甚至数年，并具有回忆反应；某些疫苗免疫后，还可产生终生免疫力。

●●●●● 拓展知识

一、疫苗制备

疫苗是一种特殊的生物制品，其生产必须合法、安全、有效，同时又要防止病原微生物的传播和扩散，故生产的各个环节都必须严格按规程进行。

1. 细菌性灭活苗的制备

细菌性灭活苗制备所用菌种应由中监所提供，选用 $1\sim3$ 个品系，毒力强、免疫原性优良的菌株，按规定定期复壮，并进行各项生物学特性的鉴定，如形态、培养特性、菌型、抗原性，合格后作为疫苗生产用菌种。符合标准的菌种用规定的培养基增殖培养，并进行纯粹性检验、活菌计数，达标后可作为种子，置于 $2℃\sim8℃$ 的环境下保存备用。疫苗生产中需要的细菌抗原，可采用固体表面培养法、液体静置培养法、液体深层通气培养法、透析培养法及连续培养法等，但因疫苗生产中菌液需要量很大，所以通常选择液体培养法。将培养得到的细菌根据其特性加入最有效的灭活剂，并采用适当的条件进行灭活。为提高菌苗中细菌抗原的浓度，可在培养过程中加以注意，也可通过浓缩的方法来实现。将浓缩的菌苗与适当佐剂混匀进行配苗，根据佐剂的类型，在灭活的同时或之后加入适当比例的佐剂，充分混匀及时分装、加塞、贴标签或印字。

2. 细菌性活苗的制备

细菌性弱毒活苗的制备程序，包括菌种来源、种子液培养、菌液培养、浓缩等环节，经上述培养检验合格的菌液，按规定比例加入保护剂配苗。充分混匀后随即准确分装、冻干、加塞、抽真空、封口，于冷库保存即可。

3. 病毒性动物组织苗的制备

病毒在易感动物体内各器官组织中增殖、分布量有很大差异，选择含毒量高的动物组织，经加工后制成的疫苗，称为组织苗。包括组织灭活疫苗和组织弱毒疫苗两类，以下介绍的是组织灭活苗。

毒种可选用抗原性优良、致死力强大的自然毒株的组织毒或病毒增殖培养物，也可用弱毒株组织毒种，经纯粹性检验和免疫原性检测后进行接种。接种的动物应选择清洁级（二级）以上的易感实验动物，根据情况选用不同的接种途径。接种后，每天观察和检查规定的各项指标，如精神、食欲和体温等。根据观察的征象和检查的结果选用符合要求的发病动物，收获含毒量高的组织器官，经无菌检验及毒价测定之后，按规定加入平衡液和灭活剂制成匀浆，再根据病毒种类，用适当条件进行灭活或脱毒，经检验合格即制得病毒性动物组织灭活苗。

4. 病毒性禽胚培养疫苗的制备

利用禽胚制作疫苗原材料来源方便、质量较易控制，制造程序简单，设备要求较低，生产的疫苗质量可靠。种毒由国家菌毒种保藏部门供应，按要求继代、复壮，通常继代 3 代以上，经无菌检验、毒价测定等检验，符合标准后，作为生产用毒种。生产用的鸡胚应选择 SPF 鸡群或未用抗生素的非免疫鸡群的受精卵，按常规无菌孵化至所需日龄用于接种。根据病毒的种类和疫苗的生产程序选择最佳的接种途径和最佳接种剂量，并按规定收取胚液、胎儿和绒毛尿囊膜，经无菌检验合格后即可配苗，从而制得疫苗。

5. 病毒性细胞培养苗的制备

用于制造病毒性细胞培养苗的种毒由国家指定的菌毒种保藏部门鉴定分发，毒力、最小免疫量、安全性、无菌检验均要求合格，因多为冻干品，应按规定在细胞中继代培养后用作毒种。制苗用的细胞大体可分为原代细胞和传代细胞两类，可根据不同的病毒、疫苗性质、工艺流程等选择不同的细胞，按要求将细胞培养成细胞单层，备用。病毒接种于细胞后，待出现 70%～80% 细胞病变时即可收获，通常选用反复冻融或加 EDTA-胰酶液消化分散细胞等方法收取。细胞毒液经无菌检验、毒价测定合格后供配苗用。灭活疫苗的配苗过程是在细胞毒液内按规定加入适当的灭活剂，然后加入阻断剂终止灭活。有的疫苗必须加入佐剂，充分混合、分装。冻干苗的配苗过程是在细胞毒液中按比例加入保护剂或稳定剂，充分混匀、分装，进行冻干。

疫苗制得后要进行成品检验，成品检验过程要由监察部门承担。成品检验的过程抽样、无菌检验或纯菌检验、活菌计数、安全检验、效力检验、物理性状检验和真空度检验及残余水分测定，检验合格方可使用。

二、免疫血清的制备

利用微生物及其代谢产物、亚单位等作为免疫原，反复免疫同一动物，使之产生大量抗体，采取血清即为免疫血清或高度免疫血清。

1. 动物的选择和管理

用于制备免疫血清的动物可以是同种或异种，一般制备抗菌血清和抗毒素多用异种动物，而抗病毒血清多用同种动物，制备免疫血清比较常用的动物为马。用于制备免疫血清的动物必须健康，来自非疫区，使用前应经必要的检疫。由于动物存在个体免疫应答的差异，所以选定的动物要有一定的数量，不能只用一只。作为免疫用的动物应由专人负责管理和喂养，饲料要营养丰富多汁，动物要适当运动，并保持清洁，随时观察动物状态，如有异常，及时治疗处理。

2. 免疫原

免疫原的免疫原性与制备的血清的质量和数量密切相关。要根据病原微生物的培养特性，采用不同的方法制备。制备抗菌血清时，基础免疫多为疫苗或死菌苗，高度免疫时一般选择毒力较强的菌株。抗病毒血清制备时，基础免疫用弱毒疫苗，高度免疫可用血毒或脏器毒乳剂等强毒。抗毒素血清的免疫原可用类毒素、毒素或全培养物，但一般用类毒素作免疫原。

3. 免疫程序

基础免疫时用疫苗按预防剂量作第一次免疫，7 d 或 2～3 周，用较大剂量疫苗或特制灭活抗原再免疫 1～2 次，即完成基础免疫。基础免疫后 2 周左右可进行高度免疫，也有人认为至少应一个月左右。通常采用强毒抗原，免疫剂量逐渐增加，间隔 3～10 d，次数视血清抗体水平而定，1～10 次不等。免疫途径一般采用皮下或肌肉注射，应采用多部位注射，每一注射点的抗原量不宜过多。

4. 血液的采集与血清的提取

按照免疫程序完成免疫的动物，经检验血清抗体效价达到合格标准时，即可采血；不合格者，再度免疫，多次免疫仍不合格者淘汰。采血可用全放血或部分采血。采用全放血法时，放血前应禁食 24 h，但应饮水，采血过程须无菌操作。采血后将动物血直接收集于事先用灭菌生理盐水或 PBS 液湿润的玻璃筒内，置室温自然凝固，2～4 h 后，当有血清析出时，每采血筒内加入灭菌不锈钢砣，经 24 h 后，用虹吸法将血清吸入灭菌瓶中，加入防腐剂。如少量血清制取时，可将全血注入灭菌容器内，使与空气有最大接触面，室温下自然凝固，然后先于 37℃ 静置 2 h，之后置于 4℃ 冰箱，次日离心收集血清。血清制得后需放置数日做无菌检验，合格后分装，保存于 2℃～15℃ 半成品库，经抽样检验合格后交成品库保存出厂。

●●●● 拓展阅读与拓展视频

"糖丸爷爷"顾方舟

"糖丸爷爷"顾方舟视频

深入学习贯彻"二十大"精神
发展全过程人民民主，保障人民当家作主

计　划　单

学习情境 2	监测机体免疫状态		学时	26
计划方式	以小组为单位，通过讨论共同制订计划			
序　号	实施步骤		使用资源	备注
1				
2				
3				
4				
5				
6				
7				
8				
9				
10				
制订计划说明				
计划评价	班　级		第　　组	组长签字	
	教师签字		日　期		
	评语：				

决策实施单

学习情境 2		监测机体免疫状态					
讨论小组制订的计划书，做出决策							
计划对比	组号	工作流程的正确性	知识运用的科学性	步骤的完整性	方案的可行性	人员安排的合理性	综合评价
	1						
	2						
	3						
	4						
	5						
	6						
制定实施方案							
序号	实施步骤						使用资源
1							
2							
3							
4							
5							
6							

实施说明：

班　　级		第　　组	组长签字	
教师签字			日　　期	

评语：

作 业 单

学习情境 2	监测机体免疫状态
作业完成方式	课余时间独立完成
项目 1	接种疫苗
作业题	1. 深入周边地区猪场，了解本地区对常见猪病的预防情况，并针对一种疾病制订免疫计划； 2. 深入周边地区鸡场，了解本地区对常见鸡病的预防情况，并针对一种疾病制订免疫计划；
作业解答	可另附纸张
项目 2	监测抗体
作业题	针对某一鸡场制定鸡新城疫抗体监测方案并实施，根据监测结果对鸡场新城疫免疫状态进行评价
作业解答	可另附纸张
项目 3	口蹄疫抗体检测
作业题	制定疑似口蹄疫动物血清学诊断方案并实施
作业解答	可另附纸张

作业评价	班　　级		第　　组	组长签字		
	学　　号		姓　　名			
	教师签字		教师评分		日　　期	
	评语：					

效果检查单

学习情境 2	监测机体免疫状态			
检查方式	以 2～3 人组成的小组为单位，学生互查与教师检查相结合，学生互查和教师检查成绩各占总分(100 分)的 50%			
序号	检查项目	检查标准	学生自检	教师检查
1	疫苗稀释	操作正确，能按照规定量进行稀释		
2	猪瘟疫苗肌肉注射	注射过程能按要求进行，注射部位准确，注射用量准确		
3	新城疫疫苗接种	滴鼻、点眼过程操作正确，用量准确		
4	疫苗接种后的处理	对剩余疫苗及用具处理方法得当		
5	ELISA 试剂盒的使用	能正确使用 ELISA 试剂盒，操作过程规范		
6	酶标仪的使用	酶标仪使用规范，并能正确进行读数及计算数值		
7	鸡翅下静脉采血	操作规范，采血部位正确		
8	1% 鸡红细胞悬液制备	操作规范，制备的红细胞悬液浓度准确		
9	新城疫血凝(HA)试验	操作规范准确，结果判定正确		
10	4 单位病毒制备	能准确进行 4 单位病毒的配制		
11	病毒血凝抑制(HI)试验	操作规范准确，结果判定正确		
12	金标试纸使用	操作规范准确，结果判定正确		
检查评价	班　级		第　　组	组长签字	
	教师签字			日　　期	
	评语：				

评价反馈单

学习情境 2		监测机体免疫状态			
评价类别	项　目	子项目	个人评价	组内评价	教师评价
专业能力（60%）	资讯（10%）	查找资料，自主学习（5%）			
		资讯问题回答（5%）			
	计划（5%）	计划制订的科学性（3%）			
		用具材料准备（2%）			
	实施（20%）	各项操作正确（8%）			
		各项操作的效果（6%）			
		操作是否注意安全（4%）			
		仪器材料使用的规范（2%）			
	检查（5%）	全面性、准确性（3%）			
		生产中出现问题的处理（2%）			
	结果（10%）	提交成品质量（10%）			
	作业（5%）	及时、保质完成作业（5%）			
社会能力（20%）	团队协作（10%）	小组成员合作良好（5%）			
		对小组的贡献（5%）			
	敬业、吃苦精神（10%）	学习纪律性（4%）			
		爱岗敬业和吃苦耐劳精神（6%）			
方法能力（20%）	计划能力（10%）	计划制订合理（10%）			
	决策能力（10%）	计划选择正确（10%）			
意见反馈					

请写出你对本学习情境教学的建议和意见

评价评语	班　级		姓　名		学　号		总　评	
	教师签字		第　组	组长签字			日　期	
	评语：							

学习情境 3

检查病原细菌

●●●● 学习任务单

学习情境 3	检查病原细菌	学　时	32
布置任务			
学习目标	1. 掌握细菌生长繁殖所需的营养和条件； 2. 了解细菌的繁殖方式、速度及菌群的生长规律； 3. 通过鸡大肠杆菌和沙门氏菌的检查，了解培养基的概念、种类、组成及用途，学会制备培养基并能培养细菌，能根据菌落特征、鉴别培养、生化试验、细菌的运动等特性对疑似细菌进行初步判定，并能通过动物回归试验鉴定病原性； 4. 针对不同病原性细菌，能通过药物敏感试验选择敏感药物； 5. 会进行细菌的穿刺培养，并能通过生长特性判定细菌是否具有运动性； 6. 掌握常见动物病原性细菌的种类、生物学特性和实验室诊断方法； 7. 会用凝集试验对疑似鸡白痢、鸡伤寒和羊布氏杆菌病进行诊断； 8. 通过对疑似炭疽杆菌感染牛的皮张检查，学会 Ascoli 氏反应的操作方法及结果判定； 9. 能通过结核菌素试验快速诊断牛的结核病； 10. 能通过镜下检查法、分离培养法和动物接种法检查猪痢疾蛇形螺旋体，并了解其生物学特性和致病性； 11. 能通过血清凝集试验检查鸡败血性霉形体，并了解其生物学特性和致病性； 12. 进一步强化无菌观念和团队协作意识，培养分析问题和解决问题的能力，建立与时俱进观念，及时了解细菌检查技术的新进展
任务描述	到畜禽饲养场，按照防疫检疫规程进行检疫；或采集病料，在微生物检验室对疑似病料进行病原性细菌的检查与鉴定，具体任务： 1. 检查鸡大肠杆菌与沙门氏菌 　取疑似大肠杆菌或沙门氏菌感染鸡病料待检。制备培养基，病料增菌培养，分离培养，纯培养，显微镜观察，运动性检查，生化试验，动物试验，药物敏感试验，血清学分型鉴定，填写检验报告单； 2. 检查皮张中炭疽杆菌 　取疑似炭疽杆菌感染牛皮张样品，处理，检验（Ascoli 氏试验），结果判定，填写检验报告单； 3. 凝集试验诊断羊布氏杆菌病 　取疑似布氏杆菌感染羊血清，虎红平板凝集试验，试管凝集试验，结果判定，填写检验报告单

续表

学习情境 3	检查病原细菌	学　时	32
布置任务			

任务描述	4. 变态反应诊断牛结核病 　　对被检牛群的牛只编号，术前处理，药液稀释，皮内注射，观察反应现象，结果判定，填写检查报告单； 　　5. 检查猪痢疾蛇形螺旋体 　　取疑似猪痢疾蛇形螺旋体感染猪病料，显微镜观察，分离培养及鉴定，动物试验，填写检查报告单； 　　6. 凝集试验诊断鸡败血性霉形体病 　　取疑似鸡败血性霉形体感染鸡血清，血清凝集试验，结果判定，填写检查报告单

学时分配	资讯：7 学时	计划：1 学时	决策：2 学时	实施：20 学时	考核：1 学时	评价：1 学时

提供资料	1. 刘莉，王涛. 动物微生物及免疫. 北京：化学工业出版社，2010 2. 刘莉，金璐娟. 动物微生物及免疫. 哈尔滨：黑龙江科学技术出版社，2004 3. 陆承平. 兽医微生物学（第 5 版）. 北京：中国农业出版社，2013 4. 李一经. 兽医微生物学. 北京：高等教育出版社，2011 5. 李舫. 动物微生物与免疫技术. 北京：中国农业出版社，2014 6. 张红英. 动物微生物学. 北京：中国农业出版社，2017 7. 杨井坤.《动物微生物及免疫》在线开放课程. 学银在线

对学生要求	1. 由 4 人组成一个学习小组，完成学习任务； 2. 严格遵守微生物检验室的规章制度； 3. 规范操作，尊重实验结果； 4. 严格遵守课堂纪律，爱护各种仪器设备； 5. 遵守操作规程，避免安全事故发生

●●●●● 任务资讯单

学习情境 3	检查病原细菌
资讯方式	通过资讯问题和资讯引导，动物微生物检验及免疫监测技术精品课网站、图书阅览室查询，课件、视频及模拟实验展示，指导教师咨询等形式完成
资讯问题	1. 细菌生长繁殖需要那些营养？要满足什么条件？从外界摄取营养物质的方式有哪些？ 2. 什么是细菌生长曲线？有何特点？ 3. 如何进行细菌的人工培养？有何实际意义？ 4. 什么是培养基？常用培养基的种类及用途有哪些？配制培养基要遵循哪些原则？ 5. 外界环境因素对微生物的生长繁殖有何影响？ 6. 实验室常用的灭菌方法有哪些？各应用在哪些方面？ 7. 什么是增菌培养、分离培养和纯培养？如何操作？ 8. 何为菌落？如何观察与描述细菌在培养基上的生长状况？ 9. 细菌新陈代谢的产物有哪些？ 10. 什么是生化试验？有哪些种类？各有何用途？ 11. 如何在镜下观察细菌的运动特征？还可通过什么方式鉴定细菌是否具有运动性？ 12. 什么是病原性细菌？细菌的致病性取决于什么？ 13. 什么是毒素？分为几种？有何不同？ 14. 毒力的大小如何表示？ 15. 什么是传染？传染发生的条件有哪些？ 16. 动物试验的目的是什么？ 17. 什么是凝集试验？有什么用途？ 18. 病原性细菌实验室一般诊断程序是怎样的？ 19. 鉴别大肠杆菌和沙门氏菌常用什么培养基？菌落各有何特点？ 20. 大肠杆菌与沙门氏菌生化特性有何不同？ 21. 如何利用凝集试验对疑似鸡白痢和鸡伤寒病进行诊断？ 22. 怎样检测牛皮张中的炭疽杆菌？ 23. 布氏杆菌的致病特点如何？怎样诊断羊布氏杆菌病？ 24. 如何诊断牛结核病？ 25. 猪痢疾蛇形螺旋体致病作用如何？微生物学诊断要点有哪些？ 26. 霉形体的菌落有何特征？怎样快速诊断鸡败血性霉形体病？
资讯引导	1. 在相关信息单中查询； 2. 在刘莉，王涛主编的《动物微生物及免疫》(北京：化学工业出版社，2010)中进行查询； 3. 在刘莉，金璐娟主编的《动物微生物及免疫》(哈尔滨：黑龙江科学技术出版社，2004)中进行查询； 4. 在陆承平主编的《兽医微生物学(第 5 版)》(北京：中国农业出版社，2013)中进行查询； 5. 在其他相关资料中资讯

● ● ● ● ● 相关信息单

项目1　检查鸡大肠杆菌与沙门氏菌

【工作场景】

地点：微生物检验室。

动物：疑似大肠杆菌或沙门氏菌感染病鸡 5 只、1 日龄雏鸡 44 只。

器材：显微镜、超净工作台、恒温培养箱、高压蒸汽灭菌器、pH 计、电子天平、电热干燥箱、培养皿、移液管、试管、三角瓶、烧杯、量筒、玻璃棒、牛皮纸或报纸或金属消毒桶、试管塞、脱脂棉、线绳、纱布、镊子、棉拭子、药敏试纸等。

试剂及药品：牛肉膏、蛋白胨、琼脂、营养琼脂、伊红美蓝琼脂、麦糠凯琼脂、三糖铁琼脂、葡萄糖、乳糖、麦芽糖、甘露醇、蔗糖、氯化钠、磷酸氢二钾、磷酸二氢铵、硫酸镁、枸橼酸钠、硫代硫酸钠、明胶、生理盐水、蒸馏水、1.6% BCP(溴甲酚紫)乙醇溶液、0.5% BTB(溴射香草酚蓝)乙醇溶液、10%醋酸铅水溶液、M－R 试剂、V－P 试剂、吲哚试剂、革兰氏染色液、卡那霉素、链霉素、利福平、多黏菌素、新霉素、氯霉素、青霉素等。

生物制品：大肠杆菌因子血清、沙门氏菌 A－F 群多价血清、白痢伤寒多价抗原。

任务1　制定检查程序

【工作过程】

工序1　制定检查程序

大肠杆菌及沙门氏菌病的检查、鉴定与鉴别诊断程序大致如图 3-1 所示。

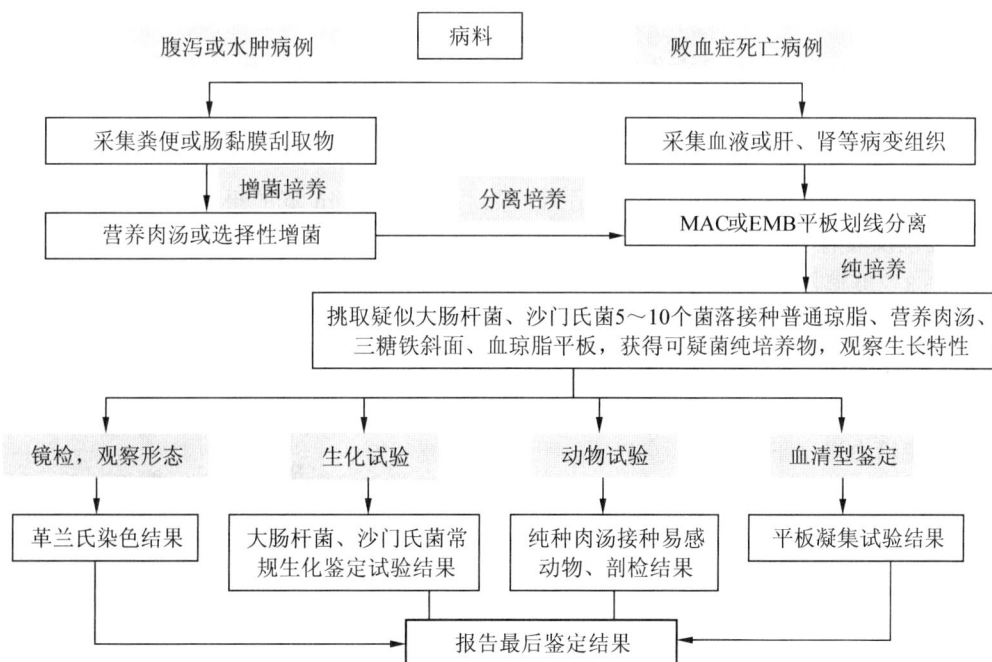

图 3-1　鸡大肠杆菌与沙门氏菌鉴定一般程序

工序2　采集病料

无菌采集新鲜粪便黏液、肠内容物，或死亡鸡的心、肝、脾、肾、胆囊、部分输卵管等。取材后应立即送检，如不能立即送检，可将标本暂时保存在30%甘油缓冲盐水中。

任务2　准备玻璃器皿

【工作过程】

工序1　洗刷玻璃器皿

新购入的玻璃器皿须用1%～2%盐酸溶液浸泡数小时或过夜以去除附着的游离碱，然后用清水反复冲刷，去除遗留的酸后，自然干燥或烘干备用。使用过的器皿如配制溶液、试剂及盛装培养基等，用后立即用清水冲净；培养细菌用过的试管、平皿等，须经高压蒸汽灭菌后趁热倒去内容物，然后用洗涤液刷去污物，清水冲洗后晾干或烘干备用。

工序2　包扎玻璃器皿

（1）培养皿

将合适的底、盖配对，装入培养皿消毒桶（见图3-2）内或用报纸5～6个一捆包在一起（见图3-3）。

（2）试管和三角烧瓶

在开口处塞上大小适合的胶塞或棉塞，然后在棉塞外，包以牛皮纸或报纸，用纸绳扎紧即可（见图3-3）。

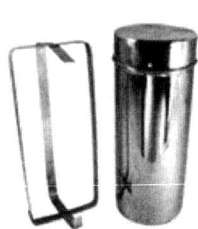  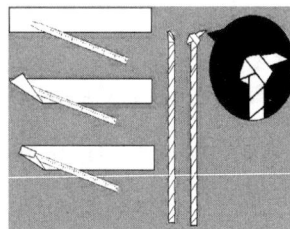

图3-2　培养皿消毒桶　　　图3-3　包扎后的玻璃器皿　　　图3-4　包扎的吸管

（3）吸管

在其末端，加塞少许棉花，松紧适宜，然后用3～5 cm宽的报纸条，由尖端缠卷包裹，直至包没吸管全部后将纸条合拢（见图3-4）。

工序3　玻璃器皿的灭菌

一般采用干热灭菌法。将包扎好的玻璃器皿放入干燥箱内（见图3-5），堆放不宜太满，以保证空气流通，也不能紧贴箱壁，以免烧焦。160 ℃灭菌1～2 h。灭菌完毕，关闭电源待箱中温度下降至60 ℃以下，开箱取出玻璃器皿。灭菌后的器皿必须在1周内使用，否则需重新灭菌。

图3-5　装入玻璃器皿的干燥箱

任务3　制备培养基

制备流程：

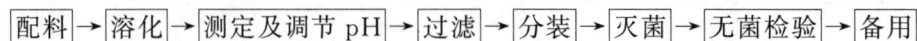

配料 → 溶化 → 测定及调节pH → 过滤 → 分装 → 灭菌 → 无菌检验 → 备用

【工作过程】

工序 1　增菌培养基制备

常用营养肉汤作为增菌用培养基。

(1)成分

牛肉膏 3 g，蛋白胨 10 g，氯化钠 5 g，蒸馏水 1 000 mL。

(2)制法

按配方比例称取各原料置于烧杯中，加热搅拌使其充分溶解后，经 pH 试纸测定并用稀酸或稀碱(即 0.1 mol/L 和 1 mol/L 盐酸或氢氧化钠)调节 pH 至 7.4～7.6，分装于试管高度的 1/3，包扎后经 121.3 ℃高压蒸汽灭菌 20 min，冷却备用。

工序 2　营养琼脂培养基制备

可直接采用商品化的营养琼脂培养基(见图 3-6)，根据需要量称取培养基原料置于烧杯或三角瓶中，然后按照产品说明比例确定加水量，注意其容量不宜超过容器的 2/3；加热溶解，琼脂要 96 ℃以上才能溶化，而低于 44 ℃时则会凝固。高压蒸汽灭菌后，稍冷却，按无菌操作倾入灭菌培养皿中(见图 3-7)，一般直径 90 mm 的培养皿倾注 13～15 mL，直径 70 mm 的培养皿倾注 7～8 mL，轻摇平皿，使培养基平铺于平皿底部，水平放置，凝固后制成平板培养基(见图 3-8)；

图 3-6　商品化的营养琼脂培养基

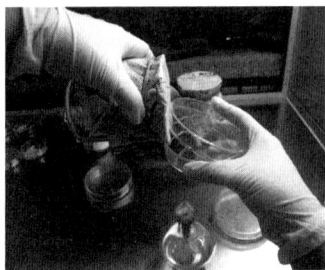

或将配制好的培养基根据需要分装入试管内，分装量为试管容量的 1/5，高压蒸汽灭菌后，按照图 3-9 方法放置，凝固后制成琼脂斜面培养基。

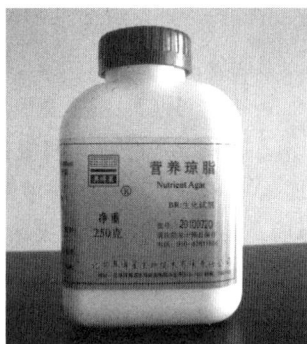

图 3-7　倒平板　　　图 3-8　制备好的平板培养基　　　图 3-9　摆斜面

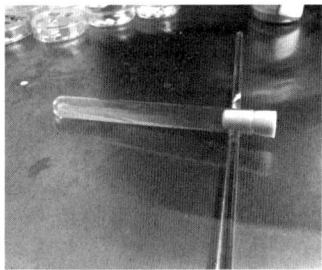

工序 3　鉴别培养基制备

(1)明胶培养基

为半固体培养基。

①成分　营养肉汤 100 mL，明胶 0.3～0.5 g。

②制法　将明胶加入定量的肉汤中，煮沸使明胶充分溶解，分装于试管或 U 形管中，分装量约为试管容量的 1/4～1/3，121.3 ℃灭菌 20 min 后直立凝固待用。

(2)血琼脂培养基

①成分　无菌鲜血 5～10 mL，营养琼脂培养基 100 mL。

图 3-10　血琼脂培养基

②制法　营养琼脂培养基灭菌后，冷却至 45 ℃～50 ℃，加入无菌鲜血，混合后制成斜面或平板(见图 3-10)。使用前需倒置于 37 ℃恒温培养箱中 24 h，做无菌检查，无细菌生长者可以使用。

(3)麦康凯(MAC)琼脂培养基、伊红美蓝(EMB)琼脂培养基、SS 琼脂培养基、三糖铁(TSI)琼脂培养基

可选用商品化培养基，按照产品说明配制所需量，加热溶解，高压蒸汽灭菌，趁热倒平板，待凝固后倒置于冰箱中备用。

图 3-11　小发酵管排气

工序 4　生化培养基制备

(1)糖发酵培养基

①成分　蛋白胨 1.0 g，氯化钠 0.5 g，蒸馏水 100 mL，糖 0.5～1 g，1.6%BCP(溴甲酚紫)乙醇溶液 0.1 mL。

②制法　将蛋白胨和氯化钠充分溶解于蒸馏水中，测定并调节 pH 至 7.6，滤纸过滤后加入 1.6%BCP 乙醇溶液和糖，然后分装于带有倒置小发酵管的试管中，排气(见图 3-11)后，115 ℃高压蒸汽灭菌 30 min，冷却备用。

(2)葡萄糖蛋白胨水培养基

①成分　蛋白胨 1 g，磷酸氢二钾 1 g，葡萄糖 1 g，蒸馏水 200 mL。

②制法　称取上述成分依次加入蒸馏水中，充分溶解后测定并调节 pH 至 7.4，滤纸过滤后分装于试管中，121.3 ℃高压蒸汽灭菌 20 min。

(3)枸橼酸钠培养基

①成分　磷酸二氢铵 0.1 g，硫酸镁 0.01 g，磷酸氢二钾 0.1 g，枸橼酸钠 0.2 g，氯化钠 0.5 g，琼脂 2.0 g，蒸馏水 100 mL，0.5%BTB(溴射香草酚蓝)乙醇溶液 0.5 mL。

②制法　称取上述成分溶解于蒸馏水中，测定并调节 pH 至 6.8，加入 0.5%BTB 乙醇溶液后呈淡绿色，分装于试管中，121.3 ℃高压蒸汽灭菌 20 min 后摆放斜面即可。

(4)醋酸铅琼脂培养基

①成分　普通琼脂培养基 100 mL，硫代硫酸钠 0.25 g，10%醋酸铅水溶液 1.0 mL。

②制法　普通琼脂培养基加热融化，加入硫代硫酸钠混合，121.3 ℃高压蒸汽灭菌 20 min，保存备用。应用前加热溶解，加入灭菌醋酸铅水溶液，混合均匀，无菌操作分装试管，做成醋酸铅琼脂高层，分装量为试管高度 1/3，直立放置，凝固后即可使用。

高压蒸汽灭菌器的使用　高压蒸汽灭菌器主要用于培养基的灭菌。常用灭菌器有手提式(见图 3-12)、立式(见图 3-13)、横卧式 3 种，其构造和工作原理基本相同。使用方法如下：

①加适量水于灭菌器外筒内，使水面略低于支架，放入内筒，并将灭菌物品包扎(见图 3-14)好放入内筒筛板上。

②盖上盖子时，须将盖腹侧的放气软管插入内筒的管架中，然后对称旋紧螺栓，检查安全阀、放气阀是否处于良好的可使用状态，并关闭安全阀，打开放气阀。通电后，待放气阀均匀排出水蒸气时，表示内部冷空气已排尽，可关闭放气阀，待灭菌器内压力升至 103.42 kPa(121.3 ℃)后，保持 20～30 min，可达到灭菌目的。

图 3-12　手提式高压蒸汽灭菌器　　图 3-13　立式高压蒸汽灭菌器　　图 3-14　培养基放在灭菌器里

③灭菌完毕，停止加热，待压力表指针自动降至零，打开放气阀，开盖取物。排出灭菌器内水，防止生垢。

注意：螺栓必须对称旋紧；灭菌物品要包扎好放入，且不可堆压过紧，否则易造成物品内外压力不平衡而炸裂或液体喷出。

工序 5　培养基的无菌检查及保存

将灭菌冷却后的培养基置于 37 ℃恒温箱中培养 24～48 h，检查灭菌是否彻底。制备好的培养基应注明名称、配制日期等，存放于 4 ℃冰箱或冷暗处，存放时间一般不超过两周。

> **注意**　①橡胶制品如橡皮塞、胶头滴管、橡胶管等不能用干热灭菌法灭菌，一般清洗包扎后经高压蒸汽灭菌备用。②调节 pH 时不要过度，避免回调影响培养基中各离子的浓度。③溶化琼脂时要注意控制火候，避免因沸腾而使培养基溢出容器，另外还需要不断搅拌以防糊底。

任务 4　分离培养

【工作过程】

工序 1　增菌培养

当被检病料中含菌很少时，为增加分离培养成功的机会，需先进行增菌培养。增菌培养基可选择营养肉汤培养基，亦可使用选择性增菌培养基，如肠道菌肉汤（EE）培养基适合大肠杆菌前增菌，四硫黄酸钠煌绿增菌液适合沙门氏菌前增菌。

操作步骤如下：

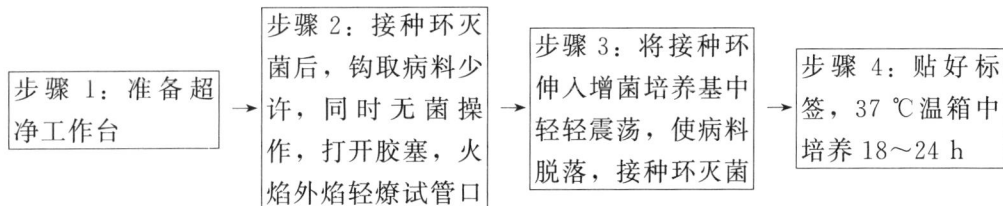

步骤 1：准备超净工作台 → 步骤 2：接种环灭菌后，钩取病料少许，同时无菌操作，打开胶塞，火焰外焰轻燎试管口 → 步骤 3：将接种环伸入增菌培养基中轻轻震荡，使病料脱落，接种环灭菌 → 步骤 4：贴好标签，37 ℃温箱中培养 18～24 h

培养结束后，取出观察培养特性。接种疑似病料的增菌培养基呈浑浊状态，对照管没有变化（见图 3-15）。

图 3-15 细菌在肉汤中的生长情况
1. 病料管；2. 对照管

工序 2 分离培养

分离培养的目的是为了在培养基上能获得独立生长的单个菌落，便于细菌菌落性状的观察，从而初步鉴定分离的细菌。常采用的接种方法是分区划线接种法，一般分 3～4 个区进行划线。

取上述增菌培养液应用分区划线法分别接种于 EMB 琼脂平板和 MAC 琼脂平板培养基，进行分离培养。

操作步骤如下：

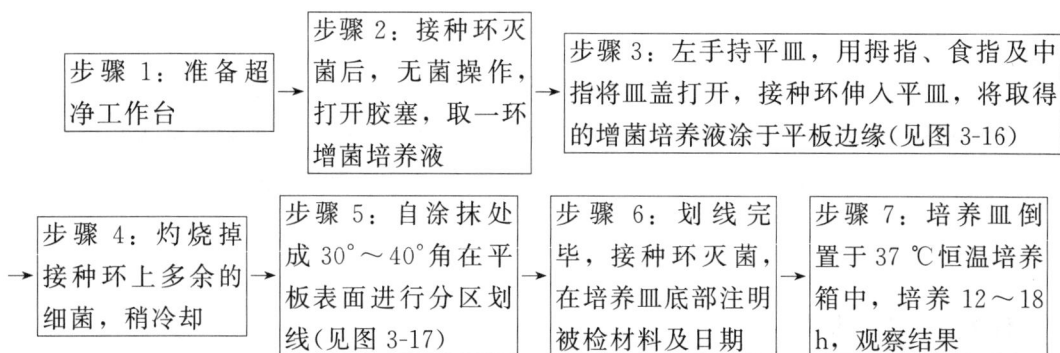

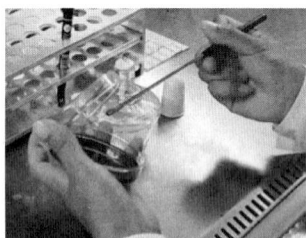

步骤 1：准备超净工作台 → 步骤 2：接种环灭菌后，无菌操作，打开胶塞，取一环增菌培养液 → 步骤 3：左手持平皿，用拇指、食指及中指将皿盖打开，接种环伸入平皿，将取得的增菌培养液涂于平板边缘（见图 3-16）

步骤 4：灼烧掉接种环上多余的细菌，稍冷却 → 步骤 5：自涂抹处成 30°～40° 角在平板表面进行分区划线（见图 3-17） → 步骤 6：划线完毕，接种环灭菌，在培养皿底部注明被检材料及日期 → 步骤 7：培养皿倒置于 37 ℃恒温培养箱中，培养 12～18 h，观察结果

图 3-16 平板划线操作图

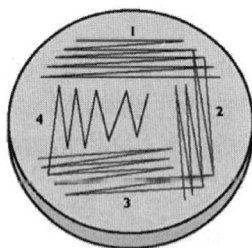

图 3-17 平板分区划线法示意图

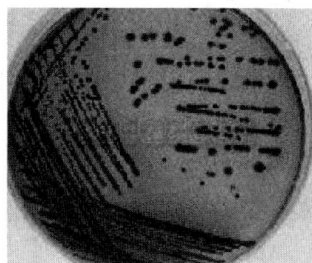

图 3-18 鉴别培养基上菌落特征

培养结束后取出，观察 EMB 琼脂平板和 MAC 琼脂平板培养基上生长菌落的特征（见图 3-18），选取可疑菌落进行纯培养。

无菌操作 培养基灭菌后，用灭过菌的接种工具在无菌条件下接种含菌材料于培养基上，这一过程的操作称为无菌操作。

①接种工具的灭菌

接种操作时，打开培养皿的时间要尽量短，试管应倾斜，保持在火焰区的无菌范围内操作。通常接种环(针)须在火焰上充分灼烧，方法是手持接种环(针)柄，一边转动，一边慢慢来回通过火焰至烧红。接种完毕将接种环(针)从柄部至环端逐渐通过酒精灯火焰，不可直接灼烧环(针)端，以免残留菌体受热爆溅造成污染。

②超净工作台的使用

超净工作台是为微生物实验室工作提供无菌操作环境的设备，以保护实验免受外部环境的污染，同时防止污染外部环境并保护操作者(见图 3-19)。

使用超净工作台时，应提前 30～40 min 打开紫外线灭菌灯净化工作区表面积累的微生物，操作时关闭紫外灯，启动送风机并打开照明灯。操作最好在工作台的中心位置进行，设计上，这是一个较安全的区域。工作完毕，用 0.1％新洁尔灭擦拭操作台面，关闭送风机，打开紫外线灭菌灯照射 30 min，最后关闭电源。

图 3-19 超净工作台

工序 3 纯培养

钩取分离培养基上孤立生长的一个菌落，移种到另一培养基中，长出的细菌为纯种细菌，此过程称为细菌的纯培养；纯培养出的细菌可用于进一步的鉴定或保存。

(1)可疑大肠杆菌的纯培养

钩取 EMB 琼脂培养基上孤立生长的紫黑色带金属光泽的菌落或 MAC 琼脂培养基上淡红色菌落，分别接种于营养肉汤、TSI 琼脂斜面、血琼脂和营养琼脂平板培养基上，经37 ℃培养 12～18 h 后可获纯培养物；观察培养特性，结果描述见表 3-2。平板接种方法可选择分区划线法或连续划线法(见图 3-20)，也可采用斜面接种。

斜面接种是从平板培养基或菌种斜面上挑取少量菌种移种到新鲜斜面培养基的方法，可用于菌种保存，通常在 4 ℃条件下可保存 1 个月。

图 3-20 平板连续划线法示意图　　图 3-21 细菌的斜面移植法

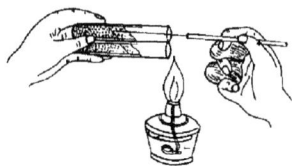

操作方法如下：

①左手持菌种管及琼脂斜面管，一般菌种管在外侧，斜面向上，两管口对齐，管身略倾斜，管口靠近火焰(见图 3-21)。

②右手持接种环在酒精灯上烧灼灭菌。

③将斜面管和菌种管的棉塞分别夹在右手小指与无名指、无名指与中指之间，一起拔出，在酒精灯火焰外焰轻燎试管口。

④将灭菌接种环伸入菌种管内，挑取少量菌苔，立即伸入斜面培养基底部，自下而上在斜面上划线。划线的方式可根据细菌和接种目的的不同，选择点接、直线、稀波状线、密波

状线等(见图 3-22),其中密波状线法最为常用,依此可获得大量的菌体细胞。

⑤接种完毕,将接种环抽出,同时将管口和棉塞通过火焰后塞好,接种环烧灼灭菌后放回原处。

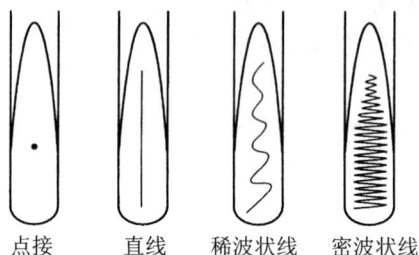

点接　　直线　　稀波状线　　密波状线

图 3-22　细菌斜面划线方法示意图

(2)可疑沙门氏菌的纯培养

钩取 MAC 琼脂培养基上孤立生长的无色透明或半透明菌落及 EMB 琼脂培养基上半透明无色菌落,分别接种于营养肉汤、TSI 琼脂斜面、血琼脂和营养琼脂平板培养基上,经培养后获得纯培养物,操作同上,结果描述见表 3-1。

表 3-1　大肠杆菌与沙门氏菌的培养特性

细菌名称	鉴别培养基				营养琼脂平板	营养肉汤培养基	明胶培养基
	MAC 琼脂	EMB 琼脂	TSI 琼脂	鲜血琼脂			
鸡大肠杆菌	菌落红色	菌落紫黑色带金属光泽	斜面黄色,底层变黄色气泡,不产生 H_2S	常见 β 溶血	菌落圆形凸起、光滑湿润、半透明灰白色	均匀浑浊、管底有黏性沉淀、液面管壁有菌环	透明的培养基呈云雾状
鸡沙门氏菌	菌落无色	菌落无色透明或半透明	斜面红色,底层变黄有气泡,部分菌株产生 H_2S	无溶血现象	菌落圆形微隆起、光滑、半透明灰白色	轻度混浊,管底有絮状沉淀,无菌膜及菌环	沿穿刺线生长

任务 5　显微镜检查

【工作过程】

取肝、脾、肾脏等制作组织抹片或钩取可疑菌纯培养物制作细菌涂片,经革兰氏染色后,油镜检查,观察菌体形态、排列方式和染色特征。大肠杆菌为两端钝圆、单在、中等大小的革兰氏阴性杆菌;沙门氏菌为两端钝圆、单在、细小革兰氏阴性杆菌(见图 3-23)。

(1) 大肠杆菌　　　　　　　　(2) 沙门氏菌

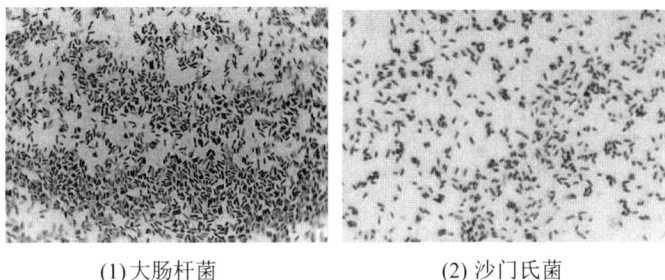

图 3-23　大肠杆菌及沙门氏菌镜下形态(革兰氏染色,10×100)

任务 6　运动性检查

【工作过程】

工序 1　悬滴检查

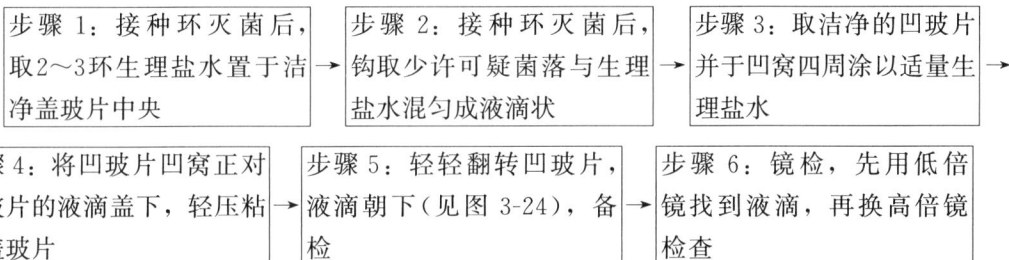

步骤 1：接种环灭菌后，取2~3环生理盐水置于洁净盖玻片中央	→	步骤 2：接种环灭菌后，钩取少许可疑菌落与生理盐水混匀成液滴状	→	步骤 3：取洁净的凹玻片并于凹窝四周涂以适量生理盐水	→

步骤 4：将凹玻片凹窝正对盖玻片的液滴盖下，轻压粘起盖玻片	→	步骤 5：轻轻翻转凹玻片，液滴朝下(见图 3-24)，备检	→	步骤 6：镜检，先用低倍镜找到液滴，再换高倍镜检查

有鞭毛的细菌具有运动能力，显微镜下观察可见细菌离开原来的位置自由地游动。端毛菌呈直线运动，周毛菌呈圆周运动；无鞭毛菌，由于体重较小，易受环境中液体分子的冲击，呈左右前后、位置变更不大的摇摆晃动。鸡大肠杆菌周生鞭毛，呈圆周运动；而鸡沙门氏菌(鸡伤寒沙门氏杆菌和鸡白痢沙门氏杆菌)无鞭毛结构，不具有运动能力，是少数不能运动的沙门氏菌之一。

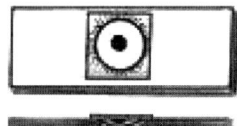

图 3-24　悬滴标本片示意图

注意

　　①应选用细菌的幼龄培养物，最好为刚从恒温箱中取出，并在温暖的环境下尽快检查。

　　②镜检时，保证标本片在载物台上放置确实。否则，玻片不平导致液滴流动，会造成菌体向一个方向移动，影响观察效果。

　　③细菌的运动性在显微镜下持续时间较短，做好的标本片应在较短的时间内观察。

工序 2　穿刺培养

用灭菌接种针钩取纯培养菌苔少许，在柱状明胶培养基表面中心垂直刺入接近管底部，勿穿透，然后沿原穿刺线抽出接种针(见图 3-25)。

大肠杆菌周生鞭毛，明胶穿刺培养时，细菌沿穿刺线向周围扩散生长，使透明的培养基呈云雾状，为阳性反应；感染禽类的沙门氏菌无鞭毛，明胶穿刺培养后细菌沿穿刺线生长，为阴性反应(见图 3-26)。

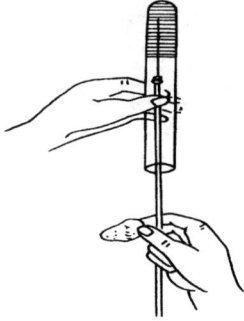

图 3-25 穿刺接种

阳性　　阴性　　空白对照

图 3-26 穿刺培养基生长情况

任务 7　生化试验

【工作过程】

工序 1　糖发酵试验

取纯培养物分别接种葡萄糖、乳糖、麦芽糖、甘露醇和蔗糖生化培养基，置 37 ℃温箱中培养 2~3 d，观察产酸产气情况。

工序 2　吲哚(靛基质)试验

取纯培养物接种蛋白胨水培养基，置 37 ℃温箱中培养 2~3 d，取出加入吲哚指示剂，观察结果。

工序 3　M－R 试验和 V－P 试验

取纯培养物接种葡萄糖蛋白胨水培养基，置 37 ℃温箱中培养 2~3 d，取出后甲基经试验，加入 M－R 指示剂数滴，观察结果；V－P 试验加 V－P 指示剂与培养基等量，37 ℃ 30 min 观察结果。

工序 4　枸橼酸盐试验

取纯培养物接种于枸橼酸盐斜面培养基，置 37 ℃温箱中培养 18~24 h，观察结果。

工序 5　硫化氢试验

取纯培养物菌落接种醋酸铅琼脂高层培养基，置 37 ℃温箱中培养 18~24 h，观察结果。

【结果比较】

将可疑菌生化试验现象及结果与下面的表述(见图 3-27、图 3-28 及表 3-2)进行比较。

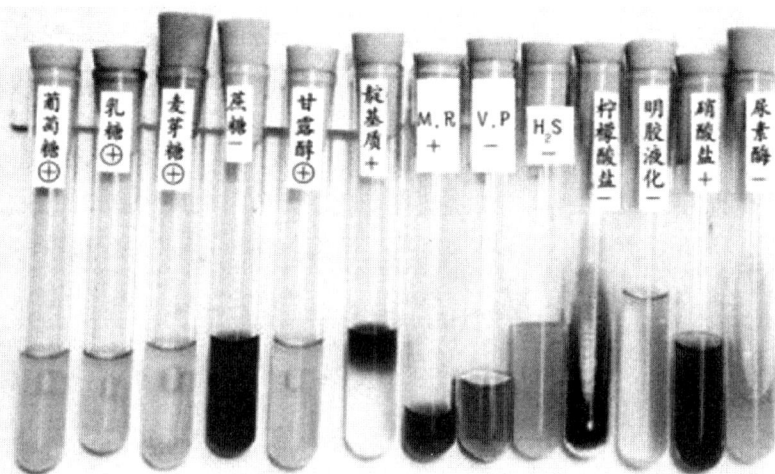

图 3-27　大肠杆菌生化试验结果

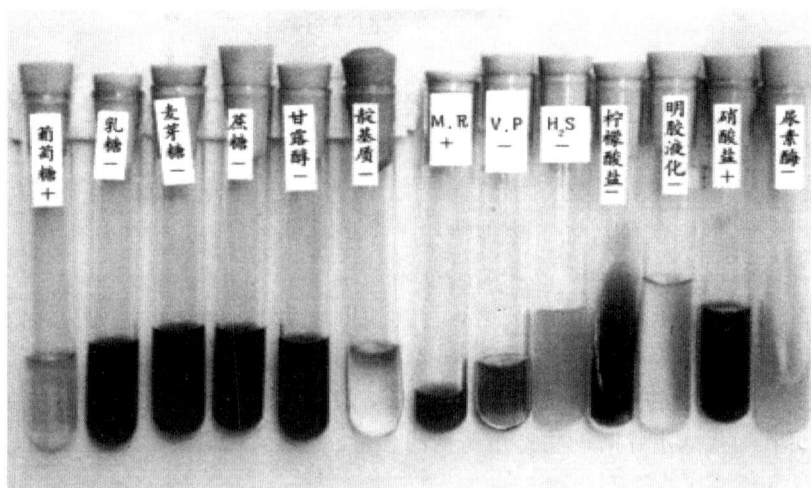

图 3-28　沙门氏菌生化试验结果

表 3-2　生化试验结果一览表

细菌名称	葡萄糖	乳糖	麦芽糖	甘露醇	蔗糖	吲哚试验	M-R 试验	V-P 试验	枸橼酸盐	H₂S 试验
大肠杆菌	⊕	⊕/-	⊕	⊕	+	+	+	-	-	-
沙门氏菌	⊕	-	⊕	⊕	-	-	+	-	+	+/-

注：⊕ 产酸产气，+ 阳性，- 阴性，+/- 大多数菌株阳性/少数阴性。

任务 8　动物试验

【工作过程】

取可疑菌的营养肉汤接种实验动物，观察实验动物的发病情况，并作进一步细菌学检查。将 44 只 1 日龄雏鸡饲养 2 d 后确定为健康鸡，于 3 日龄分 4 组接种可疑大肠杆菌及可疑沙门氏菌肉汤培养液，每组 11 只。第 1 组雏鸡每只腹腔注射可疑沙门氏菌营养肉汤纯培养物 0.5 mL；第 2 组每只腹腔注射可疑大肠杆菌营养肉汤纯培养物 0.5 mL；第 3 组混合感染可疑大肠杆菌和可疑沙门氏菌，每种可疑菌营养肉汤接种量为 0.25 mL/只；第 4 组为对照组，每只腹腔注射灭菌普通肉汤 0.5 mL。对注射后的雏鸡隔离饲养，观察其发病及死亡情况，并对死亡雏鸡立即剖检，观察病理变化。无菌采取肝、脾组织，涂片、染色、镜检，并在麦康凯琼脂培养基上进行划线分离，37 ℃培养 24 h，观察菌落特征。

剖检程序如下：

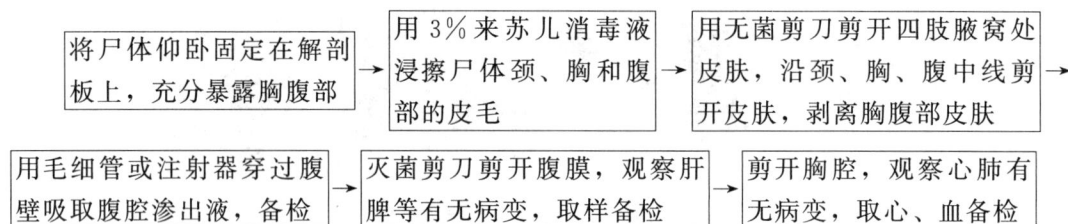

```
┌─────────────────────┐    ┌─────────────────────┐    ┌─────────────────────┐
│将尸体仰卧固定在解剖  │───▶│用 3% 来苏儿消毒液    │───▶│用无菌剪刀剪开四肢腋窝处│───▶
│板上，充分暴露胸腹部  │    │浸擦尸体颈、胸和腹    │    │皮肤，沿颈、胸、腹中线剪│
│                     │    │部的皮毛              │    │开皮肤，剥离胸腹部皮肤  │
└─────────────────────┘    └─────────────────────┘    └─────────────────────┘

┌─────────────────────┐    ┌─────────────────────┐    ┌─────────────────────┐
│用毛细管或注射器穿过腹│───▶│灭菌剪刀剪开腹膜，观察肝│───▶│剪开胸腔，观察心肺有  │
│壁吸取腹腔渗出液，备检│    │脾等有无病变，取样备检 │◀───│无病变，取心、血备检  │
└─────────────────────┘    └─────────────────────┘    └─────────────────────┘
```

剖检完毕通过焚化或高压蒸汽灭菌处理动物尸体，以免病原散播。解剖器械须煮沸消毒或高压蒸汽灭菌，试验用具用 3% 来苏儿液浸泡消毒后洗刷。

任务 9 药敏试验

【工作过程】

选取分离出的菌株进行药物敏感试验，常用方法为药敏纸片扩散法。将抗菌药物置于接种待检菌的固体培养基上，抗菌药物向培养基内扩散，敏感细菌的生长会受抑制，纸片周围会出现无细菌生长区，即抑菌圈。由于药物扩散的距离越远，达到该距离的药物浓度越低，由此可根据抑菌圈直径的大小，判定细菌对药物的敏感度，此结果可作为疾病治疗时动物选用药物的参考。

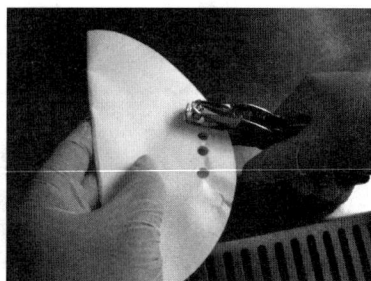

工序 1 含药纸片的制备

（1）滤纸片准备

图 3-29 滤纸片准备

选用新华 1 号定性滤纸，用打孔机制成直径 6 mm 的滤纸片（见图 3-29），放在小瓶中或平皿中，121.3 ℃灭菌 15 min，置 100 ℃干燥箱内烘干备用。

（2）药液的配制

用无菌蒸馏水将药品配制成所需浓度，青霉素为 100 IU/mL，卡那霉素、链霉素、支痢净、多黏菌素、新霉素、氯霉素为 1 000 μg/mL。

对于目前生产实践中常用的含两种或两种以上抗菌成分的复方药物，稀释时可根据其治疗浓度或按一定的比例缩小后应用蒸馏水或适当稀释液进行稀释。

图 3-30 浸泡中的药敏滤纸片

（3）含药纸片的制备

将灭菌滤纸片用无菌镊子摊在灭菌平皿中，按每张滤纸片饱和吸水量为 0.01 mL 计算，100 张滤纸片加入药液 1 mL。不时翻动纸片，使其充分吸收药液，做好标注，浸泡 1～2 h（见图 3-30），置 37 ℃温箱中烘干备用；青霉素纸片的干燥宜采用低温真空干燥法。干燥后的含药纸片应立即放入瓶中加塞，置干燥器内或－20 ℃冰箱中保存，有效期一般为 4～6 个月。

工序 2　药敏试验

钩取营养琼脂纯培养物菌落 4～5 个，接种营养肉汤，37 ℃培养 4～6 h	→	用无菌棉拭子蘸取肉汤培养液，并在试管壁上挤压多余液体	→	均匀涂布于营养琼脂平板表面，每种菌接 1～2 个琼脂平板，如图 3-31 所示	→

用记号笔或标签贴在平皿底部，标记相应药物名称及位置	→	用灭菌镊子取干燥含药纸片轻贴在与药物标记对应位置上，如图 3-32 所示	→	倒置 37 ℃培养 16～18 h，用游标卡尺测量抑菌圈直径，如图 3-33 所示

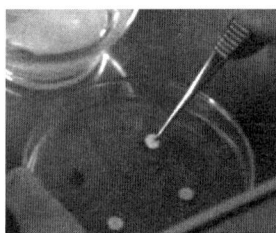

图 3-31　涂布接种　　　图 3-32　放置含药纸片　　　图 3-33　测量抑菌圈直径

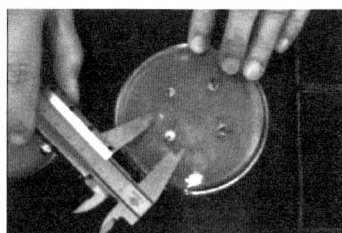

游标卡尺的使用　游标卡尺是一种测量长度、内外径和深度的量具，由主尺和附在主尺上能滑动的游标两部分构成（见图 3-32）。主尺的单位一般为 mm，而游标上则有 10、20 或 50 个分格，根据分格的不同，游标卡尺有 0.02 mm、0.05 mm、0.1 mm 三种测量精度。游标卡尺的主尺和游标上有两副活动量爪，分别是内测量爪和外测量爪，内测量爪通常用来测量内径，外测量爪通常用来测量长度和外径。

图 3-34　游标卡尺

测量时，右手拿住尺身，大拇指移动游标，左手拿待测外径（或内径）的物体，使待测物位于外测量爪之间，当与量爪紧紧相贴时，即可读数。

游标卡尺是利用主尺刻度间距与副尺刻度间距读数的（见图 3-35）。游标卡尺读数一般包括三个步骤，下面以图 3-35 所示 0.02 mm 游标卡尺的某一状态为例说明游标卡尺的读数方法。

①在主尺上读出副尺零线以左的刻度，该值是最后读数的整数部分，图示读数为 33 mm（见图 3-36）。

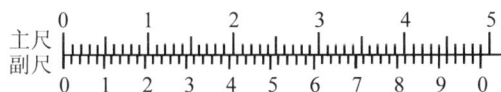

图 3-35　游标卡尺刻度线　　　图 3-36　游标卡尺读数示例

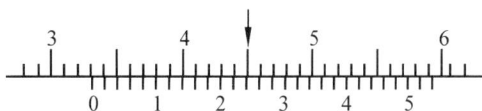

②副尺上一定有一条与主尺的刻线相对齐，读出该刻线距副尺的格数，将其与刻度间距 0.02 mm 相乘，得到最后读数的小数部分，图示为 0.24 mm。

③将所得到的整数和小数部分相加，就得到测量的最终尺寸为 33.24 mm。

工序 3　结果判定

根据测得抑菌圈直径大小参照表 3-3 判定细菌对药物敏感度的高低。对于复方药物可通过比较各药物抑菌圈直径的大小，在试验用药中选出最敏感的药物。

表 3-3　细菌对不同抗菌药物敏感度标准

抗菌药物	每片含药量（μg）	抑菌环直径（mm）		
		不敏感	中度敏感	高度敏感
青霉素	10	≤11	12～21	≥22
链霉素	10	≤11	12～14	≥15
金霉素	10	≤10	10	≥10
新霉素	30	≤12	13～16	≥17
红霉素	15	≤13	14～22	≥23
卡那霉素	30	≤13	14～17	≥18
庆大霉素	10	≤12	13～14	≥15
多黏菌素	300	≤8	9～11	≥12
万古霉素	30	≤9	10～11	≥12
磺胺嘧啶	250	≤12	13～16	≥17
环丙沙星	5	≤15	16～20	≥21
诺氟沙星	10	≤12	13～16	≥17
利福平	5	≤16	17～19	≥20

注意

①细菌接种量应恒定，不宜太多，否则抑菌圈变小，能产酶的菌株可破坏药物的抗菌活性。

②培养时间一般为 16～18 h，结果判定不宜过早，也不宜培养过久，否则细菌可能恢复生长，使抑菌圈缩小。

③实验过程中要防止污染抗生素，否则易发生抑菌环缩小或无抑菌环现象。

任务 10　血清学分型鉴定

【工作过程】

工序 1　大肠杆菌血清分型

无菌操作多次钩取可疑大肠杆菌的 18 h 营养琼脂纯培养物于盛有生理盐水的试管中，制成高浓度菌液，然后置于高压蒸汽灭菌器中 121 ℃维持 2 h，冷却后分别与大肠杆菌抗 O 单因子血清 O_1、O_2、O_{78} 进行玻板凝集试验，同时做生理盐水对照，观察结果。

工序 2　沙门氏菌血清分型

用初步判为沙门氏菌的 TSI 琼脂上的菌苔先与 A—F 多价 O 血清做平板凝集试验，以生理盐水作对照试验，若呈阳性，再分别用 O_9、O_{12}、H－a、H－d、H－g.m 和 H－g.p 因子血清检验呈阴性反应时，则鉴定为鸡白痢沙门氏菌。

具体操作如下：

用接种环取两环因子血清于洁净的载玻片上；再取少量被检菌苔或菌液与血清混合均匀，轻摇玻板观察；1 min 内呈明显凝集反应者为阳性，不出现凝集反应者为阴性，同时设生理盐水作对照，应无凝集反应出现。

项目2 检查皮张中炭疽杆菌

【工作场景】

地点：微生物检验室。

检样：疑似感染炭疽杆菌牛的皮张。

器材：高压蒸汽灭菌器、冰箱、50～200 μL 微量移液器、反应管、浸样瓶、500 mL 量筒、剪子、防水袋、中性定量滤纸、记号笔等。

生物制品：标准炭疽菌粉抗原、炭疽沉淀素阳性血清、炭疽阴性血清。

【工作过程】

工序1 样品的采集

在皮张的腿部或腋下边缘剪取样皮约 2.0 g，装入耐高温防水袋中，标注编号并与原皮编号相符。

工序2 待检样品处理

(1)样品消毒

将装有检样的防水袋放入高压蒸汽灭菌器中，121.3 ℃灭菌 30 min。冻皮、湿皮、鲜皮应在灭菌前室温放置 48 h，然后进行灭菌。

(2)待检样品制备

将灭菌的皮样去除脂肪后称重，装入浸样瓶中，记录样皮编号及对应浸样瓶编号。按质量：体积＝1∶10 的比例加入 0.5％石炭酸生理盐水至浸样瓶中，将样本在室温下浸泡 16～24 h 后，用中性定量滤纸过滤，滤液即为待检抗原。

工序3 检验(Ascoli 氏反应)

(1)炭疽沉淀素阳性血清对照试验

在一支加有 200 μL 的 1∶5 000 稀释的标准炭疽抗原反应管中，徐徐加入 200 μL 标准炭疽沉淀素阳性血清，抗原液面与血清接触液面必须清楚。15 min 内观察结果。

(2)炭疽阴性血清对照试验

在一支加有 200 μL 标准炭疽抗原的反应管中，徐徐加入 200 μL 1∶5 000 稀释的炭疽阴性血清，抗原液面与血清接触液面必须清楚。15 min 内观察结果。

(3)被检样品检验

分别将 200 μL 被检皮样缓慢加入装有 200 μL 标准炭疽沉淀素阳性血清和 200 μL 1∶5 000 稀释的炭疽阴性血清反应管中，使之形成清晰的界面。15 min 内判定结果。

工序4 结果判定

观察两界面是否出现清晰、致密的白色沉淀环。当阳性对照和阴性对照试验成立，方可判定被检皮样结果。

"＋"两液接触面清晰，出现致密、清晰明显的白色沉淀环为阳性反应。

"—"两液接触面清晰，没有白色沉淀环为阴性反应。

"±"白色沉淀环模糊、疏松、不明显者为疑似反应。

对可疑者，需重做一次。结果依然可疑，则判定为阳性反应。

> **注意**
>
> ①操作过程中，应按照检验炭疽的防疫要求，不得污染周围环境和物品，用过的器械物品应及时消毒处理。
>
> ②待检抗原必须清亮，如不清亮，可离心后取上清液，也可冷藏后使脂类物质上浮，用吸管吸取底层的液体待检。
>
> ③必须进行对照观察，以免出现假阳性。
>
> ④炭疽杆菌是人畜共患的病原微生物，检验中一定严格按照要求操作，避免病原散布造成人员感染。

项目3　凝集试验诊断羊布氏杆菌病

【工作场景】

地点：微生物检验室。

检样：疑似布氏杆菌病羊血清。

器材：高压蒸汽灭菌器、恒温培养箱、离心机、冰箱、$25\sim50$ μL 微量移液器、白瓷板、试管（1 cm×8 cm）、刻度吸管（5 mL、10 mL、0.5 mL、0.2 mL）、试管架、酒精灯、火柴、生理盐水、0.5%石炭酸生理盐水等。

生物制品：布氏杆菌虎红平板抗原、布氏杆菌试管抗原、布氏杆菌标准阳性血清及标准阴性血清。

【工作过程】

工序1　虎红平板凝集检验

(1)将白瓷板画上若干方格，前三格为布氏杆菌标准阳性血清、布氏杆菌标准阴性血清和抗原对照，后面依次为被检血清1、2、3…每种样品加入量为 25 μL，其中抗原对照加入成分为 25 μL 生理盐水。

(2)在每种样品旁滴加虎红平板抗原 25 μL。

(3)将每个方格内的样品分别用火柴杆进行混匀，充分反应后 4 min 内判定结果。

判定标准如下：

①在阴、阳性血清及抗原对照成立的条件下，才能对检疫的血清进行判定。

②受检疫的血清在 4 min 内出现肉眼可见的凝集现象则判定为阳性"＋"。

③无凝集现象，呈现均匀的粉红色者判定为阴性"—"。

工序2　试管凝集检验

(1)取 7 只试管放置于试管架上，4 只用于被检血清，3 只作对照。如检多份血清，可只作一份对照。

(2)按照表 3-4 进行操作。第 1 只试管加 2.3 mL 0.5%石炭酸生理盐水，第 2～5 只试管分别加入 0.5 mL 0.5％石炭酸生理盐水，阳性、阴性对照试验两支试管则不加。

表 3-4　布氏杆菌试管凝集试验操作方式

管号	1	2	3	4	5	6	7
血清稀释倍数	1：25	1：50	1：100	1：200	对　　照		
					抗原对照	阳性对照	阴性对照
0.5％石炭酸生理盐水（mL）	2.3	0.5	0.5	0.5	0.5	/	/
被检血清（mL）	0.2	0.5	0.5	0.5	阳性血清 0.5　阴性血清 0.5		
抗原（1：20）（mL）	0.5	0.5	0.5	0.5	0.5	0.5	

弃去1.5　　　　弃去0.5

（3）然后在第 1 只试管中加入 0.2 mL 被检血清，并混合均匀。混合方法是将该试管中的混合液吸入吸管内，再沿试管壁吹入试管中，如此反复 3～4 次，充分混匀以后用该吸管吸出混合液 1.5 mL 弃去。

（4）从第 1 只试管中取 0.5 mL 混合液加入第 2 只试管，用该吸管如前述方法混合。

（5）再从第 2 只试管中吸取混合液 0.5 mL 至第 3 只试管，如此倍比稀释至第 4 只试管，从第 4 只试管中弃去混合液 0.5 mL。

（6）第 6 只试管加 1：25 倍稀释的布氏杆菌标准阳性血清 0.5 mL，第 7 只试管加 1：25 倍稀释的布氏杆菌标准阴性血清 0.5 mL。

（7）用 0.5％石炭酸生理盐水将布氏杆菌试管抗原进行 1：20 倍稀释后，每管加入 0.5 mL。

（8）充分振荡，放入 37 ℃恒温箱中 24 h，取出后观察并记录结果。阳性血清对照管出现“＋＋”以上的凝集现象，阴性血清和抗原对照管无凝集。

（9）试管凝集试验结果判定

①在对照试验出现正确反应结果的前提下，根据被检血清各管中上层液体的透明度及管底凝集块的形状，判定各管凝集反应的强度。

“＋＋＋＋”：管底有极显著的伞状凝集物，上层液体清亮透明。

“＋＋＋”：管底有极显著的伞状凝集物，但上层液体稍显混浊。

“＋＋”：管底有明显凝集物，上层液体不太透明。

“＋”：管底有少量凝集物，上层液体不透明。

“－”：液体均匀混浊，不透明，管底无凝集，由于菌体自然下沉，管底中央有圆点状沉淀物，振荡时立即散开呈均匀混浊状。

②判定标准　马、牛、骆驼、鹿在 1：100 血清稀释度，出现“＋＋”以上的凝集现象时，受检血清判定为阳性；在 1：50 血清稀释度，出现“＋”以上的凝集现象时，受检血清判定为可疑。

猪、山羊、绵羊、狗在 1：50 血清稀释度，出现“＋＋”以上的凝集现象时，受检血清判定为阳性；在 1：50 血清稀释度，出现“＋”以上的凝集现象时，受检血清判定为可疑。

可疑反应家畜经 3～4 周后重检，如果仍为可疑，牛、羊判定为阳性；马和猪经过重检仍保持可疑水平，并无临床症状者，可判定为阴性。

> **注意**
>
> ①每次试验必须设立标准阳性血清、标准阴性血清和抗原对照。
>
> ②抗原保存于 2 ℃～8 ℃下，使用前置室温 30～60 min；使用前摇匀，如出现摇不散的凝块，不得使用。
>
> ③被检血清必须新鲜，并无明显的溶血和腐败现象；加入防腐剂的血清应自采血之日起，15 d 内检完。
>
> ④大规模检疫时，吸管量不足可将用完的吸管用灭菌生理盐水清洗 6 次以上，再重复使用。

项目4　变态反应诊断牛结核病

【工作场景】

地点：牛场。

材料：牛型提纯结核菌素、生理盐水、乙醇棉、镊子、剪毛剪子、游标卡尺、牛鼻钳子、一次性注射器(5 mL、1 mL)、工作服、帽、口罩、胶鞋、记录表、线手套等。

【工作过程】

工序 1　牛只编号

工序 2　牛的术前处理

在编号牛颈侧中部上 1/3 处剪毛或提前一天剃毛，3 个月以内的犊牛，也可在肩胛部位进行，直径约 10 cm。用游标卡尺测量术部中央皮皱厚度，做好记录。注意选择注射部位应无明显的病变。

工序 3　药液稀释

将牛型提纯结核菌素稀释成 10 万 UI/ mL，冻干结核菌素稀释后应当天用完。

工序 4　皮内注射

先用乙醇棉消毒术部，然后皮内注射 0.1 mL 牛型结核菌素，注射部位应出现小泡，如果对注射有疑问，应再另选 15 cm 以外的部分或者对侧重新注射。

工序 5　观察反应现象

皮内注射后经过 72 h 判定，仔细观察局部有无热痛、肿胀等炎症反应，并用游标卡尺测量皮皱厚度，做好记录。对疑似反应牛应立即在另一侧用同一批菌素同一剂量进行第二次皮内注射，再经 72 h 后观察反应。

如有可能，对阴性和疑似反应牛，在注射后 96 h 和 120 h 后再分别观察一次，以防止个别牛出现较晚的迟发型变态反应。

工序 6　结果判定

(1)阳性反应

局部有明显的炎症反应，皮厚差大于或等于 4.0 mm。

（2）疑似反应

局部炎症反应不明显，皮厚差大于或等于 2.0 mm、小于 4.0 mm。

（3）阴性反应

无炎症反应。皮厚差在 2.0 mm 以下。

凡判定为疑似反应的牛只，于第一次检疫 60 d 后进行复检，其结果仍为疑似反应时，经 60 d 再复检，如仍为疑似反应，应判定为阳性。

> **注意**
>
> ①牛只术前处理时，注射部位应无明显变化。
>
> ②无论牛只大小，结核菌素皮内注射量应一律为 1 万 UI；冻干结核菌素稀释后要当天用完。
>
> ③出生 20 d 后的牛即可进行检疫。
>
> ④做好检疫人员防护工作，戴好口罩、帽子，穿好工作服和胶鞋，工作完成后要及时消毒，防止人员感染。

项目 5　检查猪痢疾蛇形螺旋体

【工作场景】

地点：微生物检验室。

检样：疑似猪痢疾蛇形螺旋体病病猪含黏液的新鲜粪便或大肠内容物及黏膜。

动物：10～12 周龄仔猪。

器材：厌氧罐、生物显微镜、高压蒸汽灭菌器、结晶紫染色液、生理盐水、磷酸盐缓冲液、接种环、胶头滴管、手术刀、剪子、镊子、凹玻片、载玻片、盖玻片、直径 90 mm 平皿、500 mL 和 1 000 mL 烧杯、5 mL 注射器、吸水纸、酒精灯等。

【工作过程】

工序 1　样品制作

（1）悬滴样品制作

在盖玻片中央滴加 2～3 环生理盐水，用灭菌接种环取少量样品与生理盐水混合，在凹玻片凹窝周围涂上适量生理盐水，将凹窝对上盖玻片的液滴盖下，制成悬滴标本待检。

（2）染色样品制作

用灭菌接种环取少量样品在载玻片直接抹片，自然干燥，火焰固定，用结晶紫染液染色 2～3 min，水洗，吸水纸吸干后待检。

工序 2　显微镜检查

（1）悬滴样品在暗视野 40 倍镜下观察，呈蛇样运动。

（2）染色样品在油镜下直接观察。典型猪痢疾蛇形螺旋体菌体长 6～8.5 μm，呈 2～5 个疏螺旋体，两端尖锐（如图 3-37）。

工序 3　分离培养检查

（1）直接划线分离法

制备胰胨大豆琼脂（TSA）培养基，即用胰酶水解酪蛋白胨 15 g、大豆蛋白胨 5 g、氯化钠 5 g、琼脂 12 g、无菌脱纤维羊血 5 mL、蒸馏水 1 000 mL 制成，用灭菌接种环取样品直接划线培养。

（2）集菌法

将样品以生理盐水或 PBS 缓冲液作 1∶5 倍稀释，2 000 r/ min 离心10 min，弃去沉淀，将上清液

图 3-37　猪痢疾蛇形螺旋体油镜下形态

再以 6 000～8 000 r/ min 离心 20 min 后，用大孔径滤膜过滤，滤液再经 0.8 μm 和 0.45 μm 滤膜依次过滤。过滤后液体用灭菌接种环划线接种在 TSA 培养基上。

（3）观察

37 ℃～42 ℃条件下，每隔 2～4 d 开厌氧罐检查一次，共 2～4 次，看有无溶血菌落。致病性猪痢疾蛇形螺旋体完全溶血，一般看不见菌落。当培养条件适宜时，在溶血区可看见云雾状菌苔。

工序 4　分离培养鉴定

溶血试验：将猪痢疾蛇形螺旋体，无害蛇形螺旋体或毛肠蛇样螺旋体及被检菌落分别划于同一 TSA 培养基不同区内，经 48 h 培养后，观察比较其溶血程度。

判定：致病性猪痢疾蛇形螺旋体完全溶血。

工序 5　动物接种试验

将 48 h 未进食的 10～12 周龄仔猪，用常规方法结扎其结肠，每段 5～10 cm，间隔肠段为 2 cm 左右。然后向结扎肠管内注入待检菌株的新鲜培养物制成菌液（10^8 菌/ mL）5 mL，另设一个注入 5 mL 无菌生理盐水的肠段作为阴性对照。试验过程中猪可饮水，停食 2～3 d，打开腹腔检查。

判定：如试验肠段出现明显膨胀，内含多量带黏液或血液的渗出物，黏膜肿胀、充血或出血，涂片镜检有大量短螺旋体，即可确定菌株为致病性，对照肠段应无此反应。

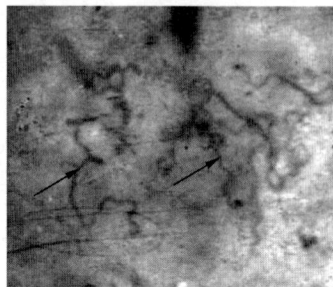

项目 6　凝集试验诊断鸡败血性霉形体病

【工作场景】

地点：微生物检验室。

动物：疑似鸡败血性霉形体病鸡。

器材：培养箱、冰箱、高压蒸汽灭菌器、恒温水浴锅、染色平板抗原、阳性血清、阴性血清、白瓷板、火柴、真空采血管、采血针、50 μm 微量移液器等。

【工作过程】

工序 1　血清制备

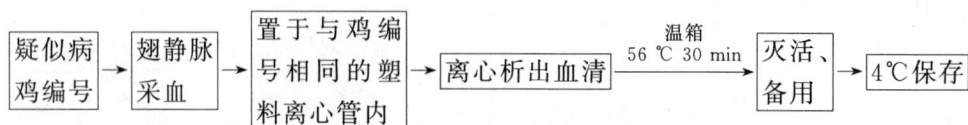

疑似病鸡编号 → 翅静脉采血 → 置于与鸡编号相同的塑料离心管内 → 离心析出血清 → 温箱 56 ℃ 30 min → 灭活、备用 → 4 ℃保存

工序 2　血清凝集试验操作过程

(1)将白瓷板画上方格若干，前两格为阳性血清、阴性血清，后面依次为被检血清 1、2…，每种样品加入量为 25 μL。

(2)在每种样品旁滴加染色抗原 25 μL。

(3)将每个方格内的样品分别用火柴杆进行混合，轻摇白瓷板使其反应充分，2 min 内判定结果。

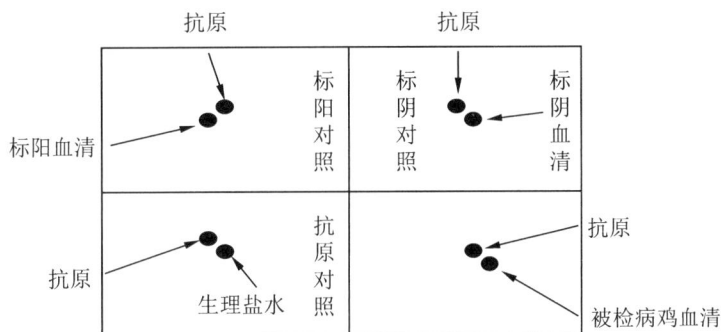

工序 3　结果判定

在对照成立的情况下进行判定。

(1)规定时间内，发生完全凝集，判定为阳性。

(2)仅在液滴边缘部分出现凝集，或超过 2 min 出现凝集，判定为可疑。

(3)超过规定时间无凝集者，判定为阴性。

附：相关培养基制备及生化试剂配制

1. 培养基制备

(1)营养琼脂培养基

蛋白胨 10 g，牛肉膏 3 g，氯化钠 5 g，琼脂粉(优质)12 g，蒸馏水 1 L。

将上述成分(除琼脂粉外)溶于水中，调节 pH 至 7.4～7.6 后加入琼脂，煮沸溶解，根据用途不同进行分装，经 121 ℃灭菌 15 min，倾注平板或制成斜面，冷藏备用。

(2)SS 琼脂培养基

蛋白胨 5 g，牛肉膏 5 g，乳糖 10 g，琼脂 15～20 g，胆盐 3.5 g，枸橼酸钠 8.5 g，硫代硫酸钠 8.5 g，枸橼酸铁 1 g，1% 中性红溶液 2.5 mL，0.1% 煌绿溶液 0.33 mL，蒸馏水 1 L。

将上述成分(除中性红、煌绿溶液外)混合于水中，加热煮沸溶解，调节 pH 至 7.2，然后加入中性红和煌绿溶液，充分混匀冷却至 50 ℃时倾注平板。

(3)麦康凯琼脂

蛋白胨 20 g，氯化钠 5 g，胆盐(猪、牛、羊)5 g，乳糖 10 g，琼脂 15～20 g，1% 中性红溶液 5 mL，蒸馏水 1L。

将上述成分(除中性红溶液外)加入水中，加热溶解，调节 pH 至 7.4，加入中性红溶液，分装灭菌 115 ℃ 20 min，冷却至 50 ℃左右时倾注平板。

(4)伊红美蓝琼脂

蛋白胨 10 g，乳糖 10 g，磷酸氢二钾 2 g，20 g/L 伊红 Y 溶液 20 mL，6.5 g/L 美蓝

溶液 10 mL，琼脂 17 g，蒸馏水 1 L。

将蛋白胨、磷酸盐、琼脂称量混合于水中，并加热煮沸溶解，调节 pH 至 7.4，分装 121 ℃灭菌 15 min 备用。临用时加热溶化琼脂加入乳糖，冷却至 50 ℃～55 ℃时加入伊红和美蓝溶液，摇匀倾注平板。

(5)三糖铁琼脂

蛋白胨 20 g，牛肉膏 3 g，酵母膏 3 g，乳糖 10 g，蔗糖 10 g，葡萄糖 1 g，氯化钠 5 g，硫酸亚铁 2 g/L，硫代硫酸钠 0.3 g，0.2％酚红溶液 5 mL，琼脂 12 g，蒸馏水 1 L。

将前 9 种成分称量混合于水中，加热溶解后调节 pH 至 7.4，再加琼脂及酚红溶液，加热煮沸溶解。分装试管，每管 4 mL，经 115℃灭菌 20 min，立即置高层斜面，待凝固后，经无菌试验备用。

(6)蛋白胨水培养基

蛋白胨 20 g，氯化钠 5 g，蒸馏水 1L。

将上述成分溶解于水中，调节 pH 至 7.4，分装试管，每管 2～3 mL，置 121 ℃灭菌 15 min 备用。

2. 生化试剂配制

(1)吲哚(靛基质)试剂

对二甲基氨基苯甲醛 2 g，95％乙醇 190 mL，浓盐酸 40 mL 混合备用。

(2)甲基红(MR)试剂

甲基红 0.02 g，95％乙醇 60 mL，蒸馏水 40 mL；先将甲基红溶于 95％乙醇中，然后加入蒸馏水即可。

(3)V－P 试剂

硫酸铜 1 g，蒸馏水 10 mL，浓氨水 40 mL，10％氢氧化钾 950 mL。

(4)溴甲酚紫指示剂

溴甲酚紫 0.04 g，0.01 mol/L NaOH 7.4 mL，加入 92.6 mL 蒸馏水即可。溴甲酚紫 pH 5.2～6.8，颜色由黄变紫，常用浓度为 0.04％。

(5)溴麝香草酚蓝指示剂

溴麝香草酚蓝 0.04 g，0.01 mol/L NaOH 6.4 mL，蒸馏水 93.6 mL 即可。溴麝香草酚蓝 pH 6.0～7.6，颜色由黄变蓝，常用浓度为 0.04％。

● ● ● ● ● **必备知识**

一、细菌的营养

1. 细菌的营养要求

细菌从外界摄取的营养物质，一方面用于合成菌体细胞的各种成分；另一方面用于维持细菌生命活动所需的能量来源，主要包括水、碳源、氮源、无机盐和生长因子等。

(1)水

是细菌细胞重要的组成成分，占细胞重量的 75％～90％，是细菌生长繁殖不可或缺的物质。其主要作用体现在：①作为物质的溶媒，参与物质的运输、吸收以及细菌代谢过程中的一切化学反应；②提供氢、氧元素；③有效散发代谢过程中释放的热量，调节细胞内的温度平衡。

（2）碳源

碳源是细菌生长所需的最基本的营养物质，用于合成细胞骨架和细胞中的含碳物质，也是细菌代谢的主要能量来源。细菌可利用的碳源种类极为广泛，各种无机或有机含碳化合物如二氧化碳、碳酸盐、糖及衍生物、脂肪等都能被细菌利用，但大多数细菌主要利用有机碳源，如葡萄糖、麦芽糖等。

（3）氮源

从分子态氮到复杂的有机氮化物都可被不同细菌利用，用于合成自身蛋白质、核酸和其他含氮化合物，一般不作为能量的主要来源，只有少数细菌如硝化细菌能利用铵盐、硝酸盐作为氮源和能源。常用的有机氮源主要是动物或植物蛋白及其不同程度的降解产物，如牛肉膏、蛋白胨等。

（4）无机盐

无机盐也是细菌生命活动所必需的营养物质，主要有磷、硫、钾、钠、钙、镁、铁、锰、锌、钴、铜、钼等矿物质元素的各种无机盐类。与碳源和氮源相比，此类物质需求量很低，一些微量元素需求更少；而且当环境中过量时，往往会抑制细菌生长。各类无机盐的主要功能包括：①构成菌体成分，如 P 是核酸、高能磷酸化合物和其他含磷化合物的必要成分；S 是多种酶类和一些化合物中巯基的成分；②调节菌体内外渗透压；③参与酶的组成；④促进酶的活性，如 K、Na、Mg 是维持细胞渗透压以及酶活性的要素。

（5）生长因子

多数细菌在满足上述营养条件下即可生长繁殖，但有些仍不能生长，还须加入一些微量有机质，如 B 族维生素、某些氨基酸、嘌呤、嘧啶等，这些能够促进细菌生长的物质即为生长因子，不同细菌对生长因子的需求量有所不同。

2. 细菌的营养类型

细菌的营养类型是根据细菌利用营养物质的方式来区分的。由于营养物质种类多，在细菌生长过程中所起的作用也不尽相同，根据细菌生长所需的重要营养物质——碳源的性质及合成能力不同将细菌分为自养菌和异养菌。

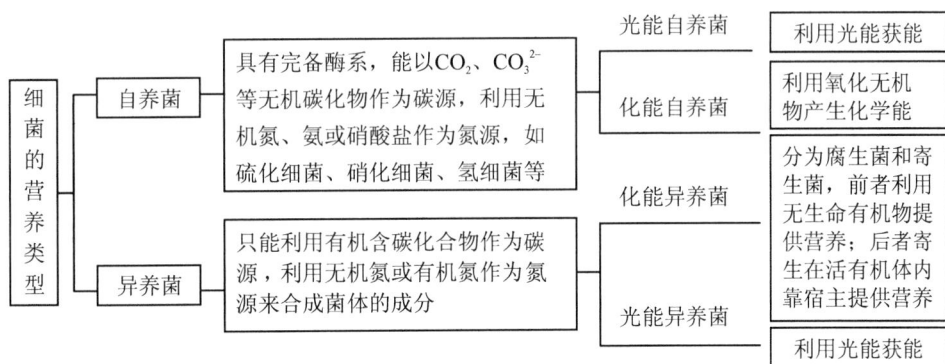

3. 营养物质的吸收与转运

细菌没有摄取营养物质和排泄代谢产物的专门器官，其营养物质的吸收和代谢产物的排泄主要靠细菌细胞表面的扩散、渗透、吸入等功能完成。细菌对大分子营养物质如淀粉、蛋白质等的摄入，通过自身分泌的胞外酶将其水解成溶于水的小分子后进行。

细菌对营养物质吸收的机制有以下四种。

（1）被动扩散

被动扩散是细菌摄取营养最简单的方式，扩散动力来自细胞内外物质的浓度差。物质由高浓度区向低浓度区扩散，当细胞内外物质浓度达到平衡时扩散停止，但由于细菌代谢，这种平衡几乎达不到，所以被动扩散始终进行着。除水、O_2 和 CO_2 等气体、乙醇和甘油等水溶性的小分子物质、某些离子如 Na^+ 外，很少有物质以此方式进入细胞内。

（2）促进扩散

促进扩散与被动扩散相似，以物质的浓度差为推动力，不消耗能量，但不同的是促进扩散需要专一性的载体蛋白。这种载体蛋白存在于细菌细胞膜上，在膜外侧与营养物质结合，运至膜内后将该物质释放，这种可逆的结合往复循环，不断地将细胞外浓度高的营养物质加速转运到细胞内，直至细胞内外浓度趋于平衡。

（3）主动运输

主动运输是细菌细胞中主要的物质运输方式。与促进扩散相似，需要载体参与，不同的是被运输的物质可以逆浓度差移动，因此耗能。如大肠杆菌对乳糖的运输，就是通过 β-半乳糖苷渗透酶与乳糖特异性结合，消耗能量而完成。当加入细胞能量形成抑制剂如叠氮化物，可抑制主动运输，但促进扩散和被动扩散不受影响。转运蛋白对被运输的营养物质具有高度的选择性，经主动运输后，其胞内浓度远高于胞外，因此细菌可根据需要从环境中运输比细胞内浓度低的营养物质，这也是细菌在营养稀薄环境下仍可存活的主要原因之一。

（4）基团转移

基团转移是一种特殊的主动运输方式，由于营养物质在运输过程中发生了化学变化，常称为化学修饰，常见于兼性厌氧菌和厌氧菌细胞对糖及其衍生物的运输。其运输的总效果与主动运输相似，可逆浓度差将营养物质移向细胞内，使细胞内结构发生变化的物质浓度大大超过细胞外结构未改变的同类物质浓度。最典型的基团转移系统是磷酸转移酶系统，如大肠杆菌和金黄色葡萄球菌在吸收葡萄糖、乳糖等时，进入细胞后都是以磷酸糖的形式存在于细胞质中，而且细胞内糖的磷酸盐类不能跨膜溢出。

细菌生长繁殖过程中产生的代谢产物也以与上述相似的方式排出细胞外。

二、细菌的生长繁殖

1. 细菌生长繁殖的条件

（1）充足的养分

细菌必须具备足够的养分，包括适量的水分，充足的碳源、氮源、无机盐，必需的生长因子等，才能进行生长繁殖，完成一系列代谢活动。不同细菌对营养的需求不尽相同，有的只需基本的营养物质，而有的则需加入特殊的营养物质才能生长繁殖。

（2）适宜的温度

温度是影响细菌生长繁殖的重要条件之一，过高或过低都不利于其生长。每种细菌都有其生长所需的温度范围及最适温度。根据对温度的需求不同，细菌可分为嗜冷菌（10 ℃～20 ℃）、嗜温菌（20 ℃～40 ℃）和嗜热菌（40 ℃～60 ℃）；细菌在最适温度条件下生长最快。由于病原菌在长期进化过程中已适应于动物体，属于嗜温菌，最适温度为37 ℃，故实验室一般采用 37 ℃培养细菌。但有些嗜温菌在低温下也可生长繁殖，如金黄色葡萄球菌在 5 ℃冰箱内仍可缓慢生长并释放肠毒素，致食物中毒。

（3）适宜的 pH

环境中的 pH 对细菌的生命活动影响很大，多数细菌生长繁殖最适 pH 范围为 6.8～7.6，此范围内细菌酶的活性最强，生长繁殖旺盛。少数细菌需碱性条件，如霍乱弧菌在 pH 8.4～9.2 时生长最好；还有的细菌需偏酸环境，如结核杆菌 pH 6.5～6.8、乳酸杆菌 pH 5.5 为最佳 pH 范围。许多细菌在代谢过程中分解糖产生酸，使 pH 下降，不利于细菌生长，所以往往需要在培养基内加入一定的缓冲剂。

（4）等渗环境

细菌在低渗溶液中细胞因吸水而膨胀，出现菌体爆裂而导致死亡；高渗溶液中因细胞失水，细胞质收缩而影响代谢，故等渗环境是细菌生长繁殖的较好环境。盐腌和糖渍之所以具有防腐作用，就是因为一般细菌和霉菌在高渗条件下生长繁殖受阻。不过细菌细胞对渗透压较其他生物细胞有较大的适应能力。

（5）气体环境

细菌生长繁殖所需的气体主要是氧气，有的也需要 CO_2。通常情况下，多数细菌所需的 CO_2 由自身代谢产生来满足，少数需要额外添加，如牛布氏杆菌在初次分离时需添加 5%～10%的 CO_2，否则影响生长。

2. 细菌的繁殖方式和速度

细菌个体多以无性二分裂方式进行繁殖。细菌吸取营养物质生长发育至繁殖期，菌体细胞增大并拉长，菌体细胞膜内陷形成横隔，核质分属两个子细胞，细胞壁也随之内陷，两子细胞分离，完成一次分裂，并连续进行。

细菌在适宜的生长条件下，繁殖速度极快。一个菌体分裂为两个菌体所需的时间称为世代时间，一般多数细菌世代时间为 20～30 min，但由于菌种不同和环境条件的差异，世代时间也不尽相同，有的繁殖相对较慢，如结核杆菌 18～20 h 才繁殖一代。

3. 细菌的群体生长规律

细菌在生长繁殖过程中由于营养物质的消耗，毒性代谢产物的积累及环境 pH 的改变，不可能始终保持初期速度无限增殖下去。经过一定时间后，细菌活跃增殖的速度逐渐减慢，死亡细菌增多，活菌率呈现下降趋势。

将一定数量的细菌接种于适宜液体培养基中培养，间隔一定时间取样检查活菌数，以培养时间为横坐标，培养物中细菌数的对数为纵坐标，可绘出一条曲线，反映细菌群体增殖的规律，称细菌生长曲线（见图 3-38）。

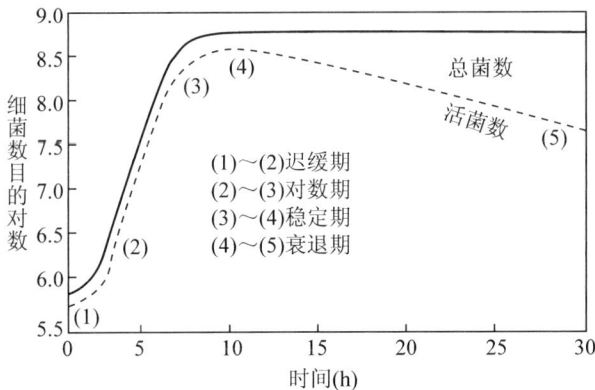

图 3-38　细菌的生长曲线

细菌生长曲线可分为四期：

(1)迟缓期

迟缓期是细菌接种后，为适应新环境和繁殖前准备的阶段。因菌种、菌龄、接种量及营养状况等不同，迟缓期的延续时间也不同，一般为 1～4 h。此阶段的特点是菌细胞体积增大，代谢活跃，菌体产生充足的酶、能量及中间代谢产物，但不分裂，菌数不增加，曲线平坦稳定。

(2)对数期

细菌经过迟缓期后，进入对数生长期。细菌开始大量分裂，菌数呈几何级数 2^n 迅速递增，可持续几小时至几天不等，通常为 8～18 h。在生长曲线图上，活菌数的对数呈直线上升。此期内，细菌的形态、染色、生物活性都很典型，对抗生素等较敏感，是研究细菌生物学性状和药物敏感性的最佳时期。

(3)稳定期

随着细菌的大量繁殖，营养物质的消耗和有毒代谢产物的积累，改变了细菌的生长环境，繁殖速度下降，细菌死亡数逐渐增加。在这个时期内，细菌增殖数与死亡数趋于平衡，生物学特性逐渐发生改变，如 G^+ 菌呈现革兰氏阴性反应；并开始大量贮存代谢产物，如肝糖、异染颗粒、脂肪粒等；同时，也积累有许多不利于微生物活动的代谢产物，如细菌毒素等；大多数芽孢杆菌在这个生长阶段形成芽孢。

(4)衰退期

稳定期后如再继续培养，营养物质基本耗尽，细菌的繁殖速度逐渐下降并接近停止，细菌死亡数超过增殖数，活菌数急剧下降。此期细菌形态发生显著改变，菌体变长、肿胀或畸形衰变，甚至出现自溶，难辨其形，代谢趋于停滞。

细菌的生长曲线，反映了细菌在某种生活环境中的生长、繁殖和死亡的规律。根据细菌生长规律，不仅可以有目的地研究和控制病原菌的生长，而且还可以发现和培养对人类有用的细菌。但须指出，生长曲线所体现的细菌群体生长规律只有在人工培养条件下才能出现，细菌在人体或动物体内的生长繁殖情况因受环境及机体免疫因素等影响无上述规律，比较复杂。

三、细菌的人工培养

细菌的人工培养是指通过人为手段提供细菌生长繁殖所需要的营养物质和基本条件，获得细菌培养物的过程。

1. 培养基及其分类

培养基是人工配制的供细菌或其他微生物生长繁殖或积累代谢产物的混合营养基质。配制时需根据菌种的繁殖要求和培养目的调配各营养物质的比例及适宜的 pH，可自行配制，也可用商品化的培养基。培养基制备时必须满足下列条件：①适当的水分和适宜的营养物质；②适宜的 pH；③适当的物理状态；④必须灭菌后使用。

培养基的分类：

(1) 按照培养基的用途分为

　　基础培养基　含有一般细菌生长繁殖所需的基本营养物质，如肉汤培养基、普通琼脂培养基，可供多数细菌生长，亦可作为其他培养基的基质。

　　营养培养基　在基础培养基中添加一些特殊营养物质以满足营养要求较高细菌的生长需要，如血液琼脂培养基。

　　选择培养基　利用细菌对化学物质的敏感性不同，在培养基中加入一定的化学物质抑制非目的菌株的生长，达到选择分离的目的，如在培养基中加入胆酸盐，能选择性地抑制 G^+ 菌生长，有利于 G^- 肠道杆菌的分离。

　　鉴别培养基　利用细菌代谢产物的不同，在培养基中加入特定的底物和指示剂以到达鉴别细菌的目的，如各种糖培养基、枸橼酸盐培养基等。

　　厌氧培养基　专门用于培养专性厌氧菌的培养基，如疱肉培养基。

(2) 按照培养基的物理状态分为

　　液体培养基　在配制好的培养基中不加琼脂、明胶等凝固剂，培养基呈液态。由于营养物质以溶质状态溶解于其中，细菌能更充分接触和利用，从而使细菌在其中生长更快，积累代谢产物量也多，故多用于生产。

　　固体培养基　在液体培养基中添加凝固剂使其呈固体状态。常用的凝固剂是琼脂，它属海藻多糖类物质，熔点为 96 ℃，45 ℃凝固，添加量为 2%～3%。固体培养基制成平板可用于菌种的分离、鉴定及药敏试验；制成试管斜面可用于菌种的短期保藏。

　　半固体培养基　较固体培养基中琼脂的添加量少，为 0.5%～0.7%，培养基硬度低，主要用于检查细菌的运动性。

　　除上述两种分类外，根据培养基的成分不同还可分为天然培养基、合成培养基和半合成培养基等。

2. 细菌的培养方法及在培养基上的生长特征

培养细菌要根据细菌生长繁殖条件及对环境的要求，选择合适的培养方法。常用的培养方法有一般培养法、CO_2 培养法和厌氧培养法。在细菌检验中最常用的是一般培养法，可用于培养各种需氧和兼性厌氧菌。

细菌在培养基上的生长状况是由细菌生物学特性决定的，了解细菌的生长情况有助于识别和鉴定细菌。细菌在适宜的培养基上生长，一般经 18～24 h 生长良好，并出现肉眼可见的群体生长特征。

在液体培养基中生长，常出现混浊、沉淀，形成菌膜或菌环等情况（见图 3-39）。

在半固体培养基上，采用穿刺接种法生长时，有鞭毛的细菌沿穿刺线扩散呈放射状、羽毛样或云

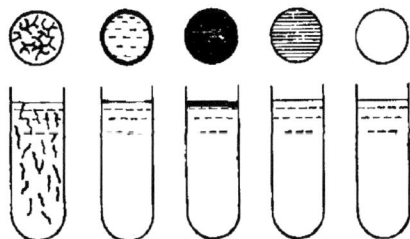

絮状　环状　浮膜状　薄膜状　无膜状

图 3-39　细菌在液体培养基中生长示意图

雾状混浊生长，穿刺线模糊，周围培养基混浊；无鞭毛的细菌只沿穿刺线生长，穿刺线清晰（见图 3-40）。

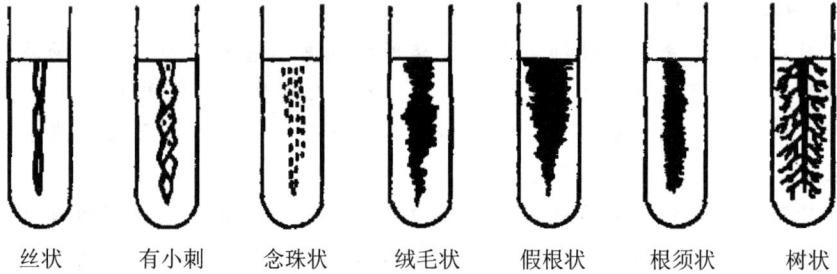

丝状　　　有小刺　　　念珠状　　　绒毛状　　　假根状　　　根须状　　　树状

图 3-40　细菌在半固体培养基中生长示意图

细菌在固体培养基上生长可形成肉眼可见的堆积物，称为菌落。每个菌落通常是由一个细菌细胞不断分裂增殖堆积而成。挑取一个菌落，移种到另一培养基中，长出的细菌为纯种，此操作又称为纯培养。多个菌落融成一片形成菌苔。细菌菌落的大小、形状、透明度、隆起度、湿润度、表面光滑或粗糙、有无光泽等（见图 3-41），随菌种不同而异，可借以鉴定细菌。

根据细菌菌落表面特征不同分为

光滑型菌落　又称 S 型菌落。菌落表面光滑、湿润、边缘整齐。

粗糙型菌落　又称 R 型菌落。菌落表面粗糙、干燥、呈颗粒或皱纹状；边缘多不整齐，呈锯齿状、波浪状或残缺不全。

黏液型菌落　又称 M 型菌落。表面黏稠、有光泽、似水珠。

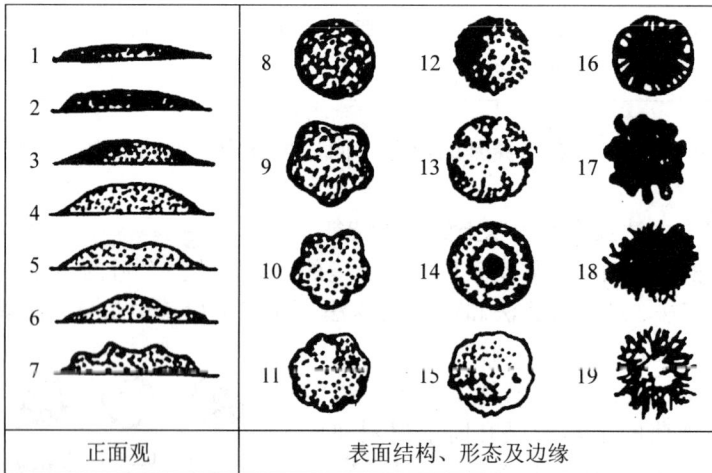

正面观　　　　　　表面结构、形态及边缘

图 3-41　细菌菌落特征示意图

正面观察：1. 扁平；2. 隆起；3. 低凸起；4. 高凸起；5. 脐状；6. 草帽状；7. 乳头状；

上面观察：8. 圆形，边缘完整；9. 不规则，边缘波浪状；10. 不规则，颗粒状、边缘叶状；

11. 规则，放射状、边缘叶状；12. 规则，边缘扇边形；13. 规则，边缘齿状；

14. 规则，有同心环、边缘完整；15. 不规则，毛毯状；16. 规则，菌丝状；

17. 不规则，卷发状、边缘波状；18. 不规则，呈丝状；19. 不规则，根状

3. 细菌人工培养在医药学上的应用

细菌的人工培养在疾病的预防、诊断和治疗上，在生物制品、维生素、氨基酸类药物和基因工程类药物的生产上，以及在细菌学研究等诸多方面都具有重要的意义。

医学上诊断某些传染病，需取患处标本进行细菌分离培养并鉴定其种类后，才能确定病原体，然后通过药物敏感试验指导临床治疗用药。生物制品研制单位在研制菌苗、疫苗、类毒素及免疫血清时，必须先通过人工培养获得纯种，才能进行后续工作。再有，通过代谢调控积累细菌在培养过程中某一阶段的代谢产物，可用于维生素、氨基酸及抗生素类药物的生产。此外，由于细菌有繁殖迅速、培养条件简单等特点，被广泛应用在基因工程产品的实验和生产中，如胰岛素和干扰素等生物制剂的制备。

四、细菌的新陈代谢

新陈代谢是细菌进行一切生命活动的基础，是细胞内进行全部生化反应的总称，它包括分解代谢和合成代谢。分解代谢是细菌把从外界摄取的大分子营养物质降解为自身可以利用的小分子物质的过程，同时释放能量。合成代谢是细菌利用小分子物质合成复杂大分子乃至细胞结构的过程，需要吸收能量。

1. 细菌的酶

细菌的新陈代谢必须在酶的催化作用下才能完成。

(1) 根据酶产生和作用部位分为

胞外酶　在细胞膜上合成后分泌到细胞外发挥作用。主要是一些水解酶，它可将大分子营养物质水解成能被菌体吸收利用的小分子可溶物质，包括蛋白酶、淀粉酶及脂酶等。某些致病菌产生的胞外酶如透明质酸酶等还与细菌的毒力有关。

胞内酶　产生于细胞内并在细胞内起催化作用的酶，占细菌酶类的多数，包括氧化还原酶、转移酶、异构酶、合成酶等。

(2) 根据酶生成方式分为

诱导酶　需环境中有诱导物存在才能产生，如大肠杆菌分解乳糖的——半乳糖苷酶，当在培养基中有乳糖存在时才会合成。

组成酶　也称固有酶。是细菌固有的酶，不依赖诱导物而产生，是细菌大多数酶的类型。

2. 细菌的呼吸

细菌代谢所需的能量绝大多数是在分解代谢过程中通过生物氧化作用而获得的。细菌的呼吸就是指细菌在生物氧化中借助菌体酶的作用获得能量的过程。营养基质的氧化主要以脱氢的方式实现，但接受氢的受体在不同条件下是有差异的。以分子氧作为受氢体的过程称为需氧呼吸；以无机或有机化合物为受氢体的过程称厌氧呼吸或发酵，其中需氧呼吸获得能量最高。由于细菌生物氧化的方式不同，细菌对于氧气的需要也各不一样，据此可将细菌分为以下四种类型。

	专性需氧菌	具有完善的酶系统，须在游离氧充足的条件下才能生长繁殖，如结核分枝杆菌
细菌的类型	微需氧菌	适宜在低氧浓度下生长，氧压增高对其有抑制作用，如布氏杆菌，在初代培养中需加入少量的CO_2，降低氧压以促进其生长
	兼性厌氧菌	在有氧或无氧环境中均能生长，但以有氧时生长较好，大多数病原菌属此类，如葡萄球菌、大肠杆菌
	专性厌氧菌	缺乏完善的酶系统，不能降解有氧代谢过程产生的过氧化氢等毒性物，因此只能在无氧的环境中生长，游离氧对其有毒性作用，如破伤风梭菌、肉毒梭菌

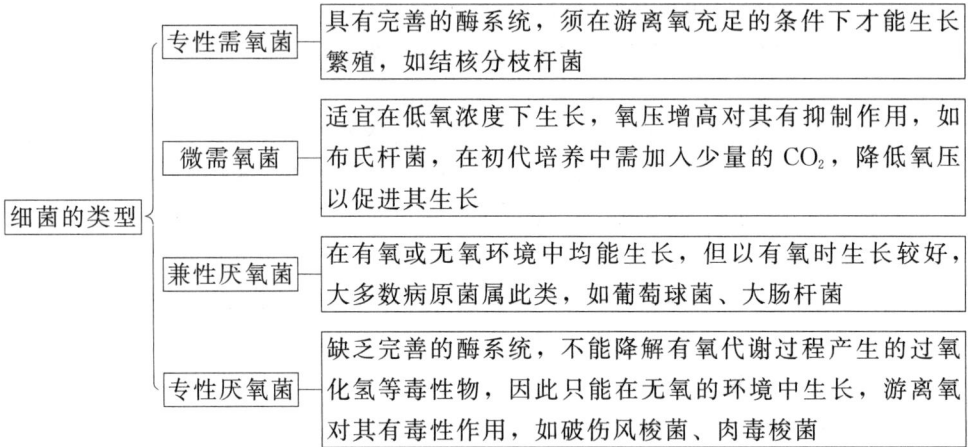

3. 细菌的代谢产物

在细菌细胞中，分解代谢和合成代谢是同时存在的，在此过程中会产生多种代谢产物。这些产物在细菌鉴定和临床诊疗等方面具有重要的实践意义。

（1）分解代谢产物及其检测方法

细菌种类不同，代谢过程产生的产物也不相同，因此可以利用生物化学反应测定这些代谢产物以鉴定细菌，也称细菌的生化反应试验。常用的有糖发酵试验、V−P试验、甲基红试验、靛基质试验、硫化氢试验和尿素分解试验等。

①糖发酵试验　因不同细菌发酵糖类的酶系统不同，其对各种糖的分解能力及代谢产物也不同，可借此鉴别细菌。如大肠杆菌能分解葡萄糖、乳糖产生甲酸等产物，并有甲酸解氢酶，可将甲酸分解为CO_2和H_2，故反应结果为产酸产气；葡萄球菌因无解氢酶，分解葡萄糖只产酸不产气；沙门氏菌及一些致病菌不分解乳糖（见图3-42）。

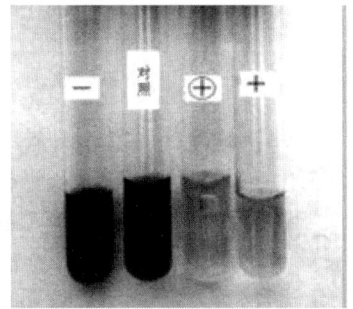

⊕产酸产气；＋阳性；－阴性
图3-42　糖发酵试验结果

②甲基红（M−R）试验　M−R指示剂的变色范围为低于pH 4.4为红色，高于pH 6.2为黄色。有些细菌分解葡萄糖产生的丙酮酸可进一步被分解为甲酸、乙酸和乳酸等，使培养基pH降至4.5以下，此时加入M−R指示剂，培养液呈红色反应，称M−R试验阳性；有些细菌虽能分解葡萄糖但产酸少或转化成醇、醛、酮及其他物质，培养液的酸度变化不大，加入M−R指示剂呈黄色反应，称M−R试验阴性，如大肠杆菌呈阳性，产气杆菌呈阴性（见图3-43）。

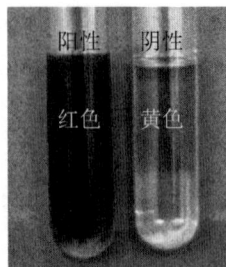

图3-43　甲基红试验结果

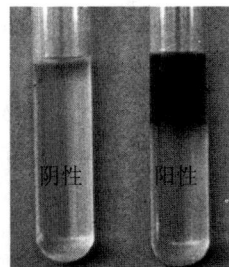

图3-44　V−P试验结果

③V—P试验　某些细菌分解葡萄糖产生丙酮酸后，将其脱羧生成乙酰甲基甲醇，乙酰甲基甲醇在碱性物质作用下可被空气氧化成二乙酰，二乙酰与蛋白胨中精氨酸所含的胍基作用生成红色化合物，此为 V—P 阳性，否则为阴性，如大肠杆菌为阴性，产气杆菌为阳性(见图 3-44)。

④枸橼酸盐利用试验　某些细菌能利用枸橼酸盐作为唯一碳源，如产气杆菌将枸橼酸盐分解，生成碳酸盐，同时分解培养基的铵盐生成氨，使培养基呈碱性环境。指示剂溴麝香草酚蓝(BTB)由淡绿转为深蓝，为枸橼酸盐利用试验阳性(见图 3-45)。

图 3-45　枸橼酸盐利用试验结果

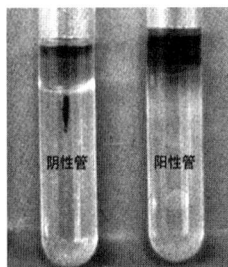

图 3-46　靛基质试验

⑤靛基质试验　某些细菌如大肠杆菌、变形杆菌等具有色氨酸酶，能分解蛋白胨中的色氨酸，产生靛基质(吲哚)，若加入对二甲基氨基苯甲醛，可与靛基质结合形成玫瑰靛基质而呈红色，称靛基质试验阳性(见图 3-46)。

⑥硫化氢试验　某些细菌能分解蛋白质中的含硫氨基酸如半胱氨酸等，生成的硫化氢遇到培养基中铅盐或铁盐，即形成黑色硫化铅或硫化亚铁的沉淀物。通常将细菌以穿刺法接种于醋酸铅琼脂培养基中，置 37 ℃恒温培养 24 h 后观察，若出现黑色物质

图 3-47　硫化氢试验结果

为硫化氢试验阳性，如变形杆菌；不出现黑色为阴性，如大肠杆菌(见图 3-47)。

⑦尿素分解试验　某些能产生尿素酶的细菌如变形杆菌等，能分解尿素生成氨，使培养基呈碱性，加酚红指示剂培养基变为红色。

另外，随着色谱技术的发展，也可应用气相、液相色谱仪对细菌分解产物中挥发性或不挥发性有机酸及醇类进行检测，能更准确、快速地鉴定细菌的种类。

(2)合成代谢产物及检测方法

细菌除能合成菌体自身的组成成分外，还能合成一些较复杂的特殊代谢产物，这些产物在医学和制药工业上具有重要的价值。

①热原质　热原质是多数 G^- 菌如变形杆菌、绿脓杆菌等以及某些 G^+ 菌如枯草杆菌等在代谢过程中合成的能引起机体发热的物质。其成分主要是细菌细胞壁的脂多糖，是一种内毒素。目前最敏感的检测方法是鲎试验。热原质耐高热，可通过一般的细菌滤器。制备注射制剂和生物制品时用吸附剂或特制的石棉滤板，可除去液体中的大部分热原质，玻璃器皿需经 250℃干烤 2 h 才能破坏热原质。

②毒素与酶　细菌可产生内、外毒素及侵袭性酶，与细菌的致病性有关。内毒素是存在 G^- 菌细胞壁中的脂多糖，其毒性成分为类脂 A，只有当菌体崩解后才被释放。外毒素

是由 G^+ 菌及少数 G^- 菌在代谢过程中合成并释放到菌体外的"毒性蛋白质"。某些细菌产生的具有侵袭性的酶，能引起机体组织损伤，促进细菌的侵袭、扩散，是细菌重要的致病因素，如链球菌的透明质酸酶等。

③色素　有些细菌在营养丰富、氧气充足、温度适宜的条件下，可产生不同颜色的色素，可用于细菌的鉴别。有的色素是水溶性的，能弥散在培养基中，使整个培养基呈现某种颜色，如绿脓杆菌的黄绿色素；有的色素则是脂溶性色素，不溶于水，仅存在于细菌细胞内，人工培养时可使菌落显色，而培养基颜色不变，如金黄色葡萄球菌色素。

④抗生素　是某些微生物在代谢过程中合成的能抑制或杀死某些微生物的物质。生产中应用的抗生素主要是由放线菌和真菌产生，一些细菌也可产生抗生素，如多黏菌素、杆菌肽等。

⑤细菌素　很多细菌能合成一种蛋白质，可抑制或杀死与其有近缘关系的细菌，称为细菌素。它与抗生素一样具有抗菌作用，但只对和产生细菌素菌株有近缘关系的细菌有作用，抗菌范围窄，无治疗意义，可用于细菌分型和流行病学调查。

⑥维生素　一些细菌能合成多种维生素，除满足自身需要外，还可以分泌到细胞外，如动物肠道菌群可合成对机体有利的维生素 B_6、维生素 B_{12} 和维生素 K_2 等。

五、细菌的致病性

细菌的致病性是指细菌引起机体发生疾病的能力。具有致病性的细菌称为致病菌或病原菌。有些细菌长期生活在动物体中，通常条件下不致病，但在机体抵抗能力下降或某种特定条件下才表现出致病性，称为条件性致病菌。不同种类的病原菌对机体引起的疾病类型和病理过程不同，如猪丹毒杆菌引起猪丹毒，结核分枝杆菌引起结核病，因此细菌的致病性具有种的特征。病原菌的致病作用与其毒力、侵入机体的数量和途径及机体的免疫力等密切相关。

1. 细菌的毒力

病原菌致病性的强弱程度以毒力表示。不同种类的病原菌其毒力不同，同种病原菌因型或株的不同也有所差异，分为强毒、弱毒和无毒株，因此细菌的毒力具有种、型差异。细菌毒力的物质基础包括侵袭力和毒素两方面。

（1）侵袭力

侵袭力是指病原菌突破机体的防御机能，在机体内定居、生长繁殖及蔓延扩散的能力。构成侵袭力的主要物质包括细菌的酶、荚膜及其他表面结构物质，其具体作用体现在以下三个方面。

①黏附及侵入能力　多数病原菌侵入机体是通过黏附于宿主上皮细胞而实现的。具有黏附作用的细菌结构称为黏附因子。G^- 菌的黏附因子多数与其普通菌毛有关，如致病性大肠杆菌可借菌毛附着于肠黏膜上皮细胞而致病。G^+ 菌的黏附因子是菌体表面的毛发状突出物，如 A 群链球菌的膜磷壁酸。病原菌的黏附作用具有组织特异性，如痢疾杆菌黏附于结肠黏膜，这与易感细胞表面相应的受体有关。

②繁殖与扩散能力　细菌在宿主体内增殖是感染的重要条件。如果增殖较快，细菌在感染之初就能克服机体防御机制，在体内生存。反之，则易被机体清除。细菌黏附于细胞表面后，有的仅在黏附局部生长繁殖并引起疾病，有的则由侵入部位向周围及深层组织扩散，引发深部感染。这种扩散是通过细菌的侵袭性酶来实现的。侵袭性酶是病原菌在生长

繁殖过程中分泌的胞外酶，它可作用于组织基质或细胞膜，造成损伤，增加通透性，破坏机体的组织屏障，以利于病原菌在体内蔓延。常见的侵袭性酶有：

血浆凝固酶　如致病性葡萄球菌能产生此种酶，它可以使血浆中的纤维蛋白原变成纤维蛋白，使血液凝固，从而保护细菌免受吞噬细胞吞噬，利于细菌在局部繁殖。

链激酶　又称链球菌溶纤维蛋白酶，它能激活溶纤维蛋白酶原成为溶纤维蛋白酶，溶解纤维蛋白凝块，破坏、感染局部的纤维蛋白屏障，以利于细菌和毒素在组织中扩散，链球菌可产生此种酶。

透明质酸酶　又称扩散因子，能水解机体结缔组织中的透明质酸，使组织通透性增强，加速细菌及毒素的扩散，造成全身感染。葡萄球菌、链球菌等可产生此种酶。

胶原酶　一种蛋白质水解酶，能水解肌肉或皮下结缔组织中的胶原纤维，从而使肌肉软化、崩解、坏死，有利于病原菌的侵袭和蔓延。如产气荚膜杆菌产生胶原酶，在气性坏疽中起致病作用。

卵磷脂酶　水解组织细胞膜上的卵磷脂，使组织坏死和溶血，产气荚膜梭菌可产生此种酶。

脱氧核糖核酸(DNA)酶　溶解组织坏死时析出的 DNA，降低 DNA 造成的组织渗出液黏稠的作用，使脓液变稀，利于细菌的扩散。

③抵抗宿主防御功能的能力　病原菌可通过其表面结构以及产生的毒性物质和酶对抗机体吞噬细胞的吞噬作用。

荚膜及类荚膜物质　细菌的荚膜具有抵抗吞噬细胞吞噬的作用，是重要的致病因素，如炭疽杆菌、肺炎双球菌的荚膜。有些细菌表面具有与荚膜作用相同的结构，但不如荚膜厚而明显，称类荚膜，如伤寒沙门菌的 Vi 抗原、某些大肠杆菌的 K 抗原等。

其他抗吞噬物质　包括链球菌产生的溶血素、致病性葡萄球菌产生的杀白细胞素、金黄色葡萄球菌的 A 蛋白、A 群链球菌的 M 蛋白等均可对抗吞噬细胞的吞噬作用。

（2）毒素

毒素是致病菌在代谢过程中合成的毒性物质，是主要的致病因素。按其来源、性质和作用的不同，可分为外毒素和内毒素两大类。

①外毒素　是由某些 G^+ 菌和少数 G^- 菌在其生长繁殖过程中产生的一种毒性蛋白质，能分泌到菌体外。外毒素毒性强，小剂量即可致死易感动物。如 1 mg 纯化的肉毒梭菌外毒素可杀死 2 亿只小白鼠；破伤风毒素对小白鼠的致死量为 10^{-6} mg；白喉毒素对豚鼠的半数致死量为 10^{-3} mg。

不同病原菌产生的外毒素，对机体的组织器官具有选择性，并引起特殊的病理变化。如破伤风梭菌和肉毒梭菌所产生的外毒素，虽对神经系统都有作用，但作用部位不同，临床症状亦不相同。肉毒梭菌毒素能阻断胆碱能神经末梢传递介质乙酰胆碱的释放，麻痹运动神经末梢，导致眼及咽肌等的麻痹；破伤风痉挛毒素则引起神经兴奋性的异常增高和骨骼肌痉挛。

外毒素抗原性强，但不稳定，对热和某些化学物质敏感，如破伤风毒素于 60 ℃ 20 min 条件下即可被破坏；经 0.3%～0.5% 甲醛溶液于 37 ℃ 处理一定的时间后，即可脱毒，但仍保留很强的抗原性，称类毒素，可用于某些传染病的预防。

②内毒素　是革兰氏阴性菌细胞壁的一种脂多糖，只有菌体细胞死亡溶解时才能释放出来。内毒素的毒性作用无特异性，作用大致相同，其表现为引起白细胞骤减、组织损

伤、弥漫性血管内凝血、休克等，严重时也可导致死亡。

内毒素热稳定性强，加热 100 ℃持续 1 h 不被破坏，必须加热 160 ℃，2～4 h 或用强碱、强酸、强氧化剂煮沸 30 min 才能灭活。内毒素毒性较外毒素弱，抗原性差，不能用甲醛脱毒制成类毒素，但在低剂量条件下可增强机体的抗感染免疫力。

内毒素和外毒素主要性质的区别见表 3-5。

表 3-5　外毒素和内毒素的主要区别

区别要点	外 毒 素	内 毒 素
主要来源	革兰氏阳性菌	革兰氏阴性菌
存在部位	由细菌合成并释放至菌体外，少数在细胞内	细胞壁成分，多数在细菌崩解后释放出来
化学成分	蛋白质	脂多糖，由类脂 A、核心多糖和特异性多糖组成
毒性作用	强，对组织细胞有选择性，引起特殊病变	弱，各种细菌内毒素的毒性作用相似，可导致发热、休克等
耐热性	热稳定性差，60 ℃～80 ℃持续 30 min 被破坏	热稳定性强，160 ℃持续 2～4 h 才能被破坏
抗原性	强，能刺激机体产生抗毒素，经甲醛处理可脱毒成为类素毒	弱，经甲醛处理不能成为类毒素

2. 细菌毒力的表示方法

在进行疫苗效价检查、抗体效价测定及药物治疗用量等研究和实践中，要先明确病原菌的毒力大小，因此需要对细菌的毒力进行测定。在毒力测定中，常用于表示毒力大小的方法有以下几种。

(1)最小致死量(MLD)

最小致死量是指能使特定试验对象(如动物或鸡胚)在感染后一定时间内发生死亡的最小活微生物量或毒素量。

(2)半数致死量(LD_{50})

半数致死量是指能使半数试验对象(如动物或鸡胚)在感染后一定时间内发生死亡的活微生物量或毒素量。

(3)最小感染量(MID)

最小感染量是指病原微生物引起试验对象如动物、鸡胚或细胞等发生感染的最小剂量。

(4)半数感染量(ID_{50})

半数感染量是指病原微生物使半数试验对象如动物、鸡胚或细胞等发生感染的剂量。

以上四种表示细菌毒力量的数值越小，说明毒力越大。细菌的毒性可以随外界条件的改变而发生变化，对细菌毒力大小进行测定，掌握其毒性的变化规律，具有重要的理论及实践意义。

3. 改变细菌毒力的方法

(1)毒力增强的方法

连续通过易感动物，可使病原细菌的毒力增强；如多杀性巴氏杆菌通过小鼠、猪丹毒杆菌通过鸽子等都可以增强其毒力。有的细菌与其他微生物共生或被温和噬菌体感染也可增强毒力，如魏氏梭菌与八叠球菌共生时毒力增强；白喉杆菌只有被温和噬菌体感染时才能产生毒素而致病。

（2）毒力减弱的方法

病原细菌的毒力可自发或人为地减弱。人工减弱病原菌毒力在疫苗生产上有重要意义。常用的方法有病原菌连续通过非易感动物；较高温度下培养；含有特殊化学物质的培养基中培养等。此外，在含有特殊抗血清、特异噬菌体或抗生素的培养基中培养，甚至长期进行一般的人工继代培养，也都能使病原菌的毒力减弱。利用基因工程方法去除毒力基因或经点突变的方法使毒力基因失活，为减弱病原菌毒力开辟了新的途径。

六、消毒与灭菌

细菌的种类繁多，大多数对人和动植物有益，可用于工农业及药物的生产，但有些细菌则能引起食品及工农业原料的腐败变质、发酵工业的污染以及动植物发生各种疾病等，危害极大。因此控制细菌的生长及灭活病原菌具有重要的实践意义。

细菌结构简单，其生长过程易受各种因素的影响。当环境适宜时，细菌能进行正常的新陈代谢及生长繁殖；若环境条件异常，则可使其停止生长或死亡。根据这一特点，可采用物理、化学或生物学方法来抑制或灭活环境中的有害菌，阻断病原菌的传染途径，控制传染病的发生。

消毒　灭活物体中所有病原微生物但不包括细菌芽孢的方法。用于消毒的化学制剂称为消毒剂。常用的消毒剂浓度只能灭活细菌的繁殖体，若要灭活细菌的芽孢则需要提高消毒剂的浓度及延长作用时间。

灭菌　灭活物体上所有活微生物包括细菌的繁殖体和芽孢的方法。

防腐　防止或抑制微生物生长繁殖的方法。用于防腐的化学制剂称为防腐剂。许多化学制剂在低浓度时只有抑菌作用，提高浓度或延长作用时间，则有杀菌作用。

无菌　没有任何活菌存在的状态。

无菌操作　防止微生物进入机体或其他物品的操作技术，如外科手术、微生物实验、无菌动物的培育等都要求严格的无菌操作。

杀菌　通过某些物质或因素的作用，使菌体死亡，但形体仍然存在。

1. 物理消毒灭菌方法

（1）热力灭菌法

适宜的温度是细菌生长繁殖的重要条件。温度过高或过低，细菌的生长都会受到抑制甚至导致死亡。细菌的耐低温性比耐高温性强，低温条件下，大多数细菌的新陈代谢缓慢或相对静止，但仍能较长时间维持生命，故常利用低温保存菌种。而高温对细菌的致死作用明显，它可通过破坏菌体的结构和成分使细菌酶失活，导致细菌死亡，因此可采用热力方法来进行灭菌；热力灭菌法主要包括湿热法和干热法。

①湿热灭菌法　有如下几种：

煮沸法　100 ℃煮沸 5～6 min，能灭活多数细菌的繁殖体。若要灭活芽孢需煮沸 5～6 h。在水中加入 2%碳酸钠，沸点可提高到 105 ℃，既可促进芽孢的死亡，又能防止金属器皿生锈。此法可用于饮水、食具和一般器械如刀剪、注射器等的消毒。

流通蒸汽法　利用常压下 100 ℃的水蒸气保持 15～30 min 进行消毒的方法，可灭活细菌繁殖体，对芽孢作用不大。常用于食品、食具及不耐高温物品的消毒。

间歇灭菌法　利用反复多次的流通蒸汽法灭活细菌的方法。一般使用流通蒸汽灭菌器，100 ℃维持 15～30 min，可灭活细菌的繁殖体，但不能灭活芽孢。物品取出在室温放置 1 d 或置于 37 ℃温箱过夜，部分芽孢发育成繁殖体，次日再进行一次蒸汽灭菌，重复 3 次以上，即可灭活细菌的繁殖体及芽孢。本方法适用于含糖、牛乳、血清等不耐高温的培养基的灭菌。

巴氏消毒法　利用较低温度灭活细菌又不损害被处理物质营养和风味的方法。此法是由法国生物学家巴斯德创立的，早期主要用于酒类的消毒，现被广泛用于多种液体食品的消毒。其方式有两种，即加热 63 ℃～65 ℃维持 30 min，或 71 ℃～72 ℃维持 15～30 s。

高压蒸汽灭菌法　是目前最常用最有效的灭菌方法。利用高压蒸汽灭菌器，使锅内压力升高，在 103.4 kPa(1.05 kg/cm²)蒸汽压力下，温度达 121.3 ℃维持 15～30 min，可灭活所有细菌的繁殖体和芽孢。凡耐高温不怕潮湿的物品如普通琼脂、玻璃器皿、外科手术器械、注射用水、橡胶手套、工作服、小动物尸体等均可采用此法。

②干热灭菌法　有如下几种：

热空气灭菌法　利用干热灭菌器，160 ℃～170 ℃维持 1～2 h，可灭活一切微生物，包括芽孢。它适用于高温条件下不会变质、不被损坏物品的灭菌，如玻璃器皿、瓷器、金属器械等。

火焰灭菌法　是直接用火焰灭菌的方法，分灼烧和焚烧两种。其中灼烧用于耐火焰物品，如接种环、试管口、金属类等器材的灭菌；焚烧是直接点燃或在化制炉、焚烧炉内进行，常用于废弃污染物品的销毁，如传染病尸体、实验动物感染尸体等的处理。

干热法与湿热法比较

在同样温度条件下，湿热灭菌比干热灭菌效果好，其主要原因是：①蛋白质在含水多的环境中遇热容易凝固变性；②湿热传导快、穿透力强，可使灭菌对象内部温度迅速升高；③湿热灭菌过程中蒸气接触物体表面立即液化，放出大量潜热，可加速细菌死亡。

---

(2)紫外线杀菌

波长在 200～300 nm 的紫外线有杀菌作用，其中以在 265～266 nm 的杀菌能力最强。紫外线的杀菌机制是因细胞中存在很多能吸收紫外线的物质如核酸、各种碱基和蛋白质等，吸收后可使核酸的构型发生改变，干扰 DNA 的复制，造成菌体死亡或变异。紫外线因穿透能力弱，普通玻璃、尘埃等都能阻挡其作用，故只用于物体表面消毒及手术室、无菌操作室、检验室、制剂室的空气消毒。

实验室中常使用人工紫外灯获得紫外线，其波长为 253.7 nm。使用时要求灯管离地面高度约 2 m，照射 1～2 h。此波长紫外线对人体皮肤、眼睛均有损伤作用，使用时应注意防护。

(3)电离辐射灭菌

电离辐射包括高速电子、X 射线和 γ 射线等，它们具有较高的能量和较强的穿透力，被照射物质吸收后可引起物质原子或分子发生电离。当用足够剂量照射时，能破坏细菌的

DNA、蛋白质和酶的结构及活性，导致细菌的损伤和死亡。因可在常温下对不耐热的物品进行灭菌，故又称"冷灭菌"。可用于不耐热的塑料注射器和导管等消毒，亦用于食品、中草药等的消毒和灭菌。

（4）滤过除菌

利用机械的方法除去液体和空气中细菌的方法。通常使用滤过器，包括滤膜滤器、蔡氏滤器和玻璃滤器等。常用于不耐热的血清、毒素、酶、维生素、细胞培养液等的除菌，但一般无法除去病毒、霉形体和 L 型细菌；疫苗、药品、食品等生产中的洁净厂房及实验室用的超净工作台，则是利用过滤除菌法保证进入的空气是无菌的。

①微孔滤膜　利用高分子材料如硝酸纤维素或醋酸纤维素制成的薄膜。滤孔大小不等，大的直径 14 μm，小的仅 0.01 μm，除菌常用的为 0.22 μm。其优点是本身不带电荷，故当液体滤过后，有效成分损失少。微孔滤膜广泛应用在医药生产和医药制品的生物检查等方面。

②蔡氏滤器　用金属制成，中间夹石棉滤板。石棉板滤孔大小不同，分为 K、EK、KE−S 三种型号，用来滤除细菌的是 EK 型。

③玻璃滤器　用玻璃细砂加热压成小碟状，嵌于玻璃漏斗中，一般为 G_1～G_6 六种，G_5、G_6 可阻止细菌通过。

此外，干燥、渗透作用、超声波、激光等对细菌的生长繁殖也有不同程度的影响，在生产实践中也都有应用。

2. 化学消毒灭菌方法

很多化学制剂都能抑制或杀灭细菌，包括化学消毒剂、防腐剂以及化学治疗剂。通常消毒剂在低浓度时抑菌，提高防腐剂浓度或延长作用时间，可达到消毒目的，二者没有严格的界限，故统称防腐消毒剂。此制剂作用无选择性，对人和动物体也有危害作用，所以只能用于体表、器械、排泄物和环境的消毒。理想的消毒剂应具有杀菌力强、价格低和无腐蚀性，能长期保存，对人、畜无毒性或毒性很小，易溶解，穿透力强等特点。

化学治疗剂是用于消除宿主体内病原体的化学药物的总称。其最大特点是对宿主和病原体有选择性，对宿主细胞一般毒副作用甚小，可以口服和注射，常用的有喹诺酮类、磺胺类、呋喃类和异烟肼等。

（1）消毒剂的种类、作用机制及用途

常用消毒剂的种类、作用机制及用途见表 3-6。

表 3-6　常用化学消毒剂的种类、作用机制及用途

类别	药名	作用机制	用法与用途
醇类	乙醇	蛋白质变性凝固	70%～75%皮肤和器械消毒
醛类	甲醛溶液（福尔马林）	阻止细菌核蛋白合成，破坏酶蛋白	1%～2%环境消毒；10%喷雾用于室内消毒
酸类	醋酸	破坏细胞壁和细胞膜，凝固蛋白质	5～10 mL/m³空气消毒
	乳酸		蒸汽用于空气消毒
	硼酸		2%～4%黏膜消毒，10%创面消毒

（续）

类别	药名	作用机制	用　法　与　用　途
酚类	苯酚（石炭酸）	蛋白质变性	3%～5%地面、器具表面消毒，2%皮肤消毒
	煤酚皂（来苏儿）	损伤细胞膜	2%皮肤消毒，3%～5%环境消毒，5%～10%器械消毒
氧化剂类	过氧乙酸	蛋白质氧化	0.2%～0.3%塑料、玻璃制品消毒，0.5%用于消毒厩舍、饲槽、车辆及场地等，5%喷雾用于消毒密闭的实验室、无菌室及仓库等
	高锰酸钾	强氧化作用	1%皮肤黏膜和水果蔬菜的消毒
表面活性剂类	新洁尔灭	损伤细胞膜、灭活氧化酶	0.05%～0.1%洗手、皮肤黏膜、手术器械消毒
	杜灭芬（消毒净）		0.05%～0.1%皮肤创伤冲洗、金属器械、绵织品、塑料、橡皮类物品消毒
烷基化合物类	洗必泰（氯己定）	蛋白质变性、核酸烷基化	0.02%～0.05%术前洗手，0.01%～0.02%腹腔、膀胱内脏冲洗
	环氧乙烷		50 mg/1 000 mL密闭塑料袋，手术器械、敷料等消毒
碱类	氢氧化钠	破坏细胞壁和细胞膜，凝固蛋白质	2%～4%的热溶液用于被细菌和病毒污染的厩舍、饲槽、运输车船的消毒；3%～5%的热溶液用于消毒细菌芽孢污染的场地。本品不能用于皮肤、铝制品等的消毒
	生石灰		加水配成10%～20%的石灰乳用于墙壁、围栏、场地及排泄物等的消毒。需现用现配
重金属类	升汞	氧化作用、蛋白质变性	本品对金属有腐蚀性，剧毒，应妥善保管。0.05%～0.1%非金属器械及厩舍用具的消毒
	硫柳汞		0.1%皮肤消毒，0.01%生物制品防腐
	硝酸银		0.5%～1%眼科防腐、治疗
卤素类	漂白粉	氧化作用	5%～20%用于厩舍、围栏、饲槽、排泄物、尸体、车辆及炭疽芽孢污染地面的消毒。0.3～1.5 g/L用于饮水消毒。现用现配，不能用于金属制品及有色纺织品的消毒
	碘酊	卤化菌体蛋白	2%皮肤消毒，5%手术部消毒

（2）影响消毒剂作用的因素

消毒剂的作用效果受环境、细菌种类及消毒剂的性质等多种因素影响，合理地使用消毒剂有利于充分发挥其消毒作用，提高消毒效果。

①消毒剂的性质、浓度与作用时间　各种消毒剂的理化性质不同，对细菌的作用也不同，如表面活性剂对 G^+ 菌的灭菌效果较 G^- 菌好，龙胆紫对葡萄球菌的灭菌效果最强。大多数消毒剂在高浓度时杀菌，低浓度时抑菌，且浓度越高杀菌力越强；但醇类除外，如70%～75%乙醇杀菌力最强。在一定浓度下，要保证消毒剂足够的作用时间，才能达到杀菌的目的。

②环境中有机物质的存在　有机物对细菌有保护作用，同时还能与消毒剂的活性基团结合，会降低杀菌效果，应予以注意；如升汞，在皮肤及器械消毒时应先清洁再消毒。对

痰、呕吐物、排泄物等的消毒，最好选用受有机物影响小的消毒剂，如漂白粉、酚类化合物等。

③细菌种类和数量　同一种消毒剂对不同种类及处于不同生长期细菌的杀菌效果不同，如 5％石炭酸灭活沙门氏菌需 5 min，而灭活金黄色葡萄球菌则需要 10～15 min。细菌数量越多，所需要的消毒时间越长。在实际工作中必须根据消毒对象选择合适的消毒剂并保证足够的消毒时间。

④温度与酸碱度的影响　大多数消毒剂的杀菌作用随温度的升高而加强，温度越高消毒效果越好。酸碱度可影响细菌表面的电荷分布，酸性溶液中，细菌带的正电荷较多，所以阴离子去污剂的作用较强，如酚类和次氯酸盐药剂等；而在碱性溶液中，阳离子去污剂的杀菌作用强。

⑤化学颉颃物　有些消毒剂之间存在颉颃作用，如阴离子表面活性剂可降低季胺盐类和洗必泰的消毒作用，因此不能将新洁尔灭等消毒剂与肥皂、阴离子洗涤剂合用。

3. 生物消毒灭菌法

自然界中能影响微生物生命活动的生物因素很多。在各种微生物之间，或是在微生物与动植物之间，经常存在着相互影响的作用，出现共生、寄生和颉颃等现象。

共生　是指两种或多种生物生活在一起，彼此不损害或者互为有利，称为共生。如反刍动物瘤胃微生物菌群与动物机体的共生现象；豆科植物与固氮菌之间的共生关系。

寄生　一种生物从另一种生物体获取所需的营养，赖以为生，并往往对后者呈现有害作用，称为寄生。如病原菌寄生于动植物体，噬菌体寄生于细菌细胞。

颉颃　当两种微生物生活在一起时，一种微生物能产生对另一种微生物呈现毒害作用的物质，从而抑制或灭活另一种微生物的现象称为颉颃。导致颉颃的物质基础是抗生素、细菌素等细菌的代谢产物。

生产中常用的生物消毒法就是利用微生物之间的颉颃作用，通过堆积发酵、沉淀池发酵、沼气池发酵等产热或产酸，以灭活粪便、污水、垃圾及垫草内部病原体的方法。此外植物中也存在杀菌物质如黄连素等，噬菌体则是可灭活细菌的病毒。

(1)噬菌体

噬菌体是寄生于细菌、霉形体、螺旋体及放线菌等的一类病毒，称细菌病毒；在自然界分布极广。噬菌体有四种外形，即蝌蚪形、微球形、细杆形和柠檬形。典型的蝌蚪形噬菌体由头部和尾部两部分组成，头部呈二十面体，等轴对称，内有一个分子的线状双股 DNA，外裹一层蛋白质衣壳；尾部主要含蛋白质，长短不一，由尾领、尾髓、尾鞘、尾板、尾刺和尾丝组成(见图 3-48)。尾刺和尾丝为噬菌体的吸附器官，能识别宿主菌体表面的脂蛋白受体。微球形噬菌体无尾部，依赖其表面结构与细菌毛侧面吸附，核酸多为单股 DNA，少数为单股 RNA。

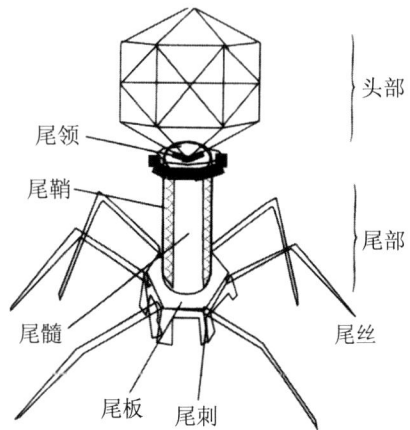

图 3-48　噬菌体结构模式图

噬菌体对理化因素的抵抗力较强，一般经70 ℃维持 30 min 仍不失活。噬菌体能耐受低温、乙醚、氯仿和乙醇，对多数化学消毒剂的抵抗力比一般细菌强。但对紫外线和 X 射线敏感，一般经紫外线照射 10~15 min 即失活。在饱和氯化钠溶液中，能保持活力数年。噬菌体与寄主细菌的相互关系可分为溶菌反应和溶原化两种类型。凡能使寄主细胞迅速裂解引起溶菌反应的噬菌体，称为毒性噬菌体或烈性噬菌体。有些噬菌体侵入寄主细胞后，将其基因整合于细菌的基因组中，与细菌 DNA 一起复制，并随细菌的分裂而传给后代，不形成病毒粒子，不裂解细菌，这种现象叫溶原化。引起溶原化的噬菌体叫温和噬菌体或溶原性噬菌体，整合到细菌 DNA 上的噬菌体基因叫前噬菌体，带有前噬菌体的细菌叫溶原性细菌。

噬菌体的噬菌作用具有种和型的特异性，即一种噬菌体只能裂解一种和它相应的细菌，或仅能作用于该种细菌的某一型，故可用于细菌的鉴定与分型。噬菌体的复制只能在活的微生物内进行，故应用噬菌体效价增长试验可检测标本中的相应细菌。即在怀疑有某些细菌存在的标本中，加入一定数量的已知相应噬菌体，在 37 ℃下培养 6~8 h，再进行该噬菌体的效价测定。若其效价有明显增长，则表明标本中有某种细菌存在。

（2）抗生素

抗生素是一种重要的化学治疗剂。到目前为止，已发现的抗生素达 2 500 多种，但其中大多数对人和动物有毒性，临床上最常用的抗生素只有几十种。不同的抗生素其抗菌作用亦不相同，临床治疗时，应根据抗生素的抗菌作用选择使用。抗生素的抗菌作用主要是通过干扰细菌细胞壁的合成、或损伤细胞膜而影响其通透性、或影响菌体蛋白质的合成、或影响核酸的合成，来干扰细菌的代谢过程，以达到抑制其生长繁殖或直接灭活的目的。

（3）细菌素

只能作用于与其同种而不同菌株的细菌以及与其亲缘关系相近的细菌。如大肠杆菌所产生的细菌素称为大肠菌素，它除作用于某些型别的大肠杆菌外，还能作用于亲缘关系相近的志贺氏菌、沙门氏菌、克雷伯氏菌和巴氏杆菌等。

（4）中草药

某些中草药如黄连、黄柏、黄芩、大蒜、金银花、连翘、鱼腥草、穿心莲、马齿苋、板蓝根等都含有杀菌物质，这些杀菌物质一般称为植物杀菌素。目前，有的已制成注射液或其他制剂的药品。

七、微生物的遗传与变异

微生物和其他生物一样，具有遗传和变异特性。微生物的形态结构、新陈代谢、抗原性、毒力等特性都由遗传物质决定。在一定条件下亲代将这些生物学性状传给子代，且保持种属相对稳定，即为遗传。而子代与亲代，或子代之间出现某些性状上的差异，即为变异。如果变异是由外界环境条件的作用引起的，称为表型变异；表型变异并非是遗传物质的改变，变异的性状是可逆的，不能遗传，属非遗传性变异。若变异是由基因改变引起的，则属可遗传性变异，其变异的性状可相对稳定地遗传给子代。

总的来说，遗传可以使各种细菌保持种属的相对稳定，而变异使细菌产生变种与新种以适应新的环境，有利于细菌的生存及进化。

1. 常见的微生物变异现象

形态变异

　　细菌在适宜的环境条件下才呈现典型形态。当环境不适宜或在细菌的不同生长期，其形态、大小常发生改变。如从炭疽病猪咽喉分离到的炭疽杆菌，呈扭曲或弯曲不规则形状，而不是典型的竹节状排列的粗大杆菌。猪丹毒杆菌在急性病例的正常形态为纤细或略弯曲的杆状，而在慢性猪丹毒心内膜炎的疣状物中呈细长丝状。

结构和抗原性变异

　　①荚膜变异　在不适宜的条件下，有荚膜的细菌经变异可失去荚膜。如炭疽杆菌在相应的动物体或特殊培养基中能产生荚膜，而经普通培养基多次传代会丧失产生荚膜的能力，若重新接种易感动物，此能力又可恢复。荚膜具有抗原性，又是致病菌的毒力因素之一，所以荚膜的丧失，可伴随细菌毒力的减弱和抗原性的改变。

　　②芽孢变异　若改变芽孢杆菌产芽孢的条件，可使其丧失形成芽孢能力，如将能形成芽孢的炭疽杆菌在 42 ℃条件下培养 10～20 d，可失去产芽孢的能力，其毒力也相应减弱。此外，在培养基中加入一定量的 $CaCl_2$ 也可使炭疽杆菌丧失形成芽孢的能力。

　　③鞭毛变异　有鞭毛的细菌在某种环境中可失去鞭毛。如有鞭毛的变形杆菌在普通琼脂培养基上呈特征性薄膜状生长，称为 H 型菌；如果在培养基中加 0.075%～0.1%石炭酸，则形成单个孤立菌落，变为无鞭毛的变异型菌，称为 O 型菌；这种丧失鞭毛形成能力的变异，称为 H→O 变异。如再接种于普通培养基，鞭毛又可恢复。

菌落特征变异

　　细菌经长期人工培养或培养基内有某些不良成分可导致细菌菌落变异。通常新分离菌株的菌落呈光滑型（S 型），在人工培养基上传代多次后可变为粗糙型（R 型），称 S→R 变异。这种变异经常伴随着 S 型抗原的丧失和病原菌毒力的改变，如某些 G^- 菌菌落从 S 型变为 R 型时，其细胞壁脂多糖侧链丢失，同时丧失致病力。也有极少数细菌如炭疽杆菌、结核分枝杆菌的有毒菌株菌落为 R 型，变异为无毒菌株的菌落为 S 型，称 R→S 回归变异，这是极少见的。

毒力变异

　　用人工方法将微生物长期培养于不适宜的环境中，如培养于添加某种特定化学物质的培养基中、高温下或反复在非易感动物体内传代，可促使其降低毒力。若毒力减弱的菌株毒力尚未稳定，可通过接种于易感动物使其毒力逐渐恢复或增强；若致弱菌株毒力已经稳定不变，即使反复通过易感动物其毒力也不会恢复，且免疫原性保持良好，此菌株便可用于制备疫苗，如牛瘟兔化弱毒疫苗、猪瘟兔化弱毒疫苗、炭疽芽孢苗等都是应用这种方法培育出来的。

酶活性的变异

　　细菌酶活性可以发生变异，其变异有的遗传，有的不遗传。如营养缺陷型菌株，就是由诱变剂作用细菌后，使细菌的基因发生了改变，丧失了产生催化某种生长因子合成的酶的能力，必须通过外源加入所需生长因子才能正常生长，这种变异是可以遗传的。另外，诱导酶的合成也是酶活性的变异现象，诱导酶只有在培养基中有诱导物存在时才能产生，但这种变异与遗传物质无关，是一种表型改变，不能遗传给后代。

　　2. 微生物遗传变异的应用

　　微生物遗传变异的理论与技术已广泛应用于工农业生产及医药学等方面，特别是由分子遗传学发展而来的基因工程，为改造现有生物品系，生产新的高产工程菌开辟了广阔的前景。

　　(1)菌种的选育

　　根据基因突变的原理，人为利用物理、化学或生物诱变剂促使细菌发生突变，通过筛选获得有益于生产的正向变异菌株。其目的是改良品种质量，提高单位产量，如抗药性突变株、高产突变株等。

　　(2)传染病的诊断

　　细菌会由于发生变异而使其生物学性状不典型，在临床细菌学检查工作中，必须了解细菌的变异规律，掌握变异后可能出现的新特性，才能避免误诊和漏诊。如在使用某些抗生素的动物体内可分离到的 L 型细菌，必须了解 L 型细菌培养的特点以及使其恢复典型形状的方法，才能做出正确的诊断，控制疾病的传播。

　　(3)传染病的防治

　　在预防方面，通常可以用人工致弱的方法获得稳定的弱毒株，以制造疫苗，建立预防相应传染病的有效措施。在治疗方面，由于抗生素的广泛使用，耐药菌株逐年增多，且很多细菌对多种药物具有耐药性，因此在治疗细菌性传染病前最好通过药物敏感试验指导临床用药，以提高药物疗效，防止耐药菌株的扩散。

　　(4)基因工程的应用

　　基因工程是指用人工方法将所需供体生物的 DNA 大分子提取出来，在离体条件下用适当工具酶切割分离目的基因，并把它与作为载体的 DNA 分子连接起来，然后与载体一起导入某一易生长、繁殖的受体细胞中，使外源 DNA 片段进行正常复制和表达，从而获得新的物种，它是在分子水平上建立起来的一种新的定向培育技术。将质粒作为载体，使重组基因中的目的基因转入宿主菌体内进行基因产物的表达，可获得大量廉价的防治重大疾病及疑难病的新型药物和制剂，如胰岛素、干扰素、白细胞介素、人造血液等以及制备新型诊断试剂或疫苗。

　　八、微生物的传染

　　传染，又称感染，是病原菌侵入机体，突破机体的防御屏障，在一定部位定居、生长繁殖并引起不同程度病变的病理过程。感染是病原菌的致病作用与机体抗感染作用相互斗争的过程。感染的发生、发展和结果与多种因素有关。

1. 感染发生的条件

感染能否发生取决于病原菌的毒力、数量、入侵部位、机体免疫状态和环境因素等。

(1)足够毒力、一定数量与适宜的侵入门户

病原菌的毒力大小不同,能否引发感染,是否具备足够的毒力是个前提,此外还与病原菌的数量和适当的侵入部位有关。有些病原菌毒力极强,极少量侵入即可引起机体发病,如鼠疫杆菌。而大多数病原菌是必须达到一定数量,才能引起感染;少量侵入,能被机体防御机能清除而阻断感染的发生。另外,病原菌还要通过适宜的途径侵入动物体内,才可引起感染,如破伤风梭菌只有经深部厌氧创口才能引起感染;有些病原菌也可通过多种途径侵入机体引起疾病,如炭疽杆菌可通过损伤的皮肤、呼吸道和消化道等侵入引发炭疽。

(2)易感动物

不同种类的动物对病原菌的感受性不同,如猪对猪瘟病毒易感,而牛、羊不易感;人、畜对炭疽杆菌易感,而鸡不易感。同一种动物对病原微生物的感受性也有差异,如不同品种鸡对马立克氏病毒的感受性不同。也有多种动物如人、畜、禽对同一病原微生物都有易感性,结核分枝杆菌就属这种类型。另外,动物的易感性还受年龄、性别、营养状况等因素影响。

(3)环境因素

外界环境对于感染的发生是不可忽视的因素。它一方面可以影响病原菌的生长、繁殖和传播;另一方面可降低动物机体的抵抗力,使之由不易感状态变成易感状态。如夏季气温高,病原菌易生长繁殖,因此常发生消化道传染病;而冬季因寒冷能降低易感动物呼吸道黏膜抵抗力,所以易发生呼吸道传染病。

2. 感染的类型

通常来说,病原微生物侵入机体后,需要经过一定的潜伏期才会引起感染,故其结果会有以下几种类型。

(1)隐性感染

当机体免疫力强或侵入的病原菌数量不多、毒力较弱时,对机体造成的损伤较轻,不足以引起明显的临床症状,称为隐性感染。隐性感染后,机体可获得相应的特异性免疫力,在预防同种病原菌感染时具有重要意义。

(2)显性感染

当机体免疫力低下或入侵病原菌毒力较强、数量较大时,病原菌可在机体内生长繁殖并产生毒素,机体的免疫功能不能维护内环境的相对稳定,而使机体组织细胞受到一定程度的损伤,表现出明显的临床症状,称显性感染,即常说的传染病。若病变被控制在局部则称局部感染,如化脓性球菌引起的疖、痈等;若病原菌及毒素向全身扩散并引起全身症状为全身感染。

(3)带菌状态

在机体发生隐性或显性感染并痊愈后,病原菌仍可能在机体内继续存在,并不断向体外排菌,称为带菌状态。处于带菌状态的动物称为带菌动物。

带菌动物虽然体内携带病原菌,但无临床症状表现,因此常常被忽视,是传染病流行的重要传染源。故应及时查出带菌动物,并有效地加以隔离及治疗,是防止传染病流行的

重要手段之一。

九、变态反应

变态反应也叫超敏反应，是指机体免疫系统在某些抗原再次刺激时做出的过于强烈或不适当的、可导致组织器官损伤的免疫反应。它是以机体生理功能紊乱或组织细胞损伤为主要特征的特异性免疫应答，表现出各种特征的免疫病理损伤过程。

根据变态反应中参与的细胞和活性物质、损伤组织器官的机制和产生反应所需时间长短的不同等，将变态反应分为四个型，即过敏反应（Ⅰ型）、细胞毒型变态反应（Ⅱ型）、免疫复合物型变态反应（Ⅲ型）和迟发型变态反应（Ⅳ型）。其中前三型是由抗体介导的，反应发生较快，称速发型变态反应；Ⅳ型则是 T 细胞介导的，与抗体无关，反应发生较慢，至少 12 h 以后发生，故称迟发型变态反应，变态反应的类型和特点见表 3-7。

表 3-7　变态反应的类型和特点

类型	参加的主要成分		反应速度		特点
	效应分子	效应细胞	开始时间	反应高峰/h	
Ⅰ型	IgE	肥大细胞 嗜碱性粒细胞 血小板	数分钟内	1/4～1/2	①很快出现反应高峰； ②IgE 为亲细胞性抗体，无补体及淋巴因子参与； ③有功能障碍，无组织损伤； ④有个体差异和遗传倾向
Ⅱ型	IgG IgM 补体	单核巨噬细胞 嗜中性粒细胞 NK 细胞	数小时内		①达到反应高峰较快； ②发生过程中有细胞性抗原； ③有抗体及补体参与，无淋巴因子参与； ④有个体差异和遗传倾向
Ⅲ型	IgG IgM IgA 补体	嗜中性粒细胞 血小板	数小时内	18	①达到反应高峰较慢； ②由抗原－抗体复合物引起，抗原为可溶性分子； ③有抗体及补体参与，无淋巴因子参与； ④既有功能障碍，又有组织损伤
Ⅳ型	细胞因子	T 淋巴细胞	12～24h	48～72	①反应的开始及高峰出现慢； ②无明显个体差异； ③与抗体及补体无关，属细胞免疫； ④既有功能障碍，又有组织损伤

1. Ⅰ型变态反应——过敏反应

过敏反应，又称速发型变态反应，在临床上最常见。其特点是由 IgE 介导，肥大细胞和嗜碱性粒细胞等效应细胞以释放生物活性介质的方式参与反应；发生快，消退也快；常表现为生理功能紊乱，但无严重的组织损伤，常引起过敏性休克，有明显的个体差异和遗传倾向。引起反应的抗原物质很多，如食物、屋尘、花粉、霉菌、人及动物的皮屑、羽毛、药物及其他化学物质等。

变应原通过吸入、食入、注射或接触使机体致敏。目前认为，Ⅰ型变态反应的发生与血清中的 IgE 有直接关系。在抗原的刺激下，B 细胞转化为浆细胞而产生 IgE。IgE 与靶细胞有高度的亲和力，牢固地吸附在外周血液中的嗜碱性粒细胞及分布于呼吸道、消化道黏膜、皮下疏松结缔组织、血管周围的肥大细胞表面，使机体处于致敏状态，其致敏阶段可维持半年至数年，若无同样抗原刺激，以后逐渐消失。当相同的抗原再次进入致敏机体，与IgE结合，则会引发细胞膜的一系列生物化学反应，使细胞释放出嗜碱性颗粒。该颗粒脱出后，在一定条件下，释放出组织胺、5－羟色胺等生物活性物质，作用于皮肤、血管、呼吸道、消化道等效应器官，引起平滑肌痉挛、毛细血管扩张、血管通透性增加、腺体分泌增加等。反应若发生在皮肤，可引起荨麻疹等；发生在胃肠道，引起腹泻、腹痛等；发生在呼吸道，引起支气管哮喘；若发生在全身，则引起过敏性休克，甚至造成迅速死亡(见图3-49)。

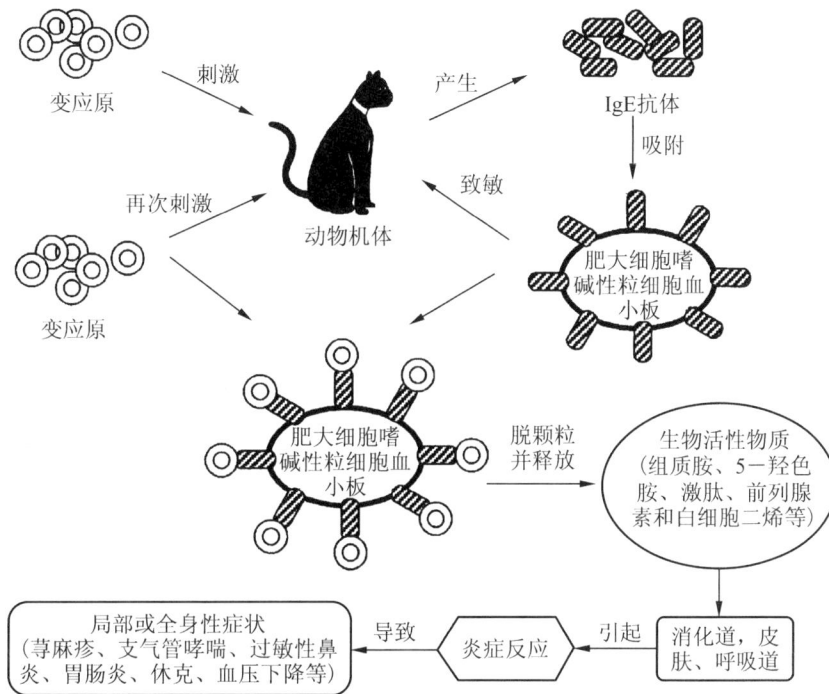

图3-49　Ⅰ型变态反应图解

临床上常见的过敏反应有注射青霉素、使用磺胺类药物、接种疫苗和免疫血清、饲喂某些饲料、接触霉菌和花粉等引起的过敏反应。

2.Ⅱ型变态反应——细胞毒型变态反应

细胞毒型变态反应是由于抗体(多为IgG，少数为IgA和IgM)直接与细胞表面的抗原结合，在补体、吞噬细胞及NK细胞等参与下，引起靶细胞以裂解死亡为主的病理损伤。变应原可以是靶细胞本身的表面抗原如血型抗原，也可以是吸附在靶细胞表面的相应抗原，如药物半抗原、荚膜多糖、细菌内毒素脂多糖等。这些变应原能刺激机体产生抗体IgG和IgM。当IgG和IgM与细胞上的相应抗原或吸附于细胞表面的相应抗原、半抗原发生特异性反应时，形成抗原—抗体—细胞复合物，激活补体系统，引起细胞溶解或被吞噬细胞吞噬，导致组织损伤及功能障碍(见图3-50)。

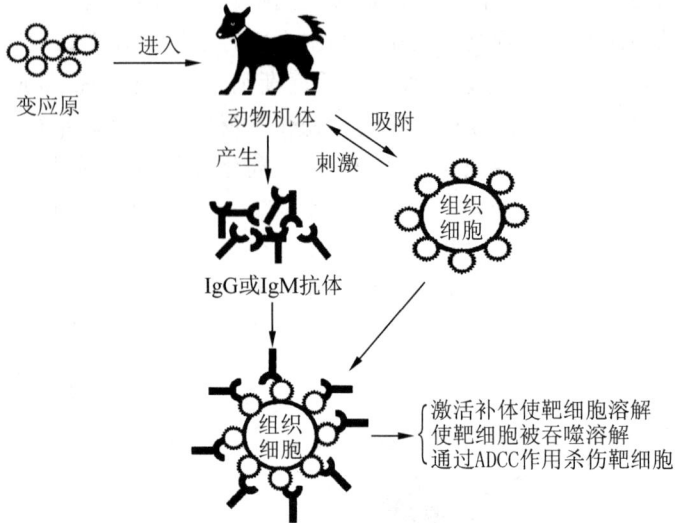

图 3-50　Ⅱ型变态反应图解

临床上常见的细胞毒型变态反应有不相容的输血反应，新生动物溶血性贫血，某些病原微生物如沙门氏菌、马传染性贫血病毒等和寄生虫如原虫引起的溶血现象，某些药物如磺胺类药物、氨基比林、苯基丁氮酮、非那嗪和氯霉素等引起的粒细胞减少症，组织移植排斥反应等。

3. Ⅲ型变态反应——免疫复合物型变态反应

此型的主要特点是血液循环中游离的可溶性抗原与相应抗体结合形成免疫复合物，若免疫复合物不能被及时清除，即在局部沉积，激活补体，并在血小板、中性粒细胞及其他细胞参与下，引起血管壁及其周围组织的炎症反应。

抗原如某些病原微生物、异种血清进入机体，产生相应的抗体（IgG、IgM 或 IgA），抗原与相应抗体结合形成免疫复合物。由于抗原与抗体比例不同，所形成免疫复合物的大小和溶解性也不同。当抗体量大于抗原量或两者比例相当时，可形成分子较大的不溶性免疫复合物，易被吞噬细胞吞噬而清除；当抗原量过多时，则形成较小的可溶性免疫复合物，它能通过肾小球滤过，随尿液排出体外。因此，以上两种情况对机体都没有损害。只有当抗原略多于抗体时，则形成中等大小的免疫复合物，它既不易被吞噬细胞吞噬，又不能通过肾小球滤过随尿液排出体外，会较长时间地存留在血液中，当血管壁通透性增高时，可沉积于血管壁、肾小球、关节滑膜和皮肤等组织上，激活补体，引起相应组织器官的水肿、出血、炎症和局部组织坏死等一系列反应（见图 3-51）。

临床上常见的免疫复合物型疾病有犬的蓝眼病、急性血清病、过敏性血管炎、过敏性肺炎、肾小球肾炎、类风湿性关节炎、某些病原微生物（如溶血性链球菌、葡萄球菌等）引起的慢性感染等。

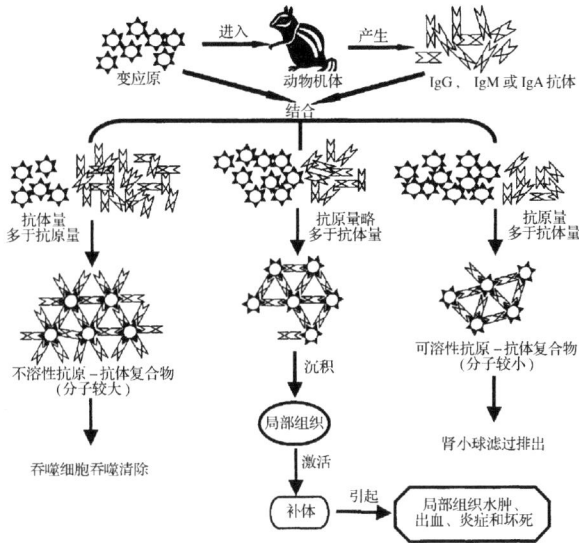

图 3-51　Ⅲ型变态反应图解

4.Ⅳ型变态反应——迟发型变态反应

Ⅳ型变态反应与上述由特异性抗体介导的三型变态反应不同，是由特异性致敏效应 T 细胞介导的。此型反应局部炎症变化出现缓慢，接触抗原 24～48 h 后才出现高峰反应，故称为迟发型变态反应。当机体初次接触某些抗原如结核分枝杆菌、副结核分枝杆菌、布氏杆菌、鼻疽杆菌等后，体内 T 细胞分化为致敏淋巴细胞和记忆细胞，使机体进入致敏状态，这一时期需要 1～2 周。当同一抗原再次进入机体时，致敏 T 细胞识别抗原，进行分化、增殖，并释放出许多淋巴因子，吸引、聚集并形成以单核细胞浸润为主的炎症反应，导致局部组织肿胀、化脓甚至坏死等炎症变化。抗原被消除后，炎症消退，组织即恢复正常(见图 3-52)。

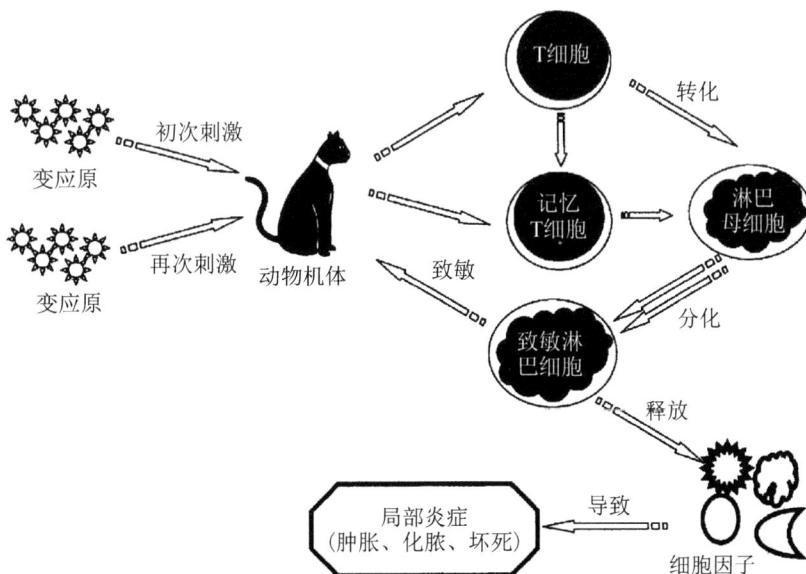

图 3-52　Ⅳ型变态反应图解

结核分枝杆菌、副结核分枝杆菌、布氏杆菌和鼻疽杆菌等细胞内寄生菌在传染的过程中，能引起Ⅳ型变态反应，这种变态反应是由病原微生物或其代谢产物作为变应原引起的，是在传染过程中发生的，因此称为传染性变态反应。临床上对于这些病原微生物引起的传染病，常用迟发型变态反应来进行诊断；如对牛进行结核菌素点眼或皮内注射后，根据局部炎症情况判断牛是否感染结核病。

临床上常见的迟发型变态反应有传染性变态反应、接触性皮炎、变态反应性脑炎、器官移植排斥反应等。

上述四型变态反应可部分同时存在于同一个体，同一种变应原亦可能引起不同型的变态反应。如青霉素可引起过敏性休克（Ⅰ型）、溶血性贫血（Ⅱ型）、血清病样反应（Ⅲ型）、接触性皮炎（Ⅳ型）。

5. 变态反应的防治原则

防治变态反应要从变应原及机体的免疫反应两方面考虑。一方面，要尽可能找出变应原，避免动物与之再次接触；另一方面，要针对变态反应发生的过程，阻断或干扰其中的某些环节，以防止变态反应的发生或发展。临床上常从以下几个方面采取防治措施：

（1）确定变应原

找出引起变态反应的变应原，避免动物与之再次接触。可通过询问病史或进行皮肤试验查明，确定变应原后，要禁止接触或使用。

（2）脱敏疗法

主要用于防止血清过敏症的发生。对于皮肤试验阳性但又必须使用异种动物免疫血清时，可采用短期内小剂量多次注射的方法。具体方法是在给动物大剂量注射血清之前，先少量多次皮下注射血清 0.2～2 mL/次，间隔 15 min 后再注射中等剂量血清 10～100 mL/次，若无严重反应，15 min 后可注射全量血清。对已检出而难以避免接触的变应原，可采用少量多次反复注射的方法来消除机体的致敏状态，这种方法称为减敏疗法。

（3）药物治疗

针对变态反应的发生机制，选择不同的药物以阻断或干扰某个环节，抑制变态反应，达到治疗目的。变态反应一旦发生，应及时使用肾上腺素，抗组胺药物如苯海拉明、非那根、扑尔敏等，钙制剂如葡萄糖酸钙、氯化钙、维丁胶性钙等，肾上腺糖皮质激素如强的松、地塞米松、氢化可的松等，以及氨茶碱等药物治疗。

十、细菌感染的实验室诊断方法

细菌病的实验室诊断需要在正确采集病料的基础上进行，常用的诊断方法包括细菌的形态检查、细菌的分离培养、细菌的生化试验、动物接种试验、细菌的血清学试验和分子生物学等方法。

1. 病料的采集、保存及运送

（1）病料的采集

采集病料要求严格无菌操作，若是已死亡的动物，则应在动物死后立即采集，夏天不宜迟于 6～8 h，冬天不迟于 24 h。

①血液　先用灭菌注射器吸取 5%灭菌枸橼酸钠溶液或 0.1%肝素 1 mL，再从被检动物静脉或心脏采集血液至 5～10 mL，混合后注入灭菌试管或灭菌小瓶中，封口并贴上标签，迅速送检。

②口鼻分泌物　一般用灭菌棉签从口腔、鼻腔深部或咽喉部采取所需分泌物，也可用

消毒的拭子采取咽或食道分泌物。

③尿液　用灭菌容器采取中段尿，可在自然排尿时采取，也可用导尿管采取。

④生殖道分泌物　可用灭菌棉签采取阴道深部或宫颈分泌物，采取后立即置入含有无菌肉汤或 pH 为 7.4 的磷酸盐缓冲液的试管中，立即冷藏送检。

⑤粪便　先用消毒液擦净肛门周围的污物，然后用灭菌棉签蘸取粪便，置入装有少量 pH 为 7.4 的磷酸盐缓冲液的试管中，立即冷藏送检。

⑥脓汁或局部渗出液　对未破口的肿胀病灶，用无菌注射器或吸管抽取脓汁或渗出液。对已破口的肿胀病灶，用无菌棉球或纱布，蘸取深部脓汁或渗出液。

⑦体腔液　胸水、腹水、脑脊液、关节囊液等体腔内的液体，可用穿刺的方法采取。

⑧内脏实质器官　心、肝、脾、肺、肾等实质性器官组织，无菌采取有病变的部位约 1～2 cm² 左右小方块置于灭菌容器中。

⑨淋巴结　采取病变组织器官相邻近的淋巴结，采集淋巴结时应与周围组织一起采集，并尽可能多采几个。

⑩肠管或肠内容物　选择病变明显的一段肠管(5～10 cm)，用外科线扎紧两端，自扎线外侧剪断，把该段肠管置于灭菌器皿中。

(2)病料的保存与运送

供细菌学检验的病料，若能在 1～2 d 内送到实验室，则可放在有冰的保温瓶或 4℃～10 ℃冰箱内，也可放入灭菌液体石蜡或 30％甘油盐水缓冲保存液中。

最好及时由专人送检，并带好说明，内容包括送检单位、地址、动物品种、性别、日龄、送检的病料种类和数量、检验目的、保存方法、死亡日期、送检日期、送检者姓名、并附临床病例摘要包括发病时间、死亡情况、临床表现、免疫和用药情况等。

2. 检测细菌及抗原

(1)直接涂片镜检

对于固体培养物或脓汁、粪便等，先用接种环取一环生理盐水或蒸馏水于玻片上，用灭菌接种环钩取少量细菌培养物与玻片上液滴混匀，涂布直径 1～1.5 cm 大小的薄层，接种环火焰灭菌后放回试管架；对于液体培养物或血液、渗出液、尿液、乳汁等，直接用灭菌接种环取一环待检材料置于玻片上制成涂片；对于组织脏器材料，取一小块脏器，以其新鲜切面在玻片上制成压印片或抹片或用接种环从组织深层取材制成涂片。涂片室温自然干燥后，以其背面在酒精灯火焰上通过数次，略作加热进行固定。血液、组织脏器等涂片常用甲醇固定。固定好的涂片进行美蓝、革兰氏染色或抗酸染色。

(2)分离培养及纯培养

分离培养的目的是将被检查的材料作适当的稀释后进行培养，以便能得到单个菌落，有利于菌落性状的观察和对可疑菌作出初步鉴定。用接种环无菌取样，将所取材料涂布于平板培养基边缘，然后将多余的细菌在火焰上烧灼，待接种环冷却后再与所涂细菌轻轻接触开始划线。

将划线分离培养 37 ℃ 24 h 的平板从温箱中取出，挑取单个菌落，经染色镜检，证明不含杂菌，此时用接种环挑取单个菌落，移植于琼脂斜面培养基中，所得到的培养物，即为纯培养物，再做其他各项试验检查和致病性试验等。

(3)生化试验

细菌在代谢过程中进行多种生化反应，这些反应几乎都要靠酶系统来催化。由于不同的细菌含有不同的酶，因而对营养物质的利用和分解能力不同，代谢产物也不尽相同，据此设计了用于鉴定细菌的生化试验，一般只有纯培养的细菌才能进行生化试验鉴定，方法主要有糖分解试验、唯一培试验、甲基红试验、枸橼酸盐利用试验、吲哚试验、硫化氢试验、触酶试验、氧化酶试验、脲酶试验等。

（4）动物接种

通常选择对病原体最敏感的动物进行人工感染试验，最常用的是本动物接种和实验动物接种。接种材料为细菌培养物、尿液、脑积液、血液、分泌物、脏器组织悬液等，常用的动物有家兔、豚鼠、大白鼠及绵羊等。所需实验动物以自行繁殖最方便可靠，如必须向外购买，要选择健康无病未做过任何试验的动物。实验动物常用的接种方法有皮肤划痕接种、皮下接种、皮内接种、肌肉接种、腹腔内接种、静脉注射、脑内接种。动物接种后，须按照试验要求进行观察和护理。实验动物经接种后死亡或予以扑杀后，应对其尸体进行剖解，以观察其病变情况，可取材保存或进一步做微生物学、病理学、寄生虫学、毒物学等检查。剖检完毕要妥善处理动物尸体，以免散播传染，通常采用火化、高压蒸汽灭菌或者深埋。

（5）抗原检测及分型鉴定

利用已知的特异抗体测定有无相应的细菌抗原可以确定菌种或菌型。实验室常用的方法有凝集性试验，包括直接法，如玻片凝集试验、试管凝集试验以及间接法。近年来还采用了对流免疫电泳、放射免疫、酶免疫、气相色谱等快速检测细菌抗原的方法。

3. 检测抗体

检测抗体利用血清学试验完成。血清学试验都是用已知抗原测定未知抗体，或用已知抗体测定未知抗原。在反应中只能有一种材料是未知的，但可以用两种或两种以上的已知材料检测一种未知抗原或抗体。按抗原抗体反应性质不同，可分为凝聚性反应（包括凝集试验和沉淀试验）、标记抗体技术（包括荧光抗体、酶标抗体、放射性同位素标记抗体、化学发光标记抗体技术等）、有补体参与的反应（补体结合试验、免疫粘附血凝试验等）、中和反应（病毒中和试验）等已普遍应用的技术，以及免疫复合物散射反应（激光散射免疫测定）、电免疫反应（免疫传感器技术）、免疫转印以及建立在抗原抗体反应基础上的免疫蛋白芯片技术等新技术。

近年来，血清学试验由于与现代科学技术相结合，发展很快。加上半抗原连接技术的发展，几乎所有小分子活性物质均能制成人工复合抗原，以制备相应的抗体，从而建立血清学检测技术。在医学和兽医学领域已广泛应用血清学试验直接或间接从传染病、寄生虫病、肿瘤、自身免疫病和变态反应性疾病的感染组织或血清、体液中检出相应抗原或抗体，从而做出确切诊断。

4. 分子生物学检查

对核酸进行扩增的方法很多，最为广泛应用的是聚合酶链式反应（Polymerase Chain Reaction，PCR）。该技术是 20 世纪 80 年代末发展起来的一种快速的 DNA 特定片段体外合成扩增技术，其基本原理与体内复制类似，主要根据碱基配对原理，利用 DNA 聚合酶催化，引物依赖于 DNA 模板特异性引导 DNA 合成。诊断时可以根据已知病原微生物特异性核酸序列，设计合成引物。在体外反应管中加入待检的病原微生物核酸即模板 DNA，如果待检核酸与引物上的碱基匹配，在 dNTP 和 DNA 聚合酶参与下，利用 PCR 仪就可扩增出 DNA。经琼脂糖凝胶电泳，见到预期大小的 DNA 条带出现，即可做出确诊。

此项技术具有特异性强、灵敏度高、操作简便、快速、重复性好和对原材料要求较低等特点。它尤其适合那些培养时间较长的病原菌的检查,如结核分枝杆菌、支原体等。此外,还有逆转录 PCR(RT－PCR)、免疫－PCR 等技术也常用于检测病原体。

十一、常见病原菌的特性及检查

1. 革兰氏阳性球菌

球菌种类很多,分布广泛。其中葡萄球菌属和链球菌属(见图 3-53~图 3-55)的一些成员是人和动物重要致病菌,这类细菌主要引起人和动物的化脓性疾病、败血症或脓毒败血症等,其特性见表 3-8。

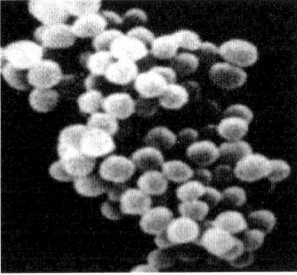

图 3-53　电镜下葡萄球菌
(×13 500)

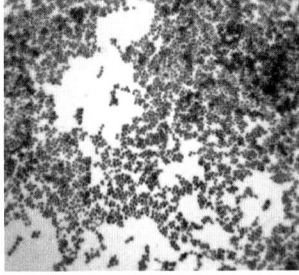

图 3-54　光学镜下葡萄球菌
(×1 000)

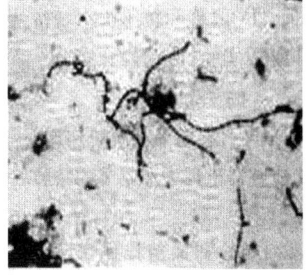

图 3-55　光学镜下链球菌(×1 000)
(李一经.兽医微生物学.北京:
高等教育出版社,2011)

2. 肠杆菌科

肠杆菌科是一大群中等大小的革兰氏阴性菌(见图 3-56、图 3-57),至少包括 28 个菌属,110 个以上的菌种,常寄居在人和动物肠道内。多数是肠道的正常菌群,但在宿主免疫力下降或侵入肠道以外的部位时也可引起疾病。其中少数是致病菌,主要通过消化道感染而引起疾病;同时也是污染肉、乳、蛋及水源的重要病原菌。共同特性为革兰氏阴性,无芽孢,多数有周鞭毛,少数有荚膜,大多有菌毛,需氧或兼性厌氧。对营养要求不高,生化反应活泼。抗原构造复杂,主要有菌体(O)抗原、鞭毛(H)抗原及表面(K)抗原三种,其特性见表 3-9。

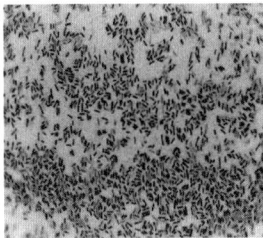

图 3-56　光学镜下大肠杆菌

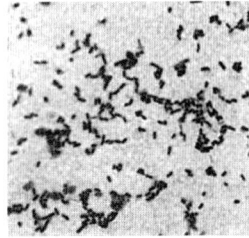

图 3-57　光学镜下沙门氏菌

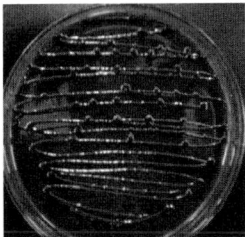

图 3-58　伊红美蓝培养大肠杆菌菌落

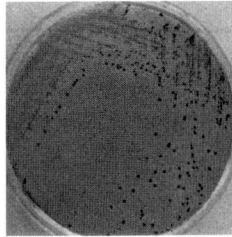

图 3-59　SS 琼脂培养沙门氏菌菌落

表3-8　革兰氏阳性球菌的特性及检查

菌名	生物学特征				致病性与免疫性	实验室诊断方法	相关疾病
	形态与染色	培养及生化特性	抗原构造	抵抗力			
葡萄球菌	①圆形，直径0.5~1.5 μm，呈葡萄串状排列，脓汁、乳汁或液体培养基中呈双球或短链状；②个别形成荚膜；③革兰氏染色阳性	①需氧或兼性厌氧；②菌落圆形，湿润、光滑，隆起、边缘整齐；③能产生金黄色、白色或柠檬色等脂溶性色素；④致病菌β溶血；⑤触酶阳性、氧化酶阴性，多数分解葡萄糖、乳糖、麦芽糖产酸而不产气；⑥致病性葡萄球菌能分解甘露醇，还可产生血浆凝固酶	①多糖抗原为金黄色葡萄球菌的荚膜多糖；②蛋白质抗原为人源菌株的葡萄球蛋白A	①80 ℃ 30 min能灭活，煮沸可迅速灭活；②可用3%~5%石炭酸、75%乙醇、1%~3%甲紫进行消毒；③0.05%洗必泰、新洁尔灭、0.01%杜米芬5 min内可灭菌；④对抗生素敏感	①能产生血浆凝固酶、耐热核酸酶、溶纤维蛋白酶、透明质酸酶等；②能产生肠毒素，引起人的食物中毒；③多数致病菌产生溶血毒素、杀白细胞素等	①涂片镜检；②分离培养；③生化试验；④动物试验；⑤ELISA检查肠毒素；⑥DNA探针检查肠毒素	可引起化脓性疾病、败血症和脓毒血症，以及人的食物中毒
链球菌	①呈长短不一的链状排列，直径小于2.0 μm；②个别有鞭毛和菌毛，幼龄培养物可形成荚膜；③革兰氏染色阳性	①需氧或兼性厌氧，少数厌氧；②菌落小，灰白色，表面光滑，边缘整齐；③致病菌株可出现α、β、γ不同的溶血现象；④发酵葡萄糖、蔗糖，不同菌株对其他糖利用能力不同	①P抗原为核蛋白抗原；②C抗原为细胞壁中的多糖成分；③型特异性抗原为细胞壁中的蛋白质抗原	①60 ℃ 30 min可灭活；②常用消毒药均能灭活；③抗生素均敏感，其中青霉素可作治疗链球菌病的首选药物	①能产生多种毒素和酶，致动物和人的多种疾病；②个别群体链球菌感染后，可产生特异免疫抗体	①涂片镜检；②分离培养；③生化试验；④血清学试验	可引起马腺疫、猪链球菌病、人猩红热、新生儿脑膜炎等

表 3-9 肠杆菌的特性及检查

菌名	生物学特征			抵抗力	致病性与免疫性	实验室诊断方法	相关疾病
	形态与染色	培养及生化特性	抗原构造				
大肠杆菌	①直杆菌,两端钝圆,大小(0.4~0.7)μm×(2~3)μm;②多数有鞭毛,少数兼有性菌毛;常有微荚膜;③革兰氏染色阴性	①需氧或兼性厌氧;②肉汤培养均匀混浊,有沉淀和菌环,常有特殊的粪臭味;③菌落为圆形凸起,光滑湿润,半透明,灰白色,边缘齐或不太整齐中等偏大菌落(见图3-58),β溶血;④鉴别培养基上生长特性见表3-11;⑤生化特性见表3-12	目前已确定的大肠杆菌有173种,K抗原有80种,H抗原有56种;①O抗原是S型菌的一种耐热菌体抗原,成分为细胞壁中的脂多糖;②K抗原是菌体表面的一种热不稳定荚膜,多存在于鞭毛菌中,个别位于菌毛中;③H抗原是一类不耐热的鞭毛蛋白抗原	①对热抵抗力强,60℃15min仍有部分存活;②土壤、水中可存活数周至数月;③胆盐和煌绿等对大肠杆菌有较强的选择性抑制作用;④对抗生素敏感,但易耐药	①根据毒力因子与发病机制的不同,将肠杆菌分为五类:产肠毒素大肠杆菌、产类志贺毒素大肠杆菌、肠致病性大肠杆菌及尿道致病性大肠杆菌、败血症性大肠杆菌;②相应血清型的灭活疫苗、亚单位苗具有免疫预防效果;③母源抗体能保护初生幼畜抵抗致病性大肠杆菌	①分离培养;②生化试验;③动物试验;④血清学试验;⑤聚合酶反应	可引起仔猪白痢、仔猪黄痢、猪水肿病、牛大肠杆菌病和禽大肠杆菌病等
沙门氏菌	①直杆状,大小为(0.7~1.5)μm×(2.0~5)μm;②除鸡白痢沙门氏菌和鸡雏沙门氏菌无鞭毛外,均有周身鞭毛,多数有普通菌毛;③革兰氏染色阴性	①培养特性与大肠杆菌相似,只有鸡白痢、鸡伤寒、羊流产和甲型副伤寒等沙门氏菌在普通琼脂培养基上生长贫瘠,形成较小菌落(见图3-59);②鉴别培养基上生长特性见表3-11;③生化特性见表3-12、表3-13	目前已确定的沙门氏菌O抗原有58种,H抗原有63种;①O抗原是细胞壁表面的耐热多糖抗原;②H抗原是蛋白质性鞭毛抗原;③Vi抗原是伤寒、丙型副伤寒和部分都柏林沙门氏菌表面包膜抗原,属于K抗原的范畴,与该菌株的毒力有关	①对热、药物和外界环境的抵抗力与大肠杆菌相似;②亚硒酸盐、煌绿等染料对本菌的抑制作用小于大肠杆菌	①本属菌均有致病性,是人畜共患病的病原。常引发幼龄动物败血症、胃肠炎及其他组织局部炎症,成年动物散发性或局限性沙门氏菌病;②毒力因子有多糖、肠毒素、细胞毒素、脂多糖等。毒力基因有助于细胞损伤,能引起肠上皮细胞损伤。毒力基因能编码有助于病原体在宿主体内定居和造成机体损伤的产物;③体液免疫和细胞免疫在定抗沙门氏菌感染中均起重要作用	①分离培养;②生化试验;③血清学试验;④聚合酶反应;⑤核酸探针	可引起猪副伤寒、鸡白痢、禽副伤寒、鸡伤寒、牛流寒、牛产沙门氏菌病等

表 3-10 大肠杆菌与沙门氏菌在鉴别培养基上的菌落特征

菌种	鉴别培养基				
	麦康凯琼脂	远滕氏琼脂	伊红美蓝琼脂	SS琼脂	三糖铁琼脂
大肠杆菌	红色	紫红色有光泽	紫黑色带金属光泽（见图3-49）	红色	斜面黄色，底层变黄有气泡，不产 H_2S
F 沙门氏菌	淡橘红色	淡红色或无色	较小无色透明	淡红色、半透明，产 H_2S 菌株菌落中心有黑点（见图3-50）	斜面红色，底层变黄有气泡，部分菌株产 H_2S

表 3-11 大肠杆菌与沙门氏菌生化试验鉴别表

菌种	葡萄糖	乳糖	麦芽糖	甘露醇	蔗糖	吲哚试验	V-P 试验	M-R 试验	枸橼酸盐	H_2S 试验	动力
大肠杆菌	⊕	⊕/-	⊕	⊕	v	+	-	+	-	-	+
沙门氏菌	⊕	-	⊕	⊕	-	-	-	+	+	+/-	+/-

注：⊕产酸产气，＋阳性，－阴性，＋/－大多数菌株阴性/少数阴性，v 种间有不同反应。

表 3-12 常见沙门氏菌的生化特性

菌名	葡萄糖	乳糖	麦芽糖	甘露醇	蔗糖	硫化氢	尿素分解	靛基质	甲基红	V-P	枸橼酸盐利用
鼠伤寒沙门氏菌	⊕	-	⊕	⊕	-	+	-	-	+	-	-
猪霍乱沙门氏菌	⊕	-	⊕	⊕	-	+	-	-	+	-	+
猪伤寒沙门氏菌	⊕	-	⊕	-	-	-	-	-	+	-	-
都柏林沙门氏菌	⊕	-	⊕	⊕	-	+	-	-	+	-	+
肠炎沙门氏菌	⊕	-	⊕	⊕	-	+	-	-	+	-	-
马流产沙门氏菌	⊕	-	⊕	⊕	-	+	-	-	+	-	+
鸡白痢沙门氏菌	⊕	-	-	⊕	-	+	-	-	+	-	-
鸡伤寒沙门氏菌	+	-	+	+	+	+	-	-	+	-	-

注：⊕产酸产气，＋阳性，－阴性。

3. 革兰氏阴性中小杆菌

多杀性巴氏杆菌是巴氏杆菌菌属中危害最大的畜禽致病菌。本菌可引起多种畜禽发生巴氏杆菌病，表现为出血性败血症或传染性肺炎。本菌广泛分布于世界各地，正常存在于多种健康动物的口腔和咽部黏膜，属于条件致病菌。

嗜血杆菌属是一群酶系统不完全的革兰氏阴性杆菌，生长需要血液中的生长因子，尤其是 X 因子和 V 因子。寄生于动物并对动物有致病性的有 6 种，常分离自人和动物的各种病灶和分泌物。本属细菌引起的畜禽疫病在世界许多国家均有发现。

布氏杆菌是革兰氏阴性需氧的布氏杆菌属的短小杆菌，是多种动物和人布氏杆菌病的病原，不仅危害畜牧生产，而且严重损害人类健康，因此在公共卫生和畜牧业发展上均有重要意义，其特性见表 3-13。

表 3-13　革兰氏阴性中小杆菌特性及检查

菌名	生物学特征				致病性与免疫性	实验室诊断方法	相关疾病
	形态与染色	培养及生化特性	抗原构造	抵抗力			
多杀性巴氏杆菌	①两端钝圆短杆菌，大小为(0.25～0.4)μm×(0.5～2.5)μm；②新分离的强菌株具有荚膜；③染色呈两端着色深，呈中央着色浅的"两极杆菌"；④革兰氏染色阴性	①需氧或兼性厌氧；②对营养要求较严格。在加血液、血清或微量血红素的培养基中生长良好。菌落灰白色、光滑、湿润、隆起、边缘整齐、水滴样小菌落，不溶血；③分解葡萄糖、果糖、蔗糖、甘露糖和半乳糖，产酸不产气。多数菌株发酵甘露醇。可形成靛基质，甲基红试验和 V－P 试验阴性，不液化明胶，产生 H_2S	有 4 种荚膜抗原即 K 抗原，16 种菌体抗原即 O 抗原，依此来区分血清型	①抵抗力低，56 ℃ 15 min 或 60 ℃ 10 min 可灭活；②一般消毒药数分钟内均可灭活；③对抗生素及许多新的抗菌药物敏感	①对鸡、鸭、鹅、野禽、猪、牛、羊、马、兔等均有致病性；②毒力因子有荚膜、菌毛和内毒素等；③带菌健康动物具有免疫力；④动物患病痊愈后，可获得较强的免疫力	①涂片镜检；②分离培养；③生化试验；④动物试验；⑤血清学试验	可引起猪肺疫、禽霍乱、牛出血性败血症等
嗜血杆菌	①球杆状、杆状或长丝状。大小为 1.5μm×(0.3～0.4)μm；②新分离的致病菌株有荚膜；③染色成两极浓染；④革兰氏染色阴性	①需氧或兼性厌氧；②初次分离培养需 5%～10%CO₂。巧克力琼脂上，菌落呈现圆形、隆起、表面光滑、边缘整齐、灰白色半透明的小菌落。因菌种和培养基营养程度不同，菌落由针尖大直至绿豆大小；③生化反应较弱，对糖类发酵多不稳定	①荚膜为脂多糖，具有型特异性；②菌体抗原，包括脂多糖抗原和外膜蛋白抗原	①抵抗力低。60 ℃ 5～20 min 可灭活；②干燥环境中容易死亡；③常用消毒剂都容易灭活；④对红霉素、结晶紫、磺胺类等药物敏感	①可致人和动物多种疾病；②毒力因子包括荚膜、菌毛和内毒素等；③动物患病痊愈后，可获得较强的免疫力；以体液免疫为主	①涂片镜检；②分离培养；③V 因子需要试验；④X 因子需要试验；⑤生化试验；⑥血清学试验	可引起副猪嗜血杆菌病、鸡传染性鼻炎、兔黏液性肠炎等

续表

菌名	生物学特征				致病性与免疫性	实验室诊断方法	相关疾病
	形态与染色	培养及生化特性	抗原构造	抵抗力			
布氏杆菌	①球形或短杆菌，大小为(0.5~0.7)μm×(0.6~1.5)μm；②偶尔有类似荚膜的结构；③柯氏染色呈红色；④革兰氏染色阴性	①专性需氧；②对营养的要求较高，初次分离培养需加血液、血清或组织提取物，有的还需要5%~10% CO_2。可产生S型、R型和M型菌落；③触酶阳性，氧化酶多为阳性。有些菌型能分解尿素和产生H_2S。不同型别分解糖的能力不同	①M抗原和A抗原均为光滑型菌的抗原，成分为脂多糖蛋白复合物，在每种菌上的分布比例不同；②R抗原为粗糙型菌的抗原，成分为低蛋白脂多糖复合物	①抵抗力较强。60℃加热30 min即灭活；②对阳光、热及一般消毒药的抵抗力较弱；③抗生素对本菌均有抑制作用，但青霉素无效。对磺胺类药物有一定的敏感性	①动物感染后，一般无明显临床症状，病变多局限于生殖器官，主要表现为流产、睾丸炎、关节炎等；②为胞内寄生菌，多寄生于粒细胞和单核细胞。毒素为毒性较强的内毒素；③免疫力由细胞免疫和体液免疫构成，以细胞免疫为主	①涂片镜检；②分离培养；③动物试验；④血清学试验；⑤变态反应检查	可引起牛、羊、猪等动物布氏杆菌病

4. 革兰氏阳性无芽孢杆菌

丹毒丝菌属和李斯特氏菌属的细菌均为革兰氏阳性不形成芽孢的小杆菌。李斯特氏菌简称李氏杆菌，广泛分布于自然界，该菌是冷藏食品、饲料、食品的主要污染菌，在公共卫生学上具有重要意义。该菌属能感染多种动物，可引起牛、羊、马和犬发生脑炎，羔羊、犊牛和猪等肝坏死和肝脓肿，对人也有致病性，产单核细胞李氏杆菌是其典型的代表。丹毒丝菌属中的红斑丹毒丝菌，是猪丹毒的病原体，又称猪丹毒杆菌，存在于猪、羊、鸟类及鱼体表、肠道等处，也可感染马、羊和禽类等，人类感染后发生"类丹毒"，其特性见表3-14。

表3-14　革兰氏阳性无芽孢杆菌特性及检查

菌名	生物学特征				致病性与免疫性	实验室诊断方法	相关疾病
	形态与染色	培养及生化特性	抗原构造	抵抗力			
猪丹毒杆菌	①直或稍弯的纤细的小杆菌，大小为(0.2~0.4)μm×(0.8~2.5)μm；②人工传代呈长丝状。慢性病猪心脏疣状物中的细菌多为长丝状；③易被苯胺类染料着色，革兰氏染色阳性	①微需氧或兼性厌氧；②在适量血液或血清、并有10%的CO_2中培养时，形成透明、灰白色、露珠样圆形小菌落，α溶血；③发酵糖能力弱，产生H_2S。明胶穿刺呈试管刷状生长，不液化明胶；④其他生化特性见表3-15	①根据抗原结构，分耐热抗原和不耐热抗原；②根据对热、酸的稳定性，分为型特异性抗原和种特异性抗原	①对外环境抵抗力强；②对常用消毒剂抵抗力小强，0.5%甲醛几十分钟可灭活，可耐0.2%的苯酚；③对青霉素、磺胺类药物敏感	①可通过呼吸道或损伤皮肤、黏膜感染，3~12月龄猪发生猪丹毒；3~4周龄的羔羊发生慢性多发性关节炎，鸡有衰弱和下痢症状，鸭呈败血症经过。人发生皮肤病变，称"类丹毒"；②病猪康复后可获得较强的免疫力。抗猪丹毒血清可用于紧急被动免疫	①涂片镜检；②分离培养；③动物试验；④血清学试验	可引发猪丹毒和人的"类丹毒"

续表

菌名	生物学特征				致病性与免疫性	实验室诊断方法	相关疾病
	形态与染色	培养及生化特性	抗原构造	抵抗力			
产单核细胞李氏杆菌	①两端钝圆短杆菌，大小为(0.4～0.5)μm×(0.5～2.0)μm，多单在，有时排列成V形或短链；②老龄菌体呈长丝状排列；③可形成1～4根鞭毛，数量随温度条件而改变；④革兰氏染色阳性	①需氧或兼性厌氧；②血清培养基上形成圆形、光滑、透明、淡蓝色、小菌落。β溶血。加入0.2%～1%的葡萄糖及2%～3%的甘油生长更佳；③分解葡萄糖、果糖、海藻糖、水杨苷、鼠李糖，产酸不产气。明胶穿刺呈侧枝生长，不液化明胶；④其他生化特性见表3-15	有菌体抗原(O抗原)及鞭毛抗原(H抗原)	①对外环境抵抗力强；②常用消毒剂及温度均可灭活本菌；③4℃可生长，故称"冰箱菌"；④对青霉素等敏感，对磺胺和多黏菌素有抵抗力	①可使牛、羊、禽、兔、鹿和人等发病。牛羊易感，犊牛或羔羊表现为败血症，成牛、羊表现神经症状和流产；②患畜血液中单核细胞增多；③无有效疫苗	①涂片镜检；②分离培养；③动物试验；④血清学试验	可引发牛、羊、猪等李氏杆菌病

表 3-15　产单核细胞李氏杆菌与猪丹毒杆菌的鉴别要点

菌种	溶血型	4℃生长	运动性(25℃)	接触酶	马尿酸钠	V-P及甲基红试验	H₂S	明胶穿刺	感染试验	
									鸽	豚鼠
猪丹毒杆菌	α	-	-	-	-	-	+	试管刷状	+	-
李氏杆菌	β	+	+	+	+	+	-	呈侧枝生长	-	+

5. 革兰氏阳性产芽孢杆菌

产芽孢的细菌是一群差异很大的细菌，在动物医学上重要的是芽孢杆菌属和梭菌属的细菌。芽孢杆菌属常见的致病菌为炭疽杆菌(见图3-60)，它是引起人类、各种家畜和野生动物炭疽的病原，其危害极为严重，在动物医学和医学上均占有相当重要的地位。其他与炭疽杆菌相似的需氧芽孢杆菌，一般无致病性。梭菌属通常为厌氧菌，常存在于土壤、腐物、人和动物肠道中，多为腐生菌，少数为致病菌。主要致病菌有气肿疽梭菌、腐败梭菌、破伤风梭菌(见图3-61)、肉毒梭菌、诺维梭菌、产气荚膜梭菌。本属菌均能形成芽孢且芽孢直径大于菌体，致使菌体形如梭状，故又称为梭状芽孢杆菌。除产气荚膜梭菌(即魏氏梭菌)能形成荚膜而无鞭毛外，其余均不形成荚膜，而有周身鞭毛。病原梭菌通常均能产生外毒素，而且毒力强。由梭菌引起动物的疾病，按性质和症状大致可分为5类。

图 3-60　炭疽杆菌
(李一经.兽医微生物学.北京：高等教育出版社，2011)

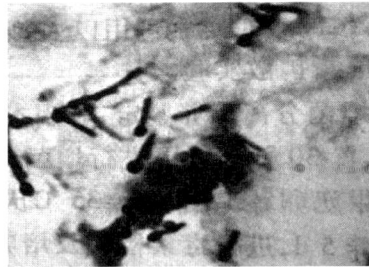

图 3-61　破伤风梭菌
(李一经.兽医微生物学.北京：高等教育出版社，2011)

(1)气肿疽与恶性水肿

均为急性败血性传染病，且都具气性水肿症状特征，临床上极为相似。气肿疽病原为气肿疽梭菌，主要通过消化道感染。恶性水肿由创伤感染引起，其病原复杂多样，动物主要是腐败梭菌；人则主要是 A 型产气荚膜梭菌，或 A 型诺维梭菌等，也可能是两种以上梭菌的混合感染。所以对其微生物学诊断主要靠病原菌检查。

(2)快疫与类快疫

是一类病程极短促的急性致死性传染病，包括羊快疫、羊猝狙、肠毒血症、黑疫及细菌性血红素尿；它们在临床上有许多相似之处，且本质上均为毒血症。羊猝狙和肠毒血症的病原为产气荚膜梭菌，本菌在肠道内产生毒素，故微生物学诊断主要是检查肠内容物的毒素。羊快疫是腐败梭菌经消化道感染所致，病菌最初在肠道内产生毒素，其后则侵入体内造成败血症，故微生物学诊断则依靠病原菌检查。黑疫的病原为 B 型诺维梭菌，细菌性血红素尿的病原为溶血梭菌，二者主要存在于肝脏，因产生毒素而引起此病；微生物学诊断主要是病原检查，也可检查毒素。

(3)痢疾与肠炎

由产气荚膜梭菌在肠道内产生毒素引起，包括羔羊痢疾、犊牛痢疾和人、禽坏死性肠炎；细菌不一定侵入体内，故微生物学诊断主要检查肠内容物的毒素。

(4)食物中毒

包括人畜肉毒梭菌中毒症与人产气荚膜梭菌食物中毒，都是由于病原菌在食物或饲料中生长繁殖，产生毒素被食入而致病。肉毒梭菌中毒症的微生物学诊断首先检测肉毒毒素，其次是细菌检查；产气荚膜梭菌食物中毒则是依靠由可疑食物中分离细菌，并测定其毒素产生能力。

(5)破伤风

破伤风梭菌经创伤感染，在感染部位发育繁殖，产生毒素而引起疾病。此病症状特征性极强，通常无须微生物学诊断。如有需要，可做毒素或细菌检查。

梭菌大多专性厌氧，诺维梭菌、溶血梭菌等对厌氧要求十分苛刻，其培养基必须新鲜制备或保存于厌氧环境之中；若在空气环境中放置超过数小时，虽再作厌氧培养，细菌也不再生长。此外，细菌在空气中暴露 $20\sim30$ min 也会遭到抑制而不再生长；故划线接种后应立即厌氧培养，培养物解除厌氧状态后应迅速移植。腐败梭菌、诺维梭菌、肉毒梭菌等在固体培养基表面易于蔓延生长，造成菌落融合混杂；为获得单个菌落，可将培养基的琼脂浓度提高至 $4\%\sim6\%$，或在培养基中加入 $0.1\%\sim0.5\%$ 巴比妥钠、苯巴比妥钠或水合氯醛，也可划线接种之后在表面上加注一层琼脂培养基，以限制菌落蔓延。炭疽杆菌和破伤风梭菌特性见表 3-16。

表 3-16 革兰氏阳性产芽孢杆菌特性及检查

菌名	生物学特征				致病性与免疫性	实验室诊断方法	相关疾病
	形态与染色	培养及生化特性	抗原构造	抵抗力			
炭疽杆菌	①粗大的链杆菌,在机体内菌体呈竹节状排列。大小为（1.0～1.2)μm×(3～5)μm; ②芽孢呈椭圆形,位于菌体中央,小于菌体宽度。动物体、血液或血清培养基上形成荚膜。菌体菌膜消失后,仍有荚膜残留,称为"菌影"; ③革兰氏染色阳性	①需氧; ②对营养要求不高,菌落大而扁平,灰白色,不透明,无光泽,边缘不整齐,表面粗糙如卷发,不溶血; ③分解葡萄糖、麦芽糖、蔗糖、半乳糖等,产酸不产气。V－P试验为阳性,还原硝酸盐。卵磷脂酶阳性或微弱阳反应,触酶阳性; ④能缓慢液化明胶,穿刺接种后呈倒立松树状	①荚膜抗原,为荚膜多肽,仅见于有毒菌株; ②菌体抗原,为多糖成分,与毒力无关; ③保护性抗原,是胞外蛋白质,为炭疽毒素的组成成分之一; ④芽孢抗原,是芽孢外膜层的抗原决定簇	①菌体抵抗力不强,60℃ 30～60 min 或 75℃ 5～15 min 可灭活。芽孢的抵抗力特别强,干燥状态下可长期存活。煮沸 15～25 min,121℃灭菌 5～10 min,或 160℃ 干热灭菌 1 h 方被灭活; ②常用消毒剂均能灭活; ③对抗生素及磺胺类药物高度敏感	①能致各种家畜、野生动物和人类的炭疽。其中牛、绵羊、鹿等最易感,马、骆驼、猪、山羊等次之,犬、猫、食肉兽等则有一定的抵抗力,禽类不感染; ②食草动物表现为急性败血症,猪表现为慢性咽喉部感染,犬、猫和食肉兽多表现为肠炭疽; ③毒力与荚膜和毒素有关; ④痊愈动物可获得坚强的免疫力	①涂片镜检; ②分离培养; ③生化试验; ④动物试验; ⑤血清学试验	可引起各种家畜、野生动物及人类的炭疽病
破伤风梭菌	①两端钝圆、细长、正直或略弯曲的杆菌,大小（0.5～1.7)μm×(2.1～18.1)μm。在湿润琼脂表面上,可形成长丝状; ②周鞭毛,动物体内外均能形成圆形芽孢,位于菌体一端,使芽孢菌体呈鼓槌状; ③革兰氏染色阳性	①严格厌氧; ②对营养要求不高,普通培养基扩散成薄膜状覆盖整个平板表面,边缘呈卷曲细丝状。β溶血; ③只轻度分解葡萄糖,液化明胶,产生 H₂S,吲哚阳性,脱氧核糖核酸阳性	①菌体抗原; ②鞭毛抗原	①繁殖体抵抗力不强,芽孢的抵抗力极强,湿热 105℃ 25 min 及干热 120℃ 20 min,干热 150℃ 1 h 以上才可灭活; ②5%石炭酸 0.1% 升汞作用 15 h 才灭活芽孢; ③青霉素敏感,磺胺类药物对本菌有抑制作用	①在深而窄的创口感染本菌,并形成厌氧环境时,可大量繁殖产生强烈毒素而致病; ②能产生两种毒素。另一种为破伤风痉挛毒素,毒力强,为一种致病性;破伤风溶血毒素,与致病性无关; ③毒素具有良好的免疫原性,可用来制成类毒素,能有效预防本病发生	因有典型临床症状,一般无须微生物学诊断;如有特殊需要,可采取创伤部的分泌物或创伤死组织进行细菌学检查。可通过动物试验进行毒素检查	可引发人及动物的破伤风

6. 分枝杆菌

分枝杆菌属细菌是一类细长略显弯曲、丝状、需氧、不形成芽孢和鞭毛的革兰氏阳性杆菌，抗酸染色呈阳性。本属菌在自然界分布广泛，但多为腐生菌，对动物有致病性的主要有结核分枝杆菌（见图 3-62）、牛分枝杆菌、禽分枝杆菌和副结核分枝杆菌。结核分枝杆菌对人致病性较强，对牛、猪具有中等毒力，也能感染马和羊；具有抗酸染色和分枝特点，是分枝杆菌属的代表种。副结核分枝杆菌是引起牛、羊和一些野生反刍动物副结核病的病原菌，结核分枝杆菌及副结核分枝杆菌特性见表 3-17。

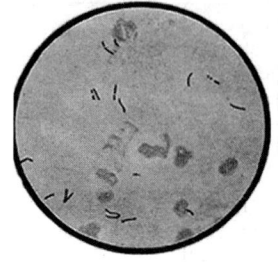

图 3-62 光学镜下结核分枝杆菌形态（×1 000）

（李一经. 兽医微生物学. 北京：高等教育出版社，2011）

表 3-17 结核分枝杆菌及副结核分枝杆菌特性及检查

菌名	生物学特征			致病性与免疫性	实验室诊断方法	相关疾病
	形态与染色	培养及生化特性	抵抗力			
结核分枝杆菌	①细长、直或微弯，两端钝圆的杆菌，菌体可见分枝。大小为（0.2～0.5）μm×（1.5～4.0）μm。单在、呈双或丛排列；②与之相比，牛分枝杆菌短粗，禽分枝杆菌呈多形性；③革兰氏染色阳性；④抗酸染色阳性	①专性需氧菌；②对营养要求严格。在培养基上生长缓慢，3～4周才可见粗糙、隆起、不透明、边缘不整齐，呈颗粒、结节或菜花状，乳白色或米黄色菌落；③不发酵糖类，可合成烟酸和还原硝酸盐，尿素酶阳性	①抵抗力强，干燥环境可存活 6～8 个月。对湿热的抵抗力较弱，60 ℃30 min 可失去活力；对低温抵抗力强；对紫外线敏感；②一般消毒剂对本菌的杀灭力不大；③对链霉素、异烟肼、利福平、卡那霉素、对氨基水杨酸敏感，但长期使用易产生抗药性	①主要由呼吸道侵入肺感染，也可通过消化道或破损的皮肤黏膜感染；②可引发机体产生细胞免疫；③可引发机体产生迟发型变态反应	①涂片镜检；②分离培养；③动物试验；④变态反应检查；⑤血清学检查	可引起人和动物发生结核病
副结核分枝杆菌	①短杆菌，大小为（0.2～0.5）μm×（0.5～1.5）μm。常呈丛排列；②革兰氏染色阳性；③抗酸染色阳性	①专性需氧菌；②对营养要求严格。初次分离困难，一般需要 6～8 周，才能长成灰白色、坚硬、粗糙的小菌落，偶有产生黄色素的菌株	抵抗力和结核分枝杆菌大致相同	①病菌侵入后在肠黏膜和黏膜下层繁殖，并引起肠道损害；②在机体首先引发产生细胞免疫，然后出现体液免疫；③可引发机体产生迟发型变态反应	①涂片镜检；②分离培养；③变态反应检查；④血清学检查；⑤PCR 鉴定	可引起牛、羊及野生反刍动物副结核病

7. 牛放线菌

本菌为牛放线菌病的病原。猪也可传染，对马、犬及人也有致病性，其特性见表 3-18。

表 3-18 放线菌的特性及检查

菌名	生物学特征			致病性与免疫性	实验室诊断方法	相关疾病
	形态与染色	培养及生化特性	抵抗力			
牛放线菌	①呈多种形态,培养基上幼龄似棒状,老龄常见分枝丝状或杆状,直径为 0.6～0.7 μm;②病灶脓液中可见黄色小菌块,颜色似硫黄,故称"硫黄颗粒"。压片镜检呈菊花状,菌丝末端膨大,向周围呈放射状排列;③"硫黄颗粒"革兰氏染色,中央呈阳性,周边呈阴性	①厌氧或微需氧;②培养比较困难。血液琼脂厌氧培养 2 d 可见半透明、乳白色、不溶血的粗糙菌落,呈小米粒状,无气生菌丝;③缓慢发酵葡萄糖、果糖、蔗糖、乳糖、麦芽糖和杨苷,产酸不产气	①对干燥、高热、低温抵抗力弱;②一般常用消毒药均能达到消毒目的;③对抗生素类药物敏感,但因药物很难渗透到脓灶中,所以不易达到杀菌目的	①牛多侵害上、下颌骨和颊肌,形成局部肉芽肿样炎症和坏死样脓肿;猪表现为乳房炎,马表现为鬐甲瘘;②免疫原性不强	①压片镜检;②分离培养	可引起牛放线菌病

8. 鸡败血霉形体

本菌是引起鸡和火鸡等多种禽类慢性呼吸道病的病原体,其电镜下形态见图 3-63,特性见表 3-19。

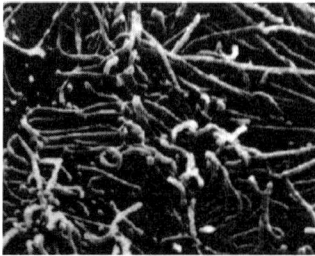

图 3-63 霉形体电镜照片(×26 000)

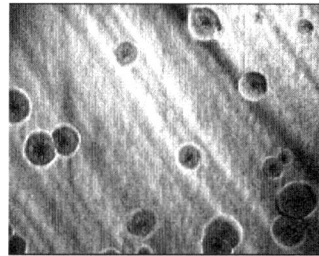

图 3-64 霉形体"乳头状"菌落

(李一经.兽医微生物学.北京:高等教育出版社,2011)

表 3-19 鸡败血霉形体的特性及检查

菌名	生物学特征				致病性与免疫性	实验室诊断方法	相关疾病
	形态与染色	培养及生化特性	抗原构造	抵抗力			
鸡败血霉形体	①通常为球杆状,大小为 0.2～0.5 μm;②革兰氏染色为弱阴性;③姬姆萨染色着色良好	①需氧和兼性厌氧;②对营养要求高。培养基上生长缓慢,3～5 d 才形成圆形、光滑透明、边缘整齐、中央颜色深且致密的乳头状突起的露滴样小菌落,直径 0.2～0.3 mm,见图 3-64;③可分解葡萄糖和麦芽糖产酸不产气,对乳糖、果糖及甘露醇分解情况不定	胞浆膜中的一些多肽在感染发病和免疫应答中起关键作用,是重要的毒力因子和抗原	①对外界环境抵抗力不强;②一般消毒剂均能将其杀死;③对青霉素、新霉素及磺胺类药物有抵抗力。对泰乐菌素、红霉素、四环素和链霉素敏感	①病原体存在于病鸡和带菌鸡的呼吸道、卵巢、输卵管和精液中,可垂直传播;②引起鸡呼吸疾病,并对鸡胚有致病性;③引起火鸡鼻窦炎、气囊炎及腱鞘炎;④康复后可产生免疫力	①分离培养;②血清学检查	可引起鸡败血霉形体病

9. 猪痢疾蛇形螺旋体

螺旋体广泛分布于水生环境和动物体内，种类很多，大部分营自由的腐生生活或共生，无致病性，只有一小部分可引起人和动物疾病，其中能引起猪痢疾的猪痢疾蛇形螺旋体特性见表3-20。

表 3-20　猪痢疾蛇形螺旋体的特性及检查

菌名	生物学特征				致病性与免疫性	实验室诊断方法	相关疾病
	形态与染色	培养及生化特性	抗原构造	抵抗力			
猪痢疾蛇形螺旋体	①菌长 6～10 μm，宽 0.4 μm，呈波浪形，多为 2～4 个弯曲，两端尖锐；②新鲜病料暗视野观察呈活泼的蛇形运动；③革兰氏染色阴性或弱阳性；④姬姆萨染色微红色。常用镀银法染色	①严格厌氧；②对营养要求严格。需加特殊营养及气体才能生长。菌落扁平、半透明、针尖状。β溶血；③发酵葡萄糖和麦芽糖，不发酵其他碳水化合物，能利用丙酮酸盐	用热酚一水溶液对本菌抗原进行抽提可分离出两种抗原成分，一为水中脂多糖抗原；另一为酚中蛋白质特异性抗原	①对外界环境抵抗力较强；②对消毒剂抵抗力不强	①本菌常引发8～14 周龄幼猪发病。特征病变为大肠黏膜发生卡他性、出血性和坏死性炎症；②猪和野鼠为本菌的贮主；③康复后可产生免疫力	①涂片或压片镜检；②分离培养；③动物试验；④血清学检查	可引起猪痢疾（血痢）

10. 贝氏柯克斯体

贝氏柯克斯体惯称 Q 热立克次氏体，是 Q 热的病原体。广泛存在于世界各地，蜱是传播媒介，牛、羊等动物是传染源。贝氏柯克斯体特性见表3-21。

表 3-21　贝氏柯克斯体特性及检查

菌名	生物学特征		致病性及免疫原性	实验室诊断方法	相关疾病
	形态与染色	抵抗力			
贝氏柯克斯体	①呈多形性，多见有短杆状或球杆状，常排列成对，也往往聚集成堆；②个体较小，约为0.2～0.4μm×0.4～1μm，尢鞭毛或荚膜；③染色常用姬姆萨或马基维罗氏染色法，可使其分别染成紫色或红色，革兰染色虽为阴性，但常不稳定，也可染成阳性	①耐热、嗜酸、发育周期中能形成芽孢；②具有滤过性，多在宿主细胞吞噬溶酶体内繁殖，对理化因素抵抗力较强	①贝氏柯克斯体主要寄生于节肢动物的肠壁上皮细胞中，人畜主要经这些节肢动物的叮咬或其粪便污染伤口而感染；②侵入皮肤的贝氏柯克斯体先在局部淋巴组织或小血管内皮细胞中生长繁殖，引起内皮细胞肿胀、增生、坏死，微循环发生障碍以及形成血栓，红细胞渗出血管周围组织，引起特征性皮疹；③若贝氏柯克斯体经血流在全身各器官的小血管内皮细胞中大量增殖后，再释入血流时，便能引起第二次菌血症，同时也导致各器官血管内皮细胞发生肿胀、增生，血管内形成血栓，血管出现节段性或圆形坏死等病变，从而使机体表现出各种相应的临床症状；④人和动物感染立克次氏体后，可产生特异性体液免疫和细胞免疫	①涂片镜检；②分离培养；③血清学检查	主要引致人类 Q 热，牛、羊、马、犬、猫和禽等也可感染

11. 鹦鹉热衣原体

鹦鹉热衣原体以鸟类和哺乳动物为其天然的宿主，有 8 个血清型，可引起畜禽肺炎、流产、关节炎等多种疾病，也可致人的肺炎。鹦鹉热衣原体特性见表 3-22。

表 3-22　鹦鹉热衣原体特性及检查

菌名	生物学特征		致病性	实验室诊断方法	相关疾病
	形态与染色	培养特性			
鹦鹉热衣原体	①鹦鹉热衣原体在细胞内繁殖，具有特殊的发育周期，可观察到两种不同的颗粒结构，一种是小而密的原体，另一种是大而疏松的网状体；②原体在普通化学显微镜下勉强可见，电子显微镜下可见中央有致密的类核结构，有细胞壁，是发育成熟的衣原体，姬姆萨染色呈紫色。③网状体体大，圆形或卵圆形，无细胞壁，代谢活泼，以二分裂方式繁殖，在空泡内发育成许多子代原体，在细胞内形成包含体	①不能用人工培养基培养，但可用鸡胚或细胞培养；②在鸡胚卵黄囊及 Hela 细胞、猴肾细胞培养中易于生长，并能感染小鼠致发生肺炎、腹膜炎或脑炎而死亡	①鹦鹉热衣原体的主要宿主是禽类，其次为除人类以外的哺乳动物；②能产生不耐热的内毒素，该物质存在于衣原体的细胞壁中；③衣原体在宿主细胞内繁殖，代谢产物和毒素的毒性作用可破坏细胞	①涂片镜检；②病原分离；③血清学检查；④分子生物学技术	可引起鹦鹉类禽鸟鹦鹉热，非鹦鹉类禽类鸟疫

12. 猪附红细胞体

附红细胞体是引起人畜共患附红细胞体病的病原，它寄生于红细胞表面、血浆及骨髓中。目前国际上广泛采用 1984 年版《伯杰细菌鉴定手册》进行分类，将附红体列为立克次体目、无形体科、血虫体属（也称附红细胞体属）。在不同动物中寄生的附红细胞体各有其名，如绵羊附红细胞体、猪附红细胞体、牛附红细胞体和人附红细胞体等。

猪附红细胞体病可发生于各龄猪，但以仔猪和长势好的架仔猪死亡率较高，母猪的感染也比较严重。主要病理变化为贫血及黄疸。可能是附红细胞体破坏血液中的红细胞，使红细胞变形，表面内陷溶血，携氧功能丧失而引起猪抵抗力下降，且易并发感染其他疾病。也有人认为变形的红细胞经过脾脏时溶血，也可能导致全身免疫性溶血，使血凝系统发生改变（见图 3-65）。猪附红细胞体的特性见表 3-23。

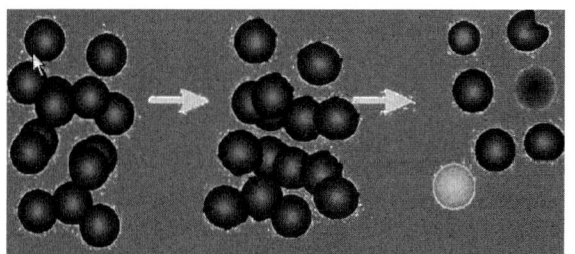

图 3-65　感染附红细胞体过程模式图

正常红细胞　　感染后红细胞　红细胞融血,造成贫血

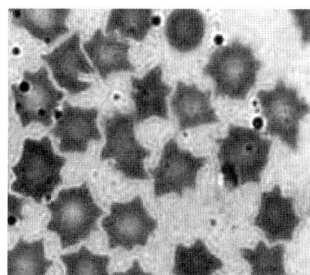

图 3-66　红细胞呈菜花状

表 3-23　猪附红细胞体特性及检查

菌名	生物学特征		致病性及免疫原性	实验室诊断方法	相关疾病
	形态与染色	抵抗力			
猪附红细胞体	①呈圆形、卵圆形、逗号形、网球拍形和杆形等，附着于红细胞表面或游离于血浆中。直径 0.2~2 μm，最大可达 2.5 μm； ②游离于血浆中做摇摆、扭转、翻滚等运动。红细胞上附有多量附红细胞体时，偶能看到红细胞的轻微晃动或震颤。一个红细胞上可以附有 1~15 个附红细胞体，被寄生的红细胞发生形态改变，成菜花状，如图 3-66 所示； ③瑞氏染色虫体呈淡蓝色，姬姆萨染色虫体呈淡紫色或紫红色	①一般常用浓度的消毒药均可灭活； ②青霉素无作用，氯霉素、金霉素和四环素等能抑制繁殖	①附红细胞体吸附在红细胞上后，能够改变红细胞膜的通透性，使红细胞易于溶解和破裂； ②可使红细胞膜抗原发生改变，被自身免疫系统视为异物，导致自身免疫溶血性贫血	①涂片镜检； ②血清学检查； ③聚合酶链反应	可引起猪附红细胞体病

●●●●● **拓展阅读**

我国抗生素事业先驱——童村

深入学习贯彻"二十大"精神
坚持全面依法治国，推进法治中国建设

计　划　单

学习情境 3	检查病原细菌		学时	32
计划方式	以小组为单位，通过讨论共同制订计划			
序　号	实施步骤		使用资源	备注
1				
2				
3				
4				
5				
6				
7				
8				
9				
10				
制订计划说明				
计划评价	班　级		第　　组	组长签字	
	教师签字			日　期	
	评语：				

决策实施单

学习情境 3		检查病原细菌				
讨论小组制订的计划书，做出决策						
计划对比	组号	工作流程的正确性	知识运用的科学性	步骤的完整性	方案的可行性	人员安排的合理性	综合评价
	1						
	2						
	3						
	4						
	5						
	6						

制定实施方案		
序号	实施步骤	使用资源
1		
2		
3		
4		
5		
6		

实施说明：

班　级		第　　组	组长签字	
教师签字		日　期		

评语：

作　业　单

学习情境 3	检查病原细菌				
作业完成方式	课余时间独立完成				
项目 1	检查鸡大肠杆菌与沙门氏菌				
作业题	写出鸡大肠杆菌与沙门氏菌的检查流程，并完成检查结果的报告				
作业解答	可另附纸张				
项目 2	检查皮张中炭疽杆菌				
作业题	写出牛皮张中炭疽杆菌的检查流程，并完成检查结果报告				
作业解答	可另附纸张				
项目 3	凝集试验诊断羊布氏杆菌病				
作业题	写出羊布氏杆菌病的凝集试验诊断流程，并完成检查结果报告				
作业解答	可另附纸张				
项目 4	变态反应诊断牛结核病				
作业题	写出牛结核病的变态反应诊断流程，并完成检查结果报告				
作业解答	可另附纸张				
项目 5	检查猪痢疾蛇形螺旋体				
作业题	写出猪痢疾蛇形螺旋体病的检查流程，并完成检查结果报告				
作业解答	可另附纸张				
项目 6	凝集试验诊断鸡败血性霉形体病				
作业题	写出血清凝集法检查鸡败血性霉形体的检查流程，并完成检查结果报告				
作业解答	可另附纸张				
作业评价	班　级		第　　组	组长签字	
	学　号		姓　名		
	教师签字		教师评分		日　期
	评语：				

效果检查单

学习情境 3	检查病原细菌			
检查方式	以小组为单位，采用学生自检与教师检查相结合，成绩各占总分(100 分)的 50%			
序号	检查项目	检查标准	学生自检	教师检查
1	培养基制作	制作程序正确，有无菌操作意识，能正确使用高压蒸汽灭菌器		
2	细菌增殖培养	无菌操作意识强，接种操作规范，会观察细菌在液体培养基中生长特性		
3	细菌分离培养	分区平板划线操作规范，无菌操作意识强，能正确使用恒温培养箱，具备菌落鉴定能力		
4	细菌生化鉴定	能正确制备生化试验培养基，能正确判定生化试验结果		
5	动物剖检技术	能正确采集病料，无菌操作意识强		
6	药物敏感试验	会制备药敏纸片，能正确使用游标卡尺		
7	牛皮张炭疽杆菌的检查	检查过程正确，操作正确，结果判定准确		
8	羊布氏杆菌凝集试验	虎红平板凝集、试管凝集试验过程操作正确，结果判定准确		
9	牛结核病的变态反应诊断	操作过程正确，结果判定准确		
10	猪痢疾蛇形螺旋体悬滴样品、染色样品制作及观察	样品制作过程正确；会使用显微镜暗视野进行观察，结果判定准确		
11	猪痢疾蛇形螺旋体的分离培养鉴定	TSA 培养基制备、划线接种、集菌法操作正确		
12	鸡败血性霉形体凝集试验	会制备血清，凝集试验过程操作正确，结果判定准确		

	班 级		第 组	组长签字	
检查评价	教师签字			日 期	
	评语：				

评价反馈单

学习情境 3		检查病原细菌			
评价类别	项目	子项目	个人评价	组内评价	教师评价
专业能力 (60%)	资讯(10%)	查找资料，自主学习(5%)			
		资讯问题回答(5%)			
	计划(5%)	计划制订的科学性(3%)			
		用具材料准备(2%)			
	实施(25%)	各项操作正确(10%)			
		各项操作效果(6%)			
		操作是否注意安全(4%)			
		使用器具的规范(3%)			
		操作方法的创意性(2%)			
	检查(5%)	全面性、准确性(3%)			
		生产中出现问题的处理(2%)			
	结果(10%)	提交成品质量(10%)			
	作业(5%)	及时、保质完成作业(5%)			
社会能力 (20%)	团队协作 (10%)	小组成员合作良好(5%)			
		对小组的贡献(5%)			
	敬业、吃苦 精神(10%)	学习纪律性(4%)			
		爱岗敬业和吃苦耐劳精神(6%)			
方法能力 (20%)	计划能力 (10%)	计划制订合理(10%)			
	决策能力 (10%)	计划选择正确(10%)			
意见反馈					

请写出你对本学习情境教学的建议和意见

班　级		姓　名		学　号		总　评	
教师签字		第　组	组长签字			日　期	
评价 评语	评语：						

学习情境 4

检查病毒

●●●● 学习任务单

学习情境 4	检查病毒	学　时	20
布置任务			
学习目标	1. 掌握病毒的概念及特点，了解病毒的增殖方式与过程； 2. 通过鸡新城疫病毒检查，学会病毒的鸡胚培养方法，掌握病毒血凝及血凝抑制试验技术，了解病毒的动物接种、鸡胚培养和细胞培养方法，了解实验动物剖检技术； 3. 了解病毒干扰现象，掌握干扰素的概念、分类、作用机制及生物学功能； 4. 了解病毒凝集红细胞及形成包涵体的特性及意义； 5. 了解病毒感染的实验室诊断程序； 6. 掌握反向间接血凝检测猪水泡病病毒的方法及判定标准； 7. 掌握琼脂扩散试验的操作方法及结果判定； 8. 掌握 PCR 检查猪瘟病毒的方法、过程及结果判定； 9. 了解常见病毒的生物学特性、致病性及实验室诊断方法； 10. 培养学生严谨的工作作风，问题的归纳与总结能力，以及将课堂上学习的知识与技术应用到生产实践中的能力		
任务描述	在微生物检验室，按规程操作，进行鸡新城疫病毒、鸡法氏囊病毒及猪水泡病病毒检查，具体任务： 1. 检测鸡新城疫病毒 取疑似鸡新城疫病毒感染鸡病料，处理，鸡胚接种，血凝及血凝抑制试验，结果判定，填写检验报告单； 2. 检测猪水疱病病毒 取疑似猪水疱病病毒感染病料，处理，反向间接血凝试验，猪水疱病与口蹄疫 A、O、C、Asia-I 型的鉴别诊断，结果判定，填写检验报告单； 3. 检测鸡传染性法氏囊炎病毒 取疑似鸡传染性法氏囊炎病毒感染鸡病料，处理，琼脂扩散试验，结果判定，填写检验报告单； 4. 检测猪瘟病毒 取疑似猪瘟病毒感染病料，进行处理，PCR 实验，结果判定，填写检验报告单		

续表

学习情境 4	检查病毒	学　时	20

布置任务

学时分配	资讯：6 学时	计划：1 学时	决策：1 学时	实施：10 学时	考核：1 学时	评价：1 学时

提供资料	1. 刘莉，王涛. 动物微生物及免疫. 北京：化学工业出版社，2010 2. 刘莉，金璐娟. 动物微生物及免疫. 哈尔滨：黑龙江科学技术出版社，2004 3. 陆承平. 兽医微生物学(第 5 版). 北京：中国农业出版社，2013 4. 李一经. 兽医微生物学. 北京：高等教育出版社，2011 5. 李舫. 动物微生物与免疫技术. 北京：中国农业出版社，2014 6. 张红英. 动物微生物学. 北京：中国农业出版社，2017 7. 杨井坤.《动物微生物及免疫》在线开放课程. 学银在线
对学生要求	1. 以小组为单位完成学习任务，充分体现团队合作精神； 2. 严格遵守微生物检验室的规章制度； 3. 规范操作，尊重实验结果； 4. 严格遵守课堂纪律，爱护各种仪器设备； 5. 遵守操作规程，避免安全事故发生

●●●● **任务资讯单**

学习情境 4	检查病毒
资讯方式	通过资讯问题和资讯引导，动物微生物检验及免疫监测技术精品课网站、图书阅览室查询，课件、视频及模拟实验展示，向指导教师咨询等形式完成
资讯问题	1. 什么是病毒？其有哪些特点？ 2. 病毒的形态、结构有哪些？各部分结构有何功能？ 3. 什么是血凝素和神经氨酸酶？ 4. 病毒以什么方式进行增殖？如何进行增殖？ 5. 病毒的培养方法有哪些？ 6. 如何进行实验动物的接种与剖检？ 7. 病毒的禽胚培养与组织细胞培养各有何优点？ 8. 什么是病毒的干扰现象？产生的原因是什么？ 9. 什么是干扰素？有何生物学功能？ 10. 病毒的血凝及病毒血凝抑制现象是如何产生的？有何应用？ 11. 什么是包涵体？包涵体形成有何意义？ 12. 病毒对外界环境的抵抗力如何？ 13. 病毒感染的实验室诊断程序及方法。 14. 马立克氏病病毒的致病性及免疫性。 15. 口蹄疫病毒可以分成哪几个型？ 16. 新城疫病毒的实验室诊断方法有哪些？ 17. 禽流感病毒的生物学特性有哪些？
资讯引导	1. 在相关信息单中查询； 2. 在刘莉，王涛主编的《动物微生物及免疫》(北京：化学工业出版社，2010)中进行查询； 3. 在刘莉，金璐娟主编的《动物微生物及免疫》(哈尔滨：黑龙江科学技术出版社，2004)中进行查询； 4. 在陆承平主编的《兽医微生物学(第 5 版)》(北京：中国农业出版社，2013)中进行查询； 5. 在其他相关资料中资讯

●●●●● 相关信息单

项目 1　检测鸡新城疫病毒

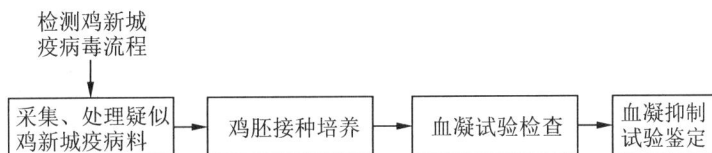

检测鸡新城
疫病毒流程

采集、处理疑似 → 鸡胚接种培养 → 血凝试验检查 → 血凝抑制
鸡新城疫病料　　　　　　　　　　　　　　　　　试验鉴定

【工作场景】

地点：微生物检验室。

动物：疑似鸡新城疫病鸡或死鸡。

器材：煮沸锅、超净工作台、高压蒸汽灭菌器、恒温箱、微量匀浆器、离心机、照蛋器、1 mL 注射器、镊子、手术剪、灭菌的培养皿、蛋架、玻璃棒、小烧杯、灭菌滴管、碘酊、乙醇棉球、石蜡、无新城疫感染的受精卵、青霉素、链霉素等。

【工作过程】

工序 1　采集、处理疑似鸡新城疫病料

活鸡可用棉拭子从气管或泄殖腔采集病理分泌物或排泄物，发病初期死亡鸡取脾和脑，发病后期死亡鸡取脑和脊髓。无菌操作取病料，加入少量灭菌生理盐水，用微量匀浆器制成乳剂，取出制好的乳剂按 1∶4 补足生理盐水制成悬浮液，离心后取上清液。每毫升上清液加入青霉素、链霉素各 1 000～2 000 IU，置于 37 ℃恒温箱中作用 30～60 min 或置于冰箱中作用 4～8 h，备用。

工序 2　鸡胚接种

（1）鸡胚的准备

37.3 ℃～37.8 ℃恒温箱内孵育受精卵，相对湿度 45%～60%，每日翻动鸡胚 2～3 次。第 4 日起，观察鸡胚发育情况，未受精卵照蛋时只见模糊的卵黄黑影；濒死或死亡鸡胚活动呆滞或不能主动运动，血管昏暗或断折沉落；生活的鸡胚受精卵照蛋时可看到清晰的血管和鸡胚暗影，转动鸡胚可见胚影活动。每天观察一次，检查鸡胚孵育情况。淘汰未受精卵和死亡鸡胚，生长良好的鸡胚孵育至 9～11 日龄备用。

（2）鸡胚尿囊腔接种

取孵育 9～11 日龄的鸡胚，照蛋后，画出气室及胚胎位置（见图 4-1），标明胚龄及日期，气室朝上立于蛋架上。在远离胚胎侧气室边缘先后用碘酊及乙醇棉球消毒（见图 4-2），用钢锥在气室的侧边打一小孔，注射针头沿孔垂直或稍斜插入气室，进入尿囊腔（大约 0.5～1 cm），腔内注入 0.1～0.3 mL 疑似鸡新城疫病料液（见图 4-3），拔出针头，用玻璃棒蘸上融化的石蜡封孔（见图 4-4），受精卵直立于蛋架上。恒温箱内孵化，每日照蛋观察，弃去接种后 24 h 内死亡的鸡胚。

（3）收获病毒液

鸡胚接种 24～48 h 即可收获病毒。收获前，将鸡胚置于 0～4 ℃冰箱中冷藏 4 h 或过夜，使血管收缩，以免解剖时出血。

收获时，将鸡胚气室朝上立于蛋架上，无菌操作轻轻敲打并揭去气室顶部蛋壳，形成直径为 1.5～2.0 cm 的开口（见图 4-5）。用灭菌镊子夹起并撕开气室中央的绒毛尿囊膜，然后用吸管从破口处吸取尿囊液，每胚可得 5～6 mL，贮于无菌青霉素小瓶内，无菌检验后，冰冻保存。

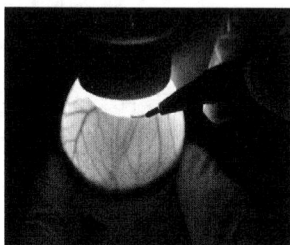
图 4-1　照蛋

图 4-2　消毒

图 4-3　接种

图 4-4　封孔

图 4-5　收获

（4）消毒

将用过的镊子、注射器等放入煮沸锅消毒 5 min，取出后擦干包好，高压灭菌待用。卵壳、鸡胚等置于消毒液中浸泡过夜，然后弃掉。超净工作台内用紫外线灯消毒 30 min。

> **注意**
>
> ①鸡胚污染可引发鸡胚死亡或影响病毒的培养，故整个操作应在超净工作台内完成，做到无菌操作。
>
> ②鸡胚培养是在活鸡胚中进行操作，接种后的鸡胚必须带病毒发育一定时间才有利于病毒的增殖，故必须谨慎操作，以免影响鸡胚的生理活动或引发死亡。
>
> ③培养条件如温度、湿度和翻动等必须适当，并要全程保持稳定。
>
> ④病毒液使用前及收获后，必须先做无菌检验，确定无菌后方能使用或保藏。

工序 3　血凝及血凝抑制试验鉴定鸡新城疫病毒

用收获的鸡胚尿囊液做血凝试验，方法见情境 2 中新城疫病毒血凝试验（HA），如为试验阳性，表明分离到了血凝病毒。是否为新城疫病毒，还需要通过病毒血凝抑制试验（HI）确定，即用已知鸡新城疫阳性血清，与鸡胚尿囊液做血凝抑制试验，如出现血凝现象被抑制时，证明此病毒为新城疫病毒，反之不是。

项目 2　检测猪水疱病病毒

【工作场景】

地点：微生物检验室。

动物：疑似猪水疱病病猪。

器材：96 孔微型聚乙烯血凝滴定板（110°）、微量振荡器或微型混合器、离心机、25 μL 加样器、50 μL 加样器、75％乙醇棉球、消毒滤纸、试管、试管架、注射器、天平等。

试剂：pH 7.6、50％丙三醇磷酸缓冲液（GPB）、pH 7.2、0.11 mol/L 磷酸缓冲液（PB）、稀释液 I（配置方法见表 4-1）、口蹄疫 A、O、C、Asia-I 型标准抗原、猪水疱病标准抗原、抗体致敏红细胞诊断液。

表 4-1　稀释液 I 的配制方法

聚乙二醇 12 000	0.5 g
兔血清（62 ℃水浴灭活 30 min）	10.0 mL
叠氮钠（NaN₃）	1.0 g
加入 pH 7.2、0.11 mol/L 磷酸缓冲液（PB）至 1 000 mL，置 4 ℃～8 ℃保存	

【工作过程】

工序 1　猪水疱病病毒的采集及处理

水疱液的采集及处理是将未破裂水泡中的水疱液用灭菌注射器采集至少 1 mL，装入灭菌小瓶中（可加适量抗生素），加盖密封，尽快冷冻保存，也可直接用于病毒检查。

水泡皮的采集及处理是剪取鼻镜、蹄部新鲜水泡皮不少于 0.5 g，放入事先加有 pH 7.6、50％丙三醇磷酸缓冲液（GPB）灭菌小瓶中，加盖密封，送至实验室进一步处理。

进行病毒检查时，将水疱皮用 pH 7.2、0.11 mol/L 磷酸缓冲液（PB）洗 2～3 次，用消毒滤纸吸干。称重后放入加有少量玻璃砂的研钵中，按质量体积比（1∶5）～（1∶2）加入 pH 7.2、0.11 mol/L 磷酸缓冲液（PB）研磨，室温浸毒 1 h 或 4 ℃浸毒 12 h，以 3 000～4 000 r/min 离心 20～30 min，取上清液待检。

工序 2　猪水疱病诊断及口蹄疫 A、O、C、Asia-I 型的鉴别诊断

（1）被检样品的稀释：把 8 只试管排列于试管架上，自第 1 管开始由左至右用稀释液 I 作二倍连续稀释（即 1∶6，1∶12，1∶24，…，1∶768），每管容积 0.5 mL（见表 4-2）。

表 4-2　被检样品稀释过程操作式式

管号	1	2	3	4	5	6	7	8
稀释液 I（mL）	2.5	0.5	0.5	0.5	0.5	0.5	0.5	0.5
样品（mL）	0.5	0.5	0.5	0.5	0.5	0.5	0.5	0.5
稀释倍数	1∶6	1∶12	1∶24	1∶48	1∶96	1∶192	1∶384	1∶768

弃去2 mL　　　　　　　　　　　弃去0.5 mL

（2）滴加被检样品和对照

①在血凝滴定板上的第1～5排，每排的第8孔滴加第8管稀释被检样品50 μL，每排的第7孔滴加第7管稀释被检样品50 μL，以此类推至第1孔。

②每排的第9孔滴加稀释液Ⅰ 50 μL，作为稀释液对照。

③每排的第10孔按顺序分别滴加口蹄疫A、O、C、Asia-I型和猪水疱病标准抗原（1∶30稀释）各50 μL，作为阳性对照（见表4-3）。

表4-3　加被检样品和对照的操作术式

序号	1 第1管样品稀释液	2 第2管样品稀释液	3 第3管样品稀释液	4 第4管样品稀释液	5 第5管样品稀释液	6 第6管样品稀释液	7 第7管样品稀释液	8 第8管样品稀释液	9 稀释液Ⅰ	10 标准抗原（1∶30）
1	50 μL	50 μL	50 μL	50 μL	50 μL	50 μL	50 μL	50 μL	50 μL	50 μL（A型口蹄疫抗原）
2	50 μL	50 μL	50 μL	50 μL	50 μL	50 μL	50 μL	50 μL	50 μL	50 μL（O型口蹄疫抗原）
3	50 μL	50 μL	50 μL	50 μL	50 μL	50 μL	50 μL	50 μL	50 μL	50 μL（C型口蹄疫抗原）
4	50 μL	50 μL	50 μL	50 μL	50 μL	50 μL	50 μL	50 μL	50 μL	50 μL（Asia-I型口蹄疫抗原）
5	50 μL	50 μL	50 μL	50 μL	50 μL	50 μL	50 μL	50 μL	50 μL	50 μL（猪水疱病抗原）

（3）滴加敏化红细胞诊断液

先将敏化红细胞诊断液摇匀，于滴定板第1～5排的第1～10孔分别滴加口蹄疫A、O、C、Asia-I型和猪水疱病敏化红细胞诊断液，每孔25 μL，置微量振荡器上振荡1～2 min，20 ℃～35 ℃放置1.5～2 h后判定结果。

工序3　结果判定

（1）按以下标准判定红细胞凝集程度

"＋＋＋＋"为100%完全凝集，红细胞均匀地分布于孔底周围。

"＋＋＋"为75%凝集，红细胞均匀地分布于孔底周围，但孔底中心有红细胞形成的针尖大的小点。

"＋＋"为50%凝集，孔底周围有不均匀地红细胞分布，孔底有红细胞沉下的小点。

"＋"为25%凝集，孔底周围有不均匀地红细胞分布，但大部分红细胞已沉积于孔底。

"－"为不凝集，红细胞完全沉积于孔底成一圆点。

（2）结果判定

稀释液Ⅰ对照孔不凝集、标准抗原阳性孔凝集，试验方成立。

若只第一排孔凝集，其余四排孔不凝集，则被检样品为口蹄疫A型；若只第二排孔凝集，其余四排孔不凝集，则被检样品为口蹄疫O型；以此类推，若只第五排孔凝集，其余四排孔不凝集，则被检样品为猪水疱病。

致红细胞50%凝集的被检样品最高稀释度为其凝集效价。

如出现两排以上孔的凝集，以某排孔的凝集效价高于其余排孔的凝集效价2个对数（以2为底）浓度以上者即可判为阳性，其余判为阴性。

项目 3　检测鸡传染性法氏囊炎病毒

【工作场景】

地点：微生物检验室。

动物：疑似鸡传染性法氏囊炎病鸡和正常鸡。

器材：打孔器、8 号针头、酒精灯、加样器、湿盒、恒温箱。

试剂：鸡法氏囊炎标准阳性血清、鸡法氏囊炎标准阳性抗原、琼脂粉、PBS 液、生理盐水等。

【工作过程】

工序 1　病料的采集与处理

无菌操作采集有病变的新鲜的法氏囊，用加有抗生素（3 000 IU/mL 青霉素和 3 000 μg／mL 链霉素）的胰蛋白酶磷酸缓冲液或生理盐水制成 20％的组织匀浆液，在 37 ℃下作用 20～30 min，收集上清液，备用。

工序 2　琼脂扩散试验检测鸡传染性法氏囊炎病毒

（1）1％琼脂板的制备

琼脂粉 1.0 g，pH 7.4、0.01 mol/L PBS 液 100 mL，混合，煮沸 30 min，中间振荡数次，待琼脂融化均匀后倒入平皿内，使其厚度为 2.5～3 mm，冷却后加盖保存。

（2）打孔、封底、编号、加样

用梅花形打孔器打孔（见图 4-6），用 8 号针头挑出孔内的琼脂（见图 4-7），注意勿伤边缘或使琼脂层脱离皿底。将平皿底部在酒精灯火焰上缓缓加热至孔底边缘的琼脂刚刚要熔化为止（见图 4-8）。按规定图形（见图 4-9）编号（见图 4-10），编号后加样（见图 4-11），中间孔加入阳性血清，1、4 孔加入标准的阳性抗原，2、3 孔加入待检抗原，5、6 孔加入正常的法氏囊匀浆作对照抗原。每孔均以加满为止，不要溢出。

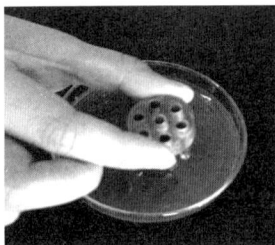

图 4-6　打孔

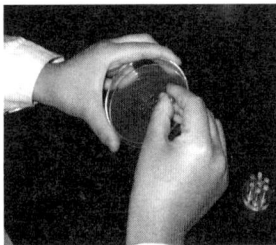

图 4-7　挑出孔内琼脂

图 4-8　封底

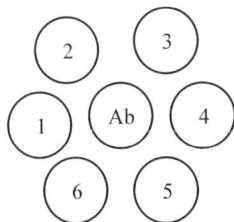

图 4-9

Ab：标准的阳性血清；
1、4L 标准的阳性抗原；
2、3：待检样品；
5、6：正常法氏囊匀浆

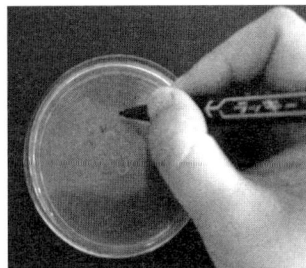

图 4-10　做标记

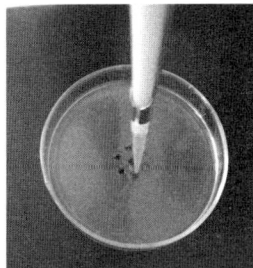

图 4-11　加样

（3）扩散

加样完毕，平皿加盖，待孔中抗原、血清吸收半量后，将平皿轻轻倒置，放入湿盒内，以防水分蒸发。放置 15 ℃～30 ℃条件下，逐日观察 3 d，记录结果。

（4）结果判定

当正常的法氏囊匀浆对照抗原与阳性血清之间不出现白色沉淀线，标准阳性抗原与标准血清之间出现白色沉淀带时进行以下判定。

标准阳性血清孔与待检样品孔之间有明显致密的沉淀线时（见图 4-12），此被检抗原判为鸡传染性法氏囊病毒。

被检抗原孔与血清孔之间不形成沉淀线时（见图 4-13），此被检抗原不是鸡传染性法氏囊病毒。

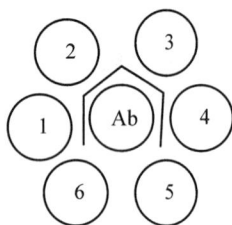

图 4-12
Ab：标准的阳性血清
1、4 与 Ab 反应形成沉淀带
2、3 与 Ab 反应形成沉淀带

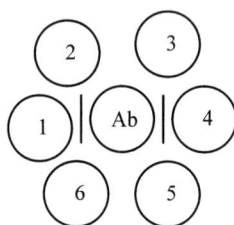

图 4-13
Ab：标准的阳性血清
1、4 与 Ab 反应形成沉淀带

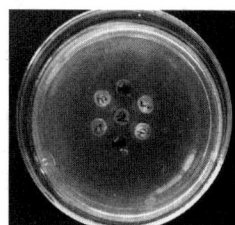

图 4-14
Ab：标准的阳性血清
1、2、3、4、5、6 与 Ab 反应
形成沉淀带

项目 4　检测猪瘟病毒

【工作场景】

地点：微生物检验室。

动物：疑似患猪瘟病猪。

器材：超净工作台、冰箱、移液器、移液器架、旋涡仪、掌心离心机、电泳仪及电泳槽、电子天平、紫外凝胶成像仪及其系统、恒温水浴锅、微波炉、组织研磨器、一次性手套、一次性口罩、一次性帽子、一次性 10 毫升吸管、一次性注射器、无核酶 Tip 头（10 μL、200 μL）、经焦碳酸二乙酯（DEPC）处理的灭菌 1.5 mL 普通离心管和吸头（10 μL、200 μL、1 000 μL）、无核酶 EP 管、废液缸、酒精灯、打火机、眼科剪、眼科镊、称量纸、100 mL 量筒、250 mL 锥形瓶、经焦碳酸二乙酯（DEPC）处理的灭菌 1.5 mL 离心管和吸头（10 μL、200 μL、1 000 μL）。

试剂：无水乙醇、75％乙醇、生理盐水、琼脂糖粉、灭菌的双蒸水、猪瘟 PCR 诊断试剂盒（深圳市康百得生物科技有限公司）。

试剂盒组分

1. 裂解液	8 mL	8. 吸附柱和收集管	12 套
2. BME	85 μL	9. 0.2 mL 薄壁 PCR 管	15 个
3. 异丙醇	8 mL	10. RT-PCR 反应液 A	200 μL
4. 洗涤液	15 mL	11. RT-PCR 反应液 B	25 μL
5. 洗脱液	500 μL	12. 50 倍 TAE 电泳缓冲液	20 mL
6. 阴性对照	500 μL	13. 染色液	10 μL
7. 阳性对照	500 μL		

注：1. 塑料袋内试剂（阳性对照、RT-PCR 反应液 A 和 B）−20 ℃冻存，其他室温保存。

2. 裂解液使用前请加入 77.6 μL BME，混匀后于 4℃保存。

3. 通过本次试剂盒检测，阳性对照可在 368 bp 处出现扩增带，阴性对照无带出现。

【工作过程】

工序 1　病料的采集与处理

（1）病料的采集

病死或捕杀的猪，无菌操作取扁桃体、淋巴结等组织病变部与健康部交界处组织；待检活猪，用注射器无菌操作取血 5 mL，2℃～8℃保存。送检病料要新鲜，严禁反复冻融。

（2）样品的处理

组织样品的处理：称取组织 0.1 g 在研磨器中磨碎，再加 1 mL 生理盐水继续磨至无块状物；待匀浆后将样品转至 1.5 mL 灭菌离心管中，以 8 000 r/min 离心 2 min，取 200 μL 上清于 1.5 mL 灭菌离心管中。

全血样品的处理：直接取抗凝血 200 μL 于 1.5 mL 灭菌离心管中；

阳性对照的处理：取阳性对照 200 μL 于 1.5 mL 灭菌离心管中。

阴性对照的处理：取阴性对照 200 μL 于 1.5 mL 灭菌离心管中。

工序 2　聚合酶链式反应（PCR）检测猪瘟病毒

（1）提取病毒的 RNA

①取已处理的样品、阴性对照和阳性对照，分别加入 600 μL 裂解液（请确认已加入 BME，加入时 Tip 头禁止接触管壁），漩涡仪上混匀 15 s，室温静置 2 min。

②加入 600 μL 异丙醇，旋涡仪上混匀 15 s。

③将混合液吸入吸附柱中（吸取液体时尽量不要吸到悬浮杂质，以免离心时堵塞吸附柱），室温（15℃～25℃），12 000 r/min 离心 45s，弃去收集管中液体，套回收集管。

图 4-15　PCR 仪

④向吸附柱中加入 600 μL 洗涤液，室温（15℃～25℃），12 000 r/min 离心 45 s，弃去收集管中液体，套回收集管。

⑤重复步骤④一次。

⑥将空柱 12 000 r/min 离心 2 min。

⑦将吸附柱移入新的无核酶的 1.5 mL 离心管中，在膜中央加入 25μL 洗脱液，室温（15 ℃～25 ℃）静置 1 min，12 000 r/min 离心 45 s，获得总 RNA。

（2）RT-PCR

①反应体系配制：每份总体积 20 μL，分别取 16 μL RT-PCR 反应液 A（用前混匀）、2 μL RT-PCR 反应液 B（用前混匀）和 2 μL 模板 RNA，漩涡仪上混匀，经掌心离心机短暂离心，以甩下管盖及管壁上的液体。

②在 PCR 仪（见图 4-15）上运行以下程序：42 ℃ 45 min，94℃ 3 min；94℃ 30 s、55 ℃ 45 s、72℃ 30 s，40 个循环；72℃ 延伸 10 min。

（3）电泳

①1% 琼脂糖凝胶制作：称取 0.7 g 琼脂糖置于 250 mL 锥形瓶中，加入 70 mL 50 倍稀释的 TAE 电泳缓冲液，微波炉中火加热 2.5 mim 或水浴加热至完全溶化，取出摇匀。冷凝至 55℃ 左右加入一滴 EB（致癌剂，所以整个配胶过程中注意保护自己，仪器专用，防止污染环境）。

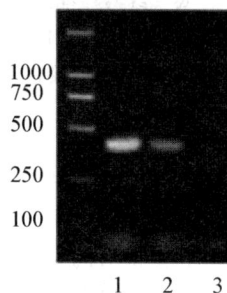

图 4-16　PCR 产物电泳结果图

1　为阳性对照
2　为待检病料（判定为阳性）
3　为阴性对照

②胶板制备：在电泳槽内放好梳子，将冷却到 55℃ 左右的琼脂糖凝胶液小心地倒入电泳槽内（注意梳子处不要出现气泡，如有则赶至边缘区），室温下静置直至凝胶完全凝固，小心向上方拔出梳子，避免前后左右摇晃，以防破坏胶面及加样孔，添加电泳缓冲液至没过胶板为止。

③加样：在点样板上将 10 μL PCR 扩增产物和 2 μL 上样缓冲液（6 倍）混匀（注意混匀时枪头不要吸进空气，防止产生气泡），枪头垂直插入上样孔，点样于琼脂糖凝胶孔中，并上 Marker。

④电泳：加样后的凝胶板立即通电进行电泳（一般采用 100 V 进行电泳，电泳 30 min，注意胶的位置，不要正负极倒置，电源接通后观察铁丝是否有气泡），当溴酚蓝移动到距凝胶前沿 1～2 cm 处时，停止电泳。

⑤结果观察：电泳完毕后，取出凝胶，在紫外凝胶成像仪中观察结果。

（4）结果判断

阳性对照出现 368 bp 扩增带，阴性对照无带出现时，实验结果成立。被检样品出现 368 bp 扩增带为猪瘟病毒阳性，否则为阴性（见图 4-16）。

注意

①试剂盒有效期为 6 个月，过期不得使用，试剂盒之间的组分不要混用。

②所有试剂应在规定的温度储存，可在室温下使用，使用后立即放回。

③注意防止试剂盒组分受污染。使用前将塑料袋内试剂瞬离 15 s，使液体全部沉于管底，放于冰盒中，吸取液体时移液器吸头尽量在液体表面层吸取。

④严格按试剂盒说明书操作可以获得最好的结果。PCR 反应的加样量多数是微量的，所以加样时应把枪头伸进液面下加样，加样时要确保液体都加进离心管。

⑤所有接触病料的物品均应合理处理，以免污染实验室。

⑥EB 是强致癌剂，严禁随便丢弃。

⑦在紫外灯下观察时应戴上防护眼镜，避免紫外线的伤害。

●●●●● 必备知识

一、病毒的增殖

1. 病毒的增殖方式

病毒缺乏自身增殖所需的完整酶系统，增殖时必须在宿主细胞内完成，这就决定了病毒在细胞内专性寄生的特性，也决定了病毒的增殖方式是复制。即病毒在宿主细胞内，利用宿主细胞的原料、能量、酶与场所，在病毒核酸的控制下合成子代病毒的核酸和蛋白质，然后装配成熟并释放到细胞外的过程。

2. 病毒的复制过程

病毒复制的过程大致可以分为吸附与侵入、脱壳、生物合成、装配与释放等四个主要阶段（见图 4-17）。

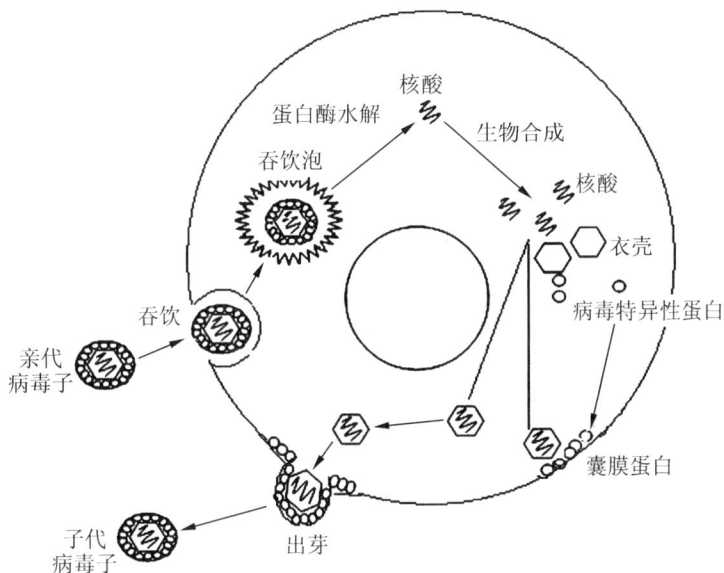

图 4-17 有囊膜 RNA 病毒的复制

（1）吸附与侵入

病毒吸附于易感细胞是病毒复制的第一步。吸附可分两阶段完成，第一阶段为可逆吸附阶段，是病毒通过静电引力结合到细胞表面。这种结合是可逆的、非特异性的。第二阶段为不可逆吸附阶段，是病毒表面蛋白与细胞表面受体特异性的结合，这种结合是不可逆的。特异性吸附对于病毒感染细胞至关重要，细胞有无特定病毒的受体，直接影响是否对该病毒具有易感性。

有些病毒对细胞的吸附是一步完成的。病毒一经吸附于敏感细胞，就不易脱离；但有的病毒，如正黏病毒，因为神经氨酸酶可以破坏细胞受体，因此即使进入不可逆吸附阶段，仍然可以重新从细胞上解离。

吸附与侵入是一个连续的过程，目前发现病毒侵入细胞的方式主要有三种：①病毒直接转入胞浆；②细胞吞饮病毒；③病毒囊膜同细胞膜融合。无囊膜的病毒以前两种方式侵入，有囊膜病毒常以第三种方式侵入细胞。

（2）脱壳

病毒脱壳包括脱囊膜和脱衣壳两个过程。

有囊膜的病毒通常在侵入的过程中脱去囊膜。

病毒脱衣壳的位置有所不同，有的病毒在细胞膜上脱掉衣壳，核酸直接进入细胞内，如口蹄疫病毒。而大多数病毒衣壳的脱落，发生在细胞浆或细胞核。由吞饮方式进入细胞浆的病毒，在吞饮泡与溶酶体融合后，经溶酶体酶的作用脱壳。

痘病毒的外层囊膜在胞膜或吞饮胞膜上被融合，病毒核衣壳进入胞浆，借助自身衣壳上的一种依赖 DNA 的 RNA 聚合酶合成 mRNA，进一步译制出一种脱壳酶，帮助其脱壳。某些在细胞核内增殖的 DNA 病毒如腺病毒，在未被完全脱壳的情况下就进入细胞核内。也有个别病毒的衣壳不完全脱去就能进行复制，如呼肠孤病毒。

（3）生物合成

病毒脱壳后，释放核酸，这时在细胞内查不到病毒颗粒，故称为隐蔽期。此时，宿主细胞在病毒基因的控制下合成病毒的核酸、蛋白质及所需的酶类，包括病毒核酸转录或复制时的聚合酶。

（4）装配与释放

新合成的病毒核酸和病毒蛋白在感染细胞中逐步成熟，即核酸进一步被修饰，病毒蛋白亚单位以最佳物理方式形成衣壳。病毒核酸进入衣壳形成完整的病毒粒子，即是病毒的装配。大多数 DNA 病毒在细胞核内合成 DNA 并在细胞核内进行装配，但痘病毒和虹彩病毒却在细胞浆内合成 DNA 和病毒蛋白并装配；RNA 病毒都在胞浆内装配。

无囊膜的病毒在细胞自身死亡溶解或病毒裂解细胞时释放到细胞外；而有囊膜的病毒则以出芽方式释放，同时由细胞膜或核膜获得其囊膜。病毒在装配成熟的同时，将病毒特异的蛋白质结合到细胞膜上，因此有囊膜病毒的囊膜蛋白大多数是病毒特异蛋白质。

二、病毒的培养

病毒缺乏完整的细胞器和酶系统，所以不能在无生命的培养基中生长，必须在活细胞中增殖。故病毒的人工培养通常采用实验动物接种、禽胚接种、组织和细胞培养。

大量的病毒培养，是病毒实验研究以及制备疫苗和诊断制剂的先决条件。

1. 动物接种

将病毒以注射、口服等途径接种到动物体内，观察动物表现及剖检病理变化，必要时做病理组织学检查或必要的血清学试验，以判断病毒增殖情况。

（1）动物接种主要作用

分离病毒，并借助病毒感染宿主范围及适当的血清学试验鉴定病毒；扩大培养病毒，用于制造抗原和疫苗；制备抗血清等制品；病毒毒力及疫苗免疫效果测定等。

（2）实验动物种类

动物接种可分为本动物接种和实验动物接种两种方法。用于实验接种的动物有普通动物、清洁动物、无特定病原体（SPF）动物、悉生（GN）动物和无菌（GF）动物五个级别：

①无菌动物　是指不携带任何微生物的动物，即无外源菌动物。实际上某些内源性病毒或正常病毒很难除去，因此无菌动物事实上是一个相对概念。

②悉生动物　狭义的悉生动物是指无菌动物，广义也指有目的地带有某种或某些已知微生物的动物。

③无特定病原体动物　　指不存在某些特定的具有病原性或潜在病原性微生物的动物。是在无菌动物的基础上，与特定病原菌以外的正常菌群相联系培育的动物。

④清洁动物　　是指动物来源于剖腹产，饲养于半屏障系统，其体内外不能携带人畜共患病和动物主要传染病的病原体。

⑤普通动物　　是指在开放条件下饲养，未经积极的微生物学控制，体内外存在着多种微生物，但不能携带人畜共患病病原微生物的动物。

其中前三种是利用微生物控制手段专门培育的实验动物。常用的实验动物有小白鼠、家兔、豚鼠和鸡等。

(3)实验动物接种的部位

①皮内注射　　小鼠、家兔及豚鼠的皮内注射由助手把动物俯卧或仰卧保定，接种者以左手拇指及食指捏起皮肤，右手持注射器，用细针头插入拇指及食指之间捏起的皮肤内，针头插入不宜过深，同时插入角度要小，注入时感到有阻力且注射完毕后皮肤上有硬的隆起即为注入皮内。拔出针头，用消毒棉球按住针眼。皮内接种要慢，以防止皮肤胀裂或自针眼流出注射物而散播传染。

鸡的皮内注射由助手捉鸡，注射者左手捏住鸡冠或肉髯，消毒后在其皮内注射 $0.1\sim0.2$ mL，注射后处理同上。

②皮下注射　　家兔及豚鼠的皮下注射保定方法同皮内注射法。在动物背侧或腹侧皮下结缔组织疏松部位剪毛消毒，接种者持注射器，以左手拇指、食指和中指捏起皮肤使之成一个三角形皱褶，或用镊子夹起皮肤，于其底部进针。感到针头可以随意拨动即表示插入皮下，推入注射物时应感到流利畅通。

小鼠的皮下注射部位选在背部(背中线一侧)，注射量一般为 $0.2\sim0.5$ mL。鸡的皮下注射可在颈部和背部。

③肌肉注射　　鸡在肌肉注射时，由助手捉住或用小绳绑其两腿保定，小鸡也可由注射者左手提握保定，然后在其胸肌、腿肌(见图 4-18)或翅膀内侧肌肉处注射 0.1 mL。小鼠在肌肉注射时，由助手捉住或用特制的保定筒保定，注射者左手握住小鼠的一后肢，在后肢上部肌肉丰满处消毒，向肌肉内注射 $0.1\sim0.5$ mL。

④腹腔注射　　小白鼠腹腔接种时，用右手提起鼠尾，左手拇指和食指捏头背部，翻转鼠体使腹部向上，把鼠尾和后腿夹于术者掌心和小指之间，右手持注射器，将针头平行刺入皮下，然后向下斜行，通过腹部肌肉进入腹腔(见图 4-19)，注射量为 $0.5\sim1.0$ mL。家兔和豚鼠，先在腹股沟处刺入皮下，前进少许，再刺入腹腔，注射量为 $0.5\sim5.0$ mL。

图 4-18　鸡肌肉注射部位　　　　图 4-19　小白鼠的捕捉保定和腹腔注射

⑤静脉注射　此法主要适用于家兔和豚鼠。将家兔放入保定器或由助手把住前后躯保定，选一侧耳边缘静脉，用75%乙醇涂擦兔耳并以手指轻弹耳朵，使静脉怒张。注射时，用左手拇指和食指拉紧兔耳，右手持注射器，使针头与静脉平行，向心方向刺入静脉内，注射时应无阻力且有血向前流动即表示注入静脉，缓缓注入接种物（见图 4-20）。若注射正确，注射后耳部应无肿胀。注射完毕，用消毒棉球紧压针眼，以免流血或注射物流出。一般注射 0.2～1.0 mL。

图 4-20　兔静脉注射

豚鼠常用抓握保定，耳背侧或股内侧剪毛、消毒，用头皮针刺入耳大静脉或股内侧静脉，注射量为 0.2～0.5 mL。若注射正确，注射后静脉周围应无肿胀。

⑥脑内注射　此法主要适用于乳鼠和乳兔，也可用于家兔、豚鼠和小鼠，注射部位在两耳根连线的中点略偏左（或右）。接种时用乙醚使动物轻度麻醉，术部用碘酊、乙醇棉消毒，用小号针头经皮肤和颅骨稍向后下刺入脑内进行注射，注射完毕用棉球按压针眼片刻。乳鼠接种时一般不麻醉。家兔和豚鼠的颅骨较硬厚，最好事先用短锥钻孔，然后注射，深度宜浅，以免伤及脑组织。

注射量家兔为 0.2 mL，豚鼠 0.15 mL，小鼠 0.03 mL。一般认为，注射后 1 h 内出现神经症状的，是接种时脑创伤所致，此动物应作废。

（4）实验用动物的剖检

实验用动物接种死亡或予以扑杀后，对尸体进行解剖，观察病理变化，以判断病毒的增殖情况。

2.禽胚接种

禽胚是正处于发育的机体，组织分化程度低，病毒容易在其中增殖。来自禽类的病毒均可在相应的禽胚中繁殖，其他动物病毒有的也可在禽胚内增殖。

禽胚中最常用的是鸡胚，结构如图 4-21 所示。接种时，应根据不同的病毒采用不同的接种途径，选择相应日龄的鸡胚。常见鸡胚接种的病毒种类及增殖部位（见表 4-4）。

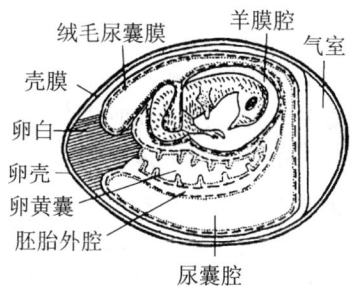
图 4-21　鸡胚的结构

表 4-4　常见鸡胚接种的病毒种类及增殖部位

病毒名称	增殖部位	病毒名称	增殖部位
禽痘及其他动物痘病毒	绒毛尿囊膜	禽脑脊髓炎病毒	卵黄囊内
禽马立克氏病病毒	卵黄囊内、绒毛尿囊膜	鸭肝炎病毒	绒毛尿囊腔
鸡传染性喉气管炎病毒	绒毛尿囊膜	鸡传染性支气管炎病毒	绒毛尿囊腔
鸭瘟病毒	绒毛尿囊膜	小鹅瘟病毒	鹅胚绒毛尿囊腔
人、畜及禽流感病毒	绒毛尿囊腔	马鼻肺炎病毒	卵黄囊内
鸡新城疫病毒	绒毛尿囊腔	绵羊蓝舌病病毒	卵黄囊内

（1）尿囊腔接种

尿囊腔接种方法、病毒收获方法、消毒方法参见本情境项目 1 中鸡胚接种鸡新城疫病毒。

（2）卵黄囊接种

①接种方法　选用 6～8 日龄鸡胚，画出气室和胚胎位置，垂直放置在固定的卵架上。用碘酊及乙醇棉球消毒气室端，在气室的中央打一小孔，针头沿小孔垂直刺入约 3 cm，向卵黄囊内注入 0.1～0.5 mL病毒液（见图 4-22）。拔出针头，用融化的石蜡封孔，直立孵化 3～7 d。孵化期间，每晚照蛋，观察胚胎存活情况。弃去接种后 24 h 内死亡的鸡胚。

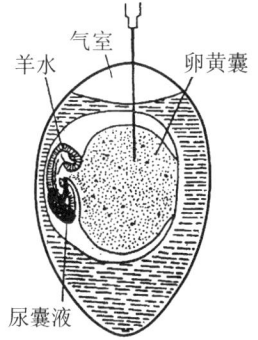

图 4-22　卵黄囊接种

②收获方法　将濒死或死亡鸡胚气室部用碘酊及乙醇棉球消毒，直立于卵架上，无菌操作轻轻敲打并揭去气室顶部蛋壳。用另一无菌镊子撕开绒毛尿囊膜，夹起鸡胚，切断卵黄带，置于无菌平皿内。如收获鸡胚，则除去双眼、爪及嘴，置于无菌小瓶中保存；如收获卵黄囊，则用镊子将绒毛尿囊膜与卵黄囊分开，将后者贮于无菌小瓶中。收获的鸡胚或卵黄囊，经无菌检验后，放置于－25℃冰箱内冷冻保存。

③消毒　同尿囊腔接种法。

（3）绒毛尿囊膜接种

①接种方法　选 10～12 日龄鸡胚，经照视后画出气室位置并消毒。在胚胎附近略近气室处，选择血管较少的部位以磨卵器磨一与纵轴平行的裂痕或将蛋壳锉开成三角形，小心挑起卵壳，造成卵窗，见到白色而有韧性的壳膜，以针尖小心挑破壳膜，注意切勿损伤其下的绒毛尿囊膜。另外在气室的顶端钻一小孔，在卵窗壳膜刺破处滴一滴无菌生理盐水，用橡皮乳头紧贴气室小

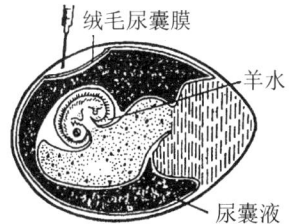

图 4-23　绒毛尿囊膜接种

孔，向外吸气，使卵窗部位的绒毛尿囊膜下陷形成一小凹。除去卵窗部的卵壳，用注射器或吸管滴入 2～3 滴病毒液于绒毛尿囊膜上（见图 4-23）。用透明胶纸封住卵窗，或用玻璃纸盖于卵窗上，周围用石蜡封固，同时封闭气室端小孔。接种部位朝上横卧孵化，不许翻动。每日自卵窗处检查，经 48～96 h，病变明显，鸡胚可受感染死亡。

②收获方法　用碘酊消毒卵窗周围，用无菌镊子扩大卵窗至绒毛尿囊膜下陷的边缘，除去卵壳及壳膜，注意勿使其落入绒毛尿囊膜上。另用无菌镊子轻轻夹起绒毛尿囊膜，用无菌剪刀沿人工气室周围将接种的绒毛尿囊膜全部剪下，置于灭菌的平皿内，观察病变。病变明显的膜，可放入小瓶中保存。

③消毒　同尿囊腔接种法。

（4）羊膜腔接种法

①接种方法　选 11～12 日龄鸡胚，经照视后画出气室位置并消毒。按绒毛尿囊膜接种法造成人工气室，撕去卵壳膜，用无菌镊子夹起绒毛尿囊膜，在无大血管处切一 0.5 cm 小口。用灭菌无齿弯头镊子夹起羊膜，针头刺破羊膜进入羊膜腔，注入病毒液 0.1～0.2 mL（见图 4-24）。用透明胶纸封住卵窗，或用玻璃纸盖于卵窗上，周围用石蜡封固，同时封气室端小孔。横卧孵化，不许翻动。每日检查发育情况，24 h 内死亡者弃去。通常培养 3～5 d。

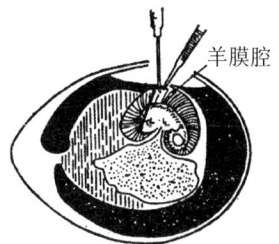

图 4-24　羊膜腔接种

②收获方法　用碘酊消毒卵窗周围，用无菌镊子扩大卵窗至

绒毛尿囊膜下陷的边缘，除去卵壳、壳膜及绒毛尿囊膜，倾去尿囊液。夹起羊膜，用尖头毛细吸管或注射器穿入羊膜，吸取羊水，装入小瓶中冷藏。每卵可收获 0.5～1 mL。

③消毒　同尿囊腔接种法。

3. 组织和细胞培养

组织培养即是将器官或组织小块于体外细胞培养液中培养存活后，接种病毒，观察组织功能的变化，如气管黏膜纤毛上皮的摆动等。

细胞培养是用细胞分散剂将动物组织细胞消化成单个细胞的悬液，适当洗涤后加入营养液，使细胞贴壁生长成单层细胞。病毒接种于细胞培养液中，病毒吸附感染细胞，增殖后可见细胞出现细胞病变，如蚀斑、细胞代谢（颜色）反应等，或者用血清学试验在细胞及其培养液中检测出病毒抗原，或者用电镜直接观察到病毒粒子。

三、病毒的其他特性

1. 病毒的干扰现象

两种病毒感染同一细胞时，其中一种病毒可以抑制另一种病毒复制的现象，称为病毒的干扰现象。

（1）病毒干扰的类型

①自身干扰　一株病毒在高度增殖时的自身干扰。

②同种干扰　同种病毒不同型或不同株之间的干扰。

③异种干扰　异种病毒之间的干扰，这种干扰现象最为常见。

（2）病毒产生干扰现象的机制

①占据或破坏细胞受体　当两种病毒感染同一细胞时，如需要细胞膜上相同的受体，先进入的病毒首先占据细胞受体或将受体破坏，使另一种病毒无法吸附和穿入易感细胞，增殖过程被阻断。这种情况常见于同种病毒或病毒的自身干扰。

②争夺酶系统、生物合成原料及场所　两种病毒可能利用不同的受体进入同一细胞，但它们在细胞中增殖所需细胞的主要原料、关键性酶及合成场所是一致的，而且是有限的。因此，先入者为主，强者优先，一种病毒占据有利增殖条件而正常增殖；另一种病毒则受限，增殖受到抑制。

③干扰素的产生　病毒之间存在干扰现象的最主要原因是先进入的病毒可诱导细胞产生干扰素，抑制其他病毒的复制。

（3）干扰素

干扰素是机体活细胞受到病毒感染或干扰素诱生剂的刺激产生的一种低分子量的糖蛋白。

①干扰素的作用机制　干扰素在细胞中产生，可释放到细胞外，并随血液循环至全身，被机体中具有干扰素受体的细胞吸收，它在细胞内可促使合成抗病毒蛋白质。该抗病毒蛋白能抑制病毒蛋白的合成，从而抑制入侵病毒的增殖，起到保护细胞和机体的作用（见图 4-25）。细胞合成干扰素不是持续的，而是细胞对强烈刺激如病毒感染的一过性的分泌物，于病毒感染后 4 h 开始产生，病毒蛋白质合成速率达到最大时，干扰素的产量达到高峰，然后逐渐下降。

病毒是最好的干扰素诱生剂。一般认为，RNA 病毒诱生干扰素产生的能力较 DNA 病毒强。作为干扰素的诱生剂，RNA 病毒中的正黏病毒（如流感病毒）诱生能力最强，DNA 病毒中痘病毒诱生能力较强；带囊膜的病毒比无囊膜病毒的诱生能力强。有的病毒弱毒株

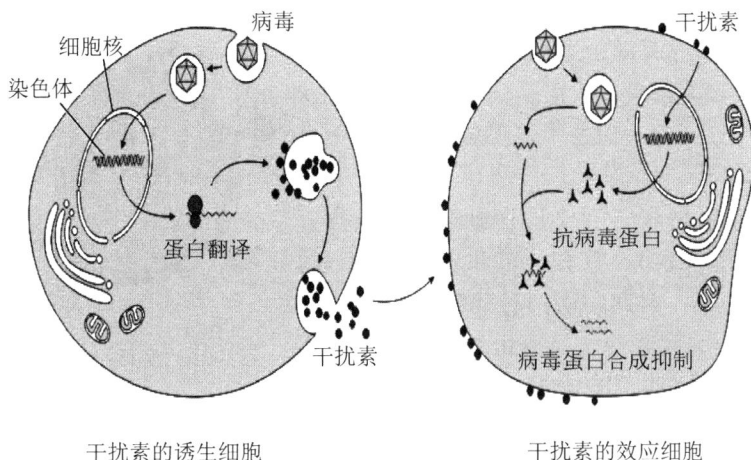

图 4-25　干扰素作用机理

比自然强毒株诱生能力强，如新城疫病毒的 Lasota 株和 Mukteswar 株比自然强毒株诱生能力强；有的病毒诱生能力与毒力无明显关系，甚至有的恰好相反；有的灭活的病毒也可诱生干扰素，如新城疫病毒和禽流感病毒等。此外，细菌内毒素、某些微生物如李氏杆菌、布氏杆菌、霉形体、立克次氏体及某些合成的多聚物如硫酸葡萄糖等也属于干扰素诱生剂。

②干扰素的分类　干扰素按照化学性质可分为 α、β 和 γ 三种类型。

α 干扰素主要由白细胞和其他多种细胞在受到病毒感染后产生，人类的 α 干扰素至少有 22 个亚型，动物的较少；β 干扰素由成纤维细胞和上皮细胞受到病毒感染时产生，只有 1 个亚型；γ 干扰素由 T 淋巴细胞和 NK 细胞在受到抗原或有丝分裂原的刺激后产生，它是一种免疫调节因子，主要作用于 T、B 淋巴细胞和 NK 细胞，增强这些细胞的活性，促进其对抗原的清除。所有哺乳动物都能产生干扰素，而禽类体内无 γ 干扰素。

③干扰素的生物学特性　干扰素对热稳定，60 ℃维持 1 h 一般不能灭活，在 pH 3～10 范围内稳定。对胰蛋白酶和木瓜蛋白酶敏感。

④干扰素的生物学活性

抗病毒作用　干扰素具有广谱抗病毒作用，其作用是非特异性的，甚至对某些细菌、立克次氏体等也有干扰作用。但干扰素的作用具有明显的动物种属特异性，如牛干扰素不能抑制人体内病毒的增殖，鼠干扰素不能抑制鸡体内病毒的增殖。这是因为一种动物的细胞膜上只有本种动物干扰素的受体，此点在临床上应用干扰素时要注意。

免疫调节作用　主要是 γ 干扰素具有此作用。γ 干扰素可作用于 T 细胞、B 细胞和 NK 细胞，增强它们的活性。

抗肿瘤作用　干扰素不仅可以抑制肿瘤病毒的增殖，而且能抑制肿瘤细胞的生长；同时，又能调动机体的免疫机能，如增强巨噬细胞的吞噬功能，加强 NK 细胞等细胞毒细胞的活性，从而加快对肿瘤细胞的清除；干扰素还可以通过调节癌基因的表达实现抗肿瘤的作用。

2. 病毒的血凝现象

许多病毒表面具有血凝素，能与鸡、豚鼠、人等的红细胞表面受体结合，而出现红细胞凝集现象，称为病毒的红细胞凝集，简称为病毒的血凝。

正黏病毒、许多副黏病毒、呼肠孤病毒、大多数披膜病毒、某些痘病毒、弹状病毒、一些腺病毒、肠病毒和细小病毒等都具有血凝特性，病毒粒子穗状突起的血凝素与红细胞表面的附着现象，在电镜下可以清楚地看到。

正黏病毒和副黏病毒不仅具有血凝素，还具有神经氨酸酶（见图 4-26），它有分解和破坏红细胞的黏蛋白受体的作用。因此，这两种病毒凝集的红细胞在 37 ℃作用时，病毒粒子又可由红细胞表面脱落下来。而上述其他病毒只有血凝素，没有神经氨酸酶，故结合红细胞比较牢固。

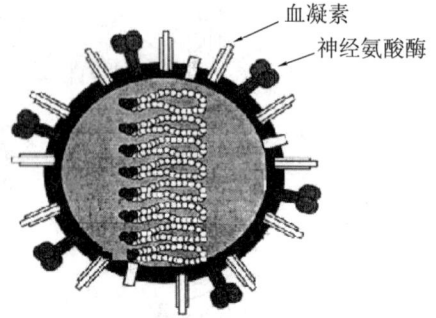

图 4-26　病毒的血凝素与神经氨酸酶

各种病毒发生血凝现象要求的条件不同，有的需在严格的 pH 范围内凝集红细胞，有的病毒血凝现象具有温度依赖性。病毒凝集红细胞的种类也不同，有的能凝集人和禽的红细胞，有的可凝集豚鼠或大鼠的红细胞等。另外，这种凝集现象是非特异性的。

当加入特异性的抗病毒血清时，病毒血凝素与抗体结合后，其凝集红细胞的作用被抑制，而不出现红细胞凝集现象，称为红细胞凝集抑制试验。血清中结合血凝素、阻止病毒凝集红细胞的抗体称为血凝抑制抗体，它具有很高的特异性。

3. 病毒的包涵体

包涵体是某些病毒在细胞内增殖后，于细胞内形成的一种用光学显微镜可以看到的特殊"斑块"。病毒不同，所形成包涵体的形状、大小、数量、着色性及其在细胞中的位置等均不相同（见图 4-27），故可作为诊断某些病毒病的依据。

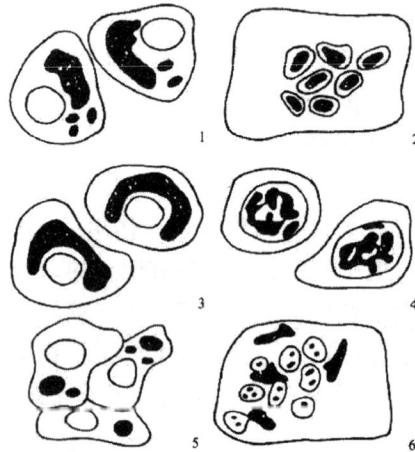

图 4-27　病毒感染细胞后形成不同类型的包涵体

1. 痘病毒感染细胞形成的包涵体；2. 单纯疱疹病毒感染细胞形成的包涵体；
3. 呼肠孤病毒感染细胞形成的包涵体；4. 腺病毒感染细胞形成的包涵体；
5. 狂犬病病毒感染细胞形成的包涵体；6. 麻疹病毒感染细胞形成的包涵体

4. 病毒的滤过性

由于病毒形体微小，所以能通过孔径细小的细菌滤器。利用这一特性，可将材料中的病毒与细菌分开。

5. 病毒的抵抗力

病毒对外界理化因素的抵抗力与细菌的繁殖体相当。研究病毒抵抗力，对于病毒病的鉴定与防治、病毒的保存和病毒性疫苗的制备有重要意义。

(1)物理因素

病毒耐冷不耐热。通常温度越低，病毒生存时间越长。在 $-25\ ℃$ 条件下可保存病毒，$-70\ ℃$ 以下更好，在干冰的 $-70\ ℃$ 和液氮的 $-196\ ℃$ 能长期保存其感染性。病毒对高温敏感，多数病毒在 $55\ ℃$ 经 30 min 即被灭活；但个别病毒，如肠道病毒湿热 $75\ ℃$ 维持 30 min 才能全部灭活，轮状病毒需湿热 $100\ ℃$ 维持 5 min 才能灭活。病毒对干燥的抵抗力与干燥的快慢以及病毒的种类有关。冻干法是保存病毒的好方法。

电离辐射能使病毒的核酸发生改变，导致病毒的变异，而对病毒蛋白质的作用较小，可用于病毒性疫苗的灭活；但因照射剂量和时间比较难把握，而很少被应用。

紫外线可使微生物 DNA 胸腺嘧啶碱基之间形成二聚体，这种结构的改变，使核酸不能复制和转录，导致病毒的灭活。大多数病毒均可被紫外线灭活，日光中因含有紫外线而具有灭活病毒的作用。

(2)化学因素

①甘油　50％甘油可抑制或灭活大多数非芽孢细菌，但多数病毒对其有较强的抵抗力，故常用50％甘油缓冲生理盐水保存或寄送被检病毒材料。

②脂溶剂　脂溶剂能破坏病毒囊膜而使其灭活。故常用乙醚或氯仿等脂溶剂处理病毒，来检查其有无囊膜。

③pH　病毒一般能耐 pH 5～9，故常将病毒保存于 pH 7.0～7.2 的环境中。但病毒对酸碱的抵抗力差异很大，如呼肠孤病毒可抵抗 pH 3.0，口蹄疫病毒对 pH 比较敏感，pH 6.0～6.5 和 pH 8.0～9.0 均可迅速灭活。

④化学消毒药　病毒对氧化剂、重金属盐类、碱类和能与蛋白质结合的消毒药等都很敏感。甲醛能有效地降低病毒的致病力，而对其免疫原性影响不大，在制备灭活疫苗时，常作为灭活剂。

四、病毒的致病性

病毒是严格细胞内寄生的微生物，其致病机制与细菌有很大区别，且致病性作用复杂。病毒进入易感机体后，可通过其特定化学成分的直接毒性作用而致病，如腺病毒能产生一种五邻体基底蛋白的毒性物质，它可使宿主细胞缩成一团而死亡，患流感病的动物畏寒、高热、肌肉酸痛等全身症状可能与流感病毒产生毒素样物质有关；而病毒的主要致病机制是通过干扰宿主细胞的营养代谢，引起宿主细胞水平和分子水平的病变，导致机体组织器官的损伤和功能改变，造成机体持续性感染；病毒感染免疫细胞导致免疫系统损伤，造成免疫抑制及免疫性病理变化也是重要的致病机制之一。

五、病毒感染的实验室诊断方法

病毒感染机体的证据是在机体或从机体采集的病料中分离到病毒，或者发现病毒感染引起的特异性变化，如病毒包涵体形成或产生特异性抗体等。通过这些实验室检测得到的病毒感染证据，再结合流行病学调查、临床症状以及病理学检查结果等，即可确定动物是否由病毒感染发病。

病毒性疾病的实验室诊断内容包括病料采集、病毒的分离培养与鉴定、包涵体检查和血清学试验等。

1. 病料的采集、保存及运送

病毒性病料的采集与保存是否恰当，直接影响到病毒分离的成功率。与细菌性病料的采集相比，不同之处主要有以下几点。

(1)采样的时机

最理想的时机是疾病的急性期，濒死动物的样品或死亡之后立即采集的样品也有利于病毒的分离。血清应在发病早期和恢复期各采集一份。

(2)样品的选择

不同病毒病采集的样品各有不同，应特别注意采集病毒含量高的部位。一般按下列原则选择病料，呼吸道疾患采集咽喉分泌物，中枢神经疾患采集脑脊液，消化道疾患采集粪便，发热性疾患或非水泡性疾患采集咽喉分泌物、粪便或全血，水泡性疾患采集水泡皮或水泡液，剖检的尸体一般采集有病变的器官或组织。

(3)样品的保存

病毒离开活体后在室温下会很快死亡，故采得检材应尽快送检。若样品不能当天检查，固体病料可放在50%甘油磷酸盐缓冲液(含复合抗生素)中低温保存，液体病料采集后可直接加入一定量的青霉素、链霉素或其他抗生素，以防细菌和霉菌的污染。若要冷冻保存，一般要保存于−70℃以下；忌温度高于−20℃，因为该温度对一些病毒活性有影响。现场采集的样品要尽快用冷藏瓶(加干冰或水冰)送到实验室检验。

2. 直接镜检

(1)光学显微镜检查法

光学显微镜主要用于病毒性病料中包涵体的检查。

其方法是将被检样品如狂犬病病犬大脑海马角直接做成涂片、组织切片或冰冻切片，染色后，用普通光学显微镜直接检查。包涵体检查对某些能形成包涵体的病毒病诊断具有重要意义，但因包涵体的形成有个过程，出现率不是100%，故做包涵体检查时应注意。

(2)电子显微镜检查法

电子显微镜可把物体放大数十万或数百万倍，故是研究病毒的形态及超微结构的有利工具。常用的方法有超薄切片技术和负染技术。

超薄切片技术主要用于观察感染细胞内的病毒形态和存在部位。超薄切片的样品必须采自活体，经固定、脱水、包埋后，用特殊专用的切片机切片，再用1%～3%饱和醋酸铀乙醇溶液染色后，才可在电镜下观察。

负染技术快速、简单，主要用于检测细胞外游离的病毒，特别适用于难以培养的病毒。

3. 病毒的分离培养和鉴定

(1)病毒的分离培养

从动物病料分离病毒时，应根据病料的种类作适当处理，不同传染病所采病料不同。将病毒与病料中其他成分分离的方法有细菌滤器过滤、高速离心和用抗生素处理三种。例如禽流感病料处理按1 g组织加入5～10 mL灭菌生理盐水进行研磨，每毫升研磨液中加入1 000 IU青霉素和1 mg链霉素，置4℃冰箱作用2～4 h或37℃处理1 h，以1 500 r/ min离心15 min，取上清液作为接种材料。上清液应做无菌检验后，方可接种于动物、禽胚或细胞进行培养。

（2）分离病毒的鉴定

①电子显微镜检查　根据观察到的病毒粒子的形态、大小、对称型、排列及在细胞内的位置等特征进行鉴定。

②倒置显微镜检查　病毒的细胞培养物出现的 CPE 通常可用倒置显微镜观察，一般要求每天检查 1～2 次。

③病毒的核酸型鉴定　常用的为卤化核苷酸法。如 FUDR（氟脱氧尿苷）或 IUDR（碘脱氧尿苷）为常用的卤化核苷酸，它们是 DNA 代谢抑制剂。当用单层细胞培养病毒时，加入含有 FUDR 或 IUDR 的细胞营养液，DNA 病毒的复制受到抑制，而绝大多数 RNA 病毒不受影响。

④病毒理化特性测定

热敏感性试验　有些病毒对热敏感，50 ℃维持 30 min 可被灭活。但因病毒敏感性受细胞营养液中某些物质浓度的影响，故试验时应注意条件要一致。

阳离子稳定性试验　某些病毒如肠道病毒和呼肠孤病毒可被高浓度二价阳离子如 $MgCl_2$ 所稳定，50 ℃维持 60 min 不被灭活；而对另一些病毒如腺病毒、疱疹病毒和痘病毒则可使其增加对热的敏感性。

酸敏感性试验　某些病毒如口蹄疫病毒在 pH 3.0 溶液中作用 30 min，可使其感染力降低，而对另一些病毒如猪水疱病病毒则没有作用。

脂溶剂敏感性试验　大多数有囊膜病毒对脂溶剂敏感，经乙醚或氯仿等脂溶剂处理后即失去感染力。

胰蛋白酶敏感性试验　些病毒如肠道病毒、冠状病毒和轮状病毒等对胰蛋白酶有较强抵抗力，而另一些病毒如疱疹病毒和痘病毒等则对胰蛋白酶敏感。

⑤中和试验

应用已知的免疫血清与细胞培养物混合，感作一定时间后进行培养，用病毒液接种敏感细胞。观察细胞培养板各孔细胞培养物的 CPE、红细胞吸附能力等。出现能被某一已知血清特异性抑制的感染培养物，就是存在相应病毒的证明。

⑥分子生物学诊断　应用 PCR 和核酸杂交等技术，可以直接检测样品中病毒的核酸及抗原，从而对病毒做出快速准确的鉴定。

⑦动物或鸡胚接种试验　将病料或感染培养物接种敏感动物或鸡胚，根据实验动物或鸡胚的症状、死亡情况以及病理变化等，判断接种物中有无致病性病毒的存在。

4. 病毒的血清学诊断

病毒的血清学诊断主要有两个目的，一是应用已知抗体鉴定病毒的种类乃至型别；二是由发病动物采集血清标本，应用全病毒或特异性病毒抗原，测定发病动物体内的特异性抗体，或进一步比较动物急性期和恢复期血清中的抗体效价，了解病毒性抗体是否有明显的增长，从而判定病毒感染是否存在。血清学试验在病毒性传染病的诊断中占有重要地位，常用的试验类型有凝集试验、沉淀试验、中和试验、补体结合试验、免疫标记技术等。生产中可根据实际情况，选择特异性强、灵敏度高的血清学试验进行诊断。

5. 病毒的分子生物学诊断

分子生物学诊断包括对病毒核酸（DNA 或 RNA）和蛋白质等的测定，主要是针对不同病毒所具有的特异性核酸序列和结构进行测定。其特点是反应的灵敏度高、特异性强，检出率高，是目前最先进的诊断技术。常用的分子生物学诊断技术主要有核酸探针、PCR 技术、DNA 芯片技术、DNA 酶切图谱分析、寡核苷酸指纹图谱和核苷酸序列分析等。其中 PCR 和核酸杂交技术又以其特异、快速、敏感、适于早期和大量样品检测等优点，成为当今病毒病诊断中最具应用价值的方法。

六、常见动物病毒的特性及检查

1. 常见的 DNA 病毒（见表 4-5）

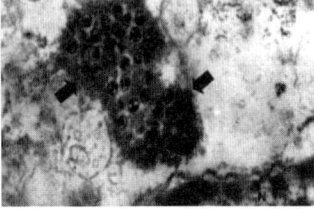

图 4-28　电镜下马立克氏病病毒　　图 4-29　电镜下鸭瘟病毒　　图 4-30　电镜下小鹅瘟病毒

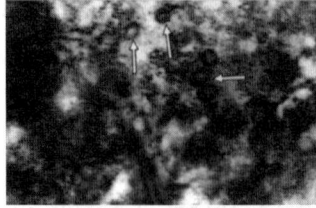

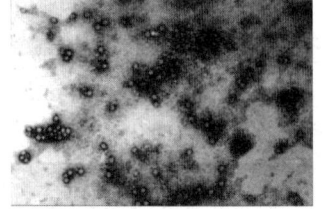

2. 常见的 RNA 病毒（见表 4-6）

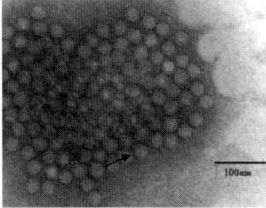

图 4-31　电镜下口蹄疫病毒　　　　图 4-32　电镜下传染性胃肠炎病毒

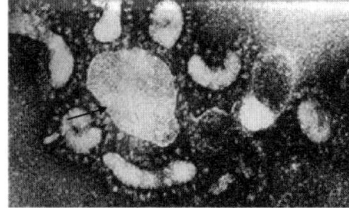

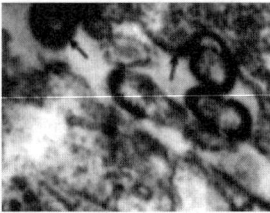

图 4-33　电镜下新城疫病毒　　　　图 4-34　电镜下禽流感病毒

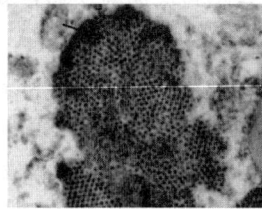

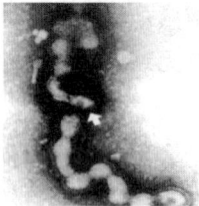

图 4-35　电镜下传染性法氏囊病病毒　　图 4-36　电镜下禽传染性支气管炎病毒

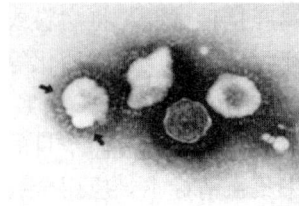

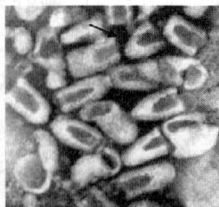

图 4-37　电镜下狂犬病病毒

表 4-5 常见 DNA 病毒的特性及检查

病毒名称	类别	生物学特性			致病性与免疫性	实验室诊断方法	相关疾病
		形态及结构	培养特性	抵抗力			
马立克氏病病毒（MDV）（见图4-28）	疱疹病毒科疱疹病毒甲亚科，禽疱疹病毒又称禽疱疹病毒2型	①双股DNA病毒；②裸病毒为20面体立体对称，直径85~100 nm；有囊膜病毒近似球形，直径130~170 nm	①接种4~5日龄鸡胚卵黄囊或绒毛尿囊膜，在鸡胚绒毛尿囊膜上可见痘斑；②接种鸡肾细胞，能出现蚀斑	①有囊膜病毒抵抗力强，室温下4~8个月和4℃至少10年仍有感染性；②多种化学消毒剂可灭活	①1周龄的雏鸡最易感，发病后大批死亡，耐过也会生长不良。成鸡感染带毒而不发病；②MDV病临床症状有四种类型，包括内脏型、神经型、眼型和皮肤型；③以水平方式传播；④MDV有三个血清型，各血清型之间具有很多共同抗原成分，可产生交互免疫；⑤MDV感染1~2周，可检测到沉淀抗体和病毒中和抗体；⑥MDV对鸡产生免疫抑制，可导致疫苗免疫失败	①分离培养鉴定；②琼脂扩散试验；③荧光抗体试验；④间接血凝试验；⑤PCR鉴定	可致雏鸡和火鸡感染马立克氏病，野鸡、鹌鹑和鹧鸪也可感染，但不发病
鸭瘟病毒（DPV）（见图4-29）	疱疹病毒科甲疱疹病毒亚科	①双股DNA病毒；②核衣壳20面体立体对称，有囊膜；③球形，直径为80~120 nm	①可在8~14日龄鸭胚中繁殖，并于3~6 d内死亡；②可在鸭胚细胞或鸡胚细胞培养物中增殖，引起细胞病变，形成空斑和核内包涵体	①抵抗力较强。56℃维持10 min能破坏其感染性，22℃以下30 d才丧失感染力；②pH 7~9环境中稳定；③70%乙醇、0.5%漂白粉和5%石灰水可灭活；④对乙醚、氯仿和胰酶敏感	①成年鸭和产蛋母鸭发病率和死亡率较高，1月龄以下的雏鸭发病率较少；②主要侵害鸭的循环系统、消化系统、淋巴样器官和实质器官；③接触传染，传染源主要是病鸭，潜伏期鸭及污染的环境的带毒鸭；④只有一个血清型；⑤耐过鸭可获得坚强的免疫力	①分离培养鉴定；②中和试验	可使鹅发生鸭瘟、偶尔也能使鹅发病

续表

病毒名称	类别	形态及结构	生物学特性		致病性与免疫性	实验室诊断方法	相关疾病
			培养特性	抵抗力			
减蛋综合征病毒（EDSV）	腺病毒科 禽腺病毒属	①双股DNA病毒；②核衣壳20面体立体对称，无囊膜；③球形，直径75~80 nm	①可在10~12日龄鸭胚尿囊腔中增殖；②鸭胚、鸭源及鹅源肾、成纤维细胞中增殖产生病变和核内包涵体	①室温下可存活6个月；②70 ℃维持20 min或0.3%甲醛处理24 h可完全灭活；③对乙醚、氯仿不敏感	①蛋壳分泌腺及输卵管炎性渗出，上皮细胞坏死，并可见核内包涵体；②感染鸡无临床症状；③可水平传播，也可垂直传播；④感染鸡很难查到抗体	①分离培养鉴定；②电镜检查；③HA-HI试验；④琼脂扩散试验；⑤ELISA试验	鸭和鹅是自然宿主，但发病一般仅见于产蛋鸡，引起鸡的减蛋综合征
鸡痘病毒（FP,PX）	痘病毒科 禽痘病毒属	①双股DNA病毒；②有囊膜；③砖形者长220~450 nm，宽140~260 nm，厚140~260 nm；卵圆形长250~300 nm，直径160~190 nm	①可在鸡胚绒毛尿囊膜增殖，并于接种后第6d形成痘斑；②10~12日龄鸡胚成纤维细胞上增殖，可产生特异性病变，细胞先变圆，继之变性和坏死	①对冷及干燥抵抗力较强；②50 ℃维持30 min或60 ℃维持8 min被灭活；③1%氢氧化钾溶液可使其灭活；④对乙醚有抵抗力	①病鸡表现有皮肤型和白喉型；②直接接触传播，脱落和碎散的痘痂是禽痘病毒散播的主要形式之一。蚊虫叮咬是复形的主要传播途径；③康复动物能获得坚强的终生免疫力	①分离培养鉴定；②原生小体检查；③琼脂扩散试验；④补体结合试验；⑤中和试验	可致各种年龄的鸡发生鸡痘，但5~12月龄鸡多见

续表

病毒名称	类别	生物学特性		抵抗力	致病性与免疫性	实验室诊断方法	相关疾病
		形态及结构	培养特性				
小鹅瘟病毒（GPV）（见图4-30）	细小病毒科细小病毒属	①单股DNA病毒；②核衣壳20面体立体对称，无囊膜；③六角形或圆形，直径20～25 nm	①初次分离要用12～14日龄鹅胚，尿囊腔接种后5～7 d死亡；②鹅成纤维细胞内增殖，引起细胞圆缩、脱落，核内形成包涵体；③可在番鸭胚及其细胞中增殖	①对外界环境抵抗力强，-20 ℃能存活3年；②50 ℃维持3 h或37 ℃维持7 d不失感染力；③能抗氯仿、乙醚、胰酶和pH 3.0的环境	①发病率和死亡率高，但可随日龄增加而逐渐降低，病程延长；②根据病程长短分最急性型、急性型和亚急性型；③传播快，可水平传播，也可垂直传播；④只有一个血清型；⑤康复后或隐性感染可获得坚强的免疫力，抗体能通过卵黄传给后代	①分离培养鉴定；②中和试验；③琼脂扩散试验	可致雏鹅和雏番鸭小鹅瘟
犬细小病毒（CPV）	细小病毒科细小病毒属	①单股DNA病毒；②无囊膜；③呈球形或六边形，直径约20 nm	可用犬肾（MDCK）细胞和猫肾（FK81）细胞分离培养，病毒增殖后可引起细胞脱落、崩解细胞脱落、崩解等，但无明显细胞病变	①抵抗力强，80 ℃下存活15 min，室温下3个月仍有感染性，粪便中可存活数月至数年；②对乙醚、氯仿、醇类有抵抗力；③对紫外线、福尔马林、次氯酸钠、氧化剂敏感	①发病率与死亡率高；②临床上有肠炎和心肌炎两个型；③组织学检查可见灶性肌坏死，心肌细胞内形成核内嗜碱性包涵体；④直接接触病犬或经一口途径传播；⑤犬感染3～5 d后即可检出中和抗体，免疫期较长；⑥可通过初乳传给幼犬，免疫力可持续4～5周	①分离培养鉴定；②电镜检查；③荧光抗体技术；④HA-HI试验	可引发犬小病毒病，尤其是2～4月龄幼犬多发

续表

病毒名称	类别	生物学特性			致病性与免疫性	实验室诊断方法	相关疾病
		形态及结构	培养特性	抵抗力			
非洲猪瘟病毒（ASFV）	非洲猪瘟病毒科非洲猪瘟病毒属	①双股DNA病毒；②有囊膜；③病毒粒子呈二十面体对称，直径为175～215nm	①可在几种类型的细胞浆中，尤其是网状内皮细胞和单核巨噬细胞中复制；②病毒初始分离株仅在猪单核细胞和巨噬细胞中复制，经适应后可在猪肾细胞、非洲绿猴肾细胞系或其他猴肾细胞生长	①室温中可活数周，或可被病毒感染的血液中55℃30min、60℃10min，病毒将被破坏；②加热55℃30min或60℃10min，病毒将被破坏；③许多脂溶剂和消毒剂可以将其破坏	①是唯一已知核酸为DNA的虫媒病毒，由软蜱传递；②病毒可由呼吸道进入，首先在扁桃体和鼻黏膜附近的淋巴结增殖，然后进入血流形成病毒血症，红细胞及白细胞中含毒，以致全身分必物中均含有大量病毒；③自然条件下，仅家猪易感，以全身出血，呼吸障碍和神经症状为特征	①红细胞吸附试验；②直接或间接荧光试验；③ELISA；④动物接种试验；⑤PCR检测	可引起非洲猪瘟

表 4-6　常见 RNA 病毒的特性及检查

病毒名称	类别	生物学特性		抵抗力	致病性与免疫性	实验室诊断方法	相关疾病
		形态及结构	培养特性				
口蹄疫病毒（FMDV）（见图 4-31）	微核糖核酸病毒科 口蹄疫病毒属	①单股 RNA 病毒；②无囊膜，核衣壳 20 面体立体对称；③球形或六角形，直径 20～25 nm	①鸡胚绒毛尿囊膜接种可增殖和致弱毒力；②可在牛舌上皮细胞和甲状腺细胞、猪肾细胞、仓鼠肾细胞等细胞内增殖，并常引起细胞病变；③也可在传代细胞如幼仓鼠肾传代细胞中生长	①直射日光能迅速灭活，在污染物上可存活数日；②70 ℃维持 10 min，80 ℃维持 1 min 可灭活；③pH3 的环境中可失去感染性；④对 2% 氢氧化钠溶液、过氧乙酸和高锰酸钾等敏感	①传染性极强，发病率可达 100%，可使患畜的口腔黏膜、舌及蹄部等发生特征性水疱；②可通过吸入、采食或接触污物感染；③有 7 个不同的血清型、A、O、C，南非（SAT）1、南非（SAT）2、南非（SAT）3 及亚洲 1 型，各型之间无交互免疫作用；④康复后可获得坚强的免疫力，免疫抵抗同型强毒的攻击，免疫期能抵抗同型感染能力至少 1 年	①分离培养鉴定；②动物接种试验；③ELISA；④荧光抗体试验；⑤补体结合试验；⑥琼脂扩散试验；⑦RT-PCR 技术	可致牛、猪、山羊和绵羊等偶蹄动物感染口蹄疫病、骆驼、鹿等偶蹄动物也能感染，人类偶能感染
猪水疱病病毒（SVDV）	小 RNA 病毒科肠病毒属	①单股 RNA；②核衣壳 20 面体立体对称，无囊膜；③球形，直径 22～32 nm	能在猪肾、猪睾丸、地鼠肾、小白鼠胚胎等原代细胞和猪肾传代细胞系上生长，有的可出现明显的细胞病变	①抵抗力强，粪便中可存活 138 天；②56 ℃维持 1 h 可灭活；③pH 2.5～12.0 内稳定；④对消毒药有较强的抵抗力。2% 氢氧化钠 25 ℃维持 24 h 才可灭活，5% 氨水、3% 福尔马林，可灭活。对乙醚和氯仿均有抵抗力	①本病表现有亚临床型、温和型和严重水疱型；②病态猪、康复带毒猪和隐性感染猪为传染源，既可水平传播，也可垂直传播；③只有一个血清型；④感染后 4～5 d 血清中就出现中和抗体，康复后能产生坚强的免疫力；⑤与人的柯克萨基病毒 B5 型有共同抗原，免疫血清能交互中和	①分离培养鉴定；②动物接种；③琼脂扩散试验；④补体结合试验；⑤病毒中和试验；⑥荧光抗体试验；⑦ELISA	只致猪发生猪水疱病

续表

病毒名称	类别	生物学特性			致病性与免疫性	实验室诊断方法	相关疾病
		形态及结构	培养特性	抵抗力			
猪瘟病毒(CSFV)	黄病毒科 瘟病毒属	①单股 RNA 病毒;②核衣壳 20 面体立体对称,有囊膜;③球形,直径为 38～44 nm	只在猪肾、睾丸和白细胞、等猪源代细胞或 PK-15、IBRS-2 等传代细胞中增殖,但不产生细胞病变	①抵抗力较强,室温能存活 2～5 个月,冻肉中可存活 6 个月;②阳光直射 5～9 h 可失活;③1%～2% 烧碱或 10%～20%石灰水 15～60 min 可灭活;④在 pH 5～10 条件下稳定;⑤对乙醚、氯仿敏感	①临床表现有急性型、亚急性型及慢性型;急性型发病后死亡率高;②病猪或隐性感染猪是主要的传染源,既可水平传播,也可垂直传播;③没有血清型的区别,只有毒力强弱之分;④可人工感染兔使之毒力减弱,制成猪瘟免化弱毒苗,用于免疫接种;⑤与牛病毒性腹泻病毒有共同的可溶性抗原,既有血清学交叉,又有交叉保护作用	①分离培养鉴定;②兔体交叉免疫试验;③荧光抗体技术;④酶标抗体技术;⑤琼脂扩散试验;⑥RT-PCR 技术	可致不同品种和年龄猪瘟猪发生猪瘟
猪传染性胃肠炎病毒(TGEV)(见图4-32)	冠状病毒科 冠状病毒属	①单股 RNA 病毒;②核衣壳呈螺旋状对称,有囊膜;③形态多样,球形或椭球形直径 80～220 nm	可在猪肾细胞、猪甲状腺细胞和睾丸细胞中增殖	①-20 ℃可储存 1 年;但 37 ℃下存放 4 d,即丧失感染性;②对光敏感,阳光下 6 h即被灭活;③在 pH 4～8 条件下稳定;④对胰酶有一定抗力	①各种年龄猪均可感染,5 日龄以下仔猪病死率可达 100%;②病毒经消化道进入人机体,潜伏期 18～72 h;③带毒猪可通过饲料、垫草及乳头散布病毒;④只有一个血清型;⑤以局部体液免疫和全身细胞免疫发挥抗感染作用;⑥仔猪可通过乳汁获得母源抗体,产生被动免疫	①分离培养鉴定;②动物接种试验;③中和试验;④琼脂扩散试验;⑤ELISA;⑥荧光抗体技术	只引起猪发生传染性胃肠炎

病毒名称	类别	生物学特性			致病性与免疫性	实验室诊断方法	相关疾病
		形态及结构	培养特性	抵抗力			
猪呼吸与繁殖综合征病毒（PRRSV）	动脉炎病毒科动脉炎病毒属	①单股RNA病毒；②核衣壳20面体立体对称，有囊膜；③球状，直径为50~70 nm	仅在猪肺泡巨噬细胞和CL2621、MARC-145细胞（二者来自于猴身细胞）上生长，并产生细胞病变	①-70 ℃可保存4个月；②56 ℃维持45 min或37 ℃维持48 h可彻底灭活；③pH 2~5可使其感染性丧失90%以上；④对乙醚、氯仿敏感	①可致母猪流产、死胎；仔猪呼吸困难、易继发感染，死亡率高；公猪精液品质下降；②可经呼吸道感染，也可垂直传播；③有两个基因型，即欧洲型和北美型；④病毒侵害单核及巨噬细胞造成免疫抑制；⑤猪感染若干周于抗体存在同时出现病毒血症。抗体可增强病毒感染性	①病毒分离鉴定；②ELISA；③间接免疫荧光	可致不同年龄、性别和品种的猪发生猪呼吸与繁殖综合征
新城疫病毒（NDV）（见图图4-33）	副黏病毒科副黏病毒亚科腮炎病毒属	①单股负股RNA；②核衣壳螺旋对称，有囊膜；囊膜上的纤突有血凝素、神经氨酸酶和融合蛋白；③近球形，有的呈蝌蚪状，直径为140~170 nm；④能凝集鸡、火鸡、鸭、人、豚鼠等红细胞	①可在鸡胚尿囊膜、尿囊腔和羊膜细胞中增殖，引起鸡胚细胞死亡；②可用鸡胚细胞或鸡胚肾细胞培养，形成细胞集聚和蚀斑	①抵抗力较强。发病2~8周，鸡舍仍能分离到病毒；②56 ℃可存活30~90 min，-20 ℃可存活10年以上；③易被紫外线灭活；④2%氢氧化钠、3%~5%来苏儿、10%碘酊、70%乙醇等，30 min内即可灭活	①有3类型，即强毒型、中毒型和弱毒型。致病作用主要与病毒株的毒力有关，也受环境条件影响；②直接接触、经结膜、呼吸道、消化道、皮肤外伤及交配而发生感染；③只有一个血清型；④抗体产生迅速，感染4~6 d即可检出血凝抑制抗体，并可持续至少2年	①分离培养鉴定；②荧光抗体试验；③HI试验	可致鸡及火鸡发生新城疫，珍珠鸡、鹌鹑和野鸡发病，鸭、鹅感染带毒，但不发病

续表

病毒名称	类别	生物学特性			致病性与免疫性	实验室诊断方法	相关疾病
		形态及结构	培养特性	抵抗力			
禽流感病毒（AIV）（见图4-34）	正黏病毒科甲型流感病毒属	①单股RNA病毒；②衣壳完全呈螺旋对称，有囊膜，囊膜上的纤突有血凝素（H）和神经氨酸酶（N）；③球形、杆状或丝状，直径为80~120 nm；④能凝集鸡、牛、马、猪和猴的红细胞	①可接种鸡胚尿囊腔，36~72 h病毒大量增殖，导致鸡胚死亡；②可用鸡胚细胞或鸡胚成纤维细胞培养，产生细胞变或形成蚀斑	①在干燥的尘埃中能存活14 d；②55 ℃维持60 min或60 ℃维持10 min即可失活；③对紫外线敏感；④对大多数防腐剂和消毒药敏感	①高致病株感染后的发病率和病死率都很高；②可通过野禽和候鸟传播，特别是野鸭、笼养鸟也可带毒传播也可能通过蛋传播；③H和N是重要的分类指标，产生多种不二者以不同的组合。H5N1，H5N2，H7N1，H7N7及H9N2是引起鸡禽流感的主要亚型；④发病3~7 d可检测出中和抗体，并可持续18个月	①分离培养鉴定；②ELISA；③琼脂扩散试验；④HI试验；⑤神经氨酸酶抑制试验；⑥RT-PCR	可致各种家禽和野禽感染，生禽流感
传染性法氏囊病病毒（IBDV）（见图4-35）	双RNA病毒科禽双RNA病毒属	①双股RNA病毒；②单层核衣壳，正20面体立体对称，无囊膜；③球形，直径为55~60 nm	①7~8日龄鸡胚卵黄囊、9~11日龄鸡胚或囊膜接种4~6 d死亡；②用鸡胚成纤维细胞培养出现细胞变并形成蚀斑	①抵抗力强，在鸡舍中存活2~4个月；②56 ℃维持5~6 h，70 ℃仍有活力，30 min才灭活；③耐反复冻融和超声波处理，对紫外线有较强的抵抗力；④pH2 60 min仍存活；⑤对乙醚、氯仿、吐温和胰蛋白酶有抵抗力，3%石炭酸和0.1%升汞液30 min可灭活	①2~15周龄鸡较易感，尤其是3~5周龄鸡最易感；②直接和间接接触传染；③有两个血清型，二者有较低的交叉保护，仅1型对鸡有致病性，火鸡和鸭为亚临床感染；2型未发现有致病性；④可导致免疫抑制，诱发其他病原体的潜在感染	①分离培养鉴定；②琼脂扩散试验；③中和试验；④ELISA；⑤荧光抗体试验	可致鸡发生传染性法氏囊病、法氏囊已退化的成年鸡呈隐性感染、偶尔可使鹌鹑和麻雀感染发病

续表

病毒名称	类别	生物学特性			致病性与免疫性	实验室诊断方法	相关疾病
		形态及结构	培养特性	抵抗力			
禽传染性支气管炎病毒(IBV)(见图 4-36)	冠状病毒科冠状病毒属	①单股 RNA 病毒;②核衣壳螺旋状对称,有囊膜。囊膜上有较长的棒状纤突,呈花瓣状;③多边形,但常呈球形,直径 90~200 nm;④能凝集鸡的红细胞	①能在 10~11 日龄鸡胚中生长;②能在 15~18 日龄的鸡胚肾细胞、鸡胚肝细胞和鸡胚肾细胞上生长,经多次传代后,引起较明显的细胞病变;③可在气管组织培养物上生长,并引起纤毛运动停止	①−30 ℃以下可存活 24 年;②56 ℃维持 15 min 可灭活;③pH 6.0~6.5 中培养最稳定;④室温下能抵抗 1%HCl(pH2),1%石炭酸和 1% NaOH(pH12)1 h;⑤对乙醚和普通消毒剂敏感	①病毒传染力极强,可通过气雾及摄入污染粪便的食物传播;②病毒易发生变异,已报道呼吸道型有 11 个血清型,肾型有 16 个血清型;③感染后第 3 周产生中和抗体,康复鸡可获得约 1 年的免疫力;④母源抗体可保持 14 d,以后逐渐消失	①分离培养鉴定;②中和试验;③琼脂扩散试验;④荧光抗体试验;⑤HI 试验;⑥ELISA;⑦RT-PCR	可致鸡传染性气管炎
狂犬病病毒(见图 4-37)	弹状病毒科狂犬病病毒属	①单股 RNA 病毒;②核衣壳呈螺旋形对称,有囊膜及膜粒;③子弹形,长 130~200 nm,宽 60~110 nm;④可凝集鹅的红细胞	可用大鼠、小鼠、家兔和鸡胚等脑组织及仓鼠肾和猪肾等细胞培养,一般不引起细胞病变	①在自溶的脑组织中可存活 7~10 d;②56 ℃维持 15~30 min 可灭活;③反复冻融、日光、自然光和热等处理可降低活力;④对蛋白酶、酸、胆盐、乙醚、升汞、70%乙醇、季胺盐类消毒剂等敏感	①各种哺乳动物均易感,病死率近 100%;②常因疯犬、带犬或其他狂犬病患畜咬伤而致病;③病毒从伤口扩散向中枢神经系统扩散的过程中,既不出现体液免疫波应,也不出现细胞免疫应答;④病毒蛋白有很强的免疫原性	①内基氏小体检查;②分离培养鉴定;③动物接种;④琼脂扩散试验;⑤ELISA;⑥中和试验;⑦补体结合试验;⑧荧光抗体试验	可致各种哺乳动物狂犬病

续表

病毒名称	类别	生物学特性			致病性与免疫性	实验室诊断方法	相关疾病
		形态及结构	培养特性	抵抗力			
犬瘟热病毒	副黏病毒科 副黏病毒亚科 麻疹病毒属	①单股 RNA 病毒;②衣壳呈螺旋对称,表面有囊膜,表面有放射状囊膜粒;③球形,有时呈不规则形态,直径150~330 nm	①能在鸡胚绒毛尿囊膜上生长并产生病变;②能在鸡胚成纤维细胞上生长;③也可用犬胎脑,幼犬脾、肺,肠系膜淋巴结、犬肾睾丸细胞等原代细胞培养	①-70 ℃可存活1年以上,冻干可以长期保存;②4 ℃只能存活7~8 d,55 ℃可存活30 min,100 ℃维持1 min灭活;③pH 4.4~10.4可存活24 h;④1%来苏儿数小时灭活,2%氢氧化钠30 min失去活性,3%甲醛和5%石炭酸溶液中均能死亡	①青年犬比老年犬易感,4~6月龄幼犬因不再有母源抗体保护,最易感;②感染第5 d于临床症状出现前,分泌物及排泄物均排毒,有时可持续数周;③直接接触及气雾传播;④耐过动物可获得终生免疫;⑤与麻疹病毒和牛瘟病毒有共同抗原,能被麻疹病毒或牛瘟病毒的抗体所中和	①分离培养鉴定;②动物接种;③琼脂扩散试验;④中和试验;⑤补体结合试验;⑥ELISA;⑦荧光抗体技术	可致犬发生犬瘟热,狼、狐、豺、貉、鼬鼠、熊猫、浣熊、山狗、野狗、狸和水貂等动物也易感染
兔出血症病毒(RHDV)	嵌杯病毒科 兔嵌杯状病毒属	①正股单股 RNA;②衣壳为20面体立体对称,无囊膜;③圆形,表面状回陷,直径32~36 nm;④能凝集人的红细胞	不能在鸡胚上增殖,也难以在各类细胞中稳定增殖	①能够耐50 ℃ 1 h;②对乙醚、氯仿和pH 3有抵抗力	①2月龄以上兔易感;②根据病程分最急性型、急性型或亚急性型,死亡率100%,或发病率90%;③直接接触传染,也可通过污染物经消化道,呼吸道、损伤的皮肤黏膜等途径感染;④只有一种血清型	①HA及HI试验;②琼脂扩散试验;③荧光抗体试验;④ELISA	可致2月龄以上家兔暴发兔出血症

3. 朊病毒(见表 4-7)

表 4-7　朊病毒的特性及检查

病毒名称	类别	生物学特性			致病性与免疫性	实验室诊断方法	相关疾病
		形态及结构	培养特性	抵抗力			
朊病毒	是细胞正常蛋白经变构后而获得致病性的一种蛋白	①为杆状或纤维状物。②它没有核酸,是一种具有感染性的蛋白质颗粒	可用小鼠或仓鼠接种传代	对杀灭病毒及其他微生物的物理、化学因素及各种环境因素有极强的抵抗力,这些因素对它几乎无效	①主要引起牛羊中枢神经系统疾患;②可通过接触水平传播,也可垂直传播;③无包涵体、不诱导产生干扰素、不破坏宿主淋巴细胞的免疫功能,也不引发宿主的免疫反应	①免疫组化;②免疫转印	可致牛海绵状脑病和绵羊痒病

●●●●● 拓展阅读与拓展视频

"共和国勋章"获得者——
钟南山院士

"共和国勋章"获得者——
钟南山院士视频

深入学习贯彻"二十大"精神
推进文化自信自强,
铸就社会主义文化新辉煌

计　划　单

学习情境4	检查病毒		学时	20
计划方式	以小组为单位，通过讨论共同制订计划			
序　号	实施步骤		使用资源	备注
1				
2				
3				
4				
5				
6				
7				
8				
9				
10				
制订计划说明				
计划评价	班　级		第　组	组长签字	
	教师签字		日　期	
	评语：			

决策实施单

学习情境 4	检查病毒

<table>
<tr><td colspan="8" align="center">讨论小组制订的计划书，做出决策</td></tr>
<tr><td rowspan="7">计划
对比</td><td>组号</td><td>工作流程
的正确性</td><td>知识运用
的科学性</td><td>步骤的
完整性</td><td>方案的
可行性</td><td>人员安排
的合理性</td><td>综合评价</td></tr>
<tr><td>1</td><td></td><td></td><td></td><td></td><td></td><td></td></tr>
<tr><td>2</td><td></td><td></td><td></td><td></td><td></td><td></td></tr>
<tr><td>3</td><td></td><td></td><td></td><td></td><td></td><td></td></tr>
<tr><td>4</td><td></td><td></td><td></td><td></td><td></td><td></td></tr>
<tr><td>5</td><td></td><td></td><td></td><td></td><td></td><td></td></tr>
<tr><td>6</td><td></td><td></td><td></td><td></td><td></td><td></td></tr>
</table>

<table>
<tr><td colspan="3" align="center">制定实施方案</td></tr>
<tr><td>序号</td><td>实施步骤</td><td>使用资源</td></tr>
<tr><td>1</td><td></td><td></td></tr>
<tr><td>2</td><td></td><td></td></tr>
<tr><td>3</td><td></td><td></td></tr>
<tr><td>4</td><td></td><td></td></tr>
<tr><td>5</td><td></td><td></td></tr>
<tr><td>6</td><td></td><td></td></tr>
</table>

实施说明：

班　　级		第　　组	组长签字	
教师签字		日　　期		

评语：

作　业　单

学习情境 4	检查病毒						
作业完成方式	课余时间独立完成						
项目 1	检测鸡新城疫病毒						
作业题	深入周边鸡场，收集疑似鸡新城疫病例，制定诊断方案，并在实验室完成诊断过程，上交诊断报告单						
作业解答	可另附纸张						
项目 2	检测猪水疱病病毒						
作业题	制定猪水疱病与口蹄疫的实验室鉴别诊断方案						
作业解答	可另附纸张						
项目 3	检测鸡传染性法氏囊炎病毒						
作业题	收集疑似传染性法氏囊炎病病例，制定诊断方案，并在实验室实施，上交诊断报告单						
项目 4	检测猪瘟病毒						
作业题	制定 PCR 方法诊断猪瘟病毒的流程，并完成检查结果报告						
作业解答	可另附纸张						
作业评价	班　级			第　　组	组长签字		
	学　号			姓　名			
	教师签字			教师评分		日　期	
	评语：						

效果检查单

学习情境 4	检查病毒			
检查方式	以 2～3 人小组为单位，学生互查与教师检查相结合，学生互查和教师检查成绩各占总分(100 分)的 50％			
序号	检查项目	检查标准	学生自检	教师检查
1	病料采集	根据疾病不同正确确定病料采集部位，操作规范，处理病料合理		
2	病毒鸡胚接种	鸡胚接种操作正确，接种部位及病毒用量准确		
3	收获病毒	收获病毒操作方法正确，收获后的鸡胚处理得当		
4	病毒反向间接血凝试验	操作正确，原理理解透彻，结果判定准确		
5	间接血凝试验样品稀释及加样	移液管、微量移液器使用正确，能严格按照要求进行稀释及加样		
6	琼脂扩散试验	操作正确，结果判定准确		
7	1％琼脂板的制备	各成分用量准确，操作过程正确		
8	打孔、封底及加样	打孔器使用正确，孔内琼脂完全挑出，边缘无破损。能进行封底操作，各孔加样正确，加量准确		
9	提取病毒 RNA	操作熟练、准确、提取成功		
10	PCR 仪使用	PCR 仪使用正确，了解原理		
11	电泳	琼脂凝胶板制备正确，加样准确，结果判定准确		
检查评价	班　　级		第　　组	组长签字	
	教师签字			日　　期	
	评语：				

评价反馈单

学习情境4			检查病毒			
评价类别	项目		子项目	个人评价	组内评价	教师评价
专业能力 （60%）	资讯（10%）		查找资料，自主学习（5%）			
			资讯问题回答（5%）			
	计划（5%）		计划制订的科学性（3%）			
			用具材料准备（2%）			
	实施（20%）		各项操作正确性（8%）			
			各项操作的效果（6%）			
			操作是否注意安全（4%）			
			操作方法的创意性（2%）			
	检查（5%）		全面性、准确性（3%）			
			检验中出现问题的处理（2%）			
	过程（5%）		使用器材的规范性（2%）			
			操作过程规范性（2%）			
			器材和设备使用管理（1%）			
	结果（10%）		结果准确性（10%）			
	作业（5%）		及时、保质完成作业（5%）			
社会能力 （20%）	团队协作 （10%）		小组成员合作良好（5%）			
			对小组的贡献（5%）			
	敬业、吃苦 精神（10%）		学习纪律性（4%）			
			爱岗敬业和吃苦耐劳精神（6%）			
方法能力 （20%）	计划能力 （10%）		计划制订合理（10%）			
	决策能力 （10%）		计划选择正确（10%）			
意见反馈						
请写出你对本学习情境教学的建议和意见						

评价 评语	班 级		姓 名		学 号		总 评	
	教师签字		第 组	组长签字			日 期	
	评语：							

学习情境 5
检查病原真菌

●●●● 学习任务单

学习情境 5	检查病原真菌	学　时	8
布置任务			
学习目标	1. 学会观察真菌菌落及镜下辨认真菌菌丝和孢子； 2. 在做鸡烟曲霉菌病检查时，掌握烟曲霉的生物学特性、致病性和微生物学检查方法； 3. 学会快速检测犬、猫小孢子菌的方法； 4. 了解常见病原真菌的生物学特性、常用检查方法及防制措施； 5. 强化无菌观念和团队精神，培养归纳总结问题和解决问题的能力；建立与时俱进观念，培养不断了解和掌握新知识与新技术的能力		
任务描述	在微生物检验室，按规程进行操作，对真菌疑似病例进行检查，以及鉴定病原真菌； 具体任务： 1. 检查鸡烟曲霉菌 取疑似烟曲霉菌感染病鸡病变组织或器官，涂片或压片镜检； 取组织或器官，划线培养，观察菌落特性；菌落压片镜检 2. 检查犬、猫小孢子菌 取病畜毛发或皮屑，透明处理或染色，镜下观察； 取病畜毛发或皮屑，划线培养，观察菌落特性		
学时分配	资讯：2 学时　计划：0.5 学时　决策：0.5 学时　实施：4 学时　考核：0.5 学时　评价：0.5 学时		
提供资料	1. 刘莉，王涛. 动物微生物及免疫. 北京：化学工业出版社，2010 2. 刘莉，金璐娟. 动物微生物及免疫. 哈尔滨：黑龙江科学技术出版社，2004 3. 陆承平. 兽医微生物学(第 5 版). 北京：中国农业出版社，2013 4. 李一经. 兽医微生物学. 北京：高等教育出版社，2011 5. 李舫. 动物微生物与免疫技术. 北京：中国农业出版社，2014 6. 张红英. 动物微生物学. 北京：中国农业出版社，2017 7. 杨井坤.《动物微生物及免疫》在线开放课程. 学银在线		
对学生要求	1. 由 4 人组成一个学习小组，完成本项目学习； 2. 课前以小组为单位，完成资讯问题答案的收集与整理； 3. 严格遵守微生物检验室的规章制度； 4. 规范操作，尊重实验结果； 5. 遵守操作规程，避免安全事故发生		

●●●●● 任务资讯单

学习情境 5	检查病原真菌
资讯方式	通过资讯问题和资讯引导,动物微生物检验及免疫监测技术精品课网站、图书阅览室查询,课件、视频及模拟实验展示,向指导教师咨询等形式完成。
资讯问题	1. 真菌主要致机体哪几类疾病? 2. 真菌以什么方式进行繁殖?产生哪些孢子? 3. 真菌生长繁殖需要哪些条件? 4. 真菌菌落有何特点?与细菌有哪些不同? 5. 烟曲霉的致病性及微生物学诊断方法。 6. 犬、猫小孢子菌的致病性及微生物学诊断方法。 7. 病原性真菌常用哪些方法检验? 8. 中毒性病原真菌产生的主要毒素及其作用? 9. 青霉菌属中产毒素的主要成员有哪些?其毒素有何作用? 10. 如何控制病原真菌对人及动物的危害?
资讯引导	1. 在相关信息单中查询; 2. 在刘莉、王涛主编的《动物微生物及免疫》(北京:化学工业出版社,2010)中进行查询; 3. 在刘莉、金璐娟主编的《动物微生物及免疫》(哈尔滨:黑龙江科学技术出版社,2004)中进行查询; 4. 在其他相关资料中查询

●●●●● **相关信息单**

项目 1　检查鸡烟曲霉菌

【工作场景】

地点：微生物检验室。

仪器：显微镜、高压蒸汽灭菌器、干燥箱、冰箱。

材料：接种环、解剖针、剖检盒、手术剪子、镊子、来苏儿、载玻片、盖玻片、90 mm 平皿、250 mL 烧杯、试管、酒精灯、二甲苯、擦镜纸、乳酸酚棉蓝染色液、沙堡弱琼脂培养基、马铃薯培养基等。

检样：疑似烟曲霉菌病、死鸡。

【工作过程】

工序 1　样品采集

活禽取鼻腔分泌物、痰液，死禽取肺部结节、气囊处结节或病损处刮取物。采集的样品放在无菌培养皿中待检。

工序 2　制片镜检

用灭菌接种环或镊子取病料样品，置于洁净的载玻片上，滴加 2～3 滴乳酸酚棉蓝染色液，盖上盖玻片，用高倍镜或油镜观察。

工序 3　烟曲霉培养基制备

(1)沙堡弱琼脂培养基制备

①称取蛋白胨 10 g、琼脂 20 g、麦芽糖 40 g，加蒸馏水 1 000 mL，加热后充分溶解。

②测定并调节 pH 至 5.4。

③分装，115 ℃高压灭菌 20 min，制成斜面或平板备用。

(2)马铃薯培养基制备

①称取马铃薯 200 g，加蒸馏水 1 000 mL，加热煮沸 30 min 后用纱布过滤，即可获得马铃薯汁。

②在马铃薯汁中加入琼脂 15～20 g，并补充水分至 1 000 mL，加热溶解。

③分装、115 ℃高压灭菌 20 min 备用。

工序 4　分离培养鉴定

用灭菌的接种环取样品直接划线或点植接种于沙堡弱琼脂或马铃薯培养基上，28 ℃～37 ℃下培养 48 h 和 72 h，观察菌落特征。用解剖针挑取少量菌落上的菌丝，置于滴有乳酸酚棉蓝染色液的载玻片上，盖上盖玻片，用高倍镜或油镜观察。

【结果观察】

(1)镜检结果

可见菌丝有分枝、有中隔，顶囊膨大，分生孢子梗不分枝，分生孢子圆形、棕色，呈链状(见图 5-1)。

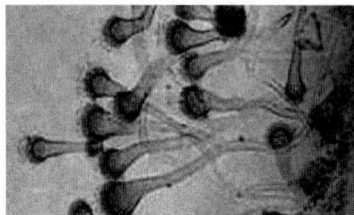

图 5-1　烟曲霉分生孢子梗形态
（李一经．兽医微生物学．北京：
高等教育出版社，2011）

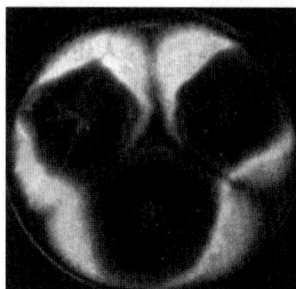

图 5-2　烟曲霉菌落特征
（李一经．兽医微生物学．北京：
高等教育出版社，2011）

（2）培养结果

48 h 后形成灰白色绒毛菌落，72 h 后菌落转为暗绿色至黑褐色（见图 5-2）。镜下观察顶囊由分生孢子梗逐渐膨大而形成，似烧瓶，小梗着生于顶囊的上半部，小梗单层，小梗和分生孢子链按与分生孢子梗平行的方向升起。

项目 2　检查犬、猫小孢子菌

【工作场景】

地点：微生物检验室。

仪器：显微镜、培养箱、高压蒸汽灭菌器、干燥箱、冰箱。

材料：手术刀、接种环、镊子、来苏儿、载玻片、盖玻片、酒精灯、火柴、乙醇棉、100 mL 烧杯、90 mm 平皿、香柏油、二甲苯、砂纸、乳酸酚棉蓝染色液、沙堡弱葡萄糖琼脂、10％氢氧化钾、青霉素、链霉素、氯霉素。

检样：疑似发病动物。

【工作过程】

工序 1　样品采集

采集前用乙醇棉消毒皮毛，用手术刀刮取感染皮肤边缘皮屑，用无菌的镊子夹取患处根部折断的毛发。

工序 2　制片镜检

（1）氢氧化钾样品片的制作

用灭菌镊子夹取病畜患毛数根，放置洁净载玻片上，滴加 1～2 滴 10％的氢氧化钾溶液，置于酒精灯火焰上来回移动加热数秒，直到毛发透明为止，盖上盖玻片，室温放置 15 min 左右镜检。

（2）乳酸酚棉蓝液压片制作

在洁净载玻片中间滴加 2～3 滴乳酸酚棉蓝染色液，用灭菌接种环取少量皮屑样品与染液混匀，加盖玻片，静置 10 min 后，制成压片镜检。

工序 3　分离培养鉴定

将感染的毛或皮屑样品，用灭菌镊子夹取，放置装有 70％乙醇的烧杯内浸泡 2～3 min 后，以无菌生理盐水进行冲洗，之后将毛或皮屑样品分别点植接种在沙堡弱葡萄糖琼脂平板(蛋白胨10 g，葡萄糖40 g，琼脂粉15 g，蒸馏1 L，调 pH 至5.4～5.8，高压灭菌121 ℃灭菌15 min 制成)上，28 ℃下培养2～3周或更长时间，注意要保持潮湿避免培养基干燥，观察菌落特征。取菌落制作乳酸酚棉蓝液压片，用低倍镜观察。

工序4　动物接种

选择易感的兔、猫、犬等动物，将接种处被毛用剪刀剪掉、洗净，用砂纸轻轻摩擦皮肤(以不出血为宜)，再取病料或培养菌落涂到伤口使之感染。

【结果观察】

(1)镜检结果

可见圆形小分生孢子密集成群，无小梗或小梗很短，围绕在毛杆上，皮屑中可见少量菌丝，病料中一般检查不到大分生孢子。

(2)培养结果

培养3～4 d 有白色、浅黄色菌落形成，1～2周后有羊毛状菌丝形成，表面浅黄色绒毛状，中间有粉末状菌丝，背面呈橘黄色。压片可见直而有隔菌丝和很多中央宽大、两端稍尖的纺锤形大分生孢子，壁厚，末端表面粗糙有刺。小分生孢子较少，为单细胞棒状，沿菌丝侧壁生长。

(3)动物接种表现

一般几天后就出现阳性反应，即呈现发炎、脱毛、结痂等病变。

注意	①采集的皮屑和毛发分别放在无菌培养皿中待检。 ②湿标本片制备过程中，在盖上盖玻片时，要防止气泡产生。 ③使用油镜观察时，要用二甲苯擦拭镜头。 ④用沙堡弱葡萄糖琼脂培养基时，按每毫升加青霉素20～100 U 和链霉素40～200 μg，或加氯霉素50 μg，以防细菌生长。

●●●● 必备知识

一、真菌的繁殖方式

生物的繁殖方式与生物进化的层次密切相关，进化程度越高，繁殖方式越复杂。与原核生物的细菌相比，真菌除能进行无性繁殖外还能进行有性繁殖。

1. 酵母菌

酵母菌主要以裂殖、芽殖方式进行无性繁殖，但也能以两性孢子进行有性繁殖。

(1)裂殖

为少数酵母菌的繁殖方式，其过程与细胞分裂方式相似。母细胞伸长，核分裂，细胞中央出现横隔将细胞分为两个具有单核的子细胞。

(2)芽殖

是在成熟的酵母菌细胞上先在芽痕处长出一个称为芽体的小突起，随后细胞核分裂成两个核，一个留在母细胞，一个随细胞浆进入芽体，芽细胞脱离母体，成为新的个体细胞；如果母细胞与子细胞相连成串而不脱离，则形成藕节状的假菌丝(见图 5-3)，如白色念珠菌。

2. 霉菌

霉菌主要以产生各种无性和有性孢子进行繁殖，而以无性孢子繁殖为主。无性繁殖是通过营养菌丝的分化而形成无性孢子，也能以菌丝片段繁殖新个体。产生的孢子有芽孢子、节孢子、厚垣孢子、孢子囊孢子和分生孢子等（见图 5-4）。

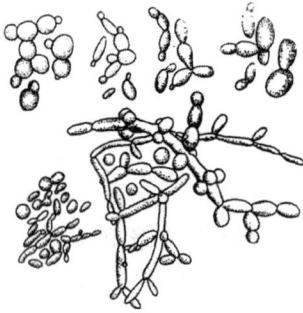

图 5-3　酵母菌的形态示意图

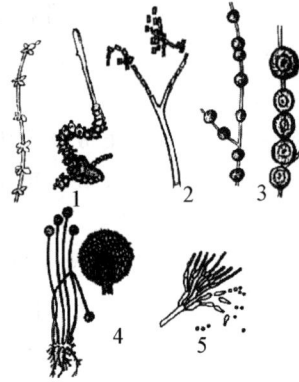

图 5-4　霉菌的无性孢子示意图

1. 芽孢子；2. 节孢子；3. 厚垣孢子；

4. 孢子囊孢子；5. 分生孢子

真菌有性繁殖需由两个不同性别的细胞相互结合，经过质配阶段、核配阶段和减数分裂阶段而形成有性孢子。有性繁殖不普遍，常发生于特定的自然条件下，一般培养基上不常出现。有性孢子常为渡过不良环境的休眠体，产生的孢子有接合孢子、卵孢子、子囊孢子和担孢子等（见图 5-5）。

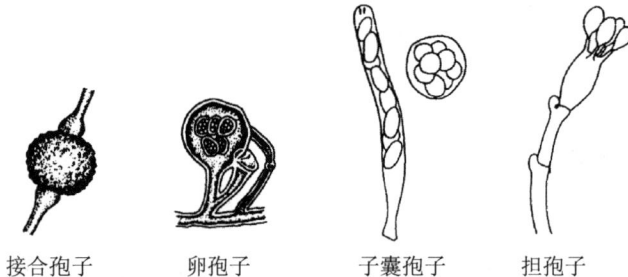

接合孢子　　卵孢子　　子囊孢子　　担孢子

图 5-5　霉菌的有性孢子

二、真菌生长繁殖的条件

（1）低营养

真菌生长繁殖的基本营养要求比细菌低，故容易培养。多数真菌为异养菌，真菌产生酶的种类要比细菌丰富，故营养要求不严格，对各种物质利用能力强。例如，真菌除能分解单糖和双糖外，还能利用淀粉、纤维素、木质素及多种有机酸。

（2）温度

多数真菌属嗜温菌，生长温度的范围为 10 ℃～40 ℃，最适温度为 25 ℃～35 ℃。少数嗜热真菌生长温度为 20 ℃～50 ℃，少数嗜冷真菌在 0 ℃以下也能生长繁殖。

(3)pH

多数真菌生长繁殖的最适 pH 为 5～10，但在 pH 1.5～11 也可以生长。

(4)湿度与渗透压

真菌需要高湿条件，多数在相对湿度 95％～100％条件下生长良好，在 80％～85％相对湿度中生长不良或停滞；少数真菌可耐高渗透压，如在炼乳及果酱中也能生长繁殖。

(5)气体

多数真菌为需氧菌，少数为兼性厌氧菌，个别为严格厌氧菌。环境中二氧化碳的浓度对真菌的生长有明显影响，但在 pH 高的环境中，二氧化碳对真菌呈现毒性作用。

三、真菌的培养特征

真菌的繁殖能力强，但繁殖速度要比细菌慢。除酵母菌类的真菌，一般霉菌在固体培养基上形成的菌落特征具有分类鉴定意义。同一种真菌在一定的条件下，菌落所呈现的形状、大小、色泽和结构具有特征性；在不同成分的培养基上或不同条件下培养，形成的菌落有差别，而不同真菌则往往差别显著，因而给分类鉴定工作提供了重要依据。在沙堡弱琼脂培养基上，真菌可形成 3 种类型的菌落。

1. 酵母型菌落

类似于光滑(S)型细菌菌落，但较细菌菌落大而厚(见图 5-6)。菌落不透明，为圆形，表面光滑湿润，多具有不同颜色，如白色、红色等。培养较长时间后，菌落表面呈现皱纹状和色泽变深等外观。

2. 酵母样型菌落

类似于细菌的粗糙型菌落(见图 5-7)。菌落表面粗糙，边缘不整齐，无光泽，这是由于有芽生孢子与母细胞连接形成的假菌丝存在所致，如白假丝酵母菌的菌落。

3. 丝状菌落

为多细胞真菌菌落。菌落明显比细菌、放线菌菌落大，且质地较松软，呈现的花样也甚多。菌落大，有的可扩展到整个培养皿，有的则有局限性；菌落外观呈绒毛状、棉絮状、羊毛状、毡状、毯状、绳索状、皮革状、颗粒状、石膏样等，如霉菌的丝状菌落(见图 5-8)。

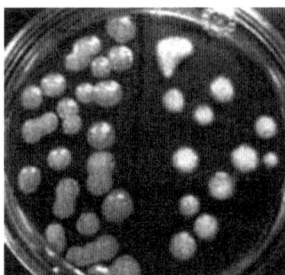

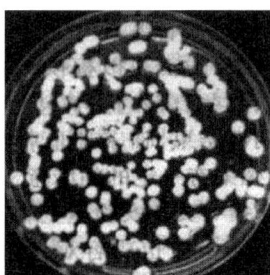

图 5-6　酵母型菌落　　　图 5-7　酵母样型菌落　　　图 5-8　丝状菌落

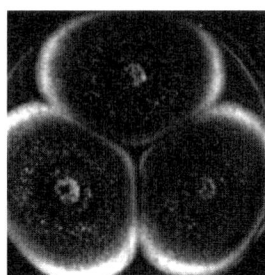

(李一经. 兽医微生物学. 北京：高等教育出版社，2011)

四、真菌的致病性

不同的真菌致病形式不同，有些真菌呈寄生性致病作用，有些真菌呈条件性致病作用，有些则通过产生毒素引起中毒来发挥致病作用。真菌性疾病主要包括以下几种。

1. 致病性真菌感染

主要是外源性真菌感染，包括皮肤、皮下组织真菌感染和全身性真菌感染。

2. 条件致病性真菌感染

一些内源性真菌如念珠菌、曲霉菌、毛霉菌等，致病性不强，只在机体免疫力降低或长期应用广谱抗生素、激素及免疫抑制剂后引起感染。

3. 真菌性中毒

有些真菌在农作物、食物或饲料上生长，人及动物食用后可导致急性或慢性中毒。引起中毒的可以是本身有毒性的真菌，也可以是真菌在代谢过程中产生的毒素。目前已发现的真菌毒素有百种以上，引起的病变也多种多样，有的引起肝脏、胰腺、肾脏损害；有的引起神经系统功能障碍，出现抽搐、昏迷等症状；也有的可致造血机能损伤。

4. 真菌变态反应性疾病

真菌性变态反应具有两种类型。一类是感染性变态反应，它是一种迟发型变态反应，是在感染病原性真菌的基础上发生的。另一类是接触性变态反应，它的发生复杂，而且常见；通常是由于吸入或食入真菌孢子或菌丝而引起，分别属于 I～IV 型变态反应。

真菌性变态反应所致疾病的表现有过敏性皮炎、湿疹、荨麻疹和瘙痒症，过敏性胃肠炎、哮喘和过敏性鼻炎等。

5. 真菌毒素所致肿瘤

已经证实很多真菌毒素有致癌作用。研究最多的是黄曲霉毒素，其毒性极强，动物实验证明，食物中含有 0.015 mg/kg，食入后即可诱发肝癌。近几年又发现十余种毒素在动物身上可诱发多种肿瘤，如镰刀菌的 T-2 毒素可诱发大鼠的胃癌、胰腺癌、垂体和脑部肿瘤；最近又证实串珠镰刀菌的毒素与食道癌有相关性。

五、真菌的免疫性

机体对真菌的免疫包括非特异性免疫和特异性免疫两方面。完整的皮肤黏膜以及所分泌的脂肪酸、乳酸的抗真菌作用，正常菌群的颉颃作用及吞噬细胞的吞噬作用均在抗真菌的非特异性免疫中起着重要作用。真菌特异性免疫则以细胞免疫为主，血清中抗真菌抗体滴度虽然很高，可用于血清学诊断，但抗真菌的作用尚不能确定。真菌的毒素一般分子量较低，没有免疫原性，不能刺激免疫系统产生抗体。

六、病原真菌的检验方法

真菌病的诊断与细菌病的诊断有相似之处，但真菌的形态往往具有特征性，故镜检和培养即可作出诊断，必要时可再做动物接种和变态反应诊断等。

1. 显微镜检查

有些标本无须染色即可直接镜检。有些标本用乳酸酚棉蓝染色后在显微镜下放大 500 倍，可见到被染成蓝色或紫色的真菌。组织、体液、脓汁以及离心沉淀物等，也可用革兰氏染色、瑞氏染色和姬姆萨染色等镜检。印度墨汁标本片常用于检查新型隐球菌的荚膜。毛发、角质等多用氢氧化钾湿片检查，即在病料上加 1 滴10％～20％氢氧化钾液，加盖玻片微热处理，使标本透明，便可观察。

2. 分离培养

将病料接种于沙堡弱葡萄糖琼脂，有些深度感染的病料，还需接种于血液琼脂中，分别培养于室温或者 37 ℃恒温箱中，培养后逐日观察。真菌一般生长较慢，往往需要培养数日甚至数周。为防止或减少细菌污染，一般每毫升培养基加 20～100 IU 青霉素和 40～200 μg 链霉素。为了能观察真菌的某些特殊结构，还可用特殊培养基培养，如用玉米粉琼脂培养基培养检查白色念珠菌的厚垣孢子。

观察菌落生长情况是鉴别真菌的主要方法之一。应注意菌落生长的速度和大小、质地及高度、颜色和色素、表面与边缘、渗出物和气味等，以及镜下的菌体构造。为便于菌种鉴定，可以在玻片上进行微量培养，这不仅能在显微镜下直接观察菌体形态和构造，还能保持菌体结构的自然位置。

3. 真菌的动物接种

为了分离病原真菌或研究其致病力，可将各种临床标本或培养出的可疑真菌接种实验动物。常用的实验动物有小白鼠、大白鼠、田鼠、豚鼠、兔、鸽子、鸡、犬和猫等，以小白鼠和大白鼠最为常用。需要注意的是要选择没有感染和未携带真菌的健康实验动物。

4. 变态反应诊断

有些真菌病，如假皮疽组织胞浆菌引起的马流行性淋巴管炎，可用变态反应法进行诊断。

5. 真菌毒素检测

对于真菌毒素中毒性疾病，一般应对可疑的饲草、饲料进行真菌毒素检查和产毒真菌的检查。真菌毒素检测比较困难，通常要采用免疫学检测、薄层层析或气相、液相色谱分析等手段进行。

6. 分子生物学检查

最为常用的是 PCR 和核酸探针技术，可以鉴定到种或属。

七、常见病原真菌的特性及检查

根据真菌致病性的差异，主要可分为两大类。一类是真菌侵入动物机体而引起感染的病原性真菌；另一类是通过产生毒素，当动物采食了含有其毒素的饲料而引起中毒的产毒性真菌。介于两类之间的曲霉菌属，既能感染动物组织，同时也产生具有致病作用的毒素，如烟曲霉、黄曲霉、棕曲霉等。

1. 感染性病原真菌

这是一类腐生性或寄生性真菌，可感染动物机体，在感染部位生长繁殖或产生代谢产物而致动物疾病。常见的有皮肤真菌、荚膜组织胞浆菌、假皮疽组织胞浆菌、白色念珠菌等。

(1) 皮肤真霉

皮肤真霉是一类只侵害人畜体表即皮肤、毛、发、指甲、爪、蹄等角化组织，而不侵害皮下等深部组织或内脏的浅部病原性真菌。畜禽的主要皮肤真菌为毛癣菌属和小孢子菌属成员。本菌主要在表皮角化层、毛囊、毛根鞘及其细胞内繁殖，有的穿入毛根内生长繁殖，使皮肤发生丘疹、水疱和皮屑；或使毛发区发生脱毛、毛囊炎或毛囊周围炎，出现黏性分泌物或上皮细胞形成痂壳等。

①生物学特性　菌丝均有分隔并分枝，不产生有性孢子。毛癣菌属菌丝呈螺旋状、球拍状、结节状或鹿角状等；大分生孢子数目少或无，孢子呈长棒状或细梭状。小分生孢子数量多，单细胞，简单侧生呈葡萄串状、梨形或棒状等；有时还可见厚壁孢子。小孢子菌

属菌丝呈结节状、梳状或球拍状等；大分生孢子呈纺锤状，其表面粗糙有棘，壁厚，有5～15个横膈；小分生孢子呈卵圆形或棒状，单细胞，无小梗或小梗很短，孢子均单独生长在侧枝的末端，不呈葡萄串状排列，初次培养时，孢子出现较少；较常见到厚壁孢子。

此类菌对营养要求不高，需氧，在葡萄糖蛋白胨琼脂上能良好生长。最适生长温度为22 ℃～28 ℃，培养1周以后，长出的菌落有绒絮状、粉粒状、蜡样或石膏样；随着时间的延长，菌落形成灰白、淡红、橘红、红、紫、黄、橙、棕黄及棕色等颜色。根据菌落形态和颜色，以及菌丝的形态和产生的分生孢子特征可进行鉴别；皮霉虽都是浅表性病原真菌，但侵害的部位不完全相同。毛癣菌属一般侵害皮肤、毛发和爪甲；小孢子菌属一般侵害皮肤和毛发，不侵害爪甲。

②微生物学检查　先将患部用75％乙醇消毒后，用镊子拔下感染部被毛、羽毛；用小刀刮取皮肤、皮屑及爪甲部病料。

镜检　可采用氢氧化钾湿片和乳酸酚棉蓝染色法进行镜检。感染毛癣菌的毛，可见孢子在毛上呈平行的链状排列，有的孢子在毛内，有的孢子在毛内、外均可见。感染小孢子菌时，可见孢子紧密而无规则地排列在毛干周围(见图5-9)。

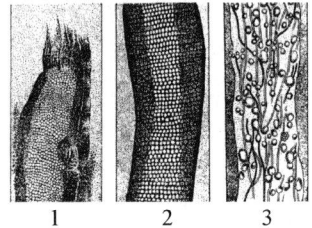

图 5-9　病料中的皮霉
1. 小孢霉；2. 发藓霉；3. 表皮藓霉

培养　将被检病料用乙醇或石炭酸水浸泡2～3 min灭活杂菌，以无菌生理盐水洗涤后，接种于加有抗生素的葡萄糖蛋白胨琼脂培养基上，22 ℃～28 ℃培养2周，根据菌落特性、菌丝和孢子的特征进行鉴定(见表5-1)。

表 5-1　毛癣菌属、小孢子菌属菌落和镜下特征比较

菌属	菌落颜色	菌落形态	大分生孢子	菌丝
毛癣菌属	灰白、红橙或棕色	呈绒毛状、粉粒状或蜡样	细长棒状的薄壁大分生孢子	螺旋状、球拍状、鹿角状和结节状
小孢子菌属	灰色、橘红色或棕黄色	呈绒毛状逐渐变至粉末状	厚壁梭形	结节状、梳状、球拍状

(2)荚膜组织胞浆菌

该菌可引起犬、猫和人常发的高度接触性传染性组织胞浆菌病，经呼吸道、皮肤、黏膜及胃肠传入，寄生在单核—巨噬细胞的胞质内，使感染组织形成肉芽肿。奶牛、马、羊、猪等动物也可自然感染，小鼠易感染。通常呈地方性、良性无症状的原发性感染，有时也呈急性、亚急性经过，愈后动物肺脏往往留有钙化灶。

①生物学特性　此菌属双相菌，在巨噬细胞和单核细胞内寄生时呈细小、有荚膜圆球样细胞，直径1～3 μm。在陈旧病灶内，菌体较大，胞浆浓缩于菌体中央，与细胞壁之间出现一条空白带。22 ℃～25 ℃培养时，缓慢生长形成丝状菌落，开始为白色，逐渐变为棕黄色，菌丝分支分隔。产生椭圆光滑或多刺小分生孢子，随后可产生圆形或椭圆形大分生孢子，称棘状厚壁大孢子。大分生孢子表面光滑、间隔均匀，像手指一样凸起，是本菌的特征形态。

在营养丰富的固体培养基上，可形成有光泽、表面褶皱的细小酵母样菌落，在肉汤中呈絮团状生长，镜检可见分支分隔的菌丝和少量孢子。

②微生物学检查　镜检如发现特征性的棘状厚壁大孢子，可作出诊断。活体病变组织末梢血及骨髓触片或涂片瑞氏染色，在单核细胞或多形核细胞中如见小的呈洋葱切面样卵圆形孢子，可作出诊断。病料接种小鼠可发病死亡，并可检出本菌。补体结合反应一般在发病后 2～3 周呈阳性反应。皮内变态反应试验可用于犬感染的流行病学调查。亦可采用 PCR 和核酸探针技术鉴定。

（3）假皮疽组织胞浆菌

原名假皮疽隐球菌，是马属动物流行性淋巴管炎的病原体，自然条件下，马、骡最易感染，驴次之；人、犬、骆驼、牛、猪少有感染；家兔、豚鼠人工感染可引起局部脓肿。本病特征为皮下淋巴管和淋巴结发炎、肿胀、化脓和皮肤溃疡，属慢性接触性传染病。

①生物学特性　本菌为典型的双相型真菌。侵入动物体时孢子繁殖以芽生方式为主，从母细胞产生芽孢子。芽孢子呈卵圆形或瓜子形，是具有双层膜且外膜较厚的酵母样细胞（见图 5-10）。多单在或 2～3 个排列，菌体胞浆均匀，内含 2～4 个圆形、呈回旋运动的小颗粒。在沙堡弱琼脂培养基 25 ℃～30 ℃ 培养时，形成丝状菌落。镜下观察菌丝分枝分隔、粗细不匀，菌丝末端形成瓶状假分生孢子。

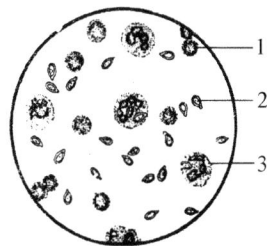

图 5-10　假皮疽组织胞浆菌示意图
1. 红细胞；2. 假皮疽组织细胞；3. 嗜中性白细胞

本菌为需氧菌，最适温度为 25 ℃～30 ℃，pH 5～9，常用培养基有 1％葡萄糖甘露醇甘油琼脂、2％葡萄糖甘油琼脂等，但只有在这些培养基中加入 10％的牛、绵羊、马或兔血清才能使本菌发育良好，而且初步培养比较困难，生长发育相应缓慢，一般在接种后 15～20 d 才能出现菌落。约 30 d 才能生长出蚕豆至拇指大小的菌落，菌落边缘不齐，表面有皱褶，呈淡黄色或褐色，如爆玉米花状。

本菌不发酵多种糖类，不产生靛基质和 H_2S，V－P 试验阴性，能凝固石蕊牛乳，能轻微液化明胶。

②微生物学检查　取脓汁或分泌物镜检；如为痂皮，可用 10％氢氧化钾处理透明后镜检，见有双层荚膜酵母样细胞，结合病情，可做出诊断。必要时可进行分离培养，病料应先用青霉素、链霉素处理 12 h 后再接种。长出典型菌落时，用生理盐水制成悬液，接种家兔或豚鼠，观察是否有脓肿，作为诊断参考。

也可通过变态反应做出诊断。方法是用该菌的培养物颈部皮内注射，48～72 h 后注射部位如发生硬固的热痛肿胀，皮肤增厚超过 5 mm 即为阳性。此法特异性强、检出率可达 80％以上。应用经高压后的乙醇或乙醚提取的抗原进行沉淀反应、补体结合试验检查马血清中的抗体，也是有效的诊断方法。

（4）白色念珠菌

白色念珠菌可致人和动物念珠菌病。是人和动物消化道、呼吸道及泌尿生殖道黏膜的常在菌，一般对正常动物不致病，只有当饲养管理不良、维生素缺乏、大剂量长期使用广谱抗生素或免疫抑制剂，使机体抵抗力下降时，才引起内源性感染，是条件性致病菌。患念珠菌病的动物多在消化道黏膜形成乳白色伪膜斑坏死物，主要侵害家禽，特别是雏鸡。

牛、猪、犬和啮齿动物也可能感染。

①生物学特性　为白假丝酵母菌属酵母样真菌，菌体圆形或卵圆形，壁薄。革兰氏染色阳性，着色不匀。在病变组织渗出物和普通培养基上产生芽生孢子和假菌丝，不形成有性孢子。新分离的菌株假菌丝上常带有球状成团的芽生孢子，菌丝中间或顶端常有大而薄的圆形或梨形细胞，这些细胞逐渐发展成为厚壁孢子。

本菌在普通琼脂、血液琼脂与沙堡弱葡萄糖琼脂培养基上均可良好生长。需氧，室温或37 ℃培养1～3 d可长出菌落。菌落呈灰白色或乳白色偶呈淡黄色，表面光滑，有浓厚的酵母气味；培养稍久，菌落增大，表面形成隆起的花纹或呈火山口状。菌落无气生菌丝，但有向下生长的营养假菌丝，在玉米粉培养基上可长出厚壁孢子。本菌的假菌丝和厚壁孢子可作为鉴定依据（见图5-11）。

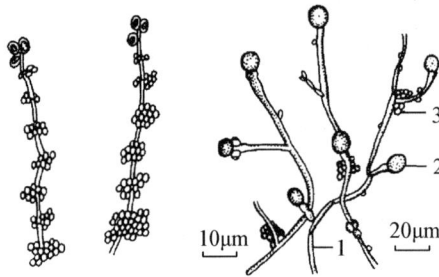

图 5-11　白色念珠菌
1. 假菌丝；2. 厚壁孢子；3. 芽生孢子

本菌能发酵葡萄糖、麦芽糖、甘露糖、果糖等，产酸产气。发酵蔗糖、半乳糖产酸不产气，不发酵乳糖、棉子糖等。不凝固牛乳，不液化明胶。

②微生物学检查　取坏死伪膜病料，经氢氧化钾处理后，革兰氏染色镜检有大量椭圆形酵母样细胞或假菌丝，可做出初步诊断。初代分离培养用血液琼脂，有大量菌落生长；确诊本菌必须测定其发酵糖的能力。家兔或小鼠静脉注射本菌的生理盐水悬液，4～5 d后可引起死亡，剖检可见肾脏皮质有许多白色脓肿。用琼脂扩散试验、乳胶凝集试验及间接荧光抗体试验对全身性假丝酵母感染的诊断有一定价值。

（5）新型隐球菌

本菌是动物和人的一种条件性致病菌。是自然界中的腐生菌，常存在于土壤、鸽粪、牛奶、植物、污水及腐烂的水果蔬菜中，可引起马的呼吸道病，牛、羊的乳腺炎以及人的肺炎、慢性脑膜炎。鸟类尤其是鸽子是本菌的自然宿主。

①生物学特征　本菌菌体为圆形或卵圆形，在组织中菌体稍大。致病性隐球菌外围有一层透光的肥厚黏多糖荚膜，厚度为5～8 μm，比菌细胞本身大1～2倍。一般染色法难以着色而不易被发现，故称为隐球菌。用印度墨汁染色时，镜下可见在黑色的背景中呈圆形或卵圆形的菌体外包有一层透明的荚膜。菌细胞常有出芽，但不生成假菌丝（见图5-12）。

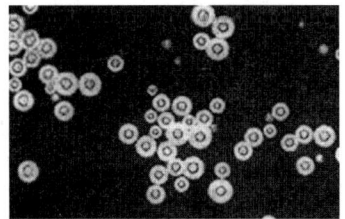

图 5-12　新型隐球菌印度墨汁负染
（李一经. 兽医微生物学. 北京：
高等教育出版社，2011）

该菌在沙堡弱葡萄糖琼脂上生长缓慢，37 ℃培养1～

2 周方见白色、皱纹样菌落，继续培养时呈湿润、黏稠、光滑乳酪色或淡褐色典型的酵母菌落；在液体培养基中培养，可形成菌环，但不形成菌膜。

不分解葡萄糖、蔗糖和乳糖，硝酸盐试验阴性。分解尿素、肌醇、麦芽糖、卫茅醇，此点可与念珠菌区别。

②微生物学检查　直接镜检时，可采集脑、肺、脓汁、乳汁及脊髓液等制片，用印度墨汁负染，弱光下观察厚壁菌细胞，圆形，出芽或不出芽，外围有一层较厚的荚膜，非致病性隐球菌无厚荚膜。革兰氏染色阳性。在培养基上形成棕黄色黏稠或奶油样酵母型菌落。生化试验有助于进一步诊断。

动物试验可用 37 ℃培养物或病料乳剂，腹腔、尾静脉或颅内注射小鼠，经 2～3 周死亡，再用死鼠组织制片镜检。

血清学试验诊断本病具有高度的敏感性和特异性，常用补体结合反应、反向乳胶间接凝集试验，荧光抗体技术进行检测。

2. 中毒性病原真菌

能产生毒素、导致人和动物发生急性或慢性中毒的真菌，称为中毒性病原真菌。

中毒性病原真菌产生的真菌毒素是一类次生代谢产物，种类很多。人们根据各种真菌毒素毒性作用的靶器官分为肾脏毒、肝脏毒、神经毒等几类。肾脏毒，主要引发肾脏急性或慢性病变，使肾功能丧失。肝脏毒，主要引发肝细胞变性、坏死及肝硬化、肝癌。神经毒，主要造成大脑和中枢神经系统的损害，引起严重的出血和神经组织变性。造血组织毒，主要损害造血系统，发生造血组织坏死或造血机能障碍，白血球减少症等。许多真菌毒素往往作用于两种以上的器官或系统，表现出致畸、致癌和致突变作用，还可抑制细胞的分裂或蛋白质的合成，影响核酸的复制，降低免疫应答作用等。

真菌毒素的产生，除取决于菌株外，还有依赖于外界环境因素，如基质、温度和湿度等。一般真菌产毒菌株易在食物、粮食、饲草等植物上生长产毒，而在乳、蛋等动物源基质上产毒能力较低。真菌的生长繁殖与温度及湿度关系密切，其中大多数最适温度为25 ℃～30 ℃，低于 10 ℃或高于 40 ℃生长减慢，产生毒素的能力也受影响。基质含水量在17％～18％时，是真菌产毒的最适条件。

(1)青霉菌属

本属是一群种类多、分布广的真菌。其中黄绿青霉、橘青霉、圆弧青霉、岛青霉、扩展青霉是本属中主要常见的产毒素真菌，对人和动物机体的毒性作用各有不同。本属菌的基本特征是，营养菌丝开始无色渐到颜色鲜明，菌丝有隔；气生菌丝呈密毯状，棉絮状或部分集结成菌索。分生孢子梗有隔，光滑或粗糙，顶端有呈扫帚状的轮生分枝，称帚状支；分生孢子呈球形、椭圆形或圆柱形，大部分呈黄绿、绿或灰绿色。

①黄绿青霉　又称毒青霉。分布广泛，可从霉变米或土壤中分离得到。本菌代谢产生的黄绿青霉素是很强的神经毒素，为橙黄色柱状结晶，可溶于丙酮、氯仿、冰醋酸、甲醇或乙醇中，微溶于苯、乙醚，不溶于石油醚和水。紫外线下呈黄色荧光，有特殊臭味。耐热，270 ℃才能失去毒性。可使动物发生急性中毒，典型症状为上行性进行性神经麻痹，出现呕吐、痉挛和呼吸系统紊乱，严重可引起死亡。该毒素可使猫、犬、猴、兔、大鼠发生中毒。毒素主要分布在脑、肝、肾、脾脏中。

本菌分生孢子梗从贴于基质表面的菌丝中出生，壁光滑。帚状支多为单轮，分枝较少，小梗密集。分生孢子呈球形或近似球形，壁薄而光滑，呈串状。

在琼脂培养基上室温培养 12～14 d，可长出直径为 2～3 cm 的菌落，表面有皱褶呈纽扣状，中心隆起或凹陷。大部分菌落呈明显的柠檬色及黄绿色，经 14 d 后变成浊灰色，表面呈绒状或絮状，略带霉味。

②橘青霉 多存在于土壤、霉变的粮食和饲料中，腐生于饲料时可产生橘青霉素。橘青霉素属肾脏毒，为柠檬色针状结晶，溶于无水乙醇、氯仿、乙醚中，不溶于水。该毒素可引起牛、猪和禽类中毒，其表现为肾小管变性，肾功能障碍。

本菌分生孢子梗大部分从基质上产生，也有从菌落中央的气生菌丝上生出的，不分支。帚状支有 3～4 个轮生梗基，每个梗基上生出 6～10 个密集而平行的小梗。分生孢子呈圆形，壁光滑，形成串状孢子链。

在琼脂培养基上生长局限，24 ℃～26 ℃培养 10～14 d 长出菌落。菌落直径 2.0～2.5 cm，有典型的放射状皱纹，呈绒状或絮状。菌落初期呈蓝绿色，日久则变为黄绿色，背面呈黄色至橙黄色，有明显的蘑菇气味。

③岛青霉 亦称冰岛青霉，分布广泛，主要在大米、玉米、大麦中生长。本菌产生的岛青霉毒素主要有黄天精及环氯素，均为肝脏毒。黄天精呈黄色六面体针状结晶，易溶于丙酮、甲烷、正丁醇和乙醚等有机溶剂，不溶于水。急性中毒引起动物肝萎缩，慢性中毒引起肝纤维化、肝硬化或肝肿瘤。环氯素又称含氯肽，白色针状结晶，水溶性。毒性与黄天精相似，但作用非常迅速，急性中毒时体温低、竖毛、昏睡而死；慢性中毒引发肝充血、肥大，有时小肠出血。

本菌分生孢子梗短，呈分支状，从气生菌丝上产生，帚状支为双轮对称，小梗平行密集，每簇 5～8 个。分生孢子为椭圆形，壁厚光滑，产生短的结节状分生孢子链。

在琼脂培养基上生长缓慢，室温 14 d 菌落直径达 2.5～3 cm，具有显著的环带及轻微的放射状皱纹，菌落呈黄橙色、橘红色、褐色及暗绿色等多种颜色。

（2）镰刀菌属

又称镰孢霉属。本属的菌种繁多，分布广泛，是危害各种作物的病原菌，有些也是人、动物、昆虫的病原菌。

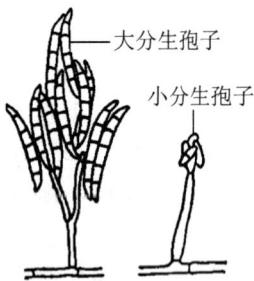

①生物学特性 本属菌镜下可见有大分生孢子和小分生孢子两种（见图 5-13）。大分生孢子由气生菌丝或分生孢子座产生，或产生在黏孢团中，为多细胞，一般有 3～5 个隔，少数有 6～12 个隔，形态多样，有镰刀形、线形、锥形、钩形、柱形和纺锤形等。小分生孢子产生于分生孢子梗上，多为单细胞，少数有 1～3 个隔，形态不一，呈卵圆形、腊肠形和纺锤形等。气生菌丝、黏孢团、子座、菌核呈各种颜色，基质也可被染成各种颜色。有些镰刀菌有性繁殖器官，产生闭囊壳，内含子囊及子囊孢子。

图 5-13 镰孢霉的分生孢子

在马铃薯葡萄糖琼脂培养基上，菌落生长扩展迅速，呈白毛、粉色、粉红、橙红、黄色、紫色等。气生菌丝发达，高的为 0.5～1.0 cm，低的为 0.3～0.5 cm。有的气生菌丝不发达或完全无气生菌丝，由营养菌丝组成子座，分生孢子梗座直接在子座上生出。

②微生物学检查 可进行分离培养鉴定。也可做毒素检测，即从可疑饲料提取毒素，

腹腔接种小鼠，如有此毒素可引致精神委顿、腹泻、胃肠出血，口部有坏死灶，最终死亡。

（3）黑葡萄穗霉菌

本菌常见于发霉的含纤维物质，如种子、潮湿的干草、禾秆、杂草及草食动物粪便，活植物上不能生长。产生的毒素最易导致马匹中毒，临床表现为坏死性口腔炎及胃肠炎；猪、牛、羊和禽类也可发病；本病流行地区与牧草接触的人也可能发生中毒，其主要表现为皮炎、卡他性咽炎、出血性鼻炎、胸闷等症状。

①生物学特性　分生孢子梗直立于营养菌丝上，营养菌丝分枝分隔，分生孢子梗顶端产生花瓣样小梗，呈长卵圆形；小梗上长分生孢子，大部分呈卵形，比小梗稍粗，褐色，光滑，老龄时呈黑色，易从小梗上脱落（见图 5-14、图 5-15）。

图 5-14　黑葡萄穗霉菌镜下形态　　图 5-15　黑葡萄穗霉菌菌落特征

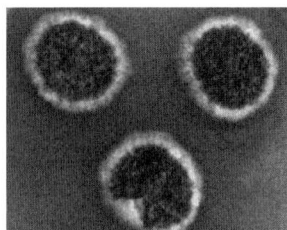

（李一经．兽医微生物学．北京：高等教育出版社，2011）

本菌为专性需氧霉菌，最适温度 20 ℃～25 ℃，要求的相对湿度为 30％～45％，对营养要求不高。在琼脂培养基上菌落呈湿絮状、橙棕色圆形，背面为橙色。黑葡萄穗霉菌产生的毒素，溶于各种有机溶剂，对 120 ℃高温和酸稳定，易被 20％～40％的氢氧化钠溶液破坏，毒素无抗原性。

②微生物学检查　刮取饲草、饲料上黑色菌层镜检，可见分枝分隔菌丝和特征性的小梗及分生孢子等结构。也可培养观察菌落。还可进行毒素检查，方法是将纯培养物接种于灭菌的潮湿饲草上，20 ℃～25 ℃培养 20 d 后，用乙醚浸渍 6 h，再经浓缩后，涂于白色家兔体侧皮肤，另一侧皮肤涂无污染饲草的浓缩物作对照。如试验侧皮肤于 48～72 h 内出现明显充血、水肿以至坏死，对照侧无反应，则证明所分离物为产毒素菌株。

3. 曲霉菌属

本属菌在自然界中分布广泛，种类繁多，其中对畜禽危害严重的有黄曲霉、烟曲霉、寄生曲霉、棕曲霉、杂色曲霉、构巢曲霉、白曲霉及黑曲霉等。正常机体对本菌有一定抵抗力，只在机体抵抗力降低情况下才引起感染。本菌较明显地因其所作用的机体体质类型、机体反应性以及作用环境状况的不同而引起不同类型的疾病。如感染性疾病、变态反应性疾病与霉菌毒素中毒性疾病。在免疫缺损或受抑制的患者体内，可引起急性播散性曲霉菌病，死亡率高，经数日即可死亡。黄曲霉可产生毒性很强的黄曲霉毒素，食后可引起中毒并有明显的致癌作用。

本属菌的特性是菌丝分枝分隔，细胞多核。由营养菌丝或气生菌丝特化形成的足细胞上生出分生孢子梗，顶端膨大呈圆形称顶囊，顶囊上长着许多小梗，小梗单层或双层，小梗上着生分生孢子，分生孢子呈链状，并呈现黄、绿、黑、灰等颜色（见图 5-16）。

（1）烟曲霉

烟曲霉分布广泛，土壤、腐败有机物内均可繁殖，常可从玉米、大麦、小麦和霉草中分离出此菌。烟曲霉是曲霉菌属致病性最强的霉菌，主要侵害家禽，导致禽的肺部炎症，并形成肉芽肿结节；也可产生毒素，导致动物发生痉挛、麻痹，直至死亡。哺乳动物可见于马、牛、绵羊和犬发生曲霉菌病。

① 生物学特性　烟曲霉的菌丝无色透明或微绿。分生孢子梗短，顶囊呈烧瓶状，分生孢子呈球形，排成链状而形成致密的圆柱单层小梗。在葡萄糖马铃薯培养基、沙堡弱培养基、血琼脂培养基上经 25 ℃～37 ℃培养，生长较快，菌落最初呈白色绒毛状，迅速变为绿色、暗绿色以及黑色，外观呈细粉末状或绒毛状，有的菌株呈黄、绿和红棕色。

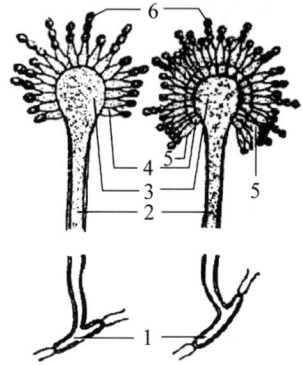

图 5-16　曲霉菌的形态结构

1. 足细胞；2. 分生孢子柄；3. 顶囊；
4. 初生小梗；5. 次生小梗；6. 分生孢子

② 微生物学检查　取病禽肺、气囊或腹腔上肉眼可见的小结节，置载玻片上，加生理盐水 1～2 滴，压盖玻片镜检，检查有无烟曲霉的特殊形态。也可取肺、肝或脾做切片，染色镜检可见呈花冠状分生孢子，即可确诊。分离培养时，取肝等实质器官，接种于马铃薯培养基上，37 ℃下培养 3 d，可见菌丝生长。

（2）黄曲霉

黄曲霉通常寄生于各类粮食、花生、棉子、鱼粉及肉制品上，当收获、加工和储藏过程中处理不当，便会大量繁殖。大多数菌株腐生于谷物后，对畜禽和人无害；但少数的菌株在繁殖时能产生毒素，能引起多种畜禽发生真菌毒素中毒症，其表现为损害肝脏及血管组织，引起肝炎、黄疸、出血和水肿等，并能导致癌症。黄曲霉也可引起人的肺、外耳道真菌病和指（趾）甲癣以及脓皮样曲霉菌病等疾病，也证明黄曲霉毒素可导致人的肝癌。

① 生物学特性　黄曲霉的菌丝分支分隔，分生孢子梗壁厚，无色。顶囊大呈烧瓶状或近球形，上有单层或双层小梗。分生孢子有椭圆形及球状，呈链状排列（见图 5-17）。

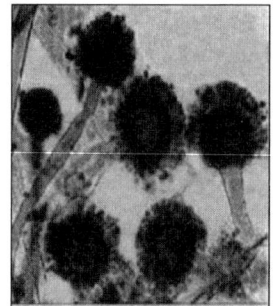

图 5-17　黄曲霉菌镜下形态结构特征

（李一经. 兽医微生物学. 北京：高等教育出版社，2011）

本菌的培养常用察氏琼脂，最适温度为 24 ℃～28 ℃，经 10～14 d 菌落直径可达 6～7 cm，菌落初为灰色，呈扁平状，偶尔有放射状沟纹或有皱褶，接着变为柠檬色、黄绿色；老龄菌落呈暗色，表面平坦或有放射状皱纹，菌落反面无色或略带褐色。

有毒菌株产生的黄曲霉毒素从化学上可分为 B_1、B_2、G_1、G_2、B_{2a}、G_{2a}、M_1、M_2、P_1、GM_2 和毒醇等多种，不同毒素的毒性大小不同。在各种黄曲霉毒素中，B_1 的毒性最强，其次是 G_1；黄曲霉污染物中，最常见的是 B_1。黄曲霉毒素的熔点为 200 ℃～300 ℃，非常耐热，煮沸不能使之破坏；在 pH 9～10 的强碱溶液中，毒素能迅速分解；几乎不溶于水，可溶于乙醇、氯仿、丙酮等有机溶剂。

② 微生物学检查　真菌分离鉴定　从可疑饲料分得真菌后，根据形态学及培养特点进

行鉴定，并进行毒性试验。

毒素检查　从可疑饲料中提取毒素，进行生物学鉴定。可用一日龄鸭进行试验，着重检查肝脏病变，可见坏死、出血以及胆管上皮细胞增生等。或用薄层层析法、液相色谱法检测毒素；免疫化学分析法、酶联免疫吸附法和免疫层析法，均可用于黄曲霉毒素的定量测定。

（3）杂色曲霉

本菌在自然界中广泛分布，空气、土壤、腐败的植物、多种粮食及饲料中均可分离到，产生毒素的毒性仅次于黄曲霉毒素。毒素主要为肝脏毒素，具有急性、慢性毒性及致癌性，主要损害肝、肾。致死病变主要表现在肝及肾的坏死，亦可见胃肠道、心包和所有浆膜出血；慢性中毒可见肝脏变性，产生再生结节和肝细胞癌变等。

本菌的分生孢子头呈粗糙的半球形、放射状。分生孢子梗无色或微黄、壁厚、光滑。顶囊半椭圆形至半球形，顶囊生有双层小梗。分生孢子为球形有小刺，呈链状。在琼脂培养基上生长缓慢，菌落局限，24 ℃～26 ℃培养 15 d 后菌落直径可达 2～3 cm，呈绒状、絮状，中心较高，呈现放射状皱纹。不同菌株的菌落可呈不同颜色如黄、绿、橙黄、深绿、灰绿、粉红色等，背面无色至黄色、玫瑰色、粉红色及紫红色。

杂色曲霉毒素耐高温，246 ℃才裂解。易溶于氯仿、吡啶和二甲基亚砜等有机溶剂，不溶于水及强碱性溶液。紫外线下呈现橙红色荧光。

● ● ● ● ● **拓展阅读与拓展视频**

中国真菌学创始人——戴芳澜

中国真菌学创始人——戴芳澜视频

深入学习贯彻"二十大"精神
增进民生福祉，提高人民生活品质

计　划　单

学习情境 5	检查病原真菌		学时	8
计划方式	以小组为单位，通过讨论共同制订计划			
序　号	实施步骤		使用资源	备注
1				
2				
3				
4				
5				
6				
7				
8				
9				
10				
制订计划说明				
计划评价	班　级		第　　组	组长签字	
	教师签字		日　期		
	评语：				

决策实施单

学习情境 5		检查病原真菌				
讨论小组制订的计划书，做出决策						
计划对比	组号	工作流程的正确性	知识运用的科学性	步骤的完整性	方案的可行性	人员安排的合理性	综合评价
	1						
	2						
	3						
	4						
	5						
	6						

制定实施方案

序号	实施步骤	使用资源
1		
2		
3		
4		
5		
6		

实施说明：

班　　级		第　　组	组长签字	
教师签字		日　　期		

评语：

作 业 单

学习情境 5	检查病原真菌					
作业完成方式	课余时间独立完成					
项目 1	检查鸡烟曲霉菌					
作业题	1. 制作烟曲霉标本片方法有哪些？ 2. 鸡烟曲霉菌病检查方法有哪些？ 3. 显微镜下观察鸡烟曲霉菌有哪些特点？ 4. 如何在培养基上进行烟曲霉画线接种、点植接种？菌落特征有哪些？ 5. 检查过程中应注意什么？					
作业解答	可另附纸张					
项目 2	检查犬、猫小孢子菌					
作业题	1. 毛癣菌和小孢子菌镜检及菌落特征有何不同？ 2. 犬小孢子菌病检查方法有哪些？ 3. 犬小孢子菌标本片制备有哪些方法？ 4. 如何进行犬小孢子菌动物接种？					
作业解答	可另附纸张					
作业评价	班 级		第　　组	组长签字		
	学 号		姓 名			
	教师签字		教师评分		日 期	
	评语：					

效果检查单

学习情境 5	检查病原真菌			
检查方式	以 2～3 人小组为单位，学生互查与教师检查相结合，学生互查和教师检查成绩各占总分（100 分）的 50%			
序号	检查项目	检查标准	学生自检	教师检查
1	鸡烟曲霉菌乳酸酚棉蓝液压片制备	压片制作过程正确，操作要点掌握准确		
2	鸡烟曲霉菌分离培养鉴定	培养基制备、画线接种、点植接种操作要点正确		
3	犬小孢子菌氢氧化钾样品片制备	氢氧化钾样品片制作过程正确，操作要点准确		
4	犬小孢子菌乳酸酚棉蓝液压片制备	压片制作过程正确，操作要点掌握准确		
5	犬小孢子菌分离培养鉴定	培养基制备、画线接种、点植接种操作要点正确		
6	犬小孢子菌动物接种	犬小孢子菌动物接种目的明确，操作正确		

检查评价	班　　级		第　　组	组长签字	
	教师签字			日　　期	
	评语：				

评价反馈单

学习情境 5		检查病原真菌			
评价类别	项目	子项目	个人评价	组内评价	教师评价
专业能力（60%）	资讯（10%）	查找资料，自主学习（5%）			
		资讯问题回答（5%）			
	计划（5%）	计划制订的科学性（3%）			
		用具材料准备（2%）			
	实施（25%）	各项操作正确（10%）			
		各项操作的效果（6%）			
		操作是否注意安全（4%）			
		使用用具材料的规范（3%）			
		操作的熟练性（2%）			
	检查（5%）	全面性、准确性（3%）			
		检验中出现问题的处理（2%）			
	结果（10%）	提交成品质量（10%）			
	作业（5%）	及时、保质完成作业（5%）			
社会能力（20%）	团队协作（10%）	小组成员合作良好（5%）			
		对小组的贡献（5%）			
	敬业、吃苦精神（10%）	学习纪律性（4%）			
		爱岗敬业和吃苦耐劳精神（6%）			
方法能力（20%）	计划能力（10%）	计划制订合理（10%）			
	决策能力（10%）	计划选择正确（10%）			
意见反馈					
请写出你对本学习情境教学的建议和意见					

评价评语	班　级		姓　名		学　号		总　评	
	教师签字		第　组	组长签字			日　期	
	评语：							

参考资料

[1]刘莉，王涛．动物微生物及免疫．北京：化学工业出版社，2010

[2]刘莉，金璐娟．动物微生物及免疫．哈尔滨：黑龙江科学技术出版社，2004

[3]陆承平．兽医微生物学(第 4 版)．北京：中国农业出版社，2010

[4]李一经．兽医微生物学．北京：高等教育出版社，2011

[5]李舫．动物微生物学．北京：中国农业出版社，2006

[6]中国农业科学院哈尔滨兽医研究所．动物传染病．北京：中国农业出版社，2008

[7]李明远．微生物学与免疫学(第 5 版)．北京：高等教育出版社，2010

[8]杨汉春．动物免疫学．北京：中国农业大学出版社，2003

[9]陈溥言．兽医传染病学(第 5 版)．北京：中国农业出版社，2006

[10]赵玉军．国家法定禽病诊断与防治．北京：中国轻工业出版社，2005